四川大學漢語史研究所
四川大學中國俗文化研究所

漢語史研究集刊

第十五輯

四川出版集團·巴蜀書社
中國·成都

目 錄

《朱子語類》恐懼概念詞語類聚考探*

徐時儀

内容摘要： 詞彙系統由一個個概念詞語類聚互相關聯構成，同一概念的詞語類聚相當於一個詞彙場。恐懼是人類因為周圍有不可預料或不可確定的因素而導致的一種無所適從的心理狀態，也是一種力圖擺脱或逃避某種環境而又無能為力的情緒感受。《朱子語類》表達恐懼概念的詞中，"怕"是後起的常用詞，"懼"是發自内心的怯怕驚恐；"懾"側重於懼怕威勢而屈服；"憚"多為對外在事物的怯怕；"恐"多為外在的驚慌怯怕；"畏"可以是發自内心的怯怕或敬佩，也可以是對外在事物的怕；"怖"側重於驚恐的程度；"怯"側重於缺乏膽量和勇氣而害怕應付不了或不能勝任；"嚇"是對外在威脅的驚慌怯怕；"戰"、"慄"、"惴"和"惶"側重表示恐懼的狀態；"恐"、"嚇"用於使動有"使恐懼"義；"懼"、"恐"、"怕"和"恐怕"在詞義的發展演變過程中語義趨向虚化而有擔憂義。

關鍵詞：《朱子語類》　恐懼範疇　詞語類聚

0. 引言

朱熹集理學之大成，講學時談古論今，引經據典，釋疑答

---

* 本文爲國家社會科學基金重大項目（10&ZD104）、國家社會科學基金項目（08BYY044）、上海市教委085工程項目"宋代文獻整理與研究"、上海師範大學重點學科建設項目。

問，廣徵博引。朱熹門人弟子從師受學多有記錄師說的筆記，先後編有蜀錄、池錄、饒錄、饒後錄、建別錄、婺錄和蜀類、徽類、徽續類等多種朱熹講學語錄，咸淳六年（1270）黎靖德綜合了九十八家朱熹弟子記錄的筆記①，削其重複，總諸家刊本之大成，編為今傳通行本《朱子語類》一百四十卷，而日本九州大學所藏朝鮮古寫徽州本是成書更早的黃士毅所編蜀類的增補重刻本，臺北故宮博物院所藏宋刻《晦庵先生朱文公語錄》則是現存最早的《池錄》②。

《朱子語類》疊置着歷史上各個時期傳承下來的不同歷史層次的詞語，新舊語言質素聚合在一個語義場內部，表達某一個具體的語義範疇。如表示探求語義範疇的詞有“尋求、尋索、尋究、尋討、究索、極索、窮索、玩索、推索、摸索、尋摸、探摸”等，表示研究語義範疇的詞語有“研磨、研摩、研窮、窮研、精研、研精、鑽研、研鑽、考究、推究、詳究、窮究、研究、體究”，表示體會語義範疇的詞語有“體當、體察、體會、體究、體看、體認、體貼、體驗”，表示勵志語義範疇的詞語有“硬著脊梁骨、硬著脊骨、硬著筋骨、樹起筋骨、磨礪精神、抖擻精神、提掇精神、提醒精神、整頓精神、打撲精神、著起精神、著精神、著精彩”等等。蔣紹愚《漢語詞義和詞彙系統的歷史演變初探》一文指出：“以概念場為背景，考察其中成員及其分佈在不同歷史時期的變化，是研究詞彙系統的歷史演變的一種切實可行的方法。”“處於同一個概念域中的成員是互相關聯的，概念域也是互相關聯的。不但處於上下位關係的概念域互相關聯，就是不屬於同一層級關係的概念域，有的也會互相關聯。”③人類在認識事物的過程中把所感覺到的事物的共同點抽象出來，加以概括，就成了概念。同一概念的詞語類聚相當於一個詞彙場，每個詞語類聚中的成員來自不同的歷時層面，各成員又有各自的組合，在類聚中形成互補關係，詞彙系統則由一個個概念詞語類聚互相關聯構成。下文在比勘今傳《朱子語類》各本基礎上，從概念場着眼，繫聯《朱子語類》中認知上屬於恐懼範疇的詞及其義位，對《朱子語類》詞義系統中表達這些概念的詞語類聚及其語義關係略作探討，既探究表達這一概念的詞語同概念場內其他成員在意義用法上相互聯繫、相互制約、相互區別的聚合關係，也探究這些詞語同本場成員（場內組合）以及其他概念場成員（場外組合）的組合關係。

恐懼是人類因為周圍有不可預料或不可確定的因素而導致的一種無所適從的心理狀態，也是一種力圖擺脫或逃避某種環境而又無能為力的情緒感受。《朱子語類》中表達恐懼概念的有“怵、惕、悚、怖、懼、怯、懾、恐、憚、怕、畏、惴、栗、惶、戰”等詞。從概念場詞義系統的角度來看，這些詞語在語義分佈上形成互補，即語義上“怵、惕、悚（聳）、怖、懼、怯、恐、憚、怕、畏”表達恐懼的動作；“栗、皇（惶）、戰”等着重恐懼時的狀態。

1. **怵**

1. 1“怵”的詞義

怵，本義為恐懼。《說文·心部》：“怵，恐也。”

1. 2 場內組合：怵惕。

蓋赤子入井出於倉猝，人都主張不得，見之者莫不有怵惕惻隱之心。(14、264) ④

曰：“哀懼是那個發？看來也衹是從惻隱發，蓋懼亦是怵惕之甚者。但七情不可分配四端，七情自於四端橫貫過了。”(87、2242)

1. 3 場外組合：怵然。

莊子庖丁解牛神妙，然每到族，心必怵然為之一動，然後解去。(34、875)

2. **惕**

2. 1“惕”的詞義

惕，本義為“恭敬”。《說文·心部》：“惕，敬也。”因“敬”而產生“恐懼、戒懼”義。《玉篇·心部》：“惕，懼也。”《朱子語類》中用例如：

僩錄云：“竊意因時而惕，雖聖人亦常有此心。”（68、1694）

中實為有孚，坎險為窒，坎為加憂，為惕。（70、1749）

2. 2場內組合：怵惕。

見上文“怵”。

2. 3場外組合：惕然、惕息、兢惕。

又曰：“讀此一篇，使人心惕然而常存也！”（57、1349）

到九三，居下卦之上，位已高了，那時節無可做，衹得恐懼、進德、修業，乾乾、惕息、恐懼，此便是伊周地位。（69、1712）

以某觀之，無問聖人以至士庶，但當此時便當恁地兢惕。（68、1694）

3. 悚

3. 1“悚”的詞義

悚，有“恐懼”義。《玉篇·心部》：“悚，懼也。”又記音作“聳”。《方言》卷十三：“聳，悚也。”郭璞注：“聳，謂警聳也。”《朱子語類》中用例如：

衹今天下無虞，邊境不聳，故無害。萬一略有警，便難承當。（107、2659）

3. 2場內組合：聳畏。

為相正要以進退人才為先，使四夷聞知，知所聳畏。（129、3088）

3. 3場外組合：悚然、聳然。

某聞之悚然！（11、192）

戒慎恐懼是未發，然衹做未發也不得，便是所以養其未發。

衹是聳然提起在這裡，這個未發底便常在，何曾發？（62、1499）

例中“悚、聳”側重表示恐懼的狀態。

4. 怖

4. 1“怖”的詞義

怖，本字為“悑”。《說文・心部》：“悑，惶也。怖，或從布聲。”

4. 2場內組合有“恐怖”、“畏怖”等，《朱子語類》無用例。

4. 3場外組合：震怖。

又如言不畏三軍者，出門聞金鼓之聲，乃震怖而死。（52、1267）

忽報兀朮大舉深入，朝廷震怖。（131、3144）

5. 懼

5. 1“懼”的詞義

懼，本義為“恐懼”。《說文・心部》：“懼，恐也。”《朱子語類》中用例如：

問：“前輩說治懼，室中率置尖物。”曰：“那個本不能害人，心下要恁地懼，且習教不如此妄怕。”（96、2472）

5. 2場內組合：恐懼、怯懼、畏懼、皇懼、戰懼。

聖人所以“一日二日萬幾”，常常戒謹恐懼。（13、233）

當時講和本意，上不為宗社，下不為生靈，中不為息兵待時，衹是怯懼，為苟歲月計！（127、3054）

今士大夫顧惜畏懼，何望其如此！（35、923）

吏初皇懼，某與之云：“有法，不妨衹如此去。”（106、2641）

曰：“人而懷戰懼之心，則必齋莊嚴肅，又烏可犯！”（16、321）

問：“瑟者，武毅之貌；恂栗，戰懼之貌。不知人當戰懼之

時，果有武毅之意否?”(16、321)

5. 3 場外組合

5. 3. 1 與表示“憂愁、憂慮、悲傷”的語素組合：憂懼、哀懼、危懼。

喜怒憂懼，都是人合有底。(16、347)

曰：“哀懼是那個發?”(82、2242)

“其辭危”，是有危懼之意，故危懼者能使之安平，慢易者能使之傾覆。(76、1958)

5. 3. 2 与表示“驚惶、震驚”的语素组合：震懼、驚懼。

震，未便說到誠敬處，祇是說臨大震懼而不失其常。(73、1850)

卻是後來因逆亮起，方少驚懼，用人才。(131、3163)

嘗記少年時在同安，夜聞鐘鼓聲，聽其一聲未絕，而此心已自走作，因此警懼，乃知為學須是專心致志。(104、2619)

5. 3. 3 與表示“戒備、謹慎”的語素組合：戒懼、謹懼、懲懼。

正心，如戒懼不睹不聞。(15、304)

若讀不好底詩，便悚然戒懼，知得此心本不欲如此者，是此心之失。(23、547)

今非法以求其生，則人無所懲懼，陷於法者愈眾。(78、2009)

5. 4 “懼”在《朱子語類》有虛化的傾向，表示“擔心”。

曾子懼門人不知夫子之道，故舉學者之事以明之，是即此之淺近，而明彼之高深也。(21、492)

鄭伯，男也，而使從公、侯之貢，懼弗給也，敢以為請。(25、614)

“懼”蘊含有“憂愁、震驚、戒備、謹慎”的語義。

6. **怯**

6. 1“怯”的詞義

怯，本義指“膽小、畏縮”。《玉篇·心部》：“怯，懼也。”《朱子語類》中用例如：

看來兵之勝負，全在勇怯。(132、3166)

6. 2場內組合：慴怯、怯慴、畏怯、怯懼。

今有見得道理分曉而反慴怯者，氣不足也。(37、983)

若無氣魄，便做人衰颯慴怯，於世間禍福利害易得恐動。(52、1243)

曰：“公孫丑初問不動心，衹道加以卿相重任，怕孟子心下怯慴了，故有動心之問。”(52、1232)

若於氣上存養有所不足，遇事之際，便有十分道理，亦畏怯而不敢為。(52、1255)

遂據城與虜人戰，大敗虜人，兀朮由是畏怯。(131、3143)

當時講和本意，上不為宗社，下不為生靈，中不為息兵待時，衹是怯懼，為苟歲月計！(127、3054)

“怯慴、慴怯”為同素異序詞。

6. 3場外組合：怯弱、衰怯、退怯、懶怯。

問：“人氣力怯弱，於學有妨否？”(8、134)

曰：“衹是這個氣。若不曾養得，剛底便粗暴，弱底便衰怯。”(52、1243)

樞府一面令退軍，而宣府令進軍淮上，然終退怯。(131、3148)

今人都是未到那做不得處，便先自懶怯了。(120、2890)

7. **慴**

7. 1“慴”的詞義

慴，本義為“膽怯害怕”。《說文·心部》：“慴，失氣也。”

7. 2場內組合：慴怯、怯慴。

見上文“怯”。

7. 3場外組合：屈懾。

為學自是要勇，方行得徹，不屈懾。(64、1561)

8. 恐

8. 1"恐"的詞義

恐，本義為"畏懼、害怕。"《說文・心部》："恐，懼也。"《朱子語類》中用例如：

徽宗大恐，遂招引到張瑴來，不奈何，斬其首與虜人。(127、3049—3050)

氣袛是充乎體之氣，元與天地相流通。袛是仰不愧，俯不怍，自然無恐無懼，塞乎天地。(52、1261)

8. 2場內組合：皇恐、恐懼、恐嚇。

某所以發此者，正欲才卿深思而得，反之於身，如針之劄身，皇恐發憤，無地自存！(114、2755)

又曰："某嘗作郡來。每見有賊發，則惕然皇恐！便思自家是長民之官，所以致此是何由？遂百種為收捉。捉得，便自歡喜；不捉得，則終夜皇恐！"(106、2642)

湯武豈不能出師以恐嚇紂，且使其悔悟修省。(71、1805)

例中"恐嚇"有"以要脅的話或手段威脅人"義。此詞隋唐已見。如隋闍那崛多譯《大威德陀羅尼經》卷四："若汝示我大熱鐵鑊，如是恐怖以恐嚇我。"《玄應音義》卷一釋《大威德陁羅尼經》此詞云："亦言恐赫，或言恐喝，皆一義也。"又卷十一釋《正法念經》第二卷恐嚇："呼嫁反。相恐也。……《方言》作恐閱。郭璞音呼隔反。亦作恐赫，亦言恐猲，皆一義也。"又如《敦煌變文集・捉季布傳文》："院長不須相恐嚇。"

8. 2場外組合，與表示"驚動"的語素組合：震恐、驚恐、恐動。

先生云："當時趙公且要持重，魏公卻要大舉。有劉麟者，舉兵掠邊。朝廷不探虛實，以為虜復大入，趙公震恐。"(131、

3146）

卜者告之曰："必夜有驚恐，後有兵權。"未幾果夜遇寇，旋得洪帥。（72、1836）

某謂"益之，用凶事"者，言人臣之益君，是責難於君之時，必以危言鯁論恐動其君而益之，雖以中而行，然必用圭以通其信。（37、984）

《朱子語類》中"恐"已經有虛化的傾向，大多表示"擔心，恐怕"義。

衹是更就上面省察，如用兵禦寇，寇雖已盡翦除了，猶恐林穀草莽間有小小隱伏者，或能間出為害，更當搜過始得。（16、332）

前輩解說，恐後學難曉，故《集注》盡撮其要，已說盡了，不須更去注腳外又添一段說話。（19、438）

表示擔心的"恐、怕"組合成復合副詞"恐怕"表示估計、擔心或疑慮。《朱子語類》中有5例。如：

但"據於德"，固是有得於心，是甚次第，然亦恐怕有走作時節。（34、869）

若以正勝邪，則須是做得十分工夫，方勝得他，然猶自恐怕勝他未盡在。（59、1418）

9. **憚**

9. 1"憚"的詞義

憚，有"顧忌而害怕"義。《說文·心部》："憚，忌難也。"段玉裁注："凡畏難曰憚，以難相恐嚇亦曰憚。"《朱子語類》中用例如：

今人衹是憚難，過了日子。（21、506）

9. 2場內組合：畏憚。

曰："聖人極其高大，人自難企及，若更不俯就，則人愈畏憚而不敢進。"（36、960）

9. 3 場外組合：忌憚、敬憚、疑憚。

范一到，便為驚世駭俗之論，取他人之不敢言者，無所忌憚而言之。(130、3129)

如漢武帝見汲黯之直，深所敬憚，至帳中可其奏，可謂從矣。(37、981)

初間其氣由集義而生，後來道義卻須那氣相助，是以無所疑憚。(52、1258)

10. 怕

"怕"的詞義

怕，本有"恬靜、淡泊"義，後用以記"悑"、"怖"的俗音而有"畏懼、害怕"義[5]，隋唐漸成為常用詞，沿用到現代漢語中。

《朱子語類》中"怕"有 257 例，其中表示"害怕"義有 17 例。如：

如今說不怕鬼，本有懼心，強云不懼。(52、1267)

諸生入問候，先生曰："寒後卻剗地氣痞。西川人怕寒。嘗有人入裹面作守，召客後，令人打扇。坐客皆起白云，若使人打扇，少間有某疾。生冷果子亦不可吃，才吃便有某疾，便是西川之人大故怕寒。"(138、3282)

"怕"作為後起新興白話詞，在語言交際中自由運用，宋代尚無場內和場外組合。

《朱子語類》中"怕"與"恐"相似，有 240 例中"怕"已虛化為表示"擔心"或對未然情況的估計和揣測義，詞性也由動詞虛化為副詞，還可與"恐"、"慊"、"生"連用組成複合詞，表示估計和揣測。如：

不如且就知得處逐旋做去，知得一件做一件，知得兩件做兩件，貪多不濟事。如此用工夫，恐怕輕費了時月。(95、2424)

今人說《易》，所以不將卜筮為主者，衹是慊怕小卻這道理，

故憑虛失實，茫昧臆度而已。(75、1924)

如日間所行之事，想見衹是不得已去做；才做，便要忘了，生怕有意見。(124、2972—2973)

現代漢語中“怕”一方面已成為表達恐懼概念場的典型成員，也可作為語素和場內成員組成復合詞“懼怕、害怕”等表示“恐懼，害怕”義；另一方面語義虛化，可表“擔心”義，又由“擔心”義虛化有“恐怕”義，表示對未然情況的估計和揣測，

11. 畏

11. 1“畏”的詞義

“畏”在甲骨文中已出現，李孝定《甲骨文字集釋》按：“契文象鬼執仗之行，可畏之象也。”《說文·由部》：“畏，惡也。”引申有“害怕、恐懼”義。《朱子語類》中用例如：

龜山說話，常有些畏罪禍底意思在。(22、510)

曰：“此聖人所以言其愚也。若夫子畏於匡，微服過宋，料須不如此。”(39、1017)

11. 2 場內組合：畏憚、聳畏、畏怯、畏懼。

見上文“憚”、“悚”、“怯”、“懼”。

11. 3 場外組合

11. 3. 1 與表示“敬畏”的語素組合：敬畏、畏敬、祇畏、寅畏。

仍是朋友才不如我時，便無敬畏之意，而生狎侮之心。(21、505)

或問：“畏敬如何?”曰：“如家人有嚴君焉，吾之所當畏敬者也。”(16、350)

受命帝庭而敷佑四方，定爾子孫而使民祇畏，是則武王之所能。(118、2863)

又曰：“凡事，須是小心寅畏，若恁地粗心駕去，不得。”(106、2642)

例中“敬畏、畏敬”為同素異序詞。

11. 3. 2與表示“謹慎”的語素組合：謹畏、畏謹、疑畏、畏慎、畏防。

有人外若謹畏，內實縱弛，這便是不誠於敬。(69、1740)

敬非是塊然兀坐，耳無所聞，目無所見，心無所思，而後謂之敬。衹是有所畏謹，所謂浩然之氣，粗說是“仰不愧於天，俯不怍於人”，無所疑畏。(52、1250)

此人既為中王，則一歲家居寡出，恭謹畏慎，略不敢為非，以副一村祈向之意。(90、2309)

蓋卦爻雖不好，而占之者能敬慎畏防，則亦不至於敗。(66、1630)

11. 3. 3與表示“屈服”的語素組合：畏服、畏壓、畏懦。

“大畏民志”者，大有以畏服斯民自欺之志。(16、323)

蜀遠朝廷萬有餘里。擇帥須用嚴毅、素有威名、足以畏壓人心，則喜亂之徒不敢作矣。(110、2711)

本朝用刑至寬，而人多畏懦，到合說處，反畏似虎。(122、3178)

11. 3. 4與表示躲避的語素組合：畏縮、畏避。

若平時不得養，此氣衰颯了，合當做底事，也畏縮不敢去做。(52、1257—1258)

而今一樣人，畏避退縮，事事不敢做，衹是氣小。(52、1254)

“畏”還可與“首尾”組成“畏首畏尾”：

若今人恁地畏首畏尾，瞻前顧後，粘手惹腳，如何做得事成！(29、750)

12. 惴

12. 1“惴”的詞義

惴，本義為“憂懼、恐懼”。《說文・心部》：“惴，憂懼也。”

《朱子語類》中用例如：

乃曰："乾坤衹是一個健順之理，人之性無不具此。'雖千萬人，吾往矣'，便是健。'雖褐寬博，吾不惴焉'，便是順。"（74、1884）

12. 2 場内組合：惴慄。

曰："且如'恂'字，鄭氏讀為'峻'。某始者言，此衹是'恂恂如也'之'恂'，何必如此。及讀《莊子》，見所謂'木處則惴慄恂懼'，然後知鄭氏之音為當。"（17、388）

12. 3 場外組合有"惴駭"、"驚惴"等，《朱子語類》無用例。

13. **慄**

13. 1"慄"的詞義

慄，本作"栗"，指哆嗦，發抖。人在寒冷或害怕時往往會哆嗦發抖，引申有"恐懼"義，側重形容恐懼的狀態。

13. 2 場内組合：惴慄。

見上文"惴"。

13. 3 場外組合：慘慄、兢慄、恂慄。

昭明是光景，焄蒿是蒸袞，悽愴是有一般感人，使人慘慄，如所謂"其風肅然"者。（63、1547）

凡讀《易》而能句句體驗，每存兢慄戒慎之意，則於己為有益；不然，亦空言爾。（75、1924）

道夫云："如此注，則方與'瑟'字及下文恂慄之說相合。"（17、388）

14. **惶**

14. 1"惶"的詞義

惶，有"恐懼、驚慌"義，《說文·心部》："惶，恐也。"又記音作"皇"。《朱子語類》中"惶"、"皇"通用。

14. 2 場内組合：皇恐、皇懼。

又曰：“而今衹是據本子看，說行三軍是如此。試把數千人與公去行看，好皇恐!”（34、876）

吏初皇懼，某與之云：“有法，不妨衹如此去。”（106、2641）

14. 3 場外組合：驚惶、慚惶、惶惑、惶然、張惶、皇皇汲汲、汲汲皇皇、營營皇皇。

曰：“公莫看得戒慎恐懼太重了，此衹是略省一省，不是恁驚惶震懼，略是個敬模樣如此。”（62、1503）

“包羞”，是做得不好事，衹得慚惶，更不堪對人說。（67、1671）

上蔡汗流浹背，面發赤色，明道云：“此便見得惻隱之心。”公且道上蔡聞得過失，恁地慚皇，自是羞惡之心，如何卻說道“見得惻隱之心”？公試思。（53、1297）

某又問：“丞相秉軸，首召先生入經筵。命下，士子相慶，以為太平可致。忽然一日報罷，莫不惶惑。”（132、3183）

曰：“若是真實見得，必不恁地張惶。”（100、2552）

嘗見老蘇說他讀書：“《孟子》、《論語》、韓子及其他聖人之文，兀然端坐，終日以讀者七八年。方其始也，入其中而惶然，博觀於其外而駭然以驚。”（121、2918）

古人衹是日夜皇皇汲汲，去理會這個身心。（13、222）

問：“看聖人汲汲皇皇，不肯沒身逃世，衹是急於救世，不能廢君臣之義。至於可與不可，臨時依舊裁之以義。”（93、2351）

才不定，則心下便營營皇皇，心下才恁地，又安頓在那裏得！（17、381）

15. 戰

15. 1“戰”的詞義

戰，有“恐懼發抖”義。《爾雅·釋詁下》：“戰，懼也。”

15. 2 場內組合：戰懼。

見上文“懼”。

15. 3 場外組合：戰兢、戰戰兢兢。

問曾子戰兢。(35、912)

故敬天當如敬親，戰戰兢兢，無所不至；愛天當如愛親，無所不順。(98、2526)

16. **嚇**

16. 1 “嚇”的詞義

嚇，本為象聲詞，可象怒斥聲。《玄應音義》卷十九釋《佛本行集經》第二十九卷嚇呼：“嚇亦大怒也。”引申有威脅“使害怕”義。如《詩》：“女反予來赫。”鄭玄箋：“口距人謂之赫。”陸德明《釋文》：“本亦作‘嚇’，鄭許嫁反，《莊子》云‘以梁國嚇我’是也。” “嚇”為“赫”的後出字，見於《唐王公素墓誌》⑥。又作“㹤”，今作“吓”。《朱子語類》中用例如：

他知得高祖決不能不嫚侮以求廉節之士。但直說他，則恐未必便從，故且將去嚇他一嚇。(134、3216)

劉元城屢被人嚇令自裁，劉不畏，曰：“君命死即死，自死奚為！”(130、3126)

16. 2 場內組合：恐嚇。

見上文“恐”。38 頁

16. 3 場外組合有“恫嚇”、“威嚇”、“驚嚇”、“嚇唬”等，《朱子語類》無用例。

17. **結語**

《朱子語類》表達恐懼概念的詞中，“怕”是後起的常用詞，“懼”側重於發自內心的怯怕驚恐；“懾”側重於懼怕威勢而屈服；“憚”多為對外在事物的怯怕；“恐”多為外在的驚慌怯怕；“畏”可以是發自內心的怯怕或敬佩，也可以是對外在事物的怕；“怖”側重於驚恐的程度；“怯”側重於缺乏膽量和勇氣而害怕應付不了或不能勝任；“嚇”是對外在威脅的驚慌怯怕；“戰”、“慄”、“惴”和“惶”側重表示恐懼的狀態；“恐”、“嚇”用於使動有“使恐懼”義。現代漢語中“怕”成為表達恐懼概念詞彙場中的典型成員，“懼”、“懾”、“憚”、“恐”、“嚇（唬）”等為一般成員，“惶”為“慌”所取代，“悚”、“慄”等為邊緣成員。“畏縮、恐嚇”等沿用，“怵惕、怵然、惕然、惕息、兢惕、聳畏、悚然、聳然、震怖、怯懼、哀懼、危懼、懾怯、怯懾、畏怯、怯弱、衰怯、懶怯、屈懾、皇恐、震恐、驚恐、恐動、恐懼、畏懼、憂懼、退怯、忌憚、畏憚、敬憚、疑憚、敬畏、畏敬、祇畏、寅畏、謹畏、畏謹、疑畏、畏慎、畏防、畏服、畏壓、畏懦、畏避、惴慄、慘慄、兢慄、恂慄、皇懼、驚惶、慚惶、慚皇、惶惑、惶然、張惶、戰懼、戰戰兢兢”等用於書面語或不用。“懼”、“恐”、“怕”和“恐怕”在詞義的發展演變過程中語義趨向虛化而有擔憂義，“恐”、“怕”和“恐怕”又由“擔心”義虛化有估量猜測義。

詞彙系統是一個複雜的多層面網絡系統，我們不可能衹從一個角度就概括出整個詞彙系統的全貌，但是我們可以通過研究詞彙這個大系統的主要和核心的層面來進一步認識其他層面，從而把握整個詞彙系統。每一種語言都是由千百個不同層次的概念詞語類聚組成的詞義系統⑦。詞義網絡系統由詞義及詞與詞間的各種關係相互聯接而構成，其存在又反過來使具體的詞義得以確立。這兩者是相互依賴而互為前提的。從詞彙系統中選取任意一個詞彙成分作為輻射點，沿着其聚合關係輻射開去，就會形成無數個以該詞彙成分為核心而聚合其他詞彙成分的聚合網絡。每個輻射點可以是一個詞彙成分，也可以由多個詞彙成分構成。構成輻射點上的每一個詞彙成分又都可以作為一個新的輻射點形成一個新的輻射聚合。各個層面上所有詞彙成分的輻射聚合相互聯繫、相互交織在一起就構成了詞彙系統的動態聚合網絡。如《朱子語類》中“煩惱”是憂慮概念詞語類聚中的一般成員，又是思慮概念詞語類聚中的一般成員。如“某五六歲時，心便煩惱個天體是如何?”（45、1156）例中“煩惱”，徽州本作“思量”。由徽州本和成化本的異文也可推知“煩惱”又有“掛慮、思量”義。如果以“煩惱”作為輻射點，沿着其聚合關係輻射開去，就會形成以“煩惱”為核心而聚合與其有同義、反義、上下位義、整體部分義等詞彙成分的憂愁概念詞語類聚和思慮概念詞語類聚相交合的網絡系統。又如以《朱子語類》中恐懼概念詞語類聚的“怵、惕、悚、怖、懼、怯、慑、恐、憚、怕、畏、惴、栗、惶、戰、怵惕、怵然、惕然、惕息、兢惕、聳畏、悚然、聳然、震怖、怯懼、哀懼、危懼、慑怯、怯慑、畏怯、怯弱、衰怯、懶怯、屈慑、皇恐、震恐、驚恐、恐動、恐懼、畏懼、憂懼、退怯、忌憚、畏憚、敬憚、疑憚、敬畏、畏敬、祗畏、寅畏、謹畏、畏謹、疑畏、畏慎、畏防、畏服、畏壓、畏懦、畏避、惴慄、慘慄、兢慄、恂慄、皇懼、驚惶、慚惶、慚皇、惶惑、惶然、張惶、戰懼”等任意一個詞作為輻射點，沿着其聚合關係輻射開去，就會形成以這些詞彙成分為核心而聚合與其有同義、反義、上下位義、整體部分義等詞彙成分的聚合網絡。如“嚇”是恐懼概念詞語類聚中的邊緣成員，側重於威脅使害怕，又是欺騙概念詞語類聚中的邊緣成員，側重於憑藉權勢威力等恐嚇欺誑他人。如果以“嚇”作為輻射點，沿着其聚合關係輻射開去，就會形成以“嚇”及其組合的詞語為核心而聚合其他詞彙成分的恐懼和欺騙概念詞語聚合網絡。又如“恐”和“怕”在恐懼概念詞語類聚中表“害怕”義，在憂慮概念詞語類聚中表“擔憂”義，在猜測概念詞語類聚中表“估計”義。如果以“恐”或“怕”作為輻射點，沿着其聚合關係輻射開去，就會形成以“恐”或“怕”及其組合的詞語為核心而聚合其他詞彙成分的恐懼、憂慮和猜測概念詞語聚合網絡。這些聚合網絡中的每一個詞都有自已的場內外組合，又與周邊的相關詞語類聚繫聯。由這些概念詞語類聚可見《朱子語類》詞義系統中各種性質、各種層次的言語和語言成分及其各成員間語義關係的古今演變[8]，且隨着社會的發展和新舊詞的興替，各詞語類聚又不斷調整，吸收新成員，淘汰舊成員，以滿足社會交際的需要，從而形成了一個從古到今不斷發展的、開放型的、多層面立體交叉的詞彙網絡系統。

〔注釋〕

①《朱子語類大全》卷首《朱子語錄姓氏》載 97 人，據朝鮮古寫徽州本《朱子語類》卷首"今增多三十八家"所載還有"盧淳"。

②詳參拙文《朱子語錄和語類各本考》，待刊。

③蔣紹愚《漢語詞義和詞彙系統的歷史演變初探》，《北京大學學報》2006 年第 4 期。

④本文所據如未特別注明皆為王星賢點校本，中華書局 1986 年版。括弧內為卷和頁，下文同。

⑤參拙文《"忙"和"怕"詞義演變探微》，《中國語文》2004 年第 2 期。

⑥臧克和主編《漢魏六朝唐五代字形表》，南方日報出版社 2011 年版第 320 頁。

⑦參拙文《面向新世紀的網絡詞典編纂芻探》，《中國辭書論集》，陝西人民出版社 2002 年版。

⑧譚代龍《義淨譯經身體運動概念場詞彙系統及其演變研究》依據義淨譯經，考察了"臥睡"等四個非位移運動概念場詞彙系統和"前進"等十四個位移運動概念場詞彙系統的共時面貌和歷時演變情況，指出不同概念場的詞彙系統古今是不一樣的，共時材料中存在着"系統疊加"的現象。"共時材料中的語言現象屬於典型的'異質系統'，其中充滿了各種性質、各種層次的言語成分。"語文出版社 2008 年版第 260 頁。

（徐時儀，上海師範大學人文與傳播學院古籍研究所，郵編 200234）

東漢佛道文獻詞彙新質的表義分析*

俞理明　顧滿林

内容摘要： 本文以東漢佛道文獻中出現的人體方面的詞彙新成分作為對象，通過統計的方法，考察其中所反映的詞彙發展和創新的動因，發現對於新事物新概念的表達，並不是詞彙創新的全部動力，詞彙翻新的需要，對於詞彙的創新和發展影響重大。

關鍵詞： 描寫詞彙學　詞彙新質　詞彙翻新　佛教用語　道教用語

一　引言

詞彙新成分，包括詞彙的新形式和詞彙形式的新意義，我們統稱為詞彙新質，因為它們都是在某個歷史時期出現的詞彙新成分，反映詞彙的新變化。本文以東漢時期的佛經和道經為對象，對其中出現的新成分作了描寫，從搜集到的 4749 條東漢佛道文獻中的詞彙新質中，選擇有關人體的詞語，共 78 條，作一封閉分析，選擇這一部分詞語的理由是，它們雖然用於宗教文獻，但是它們在意義上具有穩固的現實基礎，宗教對它們的影響是有限

* 本文爲教育部人文社會科學研究十五規劃第一批項目（01JB740010）“漢代佛道典籍語言研究”和四川省哲學社會科學十五規劃項目“漢語詞彙史、東漢佛道文獻詞彙研究”成果“東漢佛道文獻詞彙新質研究”結論的一部分，書稿獲國家社科基金後期資助項目資助（11FYY004）。

的，可以比較客觀地反映宗教影響下當時漢語的一般情況。分析的目的，意在考察詞彙新質產生與詞彙系統的關係，觀察詞彙創新的動因。

二 東漢佛道文獻詞彙新質中的形義創新關係

詞彙的新質，不論是面目全新的詞語，還是形式雖舊但意義變化的詞語，都是為了表達意義而產生的。我們搜集到了 4749 個東漢佛道文獻中的詞彙新質，是否當時產生了那麽多的新概念需要詞彙中增入那麽多的新成分來滿足表達的需要呢？應該對此有一個瞭解。

詞彙的創新，包括兩個方面，詞彙成分在形式上的創新和新意義的表達。

所謂詞彙成分的形式創新，是指詞彙新形式的產生，新的詞彙成分可能為了新意義表達的需要，也可能僅僅是為舊形式增添一個同義的新形式，對於後者，其實是一種詞彙翻新。

新意義的表達，也為詞彙增入的新質。但表達一個新的意義，可能採用舊有的詞彙形式，給這個詞彙成分增加一個新的意義，也可能採用一個完全新的形式。

這樣，在這一交叉的詞彙創新關係中，存在着三種可能：新形式表達新概念、新形式表達舊概念、舊形式表達新概念。這樣，詞彙中的新變化，有時是為了滿足新事物的表達需要，有時則是為了滿足原有事物表達的新需要。因此，從創新的角度來看詞彙新質的形式與意義的關係，有如下幾種類型。

1. 新形式表示新概念，這些概念都是隨着佛教的傳入而產生，並用新形式表達，共有 3 例：

表示超凡視力的“天眼”：有阿羅漢以天眼徹視，見女人墮地獄中者甚衆多。（安世高 1508p55a）

表示佛或高僧遺骨的“舍利”（梵文śarīra 的音譯）：諸女起塔，供養舍利。（曇果共康孟詳 196p158a）

帶有佛教含義指軀體的“苦器”：身為苦器，衆生皆然。（曇果共康孟詳 196p149c）

2. 新形式表示的事物行為早已存在，但是原來沒有獨立的表達形式，在這一時期的文獻中出現了這樣的表達形式，共 35 例，比如：

表示眼睛和鼻子靠近頭顱部分的“眼根”“鼻根”：二種著眼根，二種著耳，二種著耳根，二種著鼻根。（安世高 607p235a）

表示口腔上壁的“上齶”“上臛”：八十種蟲生身中……一種在舌，一種著舌根，一種著口中上齶，一種在咽。（安世高 607p235a）一切捲縮……口中上臛青，雙𡁏計，如是病痛相不可治。（安世高 607p233a）

表示口腔兩側的“雙𡁏”。（例見上）

表示空握的手“空把”：是身為譬如空把，為癡人所欺。（安世高 607p236b）

表示梳理成型的頭髮的“髮髻”：安危之間，相錯若髮髻。（《鈔》乙 p39）

表示肌體突起部分的“腄”：九七日在磨石子上生五腄：兩肩相兩髖相一頭相。（安世高 607p234a）

表示皮膜的“臘”“膜”：二十九七日肉稍堅滿，三十七日皮膜成臘，三十一七日皮膜稍堅。（安世高 607p234b）

表示魁梧身軀的“方身”：方身丈六，華色紫金。（曇果共康孟詳 196p156a）

表示身體和口腹的“身口”：其花實以給身口，助其穀糧。（《太》卷 114/200p455）

表示全身的“頭足”：吏民無所投頭足，相隨雲亂，不

能相救。(《太》卷 97/154p355)

表示人體骨頭組合的“骨骼”：復一風起，名節間居風，令病者骨骼直掣振。(安世高 607p233b)

表示骨骼和脈絡的“脈骨”：壹死，終古不得復見天地日月也，脈骨成塗土。(《太》卷 72/110p243)

表示汗毛的“衣毛”：若令畏懼，衣毛當起。（支讖 224p464a)

表示汗孔的“毛孔”：人身有七十萬脈，九十九萬毛孔。(安世高 1508p55a)

表示上腹部的“生處”：十六七日小腸生，十七七日胃生，十八七日生處肺處熟處。(安世高 607p234b)

表示胸腔的“肺處”(例見上)。

表示小腹部的“熟處”(例見上)。

表示子宮和陰道的“胞門”和“產户”：母腹中上下風起，兒從是風倒頭向下，足在上，墮母胞門中。（安世高 607p234c) 既為胞門所纏裹，產户急笮，墮地中風。(安世高 607p234c)

另外，有的概念以前衹有分指形式，沒有合指形式，而在東漢出現了合指形式，比如：

表示手掌和腳掌中心的“手足心”：四肢之一者，手足心也。(《鈔》乙 p23)

表示肩膀到手指的“手臂”：若有所從精進治生，自從手臂勤力寒苦致犯治得，便從是無有能橫奪福者。(安世高 150Ap878b)

表示手指腳趾的“指節約”：一種著指節約，一種在脛，一種在膝頭，一種在足蹲。如是八十種蟲著身中。(安世高 607p235a)

表示骨頭和關節的“骨關”：是身為譬如骨關，肉血塗。

（安世高 607p236a）

表示頭和四肢的“五體”：以五體而稽首，乃卻入廟。（安玄 322p19a）

表示心和膽的“心膽”：觀是身有髮毛爪齒、血脈肌肉、筋骨脾腎、大腸小腸、大小腹、大便小便、涙汗涕唾、肝肺心膽、血肥膏髓。（安世高 150Ap878c）

一些以前沒有明確區分的部位，得到了區分：

區分腸道的“大腸”“小腸”：復一風起名復上風，令病者內身膝脊肩背胸腹臍小腹大腸小腸肝肺心脾腎亦餘藏令斷截。（安世高 607p233b）也可合稱“大小腸”：節食千日之後，大小腸皆滿。（《鈔》辛 p502）

表示不同狀態的血和油脂的“沸血”“青血”和“肪膏”“血肥”：是誹謗法人，儻聞說是事，其人沸血便從面孔出，或恐便死。（支讖 224p441b）復一風起名成風，令病者青血，肪膏大小便生熟熱寒澀，令幹從處卻。（安世高 607p233b）觀是身有髮毛爪齒、血脈肌肉、筋骨脾腎、大腸小腸、大小腹、大便小便、涙汗涕唾、肝肺心膽、血肥膏髓。（安世高 150Ap878c）

表達需要，促進了新的形式的產生，形成了新詞。

3. 新形式表示舊概念，很多概念，已經有相應的詞語表達，但是，交際中的某些需求，比如由韻律作用下的複音化影響、說話行文時用詞創新的需求，等等，都促成了這類詞語翻新的發生，共 34 例，比如：

表示眼睛（目）的“眼目”：無目者，般若波羅蜜為作眼目。（支讖 224p440b）

表示鼻子的“鼻頭”：見身重骨節不隨，鼻頭曲戾。（安世高 607p232c）

表示牙下骨（輔車）的“頰車”：一切捲縮，脈投，血

肉濁，頰車張，上頭掉……如是病痛相不可治。（安世高607p233a）

表示頜骨的“頭頤”：足骨連腨腸，腨腸連髖骨，髖骨連背脊腰骨，連肩，肩連頸脰，頸脰連頭頤，頭頤連齒。（安世高607p234b）

表示下巴的“胞頤”：胞頤瀁洟出，呼當奈何。（安世高607p233a）

表示嘴唇的“口門”：二種著口門，二種在齒，二種在齒根。（安世高607p235a）

表示七竅的“七正（七政）”“面孔”：五藏，五行也；耳目口鼻七政，三光也。（《太》卷35/41p46）故頭之一者，頂也；七正之一者，目也。（《鈔》乙p23）是誹謗法人，儻聞説是事，其人沸血便從面孔出，或恐便死。（支讖224p441b）

表示九竅的“九户”“九孔”“九門”：故古者大聖教人深思遠慮，閉其九户，休其四使，使其渾沌。（《太》卷68/104p217）人有腫之歲，若干歲聚便為所腫，九孔九痛九漏，從所孔所漏所渧所走，但為不淨出。（安世高150Ap880b）是身為譬如清溷，九門故。（安世高607p236a）

表示臉面的“顔面”“頭面”：徒跣而立，顔面垢穢，衣服汙塵，身體疲勞，嘘唏悲啼。（曇果共康孟詳196p158b）男子，其頭面肢體，其好善不及女也。（《太》卷93/138p315）世間亦天上皆叉手禮佛，是故持頭面為禮佛。（安世高607p230c）

表示頭頂（顛）的“頭頂”“頂腦”“頂顙”：三百六十脈者，應一歲三百六十日，日一脈持事，應四時五行而動，出外周旋身，上總於頭頂，内系於藏。（《太》卷50/

74p152）便見想生恐畏怖，夢中見蜂啄木烏鵶啄頂腦。（安世高 607p232a）觀是身有髮毛爪齒、血脈肌肉、筋骨脾腎、大腸小腸、大小腹、大便小便、涙汗涕唾、肝肺心膽、血肥膏髓、風熱頂顊。（安世高 150Ap878c）

表示兩鬢頭髮的“鬢髮”：鬢髮白變黑，更生易牙齒。（《参同契》上）以老僂，拄杖，鬢髮墮。（安世高 32p814c）

表示頭部（首）的“頭腦”“頭首”：爾時憂陀耶見佛相好，明暉天地，五情實喜，頭腦禮足，卻住一面。（曇果共康孟詳 196p154b）即下象車，解劍卻蓋，涕涙趣佛，頭首禮足。（曇果共康孟詳 196p155a）

表示脖子的“頸脰”：足骨連腨腸，腨腸連髖骨，髖骨連背脊腰骨，連肩，肩連頸脰，頸脰連頭顱，頭顱連齒。（安世高 607p234b）

表示指甲和趾甲的“爪甲”：三十六七日，爪甲生。（安世高 607p234b）

表示指甲和牙齒的“爪齒”：觀是身有髮毛爪齒、血脈肌肉。（安世高 150Ap235a）

表示肢體關節的“節根”：一切捲縮，脈投，血肉濁，頰車張，上頭掉，影無有明，臂肉豎，眼黑色黑，大小便不通，節根解，口中上腫青，雙噦計，如是病痛相不可治。（安世高 607p233a）

表示小腿的“腨腸”：足骨連腨腸，腨腸連髖骨，髖骨連背脊、腰骨，連肩。（安世高 607p234b）

表示膝蓋的“膝頭”：一種著指節約，一種在脛，一種在膝頭，一種在足蹲。如是八十種蟲著身中。（安世高 607p235a）

表示大腿的“足蹲”（例見上文）。

表示臀部的“髖”“脽脽”：二種著髖根，五種著陰根。

（安世高 607p235a）三十二七日脽腥肌生。（安世高 607p234b）

表示胸部的“胸心”：人死者大劇事，當大冤之，叩胸心自投擗也。（《太》卷 90/131p283）

表示身體的“形身”：男者，天也；女者，地也；衣者，依也，天地父母所以依養人形身也。（《太》卷 36/44p53）

表示死者骨骼的“枯白骨”：若於塚間見枯白骨坐，念便得脫。（支讖 458p439b）

表示五臟的“五內”：多五內疾者，是五行氣戰也。（《鈔》乙 p37）

表示胞衣的“胞胎”：稟乎胞胎，受氣元初。（《參同契》中）適向母胞胎，已聞怛薩阿竭署。（支讖 458p438a）

表示母胎的“胞中”：比若人有胞中之子，守道不妄穿鑿其母，母無病也。（《太》卷 45/61p106）

4. 舊形式變换内涵表示舊有事物，共 6 例。其中有的事物原來沒有命名的，如：

原表四肢的“肢節（支節）”表示四肢和關節：數使往動搖支節，屈申轉傾。（《太》卷 110/179p395）乃善人骨肉肢節，各保令完全。（《太》卷 114/203p464）見諸妓女，皆如死狀，膿血流溢，肢節斷壞。（曇果一康孟詳 196p149a）

原指手臂彎曲處的“肘”表示軀幹的分支：十七日亦在磨石子上生四肘，兩手相兩足相。十一七日亦在磨石子上生二十四肘，十在手指相十在足指相，四在耳目鼻口止處相。（安世高 607p234a）

原表黑痣的“黑子”指老年黑斑：賢者，苦老為何等所？各各疲疲人，其為是老皺白力動，以老僂拄杖，鬢髮墮，黑子生㲲，㲲根已熟，身欲壞，色已轉老已壽，是名為老。（安世高 32p814c）

原來表示母體內幼兒的“胎”表示胞衣：兒在胎中若有盲聾，母豫知不耶？（曇果共康孟詳 196p153a）

用“結”表示關節的連繫部分：復一風起名遽風，令病者斷結。（安世高 607p233a）

有的是原來已經有名稱的，如：

原指小腿的“腳”表示足：譬若男子得象觀其腳。（支讖 224p447b）所乘象馬，四腳布地，而作鳥鳴。（曇果共康孟詳 196p155c）

三　詞彙新質產生的原因

通過以上詞語的意義和形式的關係分析，可以看出詞彙新質在表意上的特點。從表意需求來看，促使詞彙新質產生的有三方面的因素：

1. 新概念表達的需要，造成了一批形義俱新的詞語，但是，其中還有區別。有的新概念與新事物直接關聯（3 例），而有的新概念祇與新的認識有關，事物本身是早已存在的，祇是過去沒有專門表達的形式（35 例）。

2. 舊概念的形式創新，有不少概念是漢語中已經有專門詞語表達，但仍採用了新的形式來表達（34 例），其中多數形式創新跟舊形式有密切聯繫，包括把原來的單音形式改造為雙音形式，或者替換原雙音形式中的一個語素形成新詞。

3. 舊形式的意義變化，是舊形式活力的體現，改變一個詞語的意義，用它來表達另一個原有的事物，其中，有的本無名稱（5 例），有的已有名稱（1 例），共 6 例，數量雖然不多，但也是詞彙發展中需要關注的方面。

可以把上述分析用圖表總結如下：

項目	新形式			舊形式		合計
	新現事物	未名舊事物	已名舊事物	未名舊事物	已名舊事物	
數量	3	35	34	5	1	78
百分比	3.84%	44.87%	43.59%	6.41%	1.28%	

從這個抽樣材料中，我們看到的是，詞彙新形式的產生，不完全是為滿足新生事物表達的需要，大量的新概念是對事物重新認識的結果，即便把這類概念也看作新概念，因新概念表達需要產生的詞彙新質也衹佔詞彙新質總量的55.12%，另有近一半的詞彙新質的產生或使用，並不是為了表達新概念，衹是用一種新的形式，或改變一個舊形式的內涵，來表達本已有表達形式的舊事物，為這些事物的表達提供一個同義的形式，這類材料，在上述統計中佔了44.87%。因此，在一般日常生活用語中，新興概念對詞彙新質產生的促發作用，衹是詞彙發展變化的部分原因，詞彙的發展大約有一半的動力來自於其它方面。

衹有在新興的領域中，詞彙的新質跟新概念的表達纔有特別密切的關係。就東漢佛道文獻而言，這類現象出現在專門涉及宗教的詞語中，比如表示宗教人物或宗教行為的詞語、佛教人物地域名稱。但從東漢佛道詞彙新質的整體來看，它們衹佔其中的很小一部分，大部分的詞彙新質，是跟非宗教性的公共概念有關。

讓人吃驚的是，詞彙新質所表達的概念中約一半已有自己的表達形式，詞彙的這方面變化，僅僅是詞語替換，即表達形式的變化，而不是出於單純的意義表達需要，這是一種非經濟性的變化，這方面共佔44.87%，也就是說，從這個抽樣材料中，促使新詞語產生的表達需求，有將近一半來自於詞語的形式翻新，新事物新概念表達對於新詞語的產生，衹是部分的動力，而不是全部。

根據這個抽樣調查，從意義表達的角度來看，影響詞彙發展、促使新形式產生的，有三個因素：

1. 新事物的出現，佔 3.84%。

2. 對原有事物的新認識，佔 51.28%。

3. 對原有表達方式的改變，佔 44.87%。

這樣，從人體名稱這樣一個舊有範疇來看，對已有事物的認識改變和概念表達的創新，在詞彙變化中所起的作用，遠遠大於新事物新概念表達方面的需求。

當然，以上分析是針對一般領域內的詞彙創新而言。在東漢佛道文獻的詞彙新質中，也有一些特殊領域，比如佛教的人名稱號（75 條），佛經中涉及的異域地名（70 條），以及特殊的宗教概念（如稱述宗教人物 110 條，神靈精氣 108 條，神通智能 28 條，信仰 47 條，修行用語 52 條，修煉成道 27 條），其中的詞彙創新的動力就以宗教宣傳中的新概念或引入外界的新事物表達為主，不過這樣的詞語總量有限。上面我們列舉了東漢佛道詞彙新質中主要的因表達新概念而出現的詞彙創新最集中的部分，總計不過 517 條，不到全部東漢佛道詞彙新質 4749 條的 11%。而在東漢佛道文獻詞彙新質中，還有大量的一般概念的詞語翻新，比如表示緊張恐慌，就有 23 條新形式：

> 征營、怔忪、肅動、失氣、側息、周慞、悸忉、情悸、恐悸、怖悸、怖畏、怖惶、怖懼、惶懼、惶怖、惶栗、懼駭、畏怖、恐畏怖、不戰自栗、愁毒、愁慚、汲汲。

在實際涵義方面，原來的詞語中早有相應的形式可供使用，新形式從意義上看並沒有增入什麼新的要素，但形式的變化，有助於表達形式的生動，強化表達效果。

因此，從整體上來說，本文的抽樣具有足夠的代表性，反映了當時一般領域內詞彙創新的動因。

〔注釋〕

①本文採用的東漢道經有《太平經》、《周易參同契》、《老子想爾注》。所選佛經篇目據《出三藏記集》記載，並參考 Jan Nattier（2008，最早的漢譯佛教文獻導論）和其他學者的意見，把它們分為兩個部分，以公認時代確鑿部分的材料作為主證，據以立目，另一部分（加＊號）衹作附證，不據以立目，包括安世高所譯的《長阿含十報經》（T13）、《人本欲生經》（T14）、《一切流攝守因經》（T31）、《四諦經》（T32）、《本相猗致經》（T36）、《是法非法經》（T48）、《漏分佈經》（T57）、《普法義經》（T98）、《八正道經》（T112）、《七處三觀經》（T150A）、《九橫經》（T150B）、《陰持入經》（T603）、《道地經》（T607）、《阿含口解十二因緣經》（T1508）、《阿毗曇五法行經》（T1557），＊《五十校計經》（T397）；支讖所譯《道行般若經》（T224）、＊《般舟三昧經（散句部分）》（T418）、＊《兜沙經》（T280）、＊《遺日摩尼寶經》（T350）、《文殊師利問菩薩署經》（T458）、《內藏百寶經》（T807），安玄所譯《法鏡經》（T322），曇果、康孟詳所譯《中本起經》（T196），＊竺大力、康孟詳所譯《修行本起經》（T184）。

②本文引用佛道文獻標寫說明。《太平經》原書 170 卷分 10 部，今殘存本文 57 卷，另有唐人據全經摘抄的《太平經鈔》，每部 1 卷共 10 卷（其中甲部不是《太平經》本身的內容，實質 9 卷）。引文據《太平經正讀》，屬《太平經》本文的，直接標為《太》，各例後數字表示引例的卷次/篇次和頁碼；屬《太平經鈔》的文字，標為《鈔》，並標明該例所屬的天干分部和頁碼。佛經引文據《大正藏》，各例後標出作者和經文在《大正藏》中的篇次、頁碼（p）、欄次（a/b/c），略去經名。

③ 利用舊形式表達新事物的情況，在表人體的詞語中沒有出現，但是，在宗教概念中有這類例子，比如“釘”“漏”“陰”“蓋”一類的詞，都是利用了漢語中原有的詞語，表達新的意義，雖然數量很有限。

〔主要參考文獻〕

《正統道藏》

《大正大藏經》

饒宗頤．老子想爾注校證．上海：上海古籍出版社，1991.

俞理明．太平經正讀．成都：巴蜀書社，2002.

Jan Nattier，*A Guide to the Earliest Chinese Buddhist Translations——Texts from the Eastern Han and Three Kingdoms Periods*（最早的漢譯佛教文獻導論），［日本］創價大學國際佛教學高等研究所，2008.

（俞理明、顧滿林，四川大學中國俗文化研究所，郵編 610064）

中古道經中的口語成分及口語詞舉例*

周作明

内容摘要：由於時代、作者不明等原因，中古時期數量可觀的道經一直没得到研究者應有的重視。其實，20 世紀 50 年代以來，國内外有關道經文獻學的考訂成果，已足以幫助我們從《道藏》中確定出一批時代可靠的經書。其中，不少經書或段落用語淺近通俗，是中古漢語研究難得的語料。文章從道典"十二部類"入手，分析了各類道經的用語特點，舉例論述了早期道經中的口語成分和口語詞，力圖揭示早期道經在漢語史研究中的語料價值。

關鍵詞：中古漢語　道經　十二部類　口語成分

一　引言

漢語傳世文獻可分爲文言和白話兩大系統，文言典雅而保守，白話則相對俚俗，反映漢語變化更多，對廓清漢語的歷史面貌和來龍去脈至關重要。中古和近代漢語是白話由萌芽而漸臻成熟的關鍵時期。20 世紀 80 年代後，在前輩學者身體力行地倡導下，近代漢語研究取得了豐碩成果；而主要以魏晉南北朝漢語爲對象的中古漢語研究，近年來雖取得長足進步，但總體上仍嫌滯

* 本文爲國家社科基金"《無上秘要》詞彙研究"（項目號：10XYY013）、西南民族大學中央高校"道典與中古漢語詞彙研究"（11SZYTH06）的階段性成果。

後。個中緣由，除起步晚等因素外，缺乏足够多的白話文獻也是原因之一。近二十年來，以譯經爲主的佛教文獻的大量采用，使這一困境得到極大改觀。佛典用語的通俗已爲學界廣泛認同，而源於本土的道經，因其“道法神秘”，加上時代、作者不明等客觀因素，蘊藏於其中的口語成分尚未得到應有的重視。近年來，俞理明、王雲路、汪維輝、董玉芝等有關《太平經》、《抱朴子》、《周氏冥通記》等道經語言研究成果的問世[1]，初步揭示了早期道經用語的特點及其在漢語史研究中的價值，然而在中古時期還有爲數衆多的道經，其中的口語成分和語料價值如何，尚須深入討論。

二　從“十二部類”看道經用語的通俗性和語料價值

東晋宋初，道教人士根據其所屬道派，采用“三洞四輔”的七部分類法來歸納道經①。但七部分類法僅反映道派，而不涉及内容。爲了克服這一缺陷，幾乎同時，道徒開始着眼於經書内容，在“三洞”經書下分十二類。十二部類最早見於古上清經《洞真太上倉元上録》②：

> 又各有十二事，一曰自然文字，二名符策，三曰注訣，四曰圖象，五曰譜録，六曰戒律，七曰威儀，八曰方法，九曰術數，十曰記傳，十一曰讚頌，十二曰表奏。[9](33册585頁上欄)

迄明《正統道藏》，十二類的名稱爲：本文類、神符類、玉訣類、靈圖類、譜録類、戒律類、威儀類、方法類、衆術類、記傳類、讚頌類、表奏類。各類所收内容大致如下：

本文類：洞真、洞玄、洞神“三洞”經文。神符類：三洞符篆。玉訣類：注解道經的經書。靈圖類：神靈變化圖像。譜録類：高真上聖的功德名位和應化事迹。戒律類：與戒律有關的經書及功過格。威儀類：述修道儀序、齋謝品格的書。方法類：述設壇祭煉及修持方法的經書。衆術類：玄聖所述思神存真、心齋坐忘、步虛飛空、導引等術數的經書。記傳類：各種仙道傳記及碑銘、山志。讚頌類：步虛詞、讚頌靈章及諸真寶誥。表奏類：禱祝表文及青詞。

從漢語史的角度看，十二部類的文獻用語有較大差異，語料價值也各有側重。

方法類和衆術類的用語最具生活性和通俗性。如齊梁陶弘景《養性延命録》以及《上清太極真人撰所施行秘要經》、《太清道林攝生論》③等述導引按摩、服食行氣等養生類作品以及有關金丹煉制、器物安置的經文（如《太微靈書紫文琅玕華丹神真上經》）。

戒律類多述道徒的日常行爲規範[10]，威儀類述修道儀式及法則，表奏類爲祈神禳灾的表文，三類作品與道徒日常修行關係密切，作品形式相對固定，句式變化不多，但其用語總體淺近易懂，是中古漢語詞彙研究不可忽視的材料。如《玄都律文》、《上清洞真智慧觀身大戒文》、《太微靈書紫文仙忌上經》、《太真玉帝四極明科經》、《上清衆真教戒德行經》、《正一威儀經》、《正一指教齋清旦行道儀》、《赤松子章曆》等。

記傳類由於其内容多敘述仙話，以其用語的通俗和較强的可讀性歷來受到關注，如《周氏冥通記》、《神仙傳》、《紫陽真人内傳》、《漢武帝内傳》等。譜録類有的述神仙的功德名位，將神仙按等級排列，如陶弘景《洞玄靈寶真靈位業圖》，在道教學專門用語方面的價值更高；而有的作品述真仙應化事迹，與記傳類作品有相通之處，如《上清三尊譜録》、《元始上真衆仙記》。總體來看，以上三類作品由於文中韻文相對較少，在詞彙、語法方面的價值似更突出。《周氏冥通記》的語料價值已爲學人認可，方一新則撰文揭示了葛洪《神仙傳》的語料價值[11]。

玉訣類作品是對原有經書的注解或解讀。據其注解形式不同大致可分爲兩種：其一，訓詁（注釋）類作品。它們是伴隨傳統訓詁學的發展而出現的，或解釋字詞、説明章旨、串講文意，或引用古籍註明出處，其内容和方式屬於訓詁學或訓詁學史的研究對象[12]。由於道經難懂之處頗多，道教中人的解釋不僅有助於讀懂經書，有些解釋還多用當時口語，如陶弘景對《登真隱訣》、《上清三真旨要玉訣》、《上清明堂元真經訣》的注解以及蕭齊嚴東對《元始無量度人妙經》的注釋。其二，部份經書在形式上注釋的特徵並不明顯，大多爲“經訣”。道經中經和訣本有區别，經多是高深義理，訣多是對經的意義、來源、施行、功用的説明。但由於訣在解讀中本身自成一體，有的還重新加入新的教義，故早期道書經、訣的界限往往模糊。故玉訣類一些作品從其内容看，與本文類或方法類作品多有相似之處。如《上清紫微帝君南極元君玉經寶訣》、《上清胎精記解結行事訣》、《太上飛行九晨玉經》、《太上靈寶諸天内音自然玉字》等。

本文類主要内容是道派的教理教義，用語相對古奥，專門語詞也相對較多，但其中有大量韻文；讚頌類則集中收集歌辭口訣。兩類作品總體文言性較强，但其中的一般語詞仍有相當多的通俗成分，而其中藴藏的大量韻文，可資利用研究漢語的歷史語音。

神符類與靈圖類雖多道教符籙和神靈圖像，但其中有關符籙或靈圖來源、佩帶、施用方法、訣辭及功用的叙述性文字仍占經書大半，如《白羽黑翮靈飛玉符》及《七域修真证品圖》等。兩類作品包含的詞彙研究方面的信息應當更多一些。

充分利用陳國符、任繼愈、胡孚琛、朱越利、丁培仁、吉岡義豐、施博爾（Kristofer Schipper）等國内外學者考訂道經文獻學的成果，我們從《道藏》中清理出 150 種（約 200 萬字）魏晋南北朝道經，儘管其時代或作者不能全都明晰具體，但將其當作中古漢語的語料則是總體可靠的。由於編纂《道藏》時對很多經書歸類不確，不能如實反映其歷史上所屬的道派和内容，加上對"四輔"下的經文不作"十二部"分類，這些都加大了我們判斷經書語料價值的困難。

例如，南朝梁陶弘景纂著的早期上清派重要經書《真誥》（二十卷）在今《道藏》中却被編入了"四輔"中的太玄部。全書述早期上清派修持方術，包括存神、誦咒、服氣、針灸、按摩、慎食、服符飲水、辟谷食藥、餐霞服霧、步罡踏鬥、騰飛隱遁、守戒行善等。因扶乩降筆，經中多述上清派神話，天神鬼帥，真人仙妃，來往雲天人間，與上清派道徒授受往還，贈詩答賦，並有專章論述《真誥》及上清經源流及許家世譜，間或雜有陶弘景的注釋。因此，從内容上看，《真誥》幾乎包括了除神符類和靈圖類的所有内容。其中大量人神酬唱的歌詞則是研究當時吴地語音的可貴資料[13]，如卷四（右英所吟）："有心許斧子，言當採五芝。芝草不必得，汝亦不能來。汝來當可得，芝草與汝食"陶弘景注："此兩'得'及'來'並戲作吴音。"[14](69頁) 從用語上看，書中既有晦澀的乩語，如卷八"相欺豈妙道"段[14](137－138頁)，也有養生保健、人神對話、"三君"書信等口語性較强的段落①。

若嘗試用"十二部類"對所有經書予以歸類，其結果大致如下：本文類 50 部，神符類約 15 部，玉訣類 10 部，靈圖類 10 部，譜録類 8 部，戒律類 15 部，威儀類 7 部，方法類 8 部，衆術類 7 部，記傳類 5 部，讚頌類 8 部，表奏類 7 部。從漢語史的角度看，對這些材料中的口語成分深入發掘，相信能够給中古漢語研究提供不少有價值的語料。

三　中古道經中的口語詞舉隅

下面，我們以陶弘景《真誥》爲主證材料，輔以同時期的其他佚名道經，就中古時期道經中的口語詞略舉數例。

【聞】覺得。

梁陶弘景《真誥》卷十七："羲白：'……不審竟得服制蟲丸未？若脱未就事者，當以入年爲始耶？羲前所得，分者即服，日日爲常，不正聞有他異。唯覺初時作六七日，聞頭腦中熱，腹中校沸耳。其餘無他，想或漸有理。謹白。'"[14](318頁)

陶弘景《上清明堂元真經訣》："修此道，極，勿食脯肉。若聞饑，可食面物，以漸遣谷，不得一日頓棄也。"[9](6册641頁中欄)⑥

六朝《洞真太上飛玄羽經九真昇玄上記》："極念思之，當聞體中熱，是真氣合德也。"[9](33册643頁中欄)

六朝《上清修行經訣》："祝畢，以手掩耳門一七過，畢，當聞面熱，即佳候也；若聞頭項頸間寒者，惡氣入也。"[9](6册663頁中一下欄)

首例爲上清派經師楊羲（330年～386年）寫給許長史（305年～376年）的書信，次例所在的《上清明堂元真經訣》，王卡認爲其陶弘景纂著《登真隱訣》之殘卷[15](p89)，後兩例所出均爲六朝道經。所引末例還見於陶弘景《上清握中訣》卷中[14](260頁)及六朝道經《洞真太上素靈洞元大有妙經》[9](33册405頁下欄)，其中"聞"均作"覺"，説明經文中的"聞"當作"感覺；覺得"講。關於"聞"的意義變化，學界多有討論，王锳先生起初認爲"聞"字除可從聽覺轉移到嗅覺之外，還可轉移到視覺，乃"通感生義"，屬修辭影響下的詞義變化。[16]其後，王氏進一步指出，

“聞”除了表示聽覺、嗅覺、視覺外，還可用於一般感覺，作“覺得”講，並舉宋蘇軾《東坡志林》卷二“吾中子適，少羸多疾。若之相對坐，爲布氣。適聞腹中如初日所照，温温也”爲例。[17]中古道經的用例表明，這種用法實早見於六朝。

【便曲】小便；撒尿。

陶弘景《登真隱訣》卷上：“佩此章符，並不得以履穢，令便曲舉動。”[14](7頁)

六朝《玉清上宫科太真文》：“裸露五嶽，便曲江海。”[9](34册354頁下欄)

六朝《上清修行經訣》：“第十，勿北向便曲，仰視三光。”[9](6册665頁下欄)⑥

六朝《洞真太上太霄琅書》卷三“中宫二十四條”自注：“七條於世供養，奉師投禮訣，九條出入、存念、禁解、忌穢、卧息、便曲、救月蝕訣……”[9](33册654頁下欄)

同上：“凡受上清，不得北向便曲，及食五辛含血之肉，飲酒作性。”[9](33册659頁中欄)⑦

“便曲”乃“小便；撒尿”義，末例還見於《洞真太上素靈洞元大有妙經》[9](33册418頁下欄)及《洞真太上道君元丹上經》[9](33册623頁中欄)，其中“便曲”均作“便溺”，後者即排泄屎尿義。“便曲”也見於佛經，如齊曇摩伽陀耶舍譯《善見律毘婆沙》卷十三：“有比丘於村外入草中便曲，有女人亦入草中，比丘先從草出，女人復從此草出。”

【乘】順手撫摸。

陶弘景《真誥》卷九：“夫人之將老，鮮不先始於耳目也。又老形兆，亦發始於目際之左右也。以手乘額上，内赤子，日月雙明，上元歡喜，三元始眉，數畢，乃止，此所謂手朝三元、固腦堅髮之道也。頭四面，以兩手乘之，順髮就結，唯令多也。於是頭血流散，風濕不凝，都畢。”[14](147頁)⑧

陶弘景《上清握中訣》卷中："恒以手按兩眉後小穴中三九過，又以手心及指摩兩目下顴上，又以手旋耳，行三十過。畢，輒以手逆乘額三九過，從眉中爲始，乃入髮際中，口傍咽液多少，無數。頭四面，亦以兩手乘之，順髮就結，唯令多。[9](2册902頁下欄)⑨

陶弘景《上清三真旨要玉訣》："次兩手相摩，令熱，以摩面，入髮中，三周而止，能盡摩身軀，又佳，名曰乾浴也。次兩手相摩，乘額迄，以手叉兩耳，極上下之，二七止，令人終已不聾。[9](6册630頁中欄)

經文中"乘"與"摩"互文，其後的受事多爲額或頭，"乘"當即撫摸義。但該義不見於同期文獻，或爲東晋六朝江東地區的俗語，或爲道徒養生的獨特用語。

【貪樂】貪戀喜愛。

陶弘景《真誥》卷十九："樓（惠明）既善於章符，五行宿命，亦皆開解。馬洪又復宗事。出入堂静，備睹經厨。先已見何所記，意甚貪樂，而有鐍嚴固，觀覽無方。"[14](344頁)

南北朝《赤松子章曆》："某不以愚昧，貪樂道法，歸命至真，賜授法戒、内外符籙、三五治職及三洞金書玉章。"[9](11册212頁中欄)

六朝《洞真太上智慧觀身大戒文》："道學不得貪樂榮禄，道學不得教人貪樂榮禄。"[9](33册797頁下欄；又見於北周《無上秘要》卷四十五25册152頁下欄)

"貪樂"乃貪戀喜愛義。《漢語大詞典》首引《白雪遺音·馬頭調·望江樓兒》"忽想起，寃家在外把歡樂戀，貪樂女嬋娟"例，該詞實早見於東晋南朝道經。

【自隨】跟隨在自己身邊；隨身携帶。

陶弘景《真誥》卷二十："長史薦之相王，用爲公府舍

人，自隨。”[14](355頁)

同上卷十九：“（許丞）乃分持經傳及雜書十數卷自隨，來至杜家。”[14](343頁)

同上卷十九：“高帝以付五經典書戴慶，戴慶出外，仍將自隨。”[14](344頁)

同上：“伯玉居南霍，遊行諸山，恒帶自隨。”[14](348頁)

東晋《太霄琅書瓊文帝章訣》：“各立三通，一爲長鎮，一爲供齋，一爲研習。研習者，常自隨所住室中，别置格上，躬自出入，不得使他。”[9](2册865頁中欄)

同上：“付授弟子，黄素書之，佩帶自隨，不可去失，去失謫罰，皆如太真之科。”[9](2册866頁上欄)

東晋宋初《上清太上八素真經》：“此太上之盟誓，裂血之寶約矣。身入名山、當仙之日，皆當投之川林岫室之間，或賑散山栖之夫矣。若歿經太陰者，臨去，若無靈告感應，使有所付，皆當抱以自隨。”[9](6册657頁下欄)

“自隨”乃“跟隨在自己身邊；隨身攜帶”義，《漢語大詞典》首引《新唐書・高崇文傳》“崇文恃功而侈，舉蜀帑藏百工之巧者皆自隨”例，實乃該詞在近代漢語中的用例。

限於篇幅，例不贅舉。總之，20世紀50年代以來，利用道經中有關經文衍生的内在記述，國内外的相關考訂成果已足以幫助我們從《道藏》中清理出一批時代可靠的中古道經材料。由於道教既包含高深的義理，也包含着神話仙傳、戒律儀範、養生保健等豐富的内容。因此，記録道教内容的道經有不少與社會生活密切相關，用語淺近，借此保留下來的衆多的口語成分，無疑是中古漢語研究應該重視的。

〔注釋〕

①“三洞”指洞真、洞玄、洞神，分别歸納六朝時期在江東地區産生

的上清派、靈寶派和三皇派的經籍，“四輔”即太清部、太平部、太玄部、正一部，統率正一、太平、洞淵、樓觀等其他派别的經書。

②本文所及道經及所引經文，若無特殊説明，均爲魏晋南北朝道經，相關考訂結論可參看陳國符［2］、任繼愈［3］、胡孚琛［4］、朱越利［5］、丁培仁［6］、吉岡義豐［7］、Kristofer Schipper［8］等學者的著作。

③此二部經文從内容上看當屬洞真部方法類，但在明《道藏》中誤入正一部，很多六朝道經尤其是洞真部上清派的經書的歸類不確，陳國符已指出。[2](16頁)

④日本道教學者吉川忠夫説：“尤其是還使用了特殊的詞彙。……這大概是因爲在茅山降神時采用了許多東晋時期的口語、俗語。這或許是反映了參加茅山降神的人們的語言生活。”參吉川忠夫、麥谷邦夫編，朱越利譯《〈真誥〉校注》前言第3頁，中國社會科學出版社2006年12月。

⑤此句又見南朝《上清太極真人神仙經》(34册301頁下欄)。

⑥該句又見於南朝《太微靈書紫文仙忌真忌上經》(3册402頁下欄)。

⑦該例還見於南朝《太上九真明科》(34册364頁下欄)。

⑧該例還見於南朝道經《上清三真旨要玉訣》(6册626頁中欄)、《洞真西王母寶神起居經》(33册461頁下欄)、《上清太極真人神仙經》(34册303上欄)。

⑨該例還見於魏晋《正一法文修真旨要》(32册573頁下欄)、南朝《上清修行經訣》(6册662頁下欄)、《上清太極真人神仙經》(34册302頁下欄)。

〔主要參考文獻〕

［1］張婷，曾昭聰，曹小雲. 十年來道教典籍詞彙研究綜述［J］. 滁州學院學報，2005 (8).

［2］陳國符. 道藏源流考［M］. 北京：中華書局，1963.

［3］任繼愈. 道藏提要［M］. 北京：中國社會科學出版社，1991.

［4］胡孚琛. 中華道教大辭典［M］. 北京：中國社會科學出版社，1995.

［5］朱越利. 道藏分類解題［M］. 北京：華夏出版社，1996.

［6］丁培仁. 增注新修道藏目録［M］. 成都：巴蜀書社，2008.

[7] 吉岡義豐. 道教經典史論 [M]. 東京：道教刊行會，1955.

[8] Kristofer Schipper. The Taoist Canon (《道藏通考》) [M]. Chicago: The University of Chicago Press.

[9] 明正統道藏 [Z] (36 册，頁分上、中、下欄)，文物出版社、上海古籍出版社、天津古籍出版社，1998.

[10] 丁培仁. 道教戒律書考要 [J]. 宗教學研究，2006 (2).

[11] 方一新.《神仙傳》的詞彙特點與研究價值 [J]. 古漢語研究，2010 (2).

[12] 周作明. 道教典籍與中國古代解釋學史 [J]. 西南民族大學學報 (漢語言文學研究與學科建設專輯)，2007 (11).

[13] 赤鬆佑子.《真誥》詩文押韻中所見的吴語現象 [C]. 吴語研究 [A]. 香港中文大學新亞書院，1995.

[14] 陶弘景纂著並注. 真誥趙益點校. [M]. 北京：中華書局，2011.

[15] 王卡. 敦煌道教文獻研究 [M]. 北京：中國社會科學出版社，2004.

[16] 王锳. 試論"通感生義"——從"聞"字説起 [J]. 語言教學與研究，1997 (4). 又收入氏著《近代漢語詞彙語法散論》，北京：中華書局，2004.

[17] 王锳. 唐宋筆記語辭匯釋 (修訂本) [M]. 北京：中華書局，2001.

(周作明，西南民族大學文學與新聞傳播學院，郵編 610041)

名詞“嘴”用字的歷時考察

劉君敬

内容摘要：｛嘴｝是產生於東漢的一個新詞，最初用“觜”“策”“嶲”記錄，多指鳥嘴强調外形尖利的特徵。隨著用字的歸一化，“觜”到唐宋時期變得最爲常用，其他則逐步消亡。其後，由於｛嘴｝本身的語義變化，不再强調尖利而是泛指人與動物的嘴，因此爲其加形旁作“嘴”。這樣增加了書寫的複雜程度，因此又有將其簡化作“咀”的努力，這一努力沒有成功。

關鍵詞： 字詞關係　觜　嘴　咀

1. 前言

現代漢語中，｛嘴｝❶是人們口頭中經常用到的一個詞。其主要義項有：❶鳥獸蟲魚的嘴；❷器物較尖利的部分；❸人的口。就義項❸而言，與之對應的舊詞是“口”。學術界對“口”/“嘴”的替換過程已經有了比較深入的研究（呂傳峰 2006a），也有多位學者注意到了｛嘴｝用字的複雜性。指出這一現象無疑開拓了研究的視野，但對其用字情況的研究仍然不夠。對於《說文》未收的這樣一個詞，能否把文字與語言結合起來探索｛嘴｝的用字流變？這無疑是個很有價值的課題。以前人研究（張涌泉 1999，黄征 2005，呂傳峰 2006a）爲基礎並結合對第一手材料的調查結果，我們發現｛嘴｝的實際用例十分豐富。就用字而言，有如下六種：觜，策，嶲，咮，嘴，咀。

這些用字在記錄｛嘴｝時相互之間是一種什麼樣的關係？不同歷史時期各字的地位有無昇降？具體又是怎樣的？這是本節要回答的問題。以"中國基本古籍庫"及CBETA《大正藏》檢索爲基礎並逐一核對原文後，我們發現｛嘴｝自産生時起，其語義變化跟用字變化之間便密不可分。語義作爲一種推動力，不斷改變著歷史上人們的用字習慣。

2. "觜""策""嶲""咮"
"嘴""咀"在历史上的使用情况

2. 1觜

《説文·角部》："觜，鴟舊頭上角觜也。从角，此聲。"這跟｛嘴｝無關，用它來記錄｛嘴｝屬於借用。南北朝後期，這一用法得到了人們的認可。源自《玉篇》的《篆隸萬象名義》一書，其中角部收"觜"字，注："子移反。…鳥口。"

｛嘴｝的始見例證，學術界普遍引用了東漢張衡《東京賦》："秦政利觜長距，終得擅場。"（"二典"，吕傳峰2006a、2006b）此例出自宋刻本《文選》，是目前看到的"觜"的最早例證。"利觜長距"縮略爲"觜距"後，後代文獻習見；有時也作"策距""嶲距"，如：

(1) 有大鐵烏觜距長利，從山飛来。（東晉佛陁跋陁羅譯《佛説觀佛三昧海經》卷五，麗藏本，125頁上欄）按，《經律異相》卷五十引此經作"嶲距"（麗藏本，591頁中）；清靈乘父輯《地藏本願科注》卷三注引《觀佛三昧經》作"策距"（《卍續藏經》，705頁下）。

(2) 身生毛羽，隔諸細滑，嶲距麁鞕，不別觸味。（後秦鳩摩羅什譯《大智度論》卷十六，中華藏影金藏廣勝寺本，380頁下欄）按，麗藏本也作“嘴”（533頁中）。

東漢至隋唐這一時期“觜”的分佈範圍很廣，用例甚夥。從調查結果看，佛教文獻出現約110餘例；五代以前的中土文獻出現170餘例。宋元時期，“觜”的用例更是習見，其中宋遼金約240餘例，元代100餘例。這一現象在史籍、雜著、詩文等文獻中表現明顯，不再舉例。

2. 2 策

《說文·此部》：“策，識也。从此，朿聲。一曰藏也。”這跟{嘴}無關。《廣雅·釋器》上“石鍼謂之策”王念孫疏證：“策者，銳末之名。鳥喙謂之觜，義相近也。”可見二者都具有［+尖利］的語義特徵。鳥嘴外形尖利，故可以借用表石鍼的“策”字[②]。《篆隸萬象名義·此部》：“策，子累反。鳥喙也。”這時已經承認了它可以記錄{嘴}。“策”基本上衹見於佛教文獻，約40餘例。目前看到的最早用例見於三國譯經。如：

(3) 諸臣當知，豈可以藕根中絲懸須弥山耶？可以兔身渡大海耶？可以蚊策盡海底耶？（吳支謙譯《菩薩本緣經》卷上“一切施品”，麗藏本，28頁中）

(4) 今此大怨已来逼身，其策金剛，多所破壞，當如之何？（《菩薩本緣經》卷下“龍品”，45頁下）按，“其”指金翅鳥。

傳世中土文獻中尚未找到“策”的直接例證，但有間接證據證明它在中土文獻中也有使用。如麗藏本《玄應音義》卷五“鸕鷀”條引《尔雅》“鷀鶿”郭璞注：“即鸕鷀也。此鳥策頭如鈎，食魚者也。”（74頁下）古逸叢書影宋蜀本《爾雅·釋鳥》“鷀鶿”條郭注作“觜”（基137）。這組異文恰好說明傳世文獻中存在改“策”爲“觜”的可能。又宋刻本《經典釋文》卷四十在注釋《爾雅·釋鳥》篇時，曾解釋了“策”字，可證唐初陸德明所見《爾雅》郭注部分必然有“觜”的用例。

晉代至中唐仍多見使用。如：

(5) 雞設有放逸者，彼中或雞子以柴以足啄破其卵。(東晉僧伽提婆譯《中阿含經》卷五六，麗藏本，517頁上)

(6) 於彼獄處復有諸蟲，名曰鈎柴。(隋闍那崛多譯《善恭敬經》，麗藏本，531頁中)

(7) 尒時便有鐵柴大鳥上彼頭上，或上其髆，探啄眼睛而噉食之。(唐玄奘譯《瑜伽師地論》卷四，麗藏本，558頁上)

敦煌文獻《字寶》張涌泉注［二五五］云：“‘嘴’字古本作‘觜’，後借用本指貓頭鷹毛角的‘策’。”③“策”“觜”二字都是通過“隱喻”的方式借用他字爲之，直至唐代二者仍然共存。

2.3 嗤

“嗤”是用來記錄｛嘴｝的新字，《說文》不收。把“嶲”“嗤”等聯繫起來看，它應該是從口、隽聲，“隽”又從“隹”(zhuī)得聲④。“嗤”基本上僅見於佛教文獻，約190餘例。自東漢起歷南北朝至隋代，譯經中習見使用。如：

(8) 一一網間鐵嗤諸蟲无量無邊，從頂上入，貫骨徹髓，劈足而出。(後漢失譯《受十善戒經》“十施報品第二”，麗藏本，334頁下)

(9) 常為狗犬之所噉食，鐵嗤諸鳥挑啄其目，灰河壞身，猶如微塵。(《菩薩本緣經》卷下“兔品”，麗藏本，40頁中)

(10) 鳥獸以嶲爪，抓齗共鬪諍。(南朝宋求那跋陁羅譯《賓頭盧突羅闍爲優陁延王說法經》偈，麗藏本，57頁下)

(11) 雄鴿不信，瞋恚而言：“非汝獨食，何由減少！”即便以嗤啄雌鴿煞。(蕭齊求那毗地譯《百喻經》卷四“二鴿喻”，麗藏本，21頁上)

(12) 有鐵嘴烏忽然生出，飛来向彼地獄衆生兩髆之上安立脚已，即以鐵嘴啄彼罪人兩眼而去。（隋達摩笈多譯《起世因本經》卷三，麗藏本，365 頁上）

入唐以後，“嘴”字漸漸淡出。我們注意到，玄奘、義淨、菩提流志、不空等譯作較多的譯師雖用“觜”“觜”二字，但不用“嘴”。唐代除類書、經錄等轉引早期文獻時用到“嘴”外，其他文獻中很少見到了。原因在於當時人們對“嘴”記錄{嘴}這一問題的認識發生了轉變。《玄應音義》中多次指出作“嘴”有誤，如卷二釋《大般涅槃經》“蚉觜”條：“《經》文作嘴。檢諸經史無如此字。傅毅《七激》云‘嘴埴飲泉’作此字。音與吮同，徐兗反。嘴非字義。”（27 頁下）此後，慧琳也多次將其定性爲“非也”“非此義”“俗字”“非字”（如卷三四“鈎觜”、卷五四“烏觜”、卷六五“觜破”、卷六九“鐵觜”等）。這種觀念是唐代用字的直接反映，“嘴”罕用也就很容易理解。唐代個別用例如下：

(13) 若金翅鳥以嘴爪，搏撮水陸諸龍等。（唐慧智譯《讚觀世音菩薩頌》，麗藏本，609 頁中）

(14) 後生一男，口爲鷹嘴，遂不舉之。（《冥報記》卷下，涵芬樓秘笈據唐抄卷子本排印，409 頁上）

2. 4 喍

“喍”字從口，朿聲，可以用來記錄{嘴}。有時候聲旁“朿”在書寫時會訛變作“束”。《篆隸萬象名義·口部》：“喍，子累反。鳥喙也。觜字。”《玄應音義》卷九“觜距”條：“今作喍，同。”（124 頁下）寫作從“束”的“喍”後，跟表示吮吸義的“嗽”意義相同，這顯然有礙交際。傳世文獻中“喍”的實際用例較少，如：

(15) 若病痰而食甜肥鹹酸，令人喍鼻多汁，又痢也。（隋智顗說灌頂錄《金光明經文句》卷六，中華藏影明永樂

南藏本，336 頁中）

2. 5 嘴

“嘴”是由“觜”增“口”旁而出現的新字。就調查結果看，今天通行的規範字“嘴”其産生時代是相當晚的，成爲習用字的時代更晚。字書方面，《唐五代韻書集存》所收各書、《玄應音義》以及《廣韻》等均不見相關記載。《慧琳音義》中有三處，如下：⑴正作柴，……或作嶲、嘴⑤（卷三九釋《不空絹索經》“九觜”）。⑵或作嘴，又作朿（啑）（卷六六釋《集異門足論》“口”）。⑶或作啑，亦作嘴，皆古字也（卷八四釋《古今譯經圖記》“赤烏”）。

慧琳收錄字形的根據是他當時能夠看到的佛經寫本，據此推測“嘴”作爲記錄｛嘴｝的用字在唐代佛經中應該存在。然而遼希麟《續一切經音義》的説法却大相逕庭，卷八釋《根本藥事》“觜端”條：“上即委反。《埤倉》作柴，《説文》同。鳥喙也。《律》文從口作嘴，字書無此字。”（410 頁中）我們調查了《高麗大藏經》中五代以前部分的情況，尚未發現“嘴”的實際用例。此外，慧琳書中近 40 次談到了｛嘴｝的用字情況，説法並不一致。因此，我們並不否認唐代有“嘴”字的可能性，但數量一定極少。其中，《佛説觀佛三昧海經》卷五出現 1 例“嘴”，原文作“諸鐵嘴蟲化爲鳧雁”（中華藏影金藏廣勝寺本，513 頁下）。按，本卷共出現“觜”14 例，“嘴”1 例。此例“嘴”，磧砂藏本、麗藏本均作“觜”，中華藏失校。據此可以推測此處作“觜”更接近原貌，金藏本的這例“嘴”係後人所改。

目前可見的“嘴”的可靠用例見於敦煌變文。《敦煌變文校注·降魔變文》：“兩迴動嘴，兼骨不殘。”⑥（565 頁）南宋明州刻本《集韻》上聲紙韻收“嘴”字，位於觜、啑之後，列末位。這是字書第一次收錄“嘴”字。排序情況也説明“嘴”雖存在但一定不是習用字。

四部叢刊影宋本《龍龕手鑒》卷二鳥部入聲“鸖”字下注：“似鵠而嘴長。”該書正文不收“嘴”字，那麼注文用“嘴”顯然於理不通。若行均在編書時用到了“嘴”，那麼他也會將其歸入正文“觜”字之後。復檢《慧琳音義》卷四“白鸖”條，注：“似鵠而觜長。”這應該是行均所據。《龍龕手鑒》之“嘴”應該是宋人刻書時所改，也可說明宋代確有“嘴”的用例。

2. 6 咀

就目前調查看，清代後期的一些戲曲抄本中出現了以“咀”記錄｛嘴｝的現象，見於《綏中吳氏藏抄本稿本戲曲叢刊》所收錄的《五虎傳》，爲清同治十三年（1874）志成堂抄本，大致是河北地區的一個劇本。如：

(16) 大人不要暴，下官多咀，莫要嗔怪。(《五虎傳》，39 册 300 頁)

(17) 有心與他們議議議議那宗勾當，那個男子又不離左右，話到咀邊上我又不敢説。(《五虎傳》，39 册 308 頁)

(18) 牛三插咀忙接问：“二姑娘他道（倒）未欠安?”(《五虎傳》，40 册 209 頁)

由於對清代後期通俗文獻的發掘還不夠，目前尚不能舉出其他材料中的用例。《現代漢語詞典》(第五版）“咀”字下將其列爲“嘴”的俗寫，即是肯定了這一現象絕非個別。20 世紀七八十年代，湖南鳳凰雪茄煙廠曾出品一種香煙，名字爲“紅咀鳥”，其商標圖案即是一衹紅嘴的鳥趴在樹枝上⑦。又香港地名“尖沙咀”作“咀”，從河北到湖南到香港，地域跨度如此之大却有相近的用法，據此可以推測“咀”的通行範圍應該是比較廣泛的，衹是沒有能夠取代原有的“嘴”而已。

3. 由“觜”到“嘴”的變化及動因解釋

{嘴} 最初指鳥嘴，強調的是 [十尖利]。隋以前其主體基本上是鳥獸蟲等有生命物，偶爾可以用於人，這時往往是作爲一種“隱喻”，即把人的嘴也看作是尖利的。如：

(19) 世間皆處無明鷇，無有智㭰能破之。如来智㭰能啄壞，是故名爲最大子。（北涼曇無讖譯《大般涅槃經》卷三二，麗藏本，292 頁下）

(20) 又為此長柴夜叉等說此四聖諦。（隋闍那崛多譯《大威德陁羅尼經》卷三，麗藏本，254 頁中）

(21) 出語觜頭高，詐作達官子。（《王梵志詩·世間慵懶人》）按，此例吕傳峰（2006a）已引。

以上三例中，主體分别是如來、夜叉、慵懶人，用字爲“㭰”“柴”“觜”。三字在用法上並無太大區别。語義上沿着 [十尖利] 特徵進行引申，{嘴} 也可以用來指無生命物外形尖利的部分。這種現象大約在唐代才可見到，如：

(22) 然其廁內貯土置瓶，並須安穩，勿令闕事。添瓶之罐著柴爲佳。（唐義淨《南海寄歸內法傳》卷二“十八便利之事”，麗藏本，21 頁下）

(23) 於藥所須器具雜物亦皆聽畜，謂函杓大缽吸咽鼻筩。此筩法長十二指，應以鐵作，或一柴雙柴，吸咽入鼻可治諸疾。（唐義淨譯《根本薩婆多部律攝》卷八，麗藏本，70 頁中欄）

一部分包含 {嘴} 的地名一般也具有 [十尖利] 的特徵，這實際上是“轉喻”。元魏般若流支譯《正法念處經》卷六九提到一條河——珠㭰河（麗藏本，570 頁中）。宋代又有魚觜山、苟家觜。今香港有尖沙咀（嘴），同此。

前文指出，唐代"觜""嶲"二字並用，相互競爭。檢《唐五代韻書集存》[8]，S. 2071《箋注本切韻》上聲紙韻："觜，即委反。或作嶲。"又故宮本《刊謬補缺切韻》上聲紙韻："嶲，即委反。鳥喙。或作策，通。俗作觜。"敦煌本、裴務齊正字本記載同故宮本。四部叢刊影宋本《廣韻》收"觜""嶲"兩種，沿襲《切韻》。唐代譯經中的用字情況與此相符。

到了晚唐五代，"觜"已經成爲社會上的習用字，"嶲"漸漸淡出。敦煌變文中多用"觜"（12例）而不用"嶲"，可證。據《敦煌俗字典》，唐郎知本《正名要錄》已將"觜/嗺"歸入"字形雖別，音義是同。古而典者居上，今而要者居下"類。這肯定了"觜"的地位。

入宋以後，雕板印刷業的快速發展加速了用字的規範和統一。在記錄{嘴}的多種書寫形式中，"觜"最終勝出，"嶲""嗺""策"等則衹能在一些大型字書中看到記載。反映這一現象的資料很多，如遼釋行均《龍龕手鑒》收"觜"的11種字形，其中此部下云：柴（俗），觜（通），嶲（正）。把"觜"看作是當時的通行字。又考察那些具有規範性質的科舉用韻書，元刻本《增修互注禮部韻略》卷三上聲紙韻："觜，即委切。鳥喙。"不收"嘴"字，四部叢刊續編影宋本《附釋文互注禮部韻略》同。這說明讀書人習得的規範字是"觜"而非其他。結合字書記載及對實際寫、刻本的用字調查，可以說宋代"觜"既是記錄{嘴}的習用字同時也是規範用字，得到了讀書人及社會大衆的認可。

元代，"觜"依舊是習用字。《中原音韻》卷上齊微上聲收"○觜○髓○水"等字，不收"嘴"字。通俗文獻如《古今雜劇》《朝野新聲太平樂府》等使用了"嘴"字，然而跟"觜"相比，數量上仍處劣勢。如：

(24) 子是你合皱眉古都着嘴。(《古今雜劇·薛仁貴衣錦還鄉》"么"，68頁上)

表1　元代“同時資料”中｛嘴｝的用字情况

	古今雜劇（元刻本）	朝野新聲太平樂府（元刻本）	梨園按試樂府新聲（元刻本）	元典章（元刻本）
觜	4	5	3	1
嘴	2	1	0	0

作爲習用字的“觜”持續使用，直至明代中期（15世紀末），證據甚多。明初翻譯非漢語文獻《元朝秘史》，其中全文翻譯部分現出3例“觜”，均爲“山觜”，未見“嘴”。成書於明代中期的朝鮮漢語教科書《訓世評話》中，出現1例“胡觜”，指人；《朴通事諺解》一書用“觜”共7例，均指器物的“觜”，不用“嘴”。這些教科書是供朝鮮人學習漢語的，學習語言的同時自然也會學習文字，且學習的是社會大衆認可的規範字。

明代後期，｛嘴｝的用字發生了很大的變化，小説、戲曲等通俗文獻中“嘴”已經流行開了，如《水滸傳》、《西遊記》、三言二拍等，“觜”則相當少見；比較嚴肅的文獻如萬曆刻本《大明會典》等，仍然堅持用“觜”。可以肯定的是，當時在表示人或動物的口時，“嘴”已經成爲習用字了。

那麽，指人或動物的口時，“嘴”何以能夠取代“觜”呢？這一問題可以從｛嘴｝語義特徵的變化上進行解釋。自漢迄宋，｛嘴｝多用於指稱鳥獸蟲魚的嘴，它們的共同點是外形尖利。吕傳峰（2006a）已經指出：“鳥嘴的隱性義素特徵就可分析爲［＋尖利］、［＋堅硬］、［＋凸出］等。”即便有時候可以指人的嘴，但仍然隱含著這一語義特徵。此舉二例：

（25）蚊子叮/上鐵牛，無渠/汝/你下觜處。（寒山詩、《祖堂集》卷十六、《景德傳燈錄》卷九等）

（26）詹大和堅老來京師省試，罷。坐微累下大理。時李傳正端初爲少卿。初入之時，堅老哀鳴曰：“某遠方舉人，不幸抵此。祈公憐之。”端初怒，操俚談詬曰：“子觜尖如此，誠姦人也。”因困辱之。……因曰：“郎中若有素者，豈嘗解后朝路中邪？風采堂堂，非曩日比也。”堅老荅曰：“風采堂堂，固非某所自見。但不知比往時觜不尖否？”（《揮麈餘話》卷二第五一則，四部叢刊續編影宋鈔本，七頁左、右）

元末明代，“觜”已經能夠自由地指稱人的口並且跟“口”在使用上進入了激烈的競爭狀態（呂傳峰 2006a）。此時，“觜”原本具有的［十尖利］的語義特徵已經磨損。人們在認知“觜”時，習得的是它的功能（即“出入通道”）。爲提示意義，人們很自然地接受了加“口”旁的“嘴”字。

與“觜”強調外形不同，人們在認知“口”時強調其功能。如“山觜”是說外形看起來比較尖；“山口”則是指通道經過的地方。指人或動物等有生命物的口時寫作“嘴”是完全可以接受的，然而指“沙觜”“洲觜”等無生命物時跟口無關，也就不應該加“口”旁[⑨]。今天都寫作“嘴”，對後者來說是一種過度“當代化”。域外借詞中依舊保存著“觜”“嘴”的這種區分。韓語中，二者讀音相同但用法有別：“嘴”主要用於動物，用於人時含貶義；“觜”主要是指器物凸出、尖利的部分，也可以用於蟲子、鳥類等嘴比較尖的動物，一般不能指人[⑩]。這種差異如下表。

表 2“觜”/“嘴”用法的古今中外差異

	唐宋漢語	韓語	現代漢語	可能情況
人的口	觜	（嘴）	嘴	嘴
鳥蟲類的嘴	觜	觜	嘴	嘴
物體尖利的部分	觜	觜	嘴	嘴
星名	觜	觜	觜	嘴

據上表，韓語實際上反映了唐宋漢語演變爲現代漢語這一歷史進程中的一個中間階段。如果對｛嘴｝的用字作進一步“當代化”，那麽指星名的“觜”也可以寫作“嘴”。這種現象在明代晚

期以後刊刻的文獻中確實存在，雖然數量相對不多，如：

(27) 甲申旬遇嘴宿，遣二人着皂道衣。(明佚名《萬法歸宗》卷中“五帝破城法”，明刻本，基 128)

(28) 衛分疆軫，嘴参呈陵犯之源；趙界陬維，畢昂示福祥之慶。(《(正德) 大名府志》卷十引公桑億《唐太師南陽王羅公神道碑記》，明正德刻本，基 823)

(29) 嘴，火宿也。四，亦火位也。潛龍伏於火位，深失其所。故有伏嘴之儀。(明程宗舜《洪範淺解》卷五“二四伏於嘴，凶”注，明嘉靖刻本，基 432)

(30) 立夏常陽，雲出嘴，如赤珠。(《事類賦》卷二《雲賦》“别有縹緲赤繪”注引《易通卦驗》，明校刻宋本，基 58) 按，宋紹興刻本《事類賦》作“雲出觜”。

明代後期｛嘴｝的習用字變爲“嘴”，跟今天一致。然而，這種用字變化的脚步似乎並未停止。“嘴”雖然提示意義但却不夠簡約，因此人們開始給它尋找一個更加簡便的用字。這種事情一般是由社會下層的人去做的。於是出於簡約的需要，在大致不違反提示讀音的前提下改聲旁“觜”爲“且”，作“咀”(見 2.6 咀)，衹是這一努力並未成功。

4. 結語

｛嘴｝的用字呈現出明顯的時代特徵，漢末至隋兼用“觜”“策”“嶲”。唐代以後，“嶲”漸漸消失，“觜”“策”成爲主流用字。五代以後，習用字變爲“觜”，這一用字習慣一直持續到明代中期。其後，“嘴”取代“觜”成爲習用字，形成了今天的局面。“咀”雖然作爲記錄｛嘴｝的一個新用字出現並有較多應用，但最終被淘汰。｛嘴｝的用字變化反映了人們對｛嘴｝本身的認知不斷發生變化這一過程，從最初指鳥嘴強調尖利的特徵到泛化爲一般的口，這種變化在形旁上得到了表現；改聲旁“觜”爲“且”的努力則是文字上簡約的要求在發揮作用。

以詞爲單位，將文獻中出現的各類用字收集起來並進行整體性考察，從中發現語言對文字的影響和制約機制，這無疑會讓我們對漢語和漢字的關係有更加深入的認識。從中提取的若干用字的時代特徵，對於古籍整理和作品斷代也會有很好的參考作用和應用價值（太田辰夫，1991）。

〔注釋〕

① 爲區別詞與字，本文參考裘錫圭（1988）的做法，以｛嘴｝表示“嘴”這個詞，以“嘴”表示記錄｛嘴｝的字，下倣此。

② 嘴具有外形尖利這一特點，古今多位學者都已指出，詳見呂傳峰（2006b：6）。

③ 此據《敦煌經部文獻合集》。

④《慧琳音義》中多次分析了“嶲”的構造，認爲是从唯从乃（如卷八四釋“赤紫烏”條），恐不確。

⑤ 張涌泉《敦煌俗字研究》“觜”條云：“‘觜’字…大約唐代以後又增旁作‘嘴’。”所據即慧琳此條記載。

⑥《王重民向達所攝敦煌西域文獻照片合集》第30册，11428頁。又《敦煌變文校注·大目乾連冥間救母變文》出現一例“嘴”，作“銅嘴烏咤咤叫叫喚”（1032頁）。今檢《英藏敦煌文獻》第四卷S. 2614照片第七張，原卷作“銅觜烏”，無“口”旁。

⑦“紅咀烏”香煙的材料承周小山博士提供，謹致謝忱。

⑧《集存》中雖收錄了多種韻書，但多爲殘卷，缺少｛嘴｝的相關記錄。

⑨ 現代漢語中，插嘴、撅嘴、努嘴、親嘴、煙嘴兒等“～嘴”類詞還保留著嘴外形凸出、尖利的特徵，因而它們或者不存在對應的“～口”類詞，有的話（如“親口”等）意思也完全不同。

⑩ 韓語情況據朴在淵《中朝大辭典》“觜”“嘴”二條，並承韓國林升圭博士見告，謹致謝忱。

〔主要參考文獻〕

黄征. 敦煌俗字典. 上海：上海教育出版社，2005.

李榮. 文字問題. 北京：商務印書館，1987.

劉復，李家瑞. 宋元以來俗字譜. 北京：文字改革出版社，1957.

吕傳峰. “嘴”的詞義演變及其與“口”的歷時更替. 語言研究，2006a（1）：107－109.

吕傳峰. 漢語六組涉“口”基本詞演變研究. 南京：南京大學博士論文，2006b.

吕浩. 篆隸萬象名義校釋. 北京：學林出版社，2007.

潘重規. 敦煌俗字譜. 台北：石門圖書公司，1978.

裘錫圭. 文字學概要. 北京：商務印書館，1988.

［日］太田辰夫. 漢語史通考. 江藍生，白維國譯. 重慶：重慶出版社，1991.

［日］太田辰夫. 中國語歷史文法. 蔣紹愚，徐昌華譯. 北京：北京大學出版社，2003.

汪維輝. 東漢－隋常用詞演變研究. 南京：南京大學出版社，2000.

汪維輝. 域外借詞與漢語詞彙史研究. 江蘇大學學報（社會科學版），2009（1）：62－68.

王立軍. 宋代雕板楷書構形系統研究. 上海：上海教育出版社，2003.

徐時儀. 玄應和慧琳一切經音義研究. 上海：上海世紀出版集團，2009.

姚永銘. 慧琳一切經音義研究. 南京：江蘇古籍出版社，2003.

曾良. 略論漢字的時代性. 廈門：華人地區語文生活與語文計劃國際學術研討會論文，2002：31－37.

張涌泉. 漢語俗字研究. 長沙：嶽麓書社，1995.

張涌泉. 敦煌俗字研究. 上海：上海教育出版社，1999.

張涌泉. 大力加強近代漢字的研究. 浙江教育學院學報，2003（6）：1－6.

張涌泉編. 敦煌經部文獻合集. 北京：中華書局，2008.

周祖謨. 唐五代韻書集存. 北京：中華書局，1983.

（劉君敬，徐州師範大學文學院，郵編 221116）

量詞“口”的源流及演變*

王彤偉

内容摘要：量詞“口”萌芽於戰國末期，兩漢時期逐漸出現；魏晉南北朝時期使用數量變多、頻率變高，所稱量的對象種類變多，出現了“數十量十名”的格式和動量詞的用法；唐宋時期稱量範圍進一步擴大，作爲動量詞的情況已經很常見；元明清時期稱量對象有所減少，很少再用來稱量“横截面爲口形之物”，稱量家畜時多用以稱量“豬”，結構上“數十量十名”已成爲主流。現代漢語中量詞“口”在稱量對象上完全繼承了明清以來的情況，作爲名量詞時主要用於稱量人、牲畜（主要是豬）、刀具、有口的器物；作爲動量詞時都用於稱量口腔動作，句子的動詞都是口部動作詞。

關鍵詞：口　量詞　演變

“口”本是個名詞，《說文·口部》曰：“口，人所以言食也。”名量詞“口”無疑由此引申而來，並在此基礎上引申爲動量詞。然而在漢語史上“口”何時出現了量詞的用法，説法還不統一；對於量詞“口”的歷史發展情況，描寫也還不是很清楚。因此，我們有必要對這些情況進行一次比較詳細的調查。

---

* 本文是2010年度教育部青年項目“漢語常用量詞演變研究”（項目號：10YJC740100）的階段性成果。

一 有關量詞“口”出現時代的代表性説法

《漢語大字典》在“口”的“量詞”義項下首引《晉書·劉曜載記》：“管涔王使小臣奉謁趙皇帝，獻劍一口。”① 《漢語大詞典》“口”下共有五個量詞義項，其中“量詞，用於人”義項下的引例最早，出自南朝道士陶弘景所著的《真诰·甄命》，例曰：“郗回父無辜戮人數百口，取其財寶，殃考深重。”② 這應該是參考了劉世儒《魏晉南北朝量詞研究》，因爲劉先生在該書“次泛用的陪伴詞·口”下首先舉的也是這個例子③。也有人認爲“口”的量詞用法在戰國時期就已經出現，例舉《孟子·梁惠王上》：“百畝之田，勿奪其時，八口之家可以無饑矣。”④ 其實，這一説是有問題的。《孟子》“八口之家”的“口”是名詞而非量詞，這個“口”相當於“食口、人口”。這樣的例子在秦漢以前很多，如：

禄厚而税多，食口衆者，敗農者也；則以其食口之數，賦而重使之，則辟淫游惰之民無所於食。無所於食則必農，農則草必墾矣。（《商君書·墾令》）

十口之家，十人食鹽。百口之家，百人食鹽，終月大男食鹽五升少半，大女食鹽三升少半；吾子食鹽二升少半。（《管子·海王》）

西周君奔秦，頓首受罪，盡獻其邑三十六，口三萬。（《史記·周本紀》）

東夷薉君南閭等口二十八萬人降，爲蒼海郡。（《漢書·武帝紀》）

其實，若略加翻檢就會發現《漢語大字典》、《漢語大詞典》也都把《孟子》“八口之家”的“口”看作名詞，解釋爲“人、人口”。如果縱觀量詞“口”的整個發展歷史，更是從未見過

“數十口十家”這樣的說法，“家（庭）”從未用“口”稱量過。因此，《孟子》中所說的“八口之家”即“八個人的家庭”，這個“口”並非量詞。

二 量詞“口”的歷史發展

(一) 秦汉时期

我們對上古漢語20部傳統文獻進行了調查[5]，其中西漢以前的文獻中未見過“口”的量詞用法。不過，在出土文獻，成書於戰國末期到秦始皇時期的《睡虎地秦墓竹簡》中有兩例很像量詞的“口”[6]，應是早期用例：

甲亡，盜在西方，一宇間之，食五口，其疵其上得□□□□□其女若母爲巫，其門西北出，盜三人二五三。(《日書乙種·盜》)

丁亡，盜女子也，室在東方，疵在尾□□□，其食者五口，▨二五六（《日書乙種·盜》）

兩漢時期，“口”的量詞用法逐漸出現[7]，但總量還不多。比如《淮南子》全書約13萬字，“口”總共49見，但沒有量詞用法；《史記》全書50多萬字，“口”總共161見，作量詞衹有3例；《漢書》全書70多萬字，“口”總共402見，作量詞衹有9例：

乃徙貧民於關以西，及充朔方以南新秦中，七十餘萬口，衣食皆仰給縣官。(《史記·平準書》)

迺使劉敬徙所言關中十餘萬口。(《史記·劉敬叔孫通列傳》)

元封四年中，關東流民二百萬口，無名數者四十萬，公卿議欲請徙流民於邊以適之。(《史記·萬石張叔列傳》)

夏，募民徙朔方十萬口。(《漢書·武帝紀》)

四年冬，有司言關東貧民徙隴西、北地、西河、上郡、會稽凡七十二萬五千口，縣官衣食振業，用度不足，請收銀錫造白金及皮幣以足用。(《漢書・武帝紀》)

遣大司農非調調均錢谷河決所灌之郡，謁者二人發河南以東漕船五百樓，徙民避水居丘陵，九萬七千餘口。(《漢書・溝洫志》)

乃使劉敬徙所言關中十餘萬口。(《漢書・酈陸朱劉叔孫傳》)

今流民愈多，計文不改，君不繩責長吏，而請以興徙四十萬口，搖蕩百姓，孤兒幼年未滿十歲，無罪而坐率，朕失望焉。(《漢書・萬石衛直周張傳》)

詔曰："……今膠東相成，勞來不怠，流民自占八萬餘口，治有異等之效。其賜成爵關內侯，秩中二千石。"(《漢書・循吏列傳》)

粵桂林監居翁諭告甌駱四十餘萬口降，爲湘城侯。(《漢書・西南夷兩粵朝鮮傳》)

今漢道至盛，歷世二百餘載，考自昭、宣、元、成、哀、平六世之間，斷獄殊死，率歲千餘口而一人，耐罪上至右止，三倍有餘。(《漢書・刑法志》)

很明顯，這些量詞"口"的意義來源於"食口、人口"之義。當時的一般民衆以追求溫飽爲務，所以用"口"稱量的多是普通百姓等下層人士。同時，這時"口"的量詞用法還處於早期，許多例子的意義還比較實；類似下面的例子，前面沒有同位關係的名詞，就不宜看作量詞了：

士、工、商家受田，五口乃當農夫一人。(《漢書・食貨志上》)

元始二年，户十九萬五千七百二，口六十八萬二千四百六十八。(《漢書・地理志上》)

遂見齊俗奢侈，好末技，不田作，乃躬率以儉約，勸民務農桑，令口種一樹榆，百本薤、五十本蔥、一畦韭，家二母彘、五雞。(《漢書·循吏傳》)

又一切調上公以下諸有奴婢者，率一口出錢三千六百，天下愈愁，盗賊起。(《漢書·王莽傳》)

（二）魏晋南北朝时期

魏晉南北朝時期，量詞“口”有了很大的發展。其發展主要體現在：第一，使用數量變多、頻率變高；第二，所稱量的對象種類變多，除稱量人外，可以稱量“牲畜、刀、缶、氣息”等，以及“木材、柱子”等“横截面爲口形之物”。

以《三國志》爲例，《三國志》本志部分總共36萬多字，其中“口”共202見，作爲量詞有29例。稱量人時，除了地位低賤者以及普通百姓外，還可以稱量宗族部曲從上下文看，往往還是有低賤之義。如：

冬，受降卒三十餘萬，男女百餘萬口，收其精鋭者，號爲青州兵。(《魏書·武帝紀》)

公登高，望虜陳不整，乃縱兵擊之，使張遼爲先鋒，虜衆大崩，斬蹋頓及名王已下，胡、漢降者二十餘萬口。(《魏書·武帝紀》)

遂徙部曲宗族萬三千餘口居鄴。太祖嘉之，遷破虜將軍。(《魏書·李典傳》)

廬江雷緒率部曲數萬口稽顙。(《蜀書·先主傳》)

(馬超) 臨沒上疏曰：“臣門宗二百餘口，爲孟德所誅略盡，惟有從弟岱，當爲微宗血食之繼，深託陛下，餘無復言。”(《蜀書·馬超傳》)

然輕財貴義，兼以彊識，與人一面，數十年不忘，部曲萬口，妻子盡識之。(《吴書·朱桓傳》)

《三國志》中量詞“口”除了可以稱量人之外，還可以稱量牛馬牲畜或刀缶類器物[8]。如：

明年，比能帥部落大人小子代郡烏丸修武盧等三千餘騎，驅牛馬七萬餘口交市，遣魏人千餘家居上谷。（《魏羽·鮮卑傳》）

又特賜汝紺地句文錦三匹、細班華罽五張、白絹五十匹、金八兩、五尺刀二口、銅鏡百枚、真珠、鉛丹各五十斤，皆裝封付難升米、牛利還到錄受。（《魏書·东夷傳·倭》）

乃詐令軍中曰："頃連雨水濁，兵飲之多腹痛，令促具罌缶數百口澄水。"（《吴書·宗室傳·孫静傳》）

裴注中除稱量人之外，亦可用以稱量"羊、刀"。如：

十一月辛未，鎮西將軍曹真命衆將及州郡兵討破叛胡治元多、盧水、封賞等，斬首五萬餘級，獲生口十萬，羊一百一十一萬口，牛八萬，河西遂平。（《三國志·魏書·文帝紀》注引《魏書》）

即賜絹千疋，刀百口。（《三國志·吴書·甘寧傳》注引《江表傳》）

"牛、羊"等牲畜有口、需要餵養，所以用"口"作爲其稱量之詞；"刀"等器物有刃口，砍削時就像用口吃東西一樣[9]，所以也可用"口"來稱量。這樣的情況進一步發展，就可以用"口"來稱量跟口有關的容量和動作。例如：

未入山，當預止於家，先學作禁法，思日月及朱雀玄武青龍白虎，以衛其身，乃行到山林草木中，左取三口炁閉之，以吹山草中，意思令此炁赤色如雲霧，彌滿數十里中。……若他人爲蛇所中，左取三口炁以吹之，即愈不復痛。（《抱朴子內篇·登涉》）

這裏用以稱量"氣息"，而且使用的格式爲"數＋量＋名"。

次至楊脩，脩便噉，曰："公教人噉一口也，復何疑？"

(《世說新語·捷悟》)

這裏已經是表示動量了。

也可以用來稱量“有口之物”，或“横截面爲口形之物”。

先是，宣帝有寵將牛金，屢有功，宣帝作兩口榼，一口盛毒酒，一口盛善酒，自飲善酒，毒酒與金，金飲之即斃。(《宋書·符瑞志上》)

并獻金鏤龍王坐像一軀，白檀像一軀，牙塔二軀，古貝二雙，琉璃蘇鉝[10]二口，瑇瑁檳榔柈一枚。(《南齊書·東南夷列傳·扶南》)

元嘉十九年九月戊申，廣陵肥如石梁澗中出石鍾九口，大小行次，引列南向，南兗州刺史臨川王義慶以獻。(《宋書·符瑞志下》)

孝武帝孝建三年四月丁亥，臨川宜黄縣民田中得銅鍾七口，內史傅徽以獻。(《宋書·符瑞志下》)

孝建三年四月甲辰，晉陵延陵得古鍾六口，徐州刺史竟陵王誕以獻。(《宋書·符瑞志下》)

悛於州治下立學校，得古禮器銅罍、銅甑、山罍樽、銅豆鍾各二口，獻之。(《南齊書·劉悛列傳》)

獻鋋[11]數千口爲寓之作仗，加領尚方令。(《南齊書·沈文季列傳》)

以上爲有口的器物。

獲奴婢一百四十口，馬二百餘匹，驢騾二百，牛羊各千餘頭，氈七百領，粗細車三百五十乘，地倉四十二所，粟五十餘萬斛，城內居民私儲又二十萬斛，虜田五穀三百頃，鐵三萬斤，大小鐵器九千餘口，餘器仗雜物稱此。(《宋書·索虜傳》)

市令盛馥進數百口材助營宅，恐人知，作虛買券。(《宋書·庾登之傳》)

建元二年夏，廬陵石陽縣長溪水衝激山麓崩，長六七丈，下得柱千餘口，皆十圍，長者一丈，短者八九尺，頭題有古文字，不可識。(《南齊書·五行志》)

以上爲横截面爲口形之物。

又詔曰："……常所服身刀長短二口鐵環者，隨我入梓宫。……"(《南齊書·武帝本紀》)

嶷臨終，召子子廉、子恪曰："…… 朝服之外，唯下鐵鐶刀一口。……"(《南齊書·豫章文獻王列傳》)

并獻蒙山銅一片，又銅石一片，平州鐵刀一口。(《南齊書·劉悛列傳》)

又手勑曰："……今賜卿玉環刀一口。"(《南齊書·良政列傳·劉懷慰》)

以上爲有刃口之刀；以下用以稱量口部動作。

又云："興祖家餉糜，中下藥，食兩口便覺，回乞獄子，食者皆大利。……"(《南齊書·王奂列傳》)

這一時期的漢譯佛經中這樣的例子也不少。例如：

上佛刀一口。(梁寶唱《經律異相》卷十)

以四口大刀豎牛屎。(《經律異相》卷十五)

以上爲有刃口之刀；以下用以稱量飯食或口部動作。

乞我一口，乞我半口，我即腹中飢如火燒，億耳好施各與一口。(《經律異相》卷三七)

試飲一口，五藏燋爛臭不可當。(《經律異相》卷四六)

盜心噉一口，以是因緣故還斫舌也。(《經律異相》卷四六)[12]

神力自在百味飲食，最後一口變爲蝦蟆。(《經律異相》卷四八)

噉一口草即復人頭。(《經律異相》卷二九)

或食四口食而活命。(《佛本行集經》卷二十)

以下是有口的容器。

時諸釋族，復更立於七口鐵甕。滿中盛水。……太子執彼燒熱赤箭一射。便過七鐵水甕。（隋闍那崛多《佛本行集經》卷十三）

另外，細觀這些用例，“數＋量＋名”結構不但與“數＋量＋名”結構同時並用，而且並不乏見，這也是需要注意的。

（三）唐宋時期

唐宋時期名量詞“口”的稱量範圍進一步擴大，包括絕大多數“有口之物”、“有刃口之物”，以及“膿血、氣息、飯食”等“與口有關的名物”；同時作爲動量詞的情況已經很常見，不過主要還是用來表示“罵、吸、吞、喫”等與口有關之動作的動量。

梁王聞吴軍欲至，遂殺牛千頭，烹羊萬口，飲食堆如山岳，列在路邊，帳設鋪施。（《敦煌變文·伍子胥變文）

醞五百瓮酒，殺十萬口羊，退犢焊駝，飲食盈川，人倫若海。（《敦煌變文·王昭君變文》）

長者護彌答曰：“此則門當户對，要馬百疋，黄金千量，青衣百口，助物百車。”（《敦煌變文·祇園因由記》）

這裏的“青衣”指僕人。

於是魔王擊一口金鐘，集百萬之徒黨。（《敦煌變文·破魔變文》）

奉磨納袈裟一領，金鉢一口，供養大師。（《祖堂集》卷二“第三十三祖慧能和尚”）

當先天二年，達摩大師傳袈裟一領，是七條屈眴布，青黑色碧絹爲裏，並鉢一口。（《祖堂集》卷二“第三十三祖慧能和尚”）

陛下但詔淨能上殿賜座，殿後蜜排五百口劍，陛下洋洋問法，淨能道法之次，洋洋振龍威。（《敦煌變文·葉淨能詩》）

若能如是，直下提一口劍，刺斷天下人疑网，一如不作相似。(《祖堂集》卷十三"山谷和尚")

寮欲喚師針灸，恐痛，與口於母腫上吮之，即得小差，以膿血數口流出，其母至夜，便得眠臥安穩。(《敦煌變文集·搜神記》)

或云："俗語：'夜飯減一口，活得九十九。'"(《朱子語類·雜類》)

子胥即欲前行，再三苦被留連，人情實亦難通，水畔蹲身，即坐喫飯。三口便即停餐，媿賀女人，即欲進發。(《敦煌變文·伍子胥變文》)

如喫飯樣，喫了一口，又喫一口，喫得滋味後，方解生精血. 若袛恁地吞下去，則不濟事。(《朱子語類·論語一·語孟綱領》)

今若此者，蓋呼氣時，此一口氣雖出，第二口氣復生，故其腹脹。(《朱子語類·理氣上·太極天地上》)

做動量詞時稱量的都是與口有關的動作，通常作補語和狀語。

臣罵漢王三五口，不施弓弩遣抽軍。(《敦煌變文·捉季布傳文》)

師云："待你一口吸盡鏡湖水，我則向你道。"(《祖堂集》卷十"鏡清和尚")

問："一口吞盡時如何?"師云："老僧在你肚裏。"(《祖堂集》卷十一"雲門和尚")

（四）元明清時期

這一時期，"口"作爲名量詞時，稱量的對象基本和前一時期一致，衹是很少再用來稱量"横截面爲口形之物"；作爲動量詞時，衹稱量和口有關的動作。結構上，"名＋數＋量（口）"和"數＋量（口）＋名"並用，但"數＋量（口）＋名"已成爲主流。

《元刊雜劇三十種》中“口”用以稱量“人、劍、氣息、食物”以及“吞嚥”的動作。作爲動量詞時後面可以加“兒”，這是它的新發展。例如：

方今王新室在位，爲君一十七年，滅漢宗一萬五千七百餘口，絕劉後患，天下把這姓劉的捉拿。（《嚴子陵垂釣七里灘雜劇》）

三百口家屬斬滅門，枝葉都誅盡。（《冤報冤趙氏孤兒雜劇》）

料應把那口吹毛過的劍先磨，圪察的著咽頸，血瀝瀝帶著肩窩。（《漢高皇濯足氣英布雜劇》）

俺岳孔目昨日得了一口驚氣，一臥不起，發昏。（（《岳孔目借鐵拐李還魂雜劇》））

叫張屠孩兒來，我想一口米湯吃。（《小張屠焚兒救母雜劇》）

把這盞許親酒又不敢慢俄延，則索扭回頭半口兒家剛剛的嚥。（《閨怨佳人拜月亭雜劇》）

明代小説中，除了繼承前述情況，也有一些新的發展。比如，稱量人時可稱量“死人、屍首”；稱量有口的容器時可以稱量“棺材”；稱量家畜時，“口”多稱量“豬”⑬。等等。

樓下搠死夫人一口。在外搠死玉蘭並你娘二口，兒女三口。共計殺死男女一十五名。擄掠去金銀酒器六件。（《水滸傳》第三十一回）

回覆知府，禀道：“檢得一口婦人潘巧雲，割在松樹邊。使女迎兒，殺死在古墓下。”（《水滸傳》第四十六回）

到那裏去也是死，要打便和你廝打，死在這裏，也得一口好棺材。”（《水滸傳》第九十回）

這婦人屍首，丢了三四日，被守備府中買了一口棺材，差人抬出城外永福寺去葬了。（《金瓶梅》第八十八回）

倒還虧了咱家小大姐春梅，越不過娘兒們情腸，差人買

了口棺材，領了他屍首，葬埋了。(《金瓶梅》第八十八回》

行者聞言，演了一會，徑直尋到宫後，看果有一個石匣，卻象人家槽房裏的豬槽，又似人間一口石棺材之樣。(《西遊記》第四十九回)

劉高聽了這話，便叫取十瓶酒，一口豬，賞了衆人，不在話下。(《水滸傳》第三十二回)

顧大嫂分付火家，宰了一口豬，鋪下數般果品案酒，排下桌子。(《水滸傳》第四十九回)

叫道人去城中買了幾般果子，沽了兩三擔酒，殺翻一口豬，一腔羊。(《水滸傳》第七回)

便叫宰了一口豬，一腔羊，致酒設席，結拜李俊爲兄。(《水滸傳》第九十三回)

到了次日初二日，西門慶稱出四兩銀子，叫家人來興兒買了一口豬、一口羊、五六壇金華酒和香燭紙劄、雞鴨案酒之物。(《金瓶梅》第一回)

西門慶道："昨日我在夏龍溪家吃酒，大巡宋道長那裏差人送禮，送了一口鮮豬。"(《金瓶梅》第五十二回)

於是拿帖看，上寫著："謹具金段一端，雲紵一端，鮮豬一口，北羊一腔，內酒一壇，點心二盒。眷生翟謙頓首拜。"(《金瓶梅》第七十一回)

又叫來興兒宰了半口豬、半腔羊，四十斤白麵、一包白米、一壇酒，兩腿火熏、兩隻鵝、十隻雞，又並許多油鹽醬醋之類，與何千户送下程。(《金瓶梅》第七十二回)

每家半口豬，半腔羊，一壇酒，二包米，一兩銀子.(《金瓶梅》第七十八回)

老王果依此計，即教管事的買辦了七八口豬，四五腔羊。(《西遊記》第八十九回)

"口"作名量詞使用時，前面的數詞如果是"一"，往往可以省略。如：

說少華山上朱武、陳達、楊春三個頭領，分付小嘍羅看守寨柵，衹帶三五個做伴，將了樸刀，各跨口腰刀，不騎鞍馬，步行下山，逕來到史家莊上。（《水滸傳》第二回）

這人慣使口大刀，英雄蓋世，義勇過人。（《水滸傳》第六十四回）

楊志道：“怎奈那禿廝無禮！且把他來出口氣。”（《水滸傳》第十七回）

武大道：“大嫂說的是。二哥，你便搬來，也教我爭口氣。”（《水滸傳》第二十四回）

拔下一根毫毛，吹口仙气，叫：“变！”（《西游记》第七回）

和數詞“一”組合時可以重疊爲“一口一口”，或省略“一”成“一口口、口口”。如：

婦人用口接著，慢慢一口一口都咽了。（《金瓶梅》第七十二回）

月娘衆人都在房裏瞧著，那孩子在他娘懷裏，一口口搐氣兒。（《金瓶梅》第五十九回）

這鄭月兒跳上炕去，用盞兒托著，跪在西門慶身邊，一口口喂他。（《金瓶梅》第七十九回）

婦人口口接著，都咽了。（《金瓶梅》第七十四回）

作名量詞時也可緊跟在序數詞之後。如：

武大呷了一口，說道：“大嫂，這藥好難吃！”……武大再呷第二口時，被這婆娘就勢一灌，一盞藥都灌下喉嚨去了。（《水滸傳》第二十五回）

作爲名量詞時後面也可以加“兒”。例如：

眼見得無人送飯。老身叫化得這一口兒飯，特要與他充饑。……衹可憐見，引老身入去，送這口兒飯，也顯得舊日

之情。(《水滸傳》第六十九回)

李瓶兒又不敢違阻，拿起鐘兒來，咽了一口兒，又放下了。(《金瓶梅》第六十一回)

伯爵起來道："好個沒仁義的小淫婦兒，你也剩一口兒我吃，把一鍾酒都吃的淨淨兒的。"(《金瓶梅》第六十八回)

在《西遊記》中我們還發現了兩種有趣的現象：一是有的"數+量+名"結構已經凝固成詞，可以做修飾性定語；二是作動量時，動詞可以省略，使得形式上好像"數+量"結構充當了謂語。例如：

有的披了袈裟，有的著了褊衫，無的穿著個一口鐘直裰，十分窮的，沒有長衣服，就把腰裙接起兩條披在身上。(《西遊記》第三十六回)

被二郎爺爺的細犬趕上，照腿肚子上一口，又扯了一跌。(《西遊記》第六回)

行者見了，將身又變，變作一個黃皮虼蚤，跳上石床，鑽入被裏，爬在那怪的胳膊上，著實一口，叮的那怪翻身罵道："這些少打的奴才！被也不抖，床也不拂，不知什麽東西，咬了我這一下！"(《西遊記》第五十二回)

量詞"口"在清代，在稱量對象、結構形式等方面都沒有新的發展，不過一些數量結構凝固成了詞，擁有了新的意義。例如：

(寶玉)三口兩口吃完，忙漱了口，便往賈政這邊來。(《紅樓夢》第八十四回)

寶玉也沒法兒，袛得且吃飯，三口兩口忙忙的吃完，漱了口，一溜煙往黛玉房中去了。(《紅樓夢》第八十七回)

"三口兩口"意即隨便匆忙。

金榮袛一口咬定說："方才明明的撞見他兩個……"(《紅樓夢》第九回)

薛蟠更被這一席話激怒，順手抓起一根門閂來，一徑搶

步找著香菱，不容分說便劈頭劈面打起來，一口咬定是香菱所施。（《紅樓夢》第八十回）

知縣假作聲勢，要打要夾，薛蟠一口咬定。（《紅樓夢》第八十六回）

“一口咬定”意即堅持己見，不猶豫、不改口。

黄胖姑是紹興人，因爲在京年久，說的一口好京話，京城上下三等人都認得，外省官場也很同他拉攏。（《官場現形記》第二十四回）

《漢語大詞典》認爲這裏的“口”是表示語言行爲的量詞。例舉《兒女英雄傳》第十七回：“衹聽他説怎樣的‘安耐磨兒’，‘打底盤兒’……一口抬杠的行話。”《兒女英雄傳》第三七回：“衹聽他打著一口的常州鄉談道：‘底樣臥，底樣臥。’”實際上，這裏“一口”已經凝固成詞，表示“滿口、熟練”之義，這裏的“口”不宜看作量詞，這是“口”在清代的新發展。

（五）現代時期

我們利用國家語委現代漢語語料庫⑭對兩千多萬字的現代漢語語料中量詞“口”的使用情況進行了檢索，結果顯示現代漢語中量詞“口”在稱量對象上完全繼承了明清以來的情況。作名量詞時主要用於稱量人、牲畜（主要是豬）、刀具、有口的器物；作動量詞時都用於稱量口腔動作，句子的動詞都是口部動作詞。在結構上，“數＋量＋名”是绝对的主流；這就使得稱量人時“數＋口”後面往往補出“人”。例如：

據一九〇九年（宣統元年）户口統計，當時呼蘭地區達斡爾族尚有三百二十二户，一千二百六十二口人。

你的那口樟木箱子賣了沒有呢？

他忙把視線從她臉上移開，低下頭說：“我要去看看那幾口窑。”

可是，全灌區有千百户人家，幾百口塘壩，幾千畝水田，談何容易。

這是攝製組選取的主要實景拍攝點，全隊職工開春上山，立冬下山，長年累月寄身簡陋帳篷，打出了一口口地熱井。

他不由地暗暗抽了口冷氣。

吳長榮低著頭吸了口煙，"不過，話說回來，什麼事都得看透才行。"

猴子嘀咕着，又狠狠啃了口桃子，"好吧，我就帶你去見他。"

喝了幾口高蛋白。

三 小結

綜上所述，量詞"口"萌芽於戰國末期，兩漢時期逐漸出現；魏晉南北朝時期使用數量變多、頻率變高，所稱量的對象種類變多，出現了"數＋量＋名"的格式和動量詞的用法；唐宋時期稱量範圍進一步擴大，作爲動量詞的情況已經很常見；元明清時期稱量對象有所減少，很少再用來稱量"橫截面爲口形之物"，稱量家畜時多用以稱量"豬"，結構上"數＋量＋名"已成爲主流。現代漢語中量詞"口"在稱量對象上完全繼承了明清以來的情況，作爲名量詞時主要用於稱量人、牲畜（主要是豬）、刀具、有口的器物；作爲動量詞時都用於稱量口腔動作，與之相關的動詞都是口部動作詞；在結構上，"數＋量＋名"是绝对的主流。

〔注釋〕

①《漢語大字典》（八卷本），第567頁。

②《漢語大詞典》（十二卷本），第3卷，第1頁。

③劉世儒《魏晉南北朝量詞研究》，第87頁。

④楊曉敏《先秦量詞及其形成與演變》，見《王力先生紀念論文集》，北京：商務印書館，1990，第190頁。

⑤檢索依據臺灣“中央研究院”古漢語語料庫（http：//hanji. sinica. edu. tw/）。這20部文獻包括《尚書》、《毛詩》、《周易》、《儀禮》、《周禮》、《禮記》、《春秋左傳》、《戰國策》、《論語》、《孟子》、《莊子》、《荀子》、《韓非子》、《呂氏春秋》、《老子》、《商君書》、《管子》、《孫子》、《史記》、《淮南子》。

⑥麻愛民《從認識角度看漢語個體量詞“口”的產生與發展》引用有誤，把兩例都引爲“食者五口”，並據此進行了大段論述，不妥。

⑦《漢語大詞典》可以據此提前首證時代。

⑧《漢語大詞典》在相關條目下所舉首證皆晚，可据以提前。

⑨現在陝西城固方言中說刀鋸鈍、不鋒利時還說“這刀/鋸不吃木頭”。

⑩《集韻·入緝》：“鈒，胡食器。”

⑪鋌，箭頭後部用以裝入箭杆的部分。

⑫指嗽一口蜜。原文作：“有一鬼言：‘我身上遍滿生舌，斧來斫舌，斷續復生如此不已，何因故爾?’目連答言：‘汝前世時作道人。眾僧差作蜜漿，石蜜塊大難消，以斧斫之，盜心嗽一口。以是因緣故還斫舌也。’”

⑬主要原因恐怕在於豬口是豬比較明顯的代表性特徵。稱量“羊”時，如果是活的，量詞有時候可用“口”，如果是死的，就用“腔”不用“口”。

⑭國家語委語料庫在綫：http：//www. cncorpus. org/。

〔主要參考文獻〕

麻愛民．從認知角度看漢語個體量詞“口”的產生與發展．湖北社會科學，2011（5）．

劉世儒．魏晉南北朝量詞研究．北京：中華書局，1965．

楊曉敏．先秦量詞及其形成與演變．//王力先生紀念論文集．北京：商務印書館，1990．

王彤偉．量詞“頭”源流淺探．語言科學，2005（3）．

王彤偉．量詞“首”源流淺探．//漢語史研究集刊．第八輯．成都：巴蜀書社，2005．

（王彤偉，四川大學文學與新聞學院，郵編610064）

祈請義動詞“屈”的歷時考察*

常　輝

内容摘要：“屈”在漢語史中曾一度用作祈請義動詞。其祈請義來源於“委屈”義，由語用中的“禮貌原則”所引發。隋唐五代是其使用的繁盛時期，之後便漸趨消失。消失原因在於和其他祈請義動詞相比，産生的時間較晚以及詞義承擔範圍較大。

關鍵詞：屈　祈請　禮貌原則　歷時考察

一　引言

“屈”在現代漢語中是不表示祈請義的。然而，在漢語史中，“屈”卻一度用作祈請義動詞，如晚唐五代時期重要的口語文獻《祖堂集》中就出現過祈請義動詞“屈”10次。舉一例如下：

姊卻向弟曰：“屈老宿歸房裏吃茶，還得也無？”弟便出來，屈其老宿。（祖堂集・卷三・一宿覺和尚）

對於這個詞，前人已進行了一定的研究。宋代官修韻書《集韻》在對“屈”進行解釋時即曰：“屈：曲勿切，曲也，請也，亦姓。”指出了“屈”具有“請”這樣一個義項。今人蔣禮鴻在

* 本文爲教育部人文社會科學規劃基金項目“《祖堂集》詞典”（項目批准號：07JA740021）的階段性成果之一。

其《敦煌變文字義通釋》一書中提出“屈”有邀請義，並列舉了《敦煌變文集》、《法苑珠林》、《晉書》、《資治通鑒》使用“屈”作為祈請義動詞的例子。《漢語大詞典》、《唐五代語言詞典》中亦有對“屈”祈請義的解釋：敬詞，義同請。本文擬對祈請義動詞“屈”的來源及其引申機制進行說明，考察它在漢語史中的出沒情況，並解釋祈請義動詞“屈”以及其同義複合動詞最終消失的原因。

二 祈請義動詞“屈”的引申機制

《漢語大詞典》、《現代漢語詞典》在對“屈”的釋義中均有“委屈”這樣一個義項。我們認為這一義項的出現不晚於魏晉時期，如：

> 昔仲尼資大聖之才，懷帝王之器，當衰周之末，無受命之運，在魯、衛之朝，教化乎洙、泗之上，淒淒焉，惶惶焉，欲屈己以存道，貶身以救世。（《三國志》卷二《魏書二》）

這一義項一直沿用到現代漢語中，如“屈駕”、“屈居”等詞語。

“屈”的祈請意義便是由其“委屈”義引申而來的。沈家煊（2004）指出“關於演變的動因，經常提到的有兩個：一是語言的習得，一是交談雙方的互動策略。‘生成語法’認為兒童的語言習得是語言演變的動因，卻忽略了成人的語言習得，其實成人的語言習得也是語言演變的重要動因。一個詞語初現一個新的意義和新的用法後，如果這項創新為創新者或其他人重複，這就發生了所謂的‘習得’，語義的演變由此而開始。互動策略指交談雙方為交談的成功和效率而互相關注、互相影響、互相協商，具體指交談雙方所遵循的一些語用原則，如合作原則、省力原則、禮貌原則等”。並在文中着重說明了語用原則中的“適量原則”如何引發語義及語形演變的。我們認為祈請義動詞“屈”的出現正是由語用原則中的“禮貌原則”引發而來的。

“禮貌是人類文明的標誌，是人類社會活動的一條重要準繩。作為一種社會活動，語言活動也同樣受到這條準繩的約束（何兆熊，2000）”，這樣就形成了會話中的禮貌原則。Leech① 提出了禮貌原則中的具體準則，即“策略準則、寬宏準則、讚揚準則、謙虛準則、贊同準則、同情準則”。謙虛準則要求人們盡力縮小對自身的讚揚，盡力誇大對自身的貶損。在中國古代，人們在交際中非常注重謙虛。“屈”由於具有“委屈”義，用在指人（非自己）的詞語前面便可以表示自己使對方做此事是對其的一種委屈，有意抬高對方，貶低自己。這便符合禮貌原則中的謙虛準則，從而使得這項“創新”為“創新者或其他人重複”，發生了所謂的“習得”。而詞語所出現的句法位置以及使用頻率的高低對於詞語意義的形成有著重要的作用，這裏“屈”出現的句法位置和“請”類祈請義動詞相同，而且由於發生了“習得”，這種用法的使用頻率較高。所以時間長了這裏“屈”的意義就發生了演變，可不必表示原來語用上的“委屈”義，引申出了等同於“請”的動詞祈請義。

三　祈請義動詞“屈”在漢語史中出沒的狀況

要考察祈請義動詞“屈”在漢語史中的出沒情況，就要對“屈”是否為祈請義動詞有一個具體的判斷標準。我們認為可以根據語境意義來進行判斷。

在“屈”的祈請義產生之初，往往含有一種在語用上表謙虛的委屈之義。這種情況均是用於祈請自己所看重的人或者比自己社會地位高的人以及其他禮節性語境等。如：

（張溫）以輔義中郎將使蜀，權謂溫曰：“卿不宜遠出。恐諸葛孔明，不知吾所以與曹氏通意，故屈卿行。若山越都除，便欲大構於丕。行人之義，受命不受辭也。”（《三國志》卷五七《吳書一二》）

這一例子出自魏晉時期的《三國志》，講的是吳主孫權派遣張溫出使蜀國的故事。張溫是孫權所看重的大臣，孫權說“卿不宜遠出”，衹是因為“恐諸葛孔明，不知吾所以與曹氏通意”，才“屈卿行”，所以這裏的“屈”含有一種語用上的“委屈”之義，說明其尚處於“委屈”義向祈請義轉化的一種過渡階段，還沒有成為真正的祈請義動詞。

而當“屈”可以用在祈請的人其社會地位比自己低且不是自己所看重的人以及其他非禮節性語境時，說明這裏的“屈”就失去了在語用上表謙虛的委屈之義，從而成為了一個真正的祈請義動詞。如：

睦州司馬韋延之，秩滿，寄居蘇州嘉興。大曆八年，患痢疾，夏月獨寐廳中。忽見二吏云：“長官令屈。”延之問：“長官為誰?”吏云：“奉命追公，不知其他。”延之疑是鬼魅，下地欲歸。（《廣異記·韋延之》）

這一例子出自隋唐時期的小說《廣異記》，講述的是冥界“長官”令二吏請睦州司馬韋延之赴冥界之事。冥界“長官”控制著眾生的生死，其地位當然比一個離任的“韋延之”高得多，所以在這裏，“屈”已經失去了在語用上表謙虛的委屈之義，成為了一個表示完全祈請義的動詞。

又如：

是時相公於廳中，忽聞念經之聲便起，漸漸獨行，來至西院門前，聽念經聲。遂令左右交屈夫人，夫人蒙屈，來至西門前，相公與夫人來廳（聽）念經，直至天明。（《敦煌變文集新書》卷六）

這一例出自唐五代時期的《敦煌變文集》，講的是“相公”晚上聽到西院念經聲，便請自己夫人一起來聽念經的故事。這裏的“屈”用在“相公”與“左右”轉請“夫人”的場合，且中國古代講究夫爲婦綱，作爲丈夫的“相公”要比自己的“夫人”社會地位高，所以這裏的“屈”已經失去了在語用上表謙虛的委屈之義，成爲了一個表完全祈請義的動詞。

當祈請義動詞“屈”可以和其他表祈請義的動詞進行同義複合，如形成“邀屈”、“請屈”、“屈請”等詞語時，用作了表祈請義的語素，說明它的祈請動詞之義已經相當穩固了。

根據我們所認為的“屈”的祈請義判斷標準，以及對《漢籍全文檢索系統》（第四版）[②]中相關語料的考察，發現魏晉時期的《三國志》中就已經出現了處於過渡階段的祈請義動詞“屈”。如：

（1）下邳陳登謂先主曰：“今漢室陵遲，海內傾覆，立功立事，在於今日。彼州殷富，户口百萬，欲屈使君撫臨州事。”（《三國志》卷三二《蜀書二》）

（2）袁術備禮招請，範稱疾不往，術不強屈也。（《三國志》卷一一《魏書十一》）

（3）國家所以屈諸君使相承望者，以僕有尺寸可稱，能忍辱負重故也。各在其事，豈複得辭！軍令有常，不可犯矣。（《三國志》卷五八《吴書一三》）

這一時期“屈”的這種過渡階段的祈請義使用數量較少，在《漢籍》裏僅《三國志》中檢索出較少的幾例，且多用在委派自己所看重的人以及地位比自己高的人時，含有一種在語用上表謙虛的委屈之義，說明這一時期“屈”並未發展成完全的祈請義動詞。

南北朝時期，“屈”的祈請義得到了進一步的發展，表現為使用數量的增多，使用場合的擴大，以及同義複合詞“請屈”、

“屈請”的出現等。如：

(1) 君文武兼備有專對才。今欲相屈之。(《弘明集》卷一)

(2) 昇明中，世祖為中軍，引悰為諮議參軍，遣吏部郎江謐持手書謂悰曰：“今因江吏郎有白，以君情顧，意欲相屈。”(《南齊書》卷三七)

(3) 積十餘年，雖羈旅貧窘而著述不倦。恒時相請屈，與論經史。辟秘書中散，稍遷秘書令。(《魏書》卷八四)

(4) 宋文帝遠聞其風，敕交州刺史稱旨迎致，京邑名僧慧嚴、慧觀等附信修虔，並與王書，屈請弘法。(《出三藏記》卷十四)

這一時期“屈”已經可以用為表示祈請義的動詞了，而且已經產生了与“請”的同義複合動詞“請屈”、“屈請”，但這種同義複合詞的數目較少，“請屈”、“屈請”在《漢籍》中均衹出現一例，說明這一時期“屈”祈請義的同義複合僅僅是一種偶然的萌芽現象，僅僅是一種趨勢，“屈”的動詞祈請義仍未穩固。

隋唐五代時期，祈請義動詞“屈”的使用數量進一步增大。通過對《漢籍》中語料的考察，我們可以看出，無論是在當時成書於西北地區的《敦煌變文集》中，還是在成書於福建東南地帶的《祖堂集》中，無論是詩詞還是史傳、小說中，均能找到大量的用例。如：

(1) 師明朝令沙彌屈法空禪師，禪師應時來。(《祖堂集》卷十五《西堂和尚》)

(2) 這沙彌不了事，教屈法空禪師來，何故屈得守堂人來？(《祖堂集》卷十五《西堂和尚》)

(3) 屈得夏侯蕭相至，登筵赴會讓卑尊。(《敦煌變文集》卷六)

(4) 娃館松江北，稽城浙水東。屈君為長吏，伴我作衰

翁。(《全唐詩·秋寄微之十二韻》)

(5) 桐廬縣令鄭鋒，好奇之士，常呼法智至舍，令屈滕十二郎。久之方至。其辨對言語，深有士風，鋒聽之不倦。(《廣異記·王法智》)

祈請義動詞"屈"在這一時期鮮活的口語中，得到了大量的運用，用在了衆多的場合。同時，這一時期也產生了較多的祈請義動詞"屈"與其他祈請義動詞的同義複合詞，如"邀屈"、"請屈"、"屈請"等，也有一些含有祈請義"屈"的四字詞語出現，如"不屈自來"等。如：

(1) 承親每日重設邀屈，甚殷勤。(《朝野僉載》卷二)

(2) 時未亭午，已構七千餘言。詹事傳語試官曰：萬言不在試限，請屈來飲酒。(《唐摭言》卷十一)

(3) 大王若不信，南山有一阿斯陀仙仁(人)，修行歲久，道行精專。屈請將來，令交瞻相，大王便悉此事。(《敦煌變文集新書》卷三)

(4) 法師性樂山水，往依終南山雲際寺。又去寺三十餘裏閒居一所，静志八年。西明寺僧徒邀屈還寺，講《成唯識論》。(《大慈恩寺》卷二十三《碑銘》)

(5) 後和尚方聞佛光故乃自來，侍郎不許相見，令人問："三請不赴，如今為什摩不屈自來？"(《祖堂集》卷五《西堂和尚》)

這些現象都説明了隋唐五代是祈請義動詞"屈"的繁榮時期，"屈"在這一時期已經成為徹底的祈請義動詞，"屈"的動詞祈請義已經相當穩固了。

通過檢索《漢籍》中宋代的文獻，我們發現，祈請義動詞"屈"使用數量開始略有下降，其同義複合詞也呈減少的態勢。如：

(1) 舍財者，市諸香油、八珍、百味、營饌供具，屈請

道士，及以凡器歸心啟告，委命至真，內泯六塵，外齊萬境，冥心靜慮，歸神於道。（《雲笈七籤》卷三十七）

(2) 一旦茫然，終被閻羅老子相屈。便縱有、千種機籌，怎免伊唐突。（王安石《甘露歌》）

(3) 蔡攸曰：“家間子侄未有人教，可屈他來否?”此人即以告張，張即從之。（《朱子語類》卷一百一）

元代是祈請義動詞“屈”的沒落時期，通過檢索《漢籍》發現，這個時期，衹有較少的幾個祈請義動詞“屈”的用例，且無同義複合詞的出現。如：

(1) 時趙文敏公謂之七司户，與謝姻戚，屈來司飯。文敏公風瘡滿面，李遙見，即起迎。（《南村輟耕錄》卷四）

(2) 且重扃邃宇，敬事保愛，惟恐其他適也。然素趨勢利，其富室執人，每屈輒往。（《南村輟耕錄》卷十三）

(3) 俄，馬中流矢，遂為賊所執，其魁首王兼善者，謂曰：“聞公廉能著稱，欲屈再尹此州。”（《南村輟耕錄》卷十四）

到了明清時期，祈請義動詞“屈”以及其同義複合詞在《漢籍》中很難再檢索出用例，可能已經消失了。

祈請義動詞“屈”及其同義複合詞在宋代之後逐漸少用以至於消失，我們認為是由於以下的原因所造成的。

祈請義動詞“屈”和其他主要的祈請義動詞相比，“屈”的動詞祈請義産生時間較晚。如“請”的動詞祈請義早在先秦時期便已見到用例。如：

景公過晏子曰：“子宮小，近市，請徙子家豫章之圃。”（《韓非子·難二》）

和“請”等在較早時期便已經産生的祈請義動詞相比，它並沒有在人們的頭腦中形成較為深刻的印象，在與其他祈請義動詞的競爭中處於弱勢地位，所以在“請”類祈請義動詞的強勢競爭下，在語言的經濟性原則制約下，人們為了追求交流的便利，祈請義動詞“屈”以及其同義複合詞便曇花一現般地消失了。

同時，這也與詞義承擔範圍有關。“屈”是一個含義較爲複雜、義項較多的詞語，使用祈請義動詞“屈”便容易引發歧義或是帶來一些語用上的感情色彩，而“請”類祈請詞和“屈”相比，詞義承擔範圍較小，表義較爲單純因而能夠更好地表達出人們在交際場合中的“祈請”之義，所以“請”類祈請義動詞最終在和祈請義動詞“屈”及其同義複合詞的競爭中勝出。

總之，祈請義動詞“屈”來源於其“委屈”義，由語用中的“禮貌原則”所引發，在魏晉南北朝時期開始出現，到隋唐五代時期發展到頂峰，至宋代開始沒落，元代時漸趨消失，明清時徹底消失。我們認為祈請義動詞“屈”及其同義複合詞的消失是由於其他祈請義動詞的競爭，如“請”類祈請義動詞和祈請義動詞“屈”及其同義複合詞相比產生的時間較早，且詞義承擔範圍較小，使得它在與祈請義動詞“屈”及其同義複合詞的競爭中勝出。

〔注釋〕

①轉引自何兆熊《新編語用學概要》[M]. 上海：上海外語教育出版社，2000.

②《漢籍全文檢索系統》(第四版)，陝西師範大學歷史文化學院 2004，以下簡稱《漢籍》。

〔主要參考文獻〕

[1] 沈家煊. 語用原則、語用推理和語義演變 [J]. 外語教學與研究，2004 (7)：243—251.

[2]（宋）丁度. 集韻 [M]. 上海：上海古籍出版社，1985.

[3] 何兆熊. 新編語用學概要 [M]. 上海：上海外語教育出版社，2000.

[4] 江藍生，曹廣順．唐五代語言詞典［M］．上海：上海教育出版社，1997.

[5] 蔣禮鴻．敦煌變文字義通釋［M］．上海：上海古籍出版社，1988.

[6] 羅竹風主編．漢語大詞典［M］．北京：漢語大詞典出版社，1993.

[7] 中國社科院語言研究所詞典編輯室．現代漢語詞典［M］．北京：商務印書館，2005.

（常輝，上海師範大學語言研究所，郵編 200234）

中古漢語中的甚度副詞“薄”

李明龍

内容摘要：“薄”一般被認爲是一個表微度的副詞，筆者却發現在中古文獻中“薄”可以充當甚度副詞。並認爲這種强程度性質可能與當時微度副詞系統向甚度副詞系統發展的語法類推有關。這一發現對漢語史研究有一定意義。

關鍵詞：薄　甚度副詞　類推

“薄”從上古開始就可以充當程度副詞，表示程度偏低。何樂士（1985：37）説：“薄，副詞，用於動詞前，表示數量不多、程度不高或簡樸等狀態。”在中古，一般也認爲它是個表偏低程度的副詞，如劉堅、江藍生《唐五代語言詞典》“薄”條：“略微，稍稍，用作副詞。《變文集》卷二《廬山遠公話》：“賤奴身雖居下賤，佛法薄會些些。”但是我們在中古文獻中却發現“薄”可以作偏高程度的副詞使用。這一現象迄今尚有人對其進行研究，本文擬對該問題進行探討。爲行文方便，我們借用陳穎（2008）對程度副詞的分類，把偏低程度的“薄”稱爲微度副詞，把偏高程度的“薄”稱爲甚度副詞。

一　甚度副詞“薄”的語法意義和語法特徵分析

高育花（2001）説：“副詞本身意義虚靈，特别是用法比較復雜的副詞，要判斷其在句中的含義，必須放到具體的語境中去考察。程度的高低，一般都是相對的，因而表示程度高低的副詞詞義都具有一定的模糊性。加之由於認識、感情等方面的原因，人們在表示程度時往往帶有主觀色彩，這就更增加了程度副詞詞義的模糊性。”所以副詞“薄”表示程度時，究竟是表示程度低還是程度高，取決於所述事件的整體意義以及説話人對所陳述事件的主觀評價。因此只有結合上下文，認真領會作者的旨意，才能做出正確的判斷。現先舉佛教文獻中的例子：

(1) 前白佛言：“佛天中天，衆聖之師，願默寂然。是事見付，薄能挫折此外異學，猶金翅鳥臨海諸龍。”(劉宋釋寶雲譯《佛本行經》T04/85b①)

此句“薄能挫折此外異學，猶金翅鳥臨海諸龍”是説“頗能摧折外道，就像金翅鳥殺死海中的龍一樣容易”。佛教傳説中的金翅鳥兇猛異常，是龍之天敵，因此如果把“薄”解釋成弱度副詞，是不符合語意的。

(2) 時有道朗、法忍、智欣、慧光，並無餘解，薄能轉讀。道朗捉調小緩，法忍好存擊切，智欣善能側調，慧光喜騁飛聲。(梁慧皎《高僧傳》T50/414b)

“薄能轉讀”是“很善於轉讀”。

(3) 儻復疆埸不虞，軍資有闕，薄須費計，伏聽徵求。(唐道宣《廣弘明集》T52/ 278a)

此句是陳釋真觀《與徐僕射領軍述役僧書》中的内容，因爲領軍要役使僧衆，真觀請求歸還僧人資財，同時説“如果戰場意想不到的事情發生了，軍需缺乏，十分需要軍費，隨便徵求。”句中“不虞”與“薄須”對出，説明情況緊急，軍需急迫，這樣“薄須”就只能是急需了。

(4) 但以律部未精，重游京輦。信同瓶喻，有似燈傳。俄而《十誦》明瞭，諸部薄究。(唐道宣《續高僧傳》T50/

405c)

此句“薄究”是研究得十分透徹。

(5) 釋明解者，姓姚，住京師普光寺。有神明，薄知才學，琴詩書畫京邑有聲。然調情敞怳，頗以知解自傲。於諸長少無重敬心，至於飲噉不異恒俗。(唐道宣《續高僧傳》T50/ 665c)

此句中的“薄”相當於强程度副詞的“頗”。因爲從文意上看，衹有很有才學，纔可能琴詩書畫京邑有聲，明解也纔可能以此自傲。

因此以上五例可以證明“薄”可以充當甚度副詞。

在佛教文獻中我們還能看到“薄”與“頗”相搭配的例子。如：

(6) 遂於寂禪師處學秘心關，頗經年載，薄知要義。(唐義净《大唐西域求法高僧傳》T51/11c)

“頗經年載，薄知要義”是説道宏在寂禪師處學秘心關，頗學習了許多年，對秘心關的要義十分知曉。

(7) 復往襄州，在和上處重聽蘇呾羅，披尋對法藏。頗通蘊處，薄撿衣珠。化城是息，終期寶渚。遂乃濯足襄水，顧步廬山。(唐義净《大唐西域求法高僧傳》T51/10b)

“衣珠”在佛經中相當於因緣、真相。《法華文句記》云：“衆生身中有昔種緣，名爲衣珠。”(T34/209b)《法華玄義釋籤》“衣珠本譬昔聞實相，實相若顯，名契寂理。”(T33/818a)《盤若心經略疏連珠記》：“貞元曰：‘妄隨境變，體逐相遷。鼓擊真源，浩盪無際。彼以衣珠秘藏爲物性之真源。”(T33/555b)“頗通蘊處，薄撿衣珠”是贊美貞固對法藏的精微很是精通，對義理的涵義極爲瞭解。

我們還可以找出“薄”與“尤”搭配的例子。如：

(8) 會寧律師，益州成都人也。禀志操行，意存弘益。

少而聰慧，投迹法場。敬勝理若髻珠，棄榮華如脱屣。薄善經論，尤精律典。（唐義净《大唐西域求法高僧傳》T51/4a）

在中古的中土文獻中也存在“薄”作甚度副詞的用例。如：

(9) 武功既彰，天威薄曜。（陸雲《陸士龍集》卷五《吴故丞相陸公誄》）

此句是陸雲追叙陸遜大破曹休於石亭之事。“天威薄曜”就是孫權的威名經此一戰而大振。“薄”即大、甚之意。

(10) 及其靈威薄震，重關莫守，故知英算所苞，先勝而後戰也。（《宋書》卷四六《王鎮惡、檀韶、向靖、劉懷慎、劉粹列傳贊》）

此段的前文寫劉裕“崛起布衣，非借民譽，義無曹公英杰之響，又闕晋氏輔魏之基，一旦驅烏合，不崇朝而制國命，功雖有餘，而德未足也。”“若非樹奇功於難立，震大威於四海，則不能承配天之業，一異同之心。”因此，劉裕屢建大功，最終“靈威薄震，重關莫守”，成一代帝王。沈約“震大威”與“靈威薄震”先後而出，可見此“薄”乃大、甚之意。

(11) 元和二年十二月敕：自今已後，州府所送進士，如迹涉疏狂，兼虧禮教，或曾任州府小吏，有一事不合清流者，雖薄有辭藝，並不得申送。（《唐會要》卷七十六《貢舉中·進士》）

此句中的“薄”衹能當“很”講，州府所選拔的進士，衹要不合清流或虧於禮教，即使很有才藝也不得申送。

(12) 王源中，文宗時爲翰林承旨學士。暇日與諸昆季蹴鞠於太平裏第，球子擊起，誤中源中之額，薄有所損。俄有急召，比至，上訝之，源中具以上聞。上曰：“卿大雍睦！”（五代王定保《唐摭言》卷十《海叙不遇》）

此句中“薄”是相當於“很”。如果是“略”，皇帝就不至於驚訝。

(13) 歐陽澥者，四門之孫也，薄有辭賦，出入場中僅二十年。善和韋中令在閣下，澥即行卷及門，凡十餘載，未嘗一面，而澥慶吊不虧。韋公雖不言，而心念其人。……巨容因籍澥答書，既呈於公，公覽之憮然，因曰："十年不見，酌然不錯！"(《唐摭言》卷十五《雜記》)

此句中的"薄"也是"很"的意思。不然歐陽澥不可能出入考場近二十年，衹是天意弄人，不逞其志而已。

"薄"不僅可以用於動詞前，還可以用於形容詞前。如：

(14) 薄冷，足下沈痼已經歲月，豈宜觸此寒耶？人生稟氣，各有攸處，想示消息。(清嚴可均《全晋文》卷二十七王獻之《雜帖》[②])

(15) 夏日感思兼悼，切割心懷，痛當奈何奈何！得思道書，慰意。薄熱，汝比各可不？吾並故諸惡勞，益勿勿。獻之白疏。(同上〕

(16) 吉藏啓景：上至奉旨，伏慰下情。薄熱，不審尊體何如？伏願信後寢膳勝常。誨授無乃上損，吉藏粗蒙隨衆，拜覲未即，伏增戀結，願珍重。今遣智照還啓，不宣謹啓。(《國清百録》T46/821c)

(17) 密謝編欄固，齊由灌溉平。松姿真可敵，柳態薄難並。(《全唐詩》卷八百三十九齊已《禪庭蘆竹十二韻呈鄭谷郎中》)

例（14）中的"薄"應當作"很"講。因爲下文説"足下沈痼已經歲月，豈宜觸此寒耶"，王獻之用"寒"字與"冷"相對，而且説"豈宜觸此寒"，可見"寒"的程度還比較深。因此"薄"衹能是甚度副詞。例（15）"薄"也應爲甚度副詞，因爲古人嘘寒問暖是一種禮節，"薄冷"、"薄熱"都是强調天氣不好，要注意身體。而且王獻之説"吾並故諸惡勞，益勿勿"，"勿勿"是疲頓之意。郭在貽先生（1981）對此句的解釋是：“我身上仍有些老毛病，而且更感疲頓。”這應是夏日天氣盛熱，使人疲倦困乏的結果。例（16）按文理也應同。例（17）“真”、“薄”對出。此詩是寫蘆竹的傲人之姿可與松之貞幹比美，而柳樹的那種低媚之太就根本不能與其相提並論了。因此從語義上看，“薄”也是“很”的意思。

從以上例句中可以看出，“薄”不僅可以修飾、限制動詞，還可以修飾、限制形容詞，而且都表示程度加深，因此可以斷定它是中古時期一個新興的甚度副詞。

二　甚度副詞“薄”產生的原因淺探

甚度副詞的“薄”的產生可能與魏晋時期微度副詞系統整體向甚度副詞發展有關。葛佳才（2008）提出：“從語法角度對單個副詞的意義、功能進行詳盡、精確的分析和描寫，是副詞研究的基礎，而歸納法是其基本方法。目前考釋工作已經積累了豐富可靠的材料性成果，我們有必要運用系統方法，把某一階段某些相關的副詞放在一起，作綜合的或比較的研究。唯其如此，纔可能在個體訓釋的基礎上，總結副詞的使用特點或演變規律，並通過對特點或規律的分析、解釋，促進對副詞虛化的方式、條件、機制或動因等的理論思考。”甚度副詞的“薄”的產生可能與魏晋時期微度副詞系統整體向甚度副詞發展有關。許嘉璐（1987）曾提出同步引申理論，認爲“一個詞意義延伸的過程常常‘擴展’到與之相關的詞身上，帶動後者也沿相類似的綫路引申。”不僅古漢語中存在這種現象，據趙大明（1998）研究，在現代漢語中也存在這種現象。洪波（2010：311）也提出“不同詞匯單位由於分佈在相同的句法環境中受到相同的因素的影響，從而出現方向相同的虛化。”而且認爲這種因素對詞匯單位虛化的影響帶有强制性。在上古"頗、差、僅、稍、略、薄"均可以表示程度較弱，這是它們的基本用法。因此以上詞語可以看作是一個微度副詞系統。而據葛佳才（2005）研究，在上古末期"頗、差、僅、稍、略"均産生了偏高程度的語法特徵。（145－149 頁）Bybee（1994）指出世界各種語言都遵守一個規律："任何語法源義相同或者相近的詞，它們語法化的過程都是一樣的。"在整個系統語法特徵都發生變化時，"薄"就很可能受系統的語法類推而産生出偏高程度的用法。

同時，"薄"也具有發展爲甚度副詞的語義基礎。《説文・艸部》："薄，林薄也。"段玉裁注："林木相迫不可入曰薄，引申凡相迫皆曰薄。""薄"本義是指密得不能入的叢林，本身就隱含着一種程度高的意味。由此而引申出甚度副詞的用法是可能的。

由於語義的内在因素，加上微度副詞語法系統整體向甚度副詞衍化，最終促成了甚度副詞"薄"的産生。

〔注釋〕

①本文所引佛教文獻均出自《大正新修大藏經》，數字表示所引册、頁、欄。

②本文《全晋文》、《全梁文》均出自清嚴可均《全上古三代秦漢三國六朝文》，中華書局，1958 年。

〔主要參考文獻〕

[1] 何樂士等. 古代漢語虚詞通釋. [M]，北京：北京出版社，1985.

[2] 陳穎. 簡論程度副詞的程度等級. [J]，牡丹江師範學院學報（哲社版），2008.（1）

[3] 郭在貽. 釋"匆匆""無賴". [J]. 中國語文，1981（1）.

[4] 葛佳才. 系統方法在古漢語虚詞研究中的應用價值——以東漢副詞的系統研究爲例. [J]. 語文研究，2008（3）.

[5] 葛佳才. 東漢副詞系統研究 [M]. 長沙：嶽麓書社，2005.

[6] 高育花. 中古漢語副詞“頗”探微. [J]. 温州師範學院學報（哲學社會科學版），2001（1）.

[7] 許嘉璐. 論同步引申. 中國語文. 1987（1）.

[8] 趙大明. 也談詞義的同步引申. 語文研究. 1998（1）.

[9] Bybee，Joan L，Revere D，Perkins，& William Pagliuca. The Evolution of Grammar：Tense，Aspect，and Modality in the Language of the World. Chicago：University of Chicago Press，1994.

（李明龍，西南民族大學文學與新聞傳播學院，郵編 230039）

“龍頭蛇尾”“虎頭蛇尾”源流考*

胡紹文

内容摘要：禪宗語錄的“龍頭蛇尾”到後代演變為“虎頭蛇尾”。文章分析了“龍頭蛇尾”的義項及造詞理據；梳理了“龍頭蛇尾”到“虎頭蛇尾”的詞義演變情況；探討了“虎頭蛇尾”替换“龍頭蛇尾”的前提條件、發生時代和歷史原因。

關鍵詞：“龍頭蛇尾”　“虎頭蛇尾”　替换

現代辭書中“龍頭蛇尾”和“虎頭蛇尾”兩個詞的釋義基本相同，比喻前盛後衰或做事草草收尾①。對於二者的淵源，學者們看法不一。《佛語俗源》云：“‘虎頭蛇尾’是從禪語‘龍頭蛇尾’衍變而來的。”[1]p169 劉潔修認為：“虎頭蛇尾”原或作“龍頭蛇尾”。[2]p493 袁津琥的看法正好相反：“‘龍頭蛇尾’似僅見於唐以後文獻，疑本作‘虎頭蛇尾’，因避唐諱所致，後相沿成習。”[3]p47 這兩個詞之間有著怎樣的源流關係，現代漢語普通話中為何衹用“虎頭蛇尾”？本文擬從兩個詞的詞義考釋入手，分析其源流演變，以理清二者的關係，并從中管窺漢語詞語更替的影響因素。

---

* 本文爲國家社科基金重大項目（10&ZD104），國家社科基金項目（08BYY044），上海師範大學“中國古典文獻學”重點學科建設項目。本文曾在第八屆全國漢語詞彙學學術研討會（蘇州大學，2010. 11）上宣讀，徐時儀教授、周光慶教授、董志翹教授、黨懷興教授和雷漢卿教授提出過寶貴的建議，謹致謝忱。

一 “龍頭蛇尾”考

“龍頭蛇尾”初見於《祖堂集》，在禪宗語錄中比較常用，但未見於二十四史、《全唐詩》和《全宋詞》。保留着許多早期漢語借詞的日語和韓語也有這種説法。韓語的“용두사미”，日語的“竜頭蛇尾”、“りゅうとうだび”，字形上對應的都是“龍頭蛇尾”。

（一）“龍頭蛇尾”義辨

從典籍用例來看，“龍頭蛇尾”的義項大致有三：

1. 指前後言行不一致。《祖堂集》卷十三《福先招慶和尚》：“問：‘巧妙之説，又涉三寸；不責上來，若為指示？’師云：‘我不責，你上來。’僧云：‘深領尊慈，師意如何？’師云：‘我則且置，汝適來作摩生？’學人禮拜。師云：‘我適來龍頭蛇尾，是汝不知。’”[4]p604 僧曰“不責上來，若為指示”，禪師答曰不責，却又轉移話題，並未為之指示。句中“龍頭蛇尾”是説自己前後言行不一。《五燈會元》卷七《鏡清道怤禪師》：“師問荷玉：‘甚處來？’曰：‘天台來。’師曰：‘阿誰問汝天台？’曰：‘和尚何得龍頭蛇尾？’師曰：‘鏡清今日失利。’”[5]p415 禪師問荷玉從哪里來，荷玉回答從天台來，結果禪師反倒説誰問你天台？荷玉説：“和尚何得龍頭蛇尾”，是説禪師前後言語不一致。

2. 比喻偽善狡詐。言行前後不一致者多為品行不好、虛偽狡詐之人。在此基礎上，詞義進一步引申，產生“偽善狡詐”之意。《古尊宿語錄》卷九《石門山慈照禪師鳳岩集》：“問答須教起倒全，龍頭蛇尾自欺瞞。”[6]p413

3. 比喻首盛尾衰或做事草草收尾。《祖堂集》卷九《烏岩和尚》：“師垂問：‘盡十方世界唯屬一人，或有急疾事，如何相告報？’廣利和尚對云：‘任汝世界爛壞，那人亦不彩汝。’報恩對曰：‘若道和尚是龍頭蛇尾，也衹是個瞎漢。’”[4]p447—448 五燈會元》卷七《雪峯義存禪師》:“師舉:‘六祖道:不是風動,不是幡動。仁者心動。’乃曰:‘大小祖師,龍頭蛇尾,好與二十拄杖。’”[5]p382《古尊宿語錄》卷二十四《潭州神鼎山第一代(洪)諲禪師語錄》:“云:‘若據者僧恁麼道,傳語也不解,累它南方知識。據國師恁麼,亦是龍頭蛇尾。前來身心一如,向什麼處去。試撿點看!珍重!’”[6]p460“龍頭蛇尾”的這一義項也滲透到文人口語中。宋·胡宏《五峯集》卷三《論史·劉項》:“至於第三著,以羽弑共主,舉軍縞素告諸侯而伐之,此著正是。既入彭城,則取貨寶、美人、置酒會,無意討賊,龍頭蛇尾。”[7]《朱子語類》卷一百三十:“如作歐公文集序,先說得許多天來底大,恁地好了,到結末處却祇如此,蓋不止龍頭蛇尾矣!”[8]p3113

這個義項是以大的龍頭和小的蛇尾形成對比,比喻首盛尾衰或做事草草收尾,也作“龍頭鼠尾”。宋·李燾《續資治通鑑長編》卷五百十七《哲宗元符二年》:“章惇遂有欲却以青唐還溪巴溫之語。蔡卞曰:‘此語未可輕出,如此可謂龍頭鼠尾也。’”[9]p12295清·鄭績《夢幻居畫學簡明》總跋:“讀者勿以此書如龍頭鼠尾,譏文字之不逮也。”[10]p814

(二)“龍頭蛇尾”的造詞理據

“龍頭蛇尾”源於禪宗語錄,是僧人常用的口語詞。“龍頭蛇尾”造詞時為什麼以龍、蛇並提,而不是用其他兩種動物組合?為什麼用“龍頭”,而不是用“鳳頭”“豹頭”“虎頭”“牛頭”等詞語呢?下面我們就從這兩個方面來探討其構詞理據。

1. 龍、蛇並提源於二者種屬相同,外形相似

古人將動物按照外表特徵分為五類:毛、羽、介、鱗、倮②。鱗是身上長鱗甲的動物,龍、蛇均為鱗之屬。《周禮·冬官考工記·梓人》:“天下之大獸五。脂者,膏者,臝者,羽者,鱗者。”鄭玄注:“鱗,龍蛇之屬。”[11]p924“龍”是漢族人想像中的神物,早期的龍,如內蒙古出土的紅山文化時期的玉龍,其狀

如蛇，身長而無足。“蛇尾”是長著鱗甲的尾巴，[12]p250古人認為龍尾與蛇尾同形。如王充《論衡·龍虛篇》：“《山海經》言：四海之外，有乘龍蛇之人。世俗畫龍之象，馬首蛇尾。”[13]p94龍蛇外形相似，古人視龍為神蛇，視蛇為小龍。由於龍蛇種屬相同，龍蛇並提古已有之。《左傳·襄公二十一年》：“其母曰：‘深山大澤，實生龍蛇。彼美，吾懼其生龍蛇以禍女。’”[11]p1971《周易·系辭下》：“龍蛇之蟄，以存身也。”[11]p87漢語中還有“龍蛇飛動”“龍蛇混居”等詞語。

“龍頭”“蛇尾”分別是龍、蛇的典型特徵。《說文·龍部》：“龍，鱗蟲之長。能幽能明，能細能巨，能短能長。春分而登天，秋分而潛淵。”從《說文》的說解來看，龍的光澤、粗細、長短可以自由變化。龍形善變，說明龍形象的不確定性。“漢代龍形象的不確定性，主要表現在‘首’上。”[14]p23即畫龍時龍頭的形象各異。《說文·它部》收錄蛇的古字形“它”，釋曰：“虫也。从虫而長，象冤曲垂尾形。”《說文》的說解突出蛇的垂尾之形。

龍蛇種屬相同，外形相似，語言中常常並提；加之龍頭和蛇尾是二者比較典型的特徵，所以用“龍頭”與“蛇尾”組合造詞並不突兀。

2. “龍頭”：以龍為首的觀念的體現

《說文解字》謂龍為“鱗蟲之長”。長期以來，中國文化中形成了以龍為首的觀念，滲透在各個方面。

《周易》有六十四卦，首卦為乾卦，乾卦的爻辭多用龍來解說。古代的地理分野，往往從東方蒼龍七宿的方向開始。《史記·天官書》的地理分野中，靠前的兗州、豫州、幽州，對應的角、亢、氐、房、心、尾、箕諸星便是蒼龍七宿③。《漢書》《晉書》《明史》均承襲這種分法。《明史·天文志》明確指出：“其書大略謂晉《天文志》分野始角、亢者，以東方蒼龍為首也。”[15]p367天文學中，與五行相對應的有四象。人們提及四象時也常以龍為先。張衡《靈憲》："蒼龍連蜷於左，白虎猛據於右，朱雀奮翼於前，靈龜圈首於後。"[7]此句中四象的排列次序是：蒼龍、白虎、朱雀、靈龜。與之相對應，語言中習慣於說"東南西北"或"東西南北"，其對應四象的排列次序也是龍在首。在服飾方面，天子之服繡繪的各種圖案，也是以龍為首。《尚書·益稷》孔穎達疏："袞冕九章，以龍為首。"[11]p142《舊唐書·輿服志》："於是乎制袞冕以祀先王也。九章者，法於陽數也。以龍為首章者，袞者卷也，龍德神異，應變潛見，表聖王深沈遠智，卷舒神化也。"[16]p1947—1948

由於封建統治階級的強化，"龍"成為皇帝的代稱。語言中產生了一系列以"龍"為語素的詞語，表義與帝王有關。與帝王身體相關的："龍體""龍爪""龍頭""龍顏""龍心大悅"等；與天子器用或居所相關的："龍袍""龍案""龍椅""龍床""龍駕""龍庭""龍亭"等；與帝位相關的："龍位""龍飛""龍興"等；諱帝王之死曰"龍歸滄海""龍馭賓天"等。

受以龍為首觀念的影響，漢語中產生了"龍頭人""龍頭""龍首""龍頭客""龍頭士"等詞語，指科舉考試的頭名狀元。唐·李賀《酒罷張大徹索贈詩》："往還誰是龍頭人，公主遣秉魚須笏。"。[17]p4407 唐·黃滔《輒吟七言四韻攀寄翁文堯拾遺》："龍頭龍尾前年夢，今日須憐應若神。"詩下注："滔卯年冬在宛陵，夢文堯作狀頭及地。"[17]p8122宋·洪邁《夷堅志》甲志卷十七《陳茂林夢》："既寤，謂必登第為龍首謁至尊也，遂更名夢兆。"[18]p153宋·杜范《和鄭府判秋闈行》："此邦昔日龍頭客，前後相輝九霄翮。"[7]元·葉懋僅《答楊廉夫遊太湖二十八韻》："公乎本是龍頭士，憶昔龍庭拜天子。"[7]明·何景明《康修撰海》："矯矯龍頭士，騰躍在明時。"[7]

現代漢語方言中，"龍頭"也有排頭、為首之意。如上海話稱牢房中的頭頭兒為"龍頭"；江蘇鹽城稱兒童遊戲"搶龍尾"

中的排頭者為"龍頭"；北京話舊稱火車頭為"龍頭"。[19]p1179—1180 "龍頭"為首，就非常重要，還用來指非常關鍵的部位。如西南官話、吳語、贛語稱掌控自行車方向的車把和前叉部位為"龍頭"；吳語稱摩托車的車把和前叉部位為"龍頭"；山東菏澤、山西長治、湖南嘉禾、湖南龍潭墟等地稱控制馬的轡頭為"龍頭"④。自來水管上控制水流的開關是"水龍頭"。

相較而言，其他"動物名詞＋頭"結構的詞語，如"鳳頭""豹頭""虎頭"或"牛頭"等都不具備為首之意。以"虎頭"為例，漢語中有"虎頭""虎頭虎腦""虎頭枕""虎頭牌""虎頭燕頷""虎頭燕額"等詞語，均是取其外形像老虎頭的特點，無一與為首之意相關。《漢語方言大詞典》收錄的與"虎頭"有關詞語有："虎頭""虎頭鯊""虎頭車""虎頭夾""虎頭挾""虎頭蜂"。這些方言詞中，"虎頭"既無為首之意，也沒有重要的意味⑤。不僅是"虎頭"，其他"動物＋頭"組成的詞語，沒有一個能擁有"龍頭"那樣高的地位。

二 "虎頭蛇尾"考

"虎頭蛇尾"一詞出現較晚，禪宗語錄中不見用例，明清時期大量出現。其義項大致有三：

1. 指表裏或言行不一致。明·王世懋《藝圃擷餘》卷一："小詩欲作王韋，長篇欲作老杜，便應全用其體。第不可羊質虎皮，虎頭蛇尾。"[20]p2 "虎頭蛇尾"與"羊質虎皮"同義，比喻作詩體式與風格不一致。明·荑秋散人《玉梨嬌》第三回："今日既來做官，當此國步艱難之際，出使乏人，若再四推却，便是虎頭蛇尾，兩截人了。"[21]p30 "虎頭蛇尾兩截人"指做官時說要忠心為國，關鍵時刻却不肯為朝廷效力，比喻言行不一致。

2. 比喻虛有其表。明·陸人龍《型世言》第三十二回："惠秀才道：'既曉得病，就要服藥。這些內官虎頭蛇尾，全憑司房撥置。放得火，也收得火，畢竟要去尋他。'"[22]p456 此例寫孫監生因龍文鼎惹怒王司房而遭其陷害，惠秀才向他建議，說太監貌似強大，但全靠司房安插提拔，可以從這裏想辦法讓他消氣，緩解矛盾。清・無名氏《說唐》第四十五回："咬金把斧砍來，尉遲恭把長矛架住，當的又是一斧，他又架住。一連擋過三斧，到第四斧也沒勁了。尉遲恭叫聲：'匹夫，原來是虎頭蛇尾！'"[23]p201 此例"虎頭蛇尾"是罵陳咬金貌似強大，實則無能。清・佚名《施公案》第九十七回："想罷大笑道：'烏大爺，平日見你雄赳赳，自誇體壯心高，不亞銅頭鐵背。常說要出外去叫叫字號大小，闖闖光棍，遨遊五湖四海，却原來是個銀樣蠟槍頭！前緊後鬆的軟蓋兒。見了真章兒，就有些虎頭蛇尾咧！'"[24]p235 此例"虎頭蛇尾"與"銀樣蠟槍頭"、"前緊後鬆的軟蓋兒"意思相同，指其貌似強大，實則膽小，比喻虛有其表。

3. 首盛尾衰或做事草草收尾。清・袁枚《隨園老人遺囑》："更有切囑者：阿通性躁，躁則虎頭蛇尾，作事難成；阿遲性狷，狷則踽踽涼涼，無人幫助。"[25]p3 清・李寶嘉《官場現形記》第五十七回："話說湖南撫臺本想借著這回課吏振作一番，誰知鬧來鬧去仍舊鬧到自己親戚頭上，做聲不得，祇落得一個虎頭蛇尾。"[26]p689

這一義項也作"虎頭鼠尾"。明・謝榛《四溟詩話》卷二："律詩無好結句，謂之虎頭鼠尾。即當擺脫常格，复出不測之語。若天馬行空，渾然無迹。張祜《金山寺》之作，則有此失也。"[27]p32 清・李綠園《歧路燈》第七十七回："張類村道：'十二幅圍屏，摹本緞子泥金字，後邊落上祥符縣儒學生員某人頓首拜撰。不但你這個客廳掛不的，萬一有人借去用用，或是公館，或是喜棚，人家看見，還有傳虎頭鼠尾的奇景哩。'"[28]p509

弄清了"龍頭蛇尾"與"虎頭蛇尾"的義項，可以將它們進行對照：

“龍頭蛇尾”的義項	“虎頭蛇尾”義項	兩詞義項之間的關係
①言行不一致	①言行或表裏不一致	相近
②虛僞狡詐	②比喻虛有其表	不同角度的引申
③首盛尾衰或做事草草收尾（又作“龍頭鼠尾”）	③首盛尾衰或做事草草收尾（又作“虎頭鼠尾”）	相同

從上表可以看出：“龍頭蛇尾”的三個義項，①③基本為“虎頭蛇尾”所承襲；②是不同角度的引申：“龍頭蛇尾”從言行不一致的角度，引申指人品方面虛僞狡詐，而“虎頭蛇尾”從表裏不一致的角度，引申為虛有其表。由於虎、蛇種屬不同，“虎頭”亦不具備“龍頭”的文化寓意，“虎頭蛇尾”完全顛覆了“龍頭蛇尾”的構詞理據，導致其他義項逐漸消亡。而大的虎頭與小的蛇尾對比鮮明，僅有“比喻首盛尾衰或做事草草收尾”的義項沿用到現代漢語中。

三　“虎頭蛇尾”對“龍頭蛇尾”的替換

“龍頭蛇尾”見於五代及宋代禪宗語錄，到明清時期的書面語中難見蹤跡；而“虎頭蛇尾”在明清大量出現，一直沿用到現代漢語中。構詞理據非常明晰的“龍頭蛇尾”，為何會被“虎頭蛇尾”替換？下面將從替換的前提條件、發生年代及替換原因三個方面進行分析。

（一）替換的前提條件

龍虎並提可以追溯到遠古的圖騰崇拜。在濮陽西水坡出土的仰紹文化遺址中，45 號墓主兩側，就用蚌殼堆塑了龍和虎的圖案。右邊是龍，左邊是虎。[14]p12 後來，隨著以龍為首觀念的出現，虎在中國文化中的地位則略遜一籌。即便如此，由於虎是山獸之王，是象徵威力的猛獸，與虛幻的龍比較起來比較真實，漢語中有許多龍虎並提的詞語。如："生龍活虎""降龍伏虎""龍騰虎躍""龍吟虎嘯""龍爭虎鬥""龍潭虎穴""龍驤虎步""龍行虎步""龍盤虎踞""龍韜虎略""龍虎榜""龍虎鬥""龍虎營""龍虎文""龍虎旗"，等等。

古代漢語中還用龍虎並提形容帝王氣派。《史記·項羽本紀》："吾令人望其氣，皆為龍虎，成五采，此天子氣也。"[29]p311《後漢書·耿純傳》："大王以龍虎之姿，遭風雲之時，奮迅拔起，期月之間兄弟稱王。"[30]p761《宋書·符瑞志》形容周文王"龍顏虎肩，身長十尺，胸有四乳。"[31]P764《宋書·武帝本紀》："或說玄曰：'劉裕龍行虎步，視瞻不凡，恐不為人下，宜蚤為其所。'"[31]p5 以上四例，"龍虎（氣）""龍虎之姿""龍顏虎肩""龍行虎步"，都是形容帝王氣象或帝王相貌。

在唐代，為避李虎之諱，人們曾改"虎"為"龍"。宋·周密《齊東野語》卷四《避諱》言"李延壽作南北史，易石虎為石季龍。"[32]p56 此外，古語有"畫虎不成反類狗"⑥，李賢注《後漢書》改為"畫龍不成反類狗"。《後漢書·孔僖傳》："因讀吳王夫差時事，僖廢書歎曰：'若是所謂畫龍不成反為狗者。'"[30]p2560 宋·王楙《野客叢書》卷三十已有論及："劉注：按'古語皆云畫虎不成，此誤以為畫龍。'僕謂此非誤也。蓋章懷太子避唐諱爾。"[33]p344

漢語中長期龍、虎並提，歷史上曾因避諱改"虎"為"龍"，從理論上講，如果諱"龍"，也有可能改為與之關係密切的"虎"。長期以來積澱形成的文化觀念和語言事實都為"虎頭蛇尾"替換"龍頭蛇尾"提供了前提。

（二）替換發生的時代

《漢語大詞典》等辭書解釋"虎頭蛇尾"時，均引元·康進之《梁山泊李逵負荊》為首例。將"虎頭蛇尾"作為元代詞語，似值得商榷。《梁山泊李逵負荊》寫宋剛、魯智恩兩個惡棍冒充宋江、魯智深，搶走了民女滿堂嬌。李逵不知實情，怒氣沖沖回到忠義堂向宋江興師問罪：

【一煞】則為你兩頭白面搬興廢，轉背言詞說是非。這廝敢狗行狼心，虎頭蛇尾。不是我節外生枝，囊裏盛錐。誰著你奪人愛女，逞己風流，被咱都知。[34]

“兩頭白面搬興廢，轉背言詞說是非”，指其道貌岸然。“狗行狼心，虎頭蛇尾”，罵他品行不佳，虛偽狡詐。檢索《全元曲》，僅見此例“虎頭蛇尾”。清人翟灝已表示出對這例孤證的懷疑：

《五燈會元》雪峯存舉風幡語曰：“大小祖師，龍頭蛇尾。”按：禪家述此甚多，如覆舟薦、長慶稜、鏡清怤、天竺儀、霍山通、廣法源、洞山瑞、雙泉寬、北禪感、奉國海、雪竇顯、開聖栖、別峯珍、十三師俱有龍頭蛇尾語，今俗云虎頭蛇尾，惟見元康進之曲，據其義，則當以龍為是。[35]p640

翟灝指出康進之曲中“虎頭蛇尾”當作“龍頭蛇尾”，從語義角度來看，這裏罵宋江虛偽狡詐，正符合“龍頭蛇尾”的第二個義項，“虎頭蛇尾”則沒有這一義項。翟灝之說比較可信，但未及“龍頭蛇尾”訛為“虎頭蛇尾”的原因。

這一訛誤當是版本所致。《梁山泊李逵負荊》又稱《梁山泊黑旋風負荊》、《杏花莊》，其記載初見於元·鐘嗣成《錄鬼簿》⑦。元雜劇的原本大多已經散佚，現存唯一能見到的雜劇元刻本是日本京都帝國大學覆刻的《覆元槧古今雜劇三十種》，中國書店有影印本《元刊古今雜劇三十種》，此本無康進之《梁山泊李逵負荊》。《梁山泊李逵負荊》初見於明代臧懋循所編《元曲選》，該本最早為明萬曆四十四年（1616 年）刻本。但元雜劇的明刻本恰恰不是其原貌。程毅中先生談到：“小說、戲曲在傳抄傳刻中原有增刪改動，不同版本往往差異很大”，“突出的例子如元雜劇的元刻本和明刻本，幾乎不能看作同一個作品了。”[36]p15

學者們也認為:《元曲選》“與其說是經過編者臧懋循全面的校訂,還不如說是由他改編而成的。”[37]p1《梁山泊李逵負荊》不是純粹的元代語料,加之現存元代典籍中尚未見“虎頭蛇尾”。“虎頭蛇尾”恐為臧懋循所改,其產生年代當在明朝。

(三) 替換的原因

語言的發展是漸變的,語音、辭彙、語法的演變一般會經歷一個漫長的過程。明清時期書面語中“虎頭蛇尾”迅速取代“龍頭蛇尾”,“虎頭鼠尾”也取代了“龍頭鼠尾”,這個突變的語言現象不是源於語言內部的因素,而是與社會環境相關。

農民皇帝朱元璋骨子裏不自信,極其重視維護皇帝的威信,大興文字獄。由於從前做過僧人,忌諱“僧”“光”“禿”“賊”“則”等字。對象徵皇權的“龍”字也多有禁忌。明代才子高啟《上梁文》中用“龍盤虎踞”形容蘇州地勢,被活活腰斬,蘇州知府魏觀也因此遭牽連而被腰斬。[38]p97 大理都督馮承贇大理“兩關虎踞通滄海,雙塔飛龍上碧霄”,因對聯中犯“龍”“虎”二字忌諱,朱元璋派校尉穿鐵尖鞋將其活活踢死。[39]p59 洪武年間甚至頒令:百姓取名不准用“龍孫”。[40]p21 龍在古代社會是帝王的象徵,“龍頭”可以指“帝王之頭”。清·李漁《玉搔頭》第六出《微行》:“青衫覆却赭黃袍,將一頂鷃皮冠把龍頭輕罩。”[41]p116“龍頭蛇尾”的幾個義項均含貶義,自然是大不敬,容易犯忌,於是改“龍頭”為“虎頭”。明人臧懋循將元曲的“龍頭蛇尾”改爲“虎頭蛇尾”,就是發生在這樣的社會背景之下。“龍頭蛇尾”在書面語中迅速消亡。清代的文字獄更加嚴酷,“龍頭蛇尾”一詞在書面語中基本消亡。到現代漢語方言中,“龍頭蛇尾”在膠遼官話中有少量遺存,如山東牟平、煙臺方言中偶用⑧。

綜上所述:源於禪宗語錄的“龍頭蛇尾”,是中國傳統文化觀念的產物。起初來自僧人口語,後逐漸滲透到《朱子語類》等文人口語中,甚至傳播到深受漢文化影響的日語、韓語中,在域外仍保持著原貌。而在中國本土，到明代初年，由於文字獄的影響，書面語中"虎頭蛇尾"迅速取代"龍頭蛇尾"，"龍頭蛇尾"的構詞理據完全被顛覆，導致其他義項逐漸消亡，僅有"比喻首盛尾衰或做事草草收尾"這一義項沿用到現代漢語中。

〔注釋〕

①"龍頭蛇尾"，《漢語大詞典》釋為"比喻首盛尾衰"，許少峰《近代漢語大詞典》（中華書局，2008年）釋為"比喻做事有始無終，首盛尾衰"。"虎頭蛇尾"，《漢語大詞典》釋為："比喻做事起初聲勢浩大，後來勁頭很小，有始無終。"劉潔修《漢語成語源流大辭典》（開明出版社，2009年）釋云："原或作'龍頭蛇尾'，比喻前盛後衰、頭好尾壞、表善裏惡。"《漢語成語分類詞典》（葉子雄主編，復旦大學出版社，1987年）、《漢語成語分類大辭典》（內蒙古人民出版社，1987年）等工具書對這兩個詞的釋義也基本相近。

②語見《大戴禮記》卷五《曾子天圓》："毛蟲之精者曰麟，羽蟲之精者曰鳳，介蟲之精者曰龜，鱗蟲之精者曰龍，倮蟲之精者曰聖人。"戴德撰，盧辯注《大戴禮記》，中華書局，1985年，第93頁。

③《史記》卷二七《天官書》："角、亢、氐，兗州。房、心，豫州。尾、箕，幽州。斗，江、湖。牽牛，婺女，揚州。虛、危，青州。營室至東壁，並州。奎、婁、胃，徐州。昴、畢，冀州。觜觿、參，益州。東井、輿鬼，雍州。柳、七星、張，三河。翼、軫，荊州。"中華書局，2006年，第1330頁。

④見許寶華、[日]宮田一郎《漢語方言大詞典》，第1179－1180頁。書中將"龍頭"釋為車把，欠準確。"龍頭"還包括前叉部分，即車把和前叉部分。

⑤江蘇鹽城稱鯊鮀魚為"虎頭""虎頭鯊"，東北話中"虎頭"指稱傻瓜；閩方言中，福建永春稱板車為"虎頭車"，廣東揭陽稱老虎鉗為"虎頭夾"，廣東潮陽稱為"虎頭挾"，福建廈門稱馬蜂為"虎頭蜂"。見許寶華、[日]宮田一郎《漢語方言大詞典》，第3336－3337頁。

⑥漢代及魏晉時期均用此語。如漢代《東觀漢紀》："效杜季良而不成，

陷為天下輕薄子，所謂畫虎不成反類狗也。”魏·曹植《與楊德祖書》：“以孔璋之才，不嫻於詞賦，而多自謂能與司馬長卿同風，譬畫虎不成反為狗也。”梁·孝元帝蕭繹《金樓子·戒子篇》：“效季良不得，所謂畫虎不成反類狗者也。”諸例為文淵閣《四庫全書》本。

⑦《錄鬼簿》原本已佚，目前所見的最早版本是明代天一閣藍格精抄本，該本在康進之名下錄作：“杏花莊”，下有兩行小字：“杏花莊王老林告狀”；“梁山泊黑旋風負荊”。

⑧山東牟平方言用例見《漢語方言大詞典》。煙臺方言中“龍頭蛇尾”並不多見，該詞較為文氣，普通人口語中極為少用。煙臺方言資料系河南大學文學院許衛東先生提供，謹致謝忱。

〔主要參考文獻〕

[1]中國佛教文化研究所. 佛語俗源. 上海：上海人民出版社，1997.

[2]劉潔修. 漢語成語源流大辭典. 北京：開明出版社. 2009.

[3]袁津琥. 《祖堂集》中的佛語源. 綿陽師範高等專科學校學報，1999（1）.

[4][五代]靜、筠二禪師. 祖堂集. 孫昌武，[日]衣川賢次，[日]西口芳男點校. 北京：中華書局，2007.

[5][宋]普濟，五燈會元. 蘇淵雷點校. 北京：中華書局，1984.

[6][宋]賾藏主編集. 古尊宿語錄. 蕭萐父，昌有祥點校. 北京：中華書局，1994.

[7]影印文淵閣四庫全書. 臺北：商務印書館，1986。

[8][宋]黎靖德編，朱子語類. 王星賢點校. 北京：中華書局，1986.

[9][宋]李燾. 續資治通鑒長編. 北京：中華書局，1993.

[10]王伯敏，任道斌. 畫學集成（明～清）. 石家莊：河北美術出版社，2002.

[11]十三經注疏. 杭州：浙江古籍出版社，1998.

[12]李海霞. 漢語動物命名研究. 成都：巴蜀書社，2002.

[13][漢]王充. 論衡. 上海：上海人民出版社，1974.

[14]王維堤. 龍的蹤跡. 大連：大連出版社，1990.

[15][清]張廷玉. 明史. 北京：中華書局，1974.

[16][宋]歐陽修. 舊唐書. 北京：中華書局，2002.
[17][清]彭定求. 全唐詩. 北京：中華書局，2003.
[18][宋]洪邁. 夷堅志. 何卓點校. 北京：中華書局，1981.
[19]許寶華，[日]宮田一郎. 漢語方言大詞典. 北京：中華書局，1999.
[20][明]王世懋. 藝圃擷餘. 北京：中華書局，1985.
[21][明]黄秋散人. 玉梨嬌. 北京：人民文學出版社，1983.
[22][明]陸人龍. 型世言. 覃君點校. 北京：中華書局，1993.
[23][清]無名氏. 說唐. 陳汝衡修訂. 上海：上海古籍出版社，1978.
[24][清]佚名. 施公案. 謝振東校訂. 北京：寶文堂書店，1982.
[25][清]袁枚著. 袁枚全集（貳）. 王英志點校. 上海：上海古籍出版社，2006.
[26][清]李寶嘉. 官場現形記. 文濤校點. 天津：天津古籍出版社，2004.
[27][明]謝榛. 四溟詩話. 北京：中華書局，1985.
[28][清]李綠園. 歧路燈. 北京：華夏出版社，1995.
[29][漢]司馬遷. 史記. 北京：中華書局，1959.
[30][南朝宋]范曄. 後漢書. [唐]李賢等注. 北京：中華書局，1965.
[31][梁]沈約. 宋書. 北京：中華書局，1974.
[32][宋]周密. 齊東野語. 張茂鵬點校. 北京：中華書局，1983.
[33][宋]王楙. 野客叢書. 王文錦點校. 北京：中華書局，1987.
[34][明]臧懋循. 元曲選. 明萬曆四十四年（1616年）刻本。
[35][清]翟灝. 通俗编. 北京：商务印书馆，1958.
[36]程毅中. 古籍整理淺談. 北京：北京燕山出版社，2009.
[37]小松謙，金文京. 試論《元刊雜劇三十種》的版本性質. 黃仕忠譯. 文化遺產 2008（2）.
[38]胡奇光. 中國文禍史. 上海：上海人民出版社，2006.
[39]陳虎. 農民皇帝朱元璋的血腥文字. 中國教師 2010（1）.
[40]吳晗. 明初的文字獄. 讀書文摘 2009（1）.
[41][清]李漁. 翁笠文集（第二卷）. 北京：光明日報出版社，1997.

（胡紹文，上海師範大學人文學院古籍所，郵編 200234）

《朱子語類》“爛”類詞考釋*

潘牧天

内容摘要：《朱子語類》中出現“爛”34例，其中有“爛熳”、“爛泥醬熟”、“光明粲爛”、“爛熟”等12個詞，還有“爛打”、“爛飲”、“爛殺”等詞組。其中有承古而來的舊詞，也有唐宋新詞，較完整地反映了宋代“爛”的詞義面貌，也體現了《朱子語類》詞彙的新舊交融、雅俗共存。

關鍵詞：朱子語類　爛　考釋

《朱子語類》中“爛”類詞共有34例，其中“縻爛”、“壞爛”、“潰爛”、“魚爛”、“爛物”、“爛打”、“爛飲”、“爛泥醬熟”、“爛然”各1例，“爛”、“爛殺”、“爛泥”、“爛熳”2例，“爛熟”12例，“光明粲（燦）爛”5例。其中有的承繼古義，如“縻爛”、“壞爛”、“潰爛”、“魚爛”等，又有兼用古義而創發新義的如“爛”，也有朱熹創造的新詞如“爛泥醬熟”、“光明粲（燦）爛”，還有“爛打”、“爛飲”、“爛殺”等詞組。

爛

使物體完全鬆軟。

---

* 本文爲國家社會科學基金重大項目（10&ZD104），溫州文化研究工程社科規劃課題（WYK11091）、國家社會科學基金項目（08BYY044）、上海師範大學研究生優秀成果（學位論文）培育項目（B－6001－11－003118）。

(1) 讀書，須是窮究道理徹底。如人之食，嚼得爛，方可嚥下，然後有補。(1，10，163)①

(2) 如吃果子一般，劈頭方咬開，未見滋味，便喫了。須是細嚼教爛，則滋味自出，方始識得這箇是甜是苦是甘是辛，始爲知味。(1，10，167)

"爛"的古字作"爤"，《説文·火部》："爤，孰也。"段玉裁注曰："隸作'爛'，不從艸。""爛"之本義爲"以火烹熟"，揚雄《方言》卷七："自河以北，趙、魏之間火熟曰爛，氣熟曰糦。"段玉裁《説文解字注》曰："熟者，食飪也。飪者，大熟矣。熟則火候到矣。引伸之凡淹久不堅皆曰爛。"故"爛"又可指固態之物由於水分增多後鬆軟、稀糊之狀，如"爛泥"；又如"稀巴爛"一詞形容物體完全鬆軟成糊狀。"爛"又指瓜果或食物熟透至鬆軟的狀態，高誘注《吕氏春秋·本味》"熟而不爛"曰："爛，失飪也。"即烹飪掌握不好火候而過於熟爛。"爛"的詞義逐漸由具象變爲抽象，詞義重心逐漸由用火烹飪、瓜果成熟轉移至烹熟、長熟後鬆軟的狀態，繼而用以指通過各種手段使某物完全鬆軟，如"嚼爛"、"搗爛"等。

元楊瑀《山居新話》："凡有搏、刀斧傷者，但以帶鬚葱炒熟搗爛，乘熱盦患處，速愈，頻換熱者尤妙。"明朱棣《普濟方》卷二百八："用生薑一塊，連皮切作二片，入明礬一銅錢大，將紙包裹，以文火煨熟，沸湯井水合一盞。嚼爛薑，湯送下。"清陳維崧《過庵蝶書事》："曉寒佯脱紅綿耐，檢出香詞，細覓檀奴解，嗔人暗把風情賣，嚼爛花箋，碎向粉墻拋灑。"

胡亂、任意，無法度。

(3) 古之戰也，兩軍相對，甚有禮。有饋恵焉，有飲酌焉，不似後世便只是爛殺將去。(8，132，3166)

(4) 如吴璘敗虜於殺金平，前面對陳交兵正急，後面諸軍一齊擁前，爛殺虜人，這有甚陳法？(8，132，3166)

例（3）、例（4）中“爛殺”表示胡亂、無任何法度地殺，猶“亂殺”。例（3）中指出古代戰争有禮有節，而後世没有法度，衹知相殺；例（4）中認爲吴璘打仗没有陣法，“爛殺虜人”。

“爛”本指食物烹飪過度而過分鬆軟，有“失於掌握”的義素，引申爲“無法度、任意妄爲”。又“爛”與“濫”在某些義位上相通，如“爛泥”可作“濫泥”；“爛熟”可作“濫熟”。“濫”之本義爲“河水泛濫”，《説文·水部》：“濫，泛也。”引申作“恣意妄爲、不受約束”，如《詩·殷武》：“天命降監，下民有嚴，不僭不濫，不敢怠偟。”上例“爛殺”亦可作“濫殺”，如《北齊書》卷十五：“河清三年，濫殺人，爲尚書左丞宋仲羨彈奏，經赦乃免。”

“爛殺”在其他文獻中亦有使用，醫書中多指“腐爛至死”，如唐孫思邈《千金翼方》：“鴆鳥毛。有大毒，入五藏，爛殺人，其口主殺蝮蛇毒。”“爛殺”表“亂殺”義用例極少，明陳玉秀《古今律條公案》卷五：“趙氏將一向頭上打去，仲即時暈死。唐氏以刀砍其頭，菊花以斧砍其臂，伍一嫂將刀遍身爛殺，仲頃刻死於非命。”

又引申作放蕩、不節制。

（5）於是盡招兩軍女妓作樂爛飲，作爲傚歌。（8，129，3088）

例（5）中“爛飲”即指無節制地飲酒，又如宋葛長庚《水調歌頭》：“奉陪諸友，今宵爛飲過三更。”元云龕子《迎仙客》：“翠巖前，風月友，狂歌醉舞，爛飲長生酒。”

後世又有“爛賭”、“爛嫖”等詞，如清《梼杌閑評》第十四回：“小沈却是爛賭，每常不拿，專等他昨日在劉道士家才拿，這明是見道士有錢，藉此揞詐他的。”《官場現形記》第五十二回：“等到股本到了手，爛嫖爛賭，利錢亦不給人家。”

又形容程度深，猶"狠"。

(6) "滿腔子是惻隱之心"，如將刀割着固是痛，若將針劄着也痛，如爛打一頓，固是痛，便輕掐一下，也痛，此類可見。(4，53，1285)

例 (6) 中"爛打"與"輕掐"相對，"爛"與"輕"相對，形容"打"的兇狠、程度深。此處"爛"似已虚化成爲程度副詞。

縻爛

摧殘，糟踐。

且如土地無情之物，自是不當愛，自家不必愛之，愛他作甚。梁惠王其始者愛心一萌，縻爛其民以戰，已自不是了；又恐不勝，盡驅所愛子弟以徇之。(4，53，1292)

"縻"之本義爲"牽牛之繩"，《説文·糸部》："縻，牛轡也。""縻"同"靡"。陸德明《經典釋文·易·中孚》注"吾與爾靡之"曰："靡，《埤蒼》作縻。"《古今韻會舉要·支韻》："縻，通作'靡'。"《康熙字典·糸部》："縻，與靡同。""縻"又同"糜"。《洪武正韻·支韻》："糜，爛也。又作'靡'。"《説文·米部》："糜，糝也。"段玉裁注曰："以米和羹謂之糝，專用米粒爲之謂之糝。《釋名》曰：'糜，煑米使糜爛也。'粥淖於糜，粥粥然也。引申爲糜爛字。"又《字彙·米部》："糜，爛也。"可見"縻"、"靡"、"糜"在"破碎、碎爛"義位上相通。

"爛"之本義爲"用火烹熟"，又指食物、瓜果熟透後的狀態。食物烹飪過度而敗壞，瓜果過於成熟會導致腐爛，"爛"之腐爛敗壞義或由此而來。遂又引申爲"破碎、碎爛"義。

"縻爛"猶"糜爛"，蓋同義並列成詞，本指"破碎、敗壞"，又引申作"使碎爛、敗壞"，即"摧殘、蹂踐"。

《孟子·盡心下》："梁惠王以土地之故，糜爛其民而戰之。"例中朱子所論即《孟子》中梁惠王此事，可見朱子口語中直接使用了《孟子》中"糜爛"一詞，而其弟子林子蒙記録爲"縻爛"。可見宋代"糜爛"、"縻爛"仍通用。

"縻爛"在文獻中多用以指"碎爛"。如元趙孟頫《河流》："須臾驟風激，瓊瑤積山危。檣楫一衝擊，縻爛不可支。"又指"腐爛、腐敗"。如漢趙煒《吴越春秋·夫差内傳》："豺狼食汝肉，野火燒汝骨，東風數至，飛揚汝骸骨，肉縻爛，何能爲聲響哉？"

壞爛

敗壞、腐敗、混亂。猶壞亂。[2]

"皿蟲"爲"蠱"，言器中盛那蟲，教他自相併，便是那積蓄到那壞爛底意思。(5，70，1772)

例中"器中盛蟲，教自相併"，蟲互相腐蝕、吞噬，久之蟲屍積聚，導致腐敗、混亂。此句爲晏淵所録，劉礪録作"蠱是壞亂之象"。(5，70，1772)"壞爛"是就蠱而言，"壞亂"是就人事而言。

《説文·土部》："壞，敗也。""爛"此處指敗壞、腐爛。"壞爛"同義並列成詞，本義爲"指物體腐爛、敗壞"。如王充《論衡·論死》："夫物未死，精神依倚形體，故能變化，與人交通；已死，形體壞爛，精神散亡，無所複依，不能變化。"《魏書》卷九十七："於是擒劭、休明，並梟首大桁，暴屍於市，經日壞爛，投之水中，男女妃妾一皆從戮。"

朱熹《孟子集注·孟子序説》引韓愈《與孟尚書書》曰："其大經大法，皆亡滅而不救，壞爛而不收。"此處"亡滅"與"壞爛"對舉，指孔子學説被世人遺棄，無人重視，正道已經敗壞。

潰爛

腐敗、腐爛。

又禮，壙中用生體之屬，久之必潰爛，却引蟲蟻，非所以爲亡者慮久遠也。(6，89，2285)

例中“生體”即“牲體”，指祭祀或陪葬用的動物軀體。下文又言：“古人壙中置物甚多。以某觀之，禮文之意太備，則防患之意反不足。要之，只當防慮久遠，‘毋使土親膚’而已，其他禮文皆可略也。”朱子認爲古人在墓穴中放置陪葬“牲體”會腐爛招蟲，不利於長久保存屍體。

“潰”之本義爲“屋漏滴水”。《説文·水部》：“潰，漏也。”段玉裁注曰：“漏當作屚。屋穿水下也。”引申爲“腐爛”。賈公彦注《周禮·天官》“潰瘍”曰：“潰瘍，癰而含膿血已潰破者。”王冰注《素問·五常政大論》“其動瘍涌分潰癰腫”曰：“潰，爛也。”“潰爛”同義並列成詞，表腐爛義。

唐戴孚《廣異記·常夷》：“帝性至孝，居丁貴嬪柩，涕泣不絶，卧痛潰爛，面盡生瘡。”又《廣異記·荆州漁人》：“漁人倒，因大惶汗，久之方悟。家人扶還，便得癩病。十餘日，形體口鼻手足潰爛，身肉分散。數月方死也。”宋沈括《夢溪筆談》卷二十五：“又余家祖塋在錢塘西溪，嘗有一田家，忽病癩，通身潰爛，號呼欲絶。”

魚爛

魚腐爛。比喻自内部腐爛敗壞。

是時天下事被人作壞，已如魚爛了，如何整頓！一場狼

狽不小。(8，130，3125)

前文言子由“宣和末年方没，衹隔一年，便有金虜之禍”。可知“被人作壞”之“人”應是指徽宗、欽宗以及朝中權臣。朱子認爲那時國家内部已經腐敗，哪怕金人不侵略，宋朝也將敗落。

《後漢書》卷五十七“八方分崩，中夏魚潰”注曰：“《公羊傳》曰：‘其言梁亡何？魚爛而亡也。’何休曰：‘魚爛，從中發潰爛也。’”可見“魚爛”是指由内部腐敗。檢《公羊傳·僖公十九年》：“梁亡，此未有伐者，其言梁亡何？自亡也。其自亡奈何？魚爛而亡也。”注云：“梁君嚴刑峻法，一國之中無不被刑者，百姓一旦相率俱去，狀若魚爛，魚爛從内發，故云爾者。”“魚爛”往往是由君王不德，百姓不從，非因外力，内亂而亡。《春秋繁露》卷四：“君者，將使民以孝於父母，順於長老，守丘墓，承宗廟，世世祀其先，今求財不足，行罰如將不勝，殺戮如屠，仇讎其民，魚爛而亡，國中盡空。《春秋》曰：‘梁亡。’亡者，自亡也，非人亡之也。”

爛物

指將物體浸泡於液體中而鬆軟至稀糊狀。

> 如楊氏爲我，則蔽於仁；墨氏兼愛，則蔽於義。由其蔽，故多爲蔓衍，推之愈闊。如爛物相似，只管浸淫，陷在一處，都轉動不得。(4，52，1237)

例中有“衹管浸淫”，可知是將某物浸泡於液體中；“爛”有“物體水分增加而鬆軟稀糊”義，如“爛泥”、“稀巴爛”等。又“陷在一處，轉動不得”，可知物體已浸泡鬆軟成稀糊狀。段玉裁《説文解字注》釋“爛”曰：“引伸之凡淹久不堅皆曰爛。”“爛物”即指將物體浸泡至鬆軟、稀糊。

元鮮于樞《泰山發秋潦》："秋成一月浸，百草俱爛物。"該詩描述泰山秋天久雨而有大水的情形，此處"爛物"作名詞，指被水浸泡鬆垮朽爛的物體。此句寫各種草木浸於水中一月，皆泡成朽木。又《景定建康志》："《興地志》及《南徐州記》云：江乘縣南有半陽泉，半冷半熱。熱處可爛物，冷處如冰。"此處"爛"似指以熱水泡熟。文獻用例中"爛物"又多指腐爛之物，如《太平聖惠方》卷八十七："以慢火溶化成膏，去却瘡上爛物，然後取藥涂在瘡上。"

爛泥

指糊狀的稀泥。

(1) 雪花所以必六出者，蓋只是霰下，被猛風拍開，故成六出。如人擲一團爛泥於地，泥必濽開成稜瓣也。(1，2，23)

(2) 下達者只因這分毫有差，便一日昏蔽似一日。如人入爛泥中行相似，只見一步深似一步，便渾身陷没，不能得出也。(3，44，1132)

例 (1) 中言爛泥擲於地而"濽開"，《説文·水部》："濽，污灑也。""濽開"指污水灑落而濺開；例 (2) 言人行爛泥中而渾身陷没。可見"爛泥"爲稀糊狀的泥漿。

"爛"由"烹飪食物至鬆軟"引申爲"固態之物由於水分增多後鬆軟、稀糊之狀"。

《五燈會元》卷二十："識則識自本心，見則見自本性。識得本心本性，正是宗門大病。辟曰：'爛泥中有刺，莫道不疑好。'""爛泥"指軟弱無力之物，"刺"指尖鋭硬朗之物，二者相對。清德能《頻吉禪師語録》卷七："自來作家俱在錦上添花，豈識爛泥中有刺。""錦上添花"是相益，"爛泥中有刺"是相對，此禪語其實要闡示凡事總有例外，亦有相對。

“爛泥”又取其稀糊癱軟的語義特徵，引申指軟弱怯懦貌。如宋圓悟克勤《碧岩録》：“國師平生一條脊梁骨硬如生鐵，及至帝王面前，如爛泥相似。”“脊梁骨硬如生鐵”指人個性剛强不屈，例中“如爛泥相似”與之相對，即指軟弱怯懦。

爛泥醬熟

精通得如泥塊完全浸透融合成漿糊狀，指完全精通領會，融會貫通。

> 某嘗思，今之學者所以多不得力、不濟事者，只是不熟。平生也費許多功夫看文字，下梢頭都不得力者，正緣不熟耳。只緣一箇不熟，少間無一件事理會得精。吕居仁記老蘇説平生因聞“升裏轉，斗裏量”之語，遂悟作文章妙處。這箇須是爛泥醬熟，縱横妙用皆由自家，方濟得事也。（8，121，2920）

例中言“不得力、不濟事”是由於不熟，繼而言“爛泥醬熟”方能“縱横妙用皆由自家”，方能濟事。“爛泥醬”指泥塊融入水中後鬆軟成稀糊狀，此處比喻完全融合。“爛泥醬熟”是指“熟”如“爛泥醬”，形容熟的程度非常高，指對某樣事物融會貫通。

“爛泥醬熟”在其他文獻中未見用例，這是《朱子語類》中的一個口語詞。

爛熟

指瓜果完全熟透。

> （1）所以説格物、致知而後意誠，裏面也要知得透徹，

外面也要知得透徹，便自是無那箇物事。譬如果子爛熟後，皮核自脱落離去，不用人去咬得了。(2，16，338)

例（1）中以果子“爛熟”來比喻對道理的理解透徹。“爛”有“瓜果完全熟透”義，“熟”亦有“植物果實完全成熟”義，二者同義並列成詞。

唐齊己《乞櫻桃》：“去年曾賦此花詩，幾聽南園爛熟時。嚼破紅香堪换骨，摘殘丹顆欲燒枝。”唐王燾《外臺秘要方》卷三十二：“又方：取爛熟黑椹（二升），右一味於瓷瓶中，三七日化爲水，以塗洗之。”

“爛熟”又可指食物煮得極透，如《齊民要術》卷九：“苞法：用牛、鹿頭，肫蹄，白煮……就甑中和之。仍復蒸之，令極爛熟。”

引申指完全領會透徹，融會貫通。

《朱子語類》中“爛熟”表此義有11例，兹舉3例：

(2) 讀書，且就那一段本文意上看，不必又生枝節。看一段，須反覆看來看去，要十分爛熟，方見意味，方快活，令人都不愛去看别段，始得。(1，10，167)

(3) 這説是教人若遇一事，即且就上理會教爛熟離析，不待擘開，自然分解。(2，18，422)

(4) 知天命時，又知得理之所自出；耳順時，見得理熟；“從心所欲不踰矩”時，又是爛熟也。(2，23，559)

例（3）爲葉賀孫所録，同門李壯祖録曰：“窮一事未透，又便别窮一事，亦不得。”可見“爛熟離析”即“窮一事透”。例（4）言六十歲時“見得理熟”，七十歲時“又是爛熟”，“爛熟”比“熟”更進一步，程度更深，可見“爛”已成爲一個程度副詞。

“爛熟”本指瓜果熟透、食物煮透，引申爲對某物的理解、熟悉程度猶如瓜果、食物熟透，而“爛”漸漸虚化爲程度副詞，表程度深，猶“十分”、“非常”。“爛熟”又可作“濫熟”，“濫”之本義爲“水泛濫”，引申爲“過度”，也指“程度深”。

《北齊書》卷三十一、《北史》卷二十四：“（王晞）且性實疏緩，不堪時務，人主恩私，何由可保，萬一披猖，求退無地，非不愛作熱官，但思之爛熟耳。”宋何薳《春渚紀聞》卷六：“然每有賦詠及著撰所用故實，雖目前爛熟事，必令秦與叔黨諸人檢視而後出。”陸游《過野人家有感》：“世態十年看爛熟，家山萬裏夢依稀。”

温州方言中有“腐（糊）餔爛熟”一詞，“腐（糊）餔”指食物或果實完全熟透，與“爛熟”並列成詞。温州方言中該詞亦指對某樣事物理解得十分通透。

光明粲（燦）爛

鮮明、明亮。

(1) 恰似那藏相似，除了經函，裏面點燈，四方八面皆如此光明粲爛，但今人亦少能看得如此。[3]（1，5，85）

“粲”的本義爲“精米”，《説文・米部》：“稻重一秙，爲粟二十斗，爲米十斗，曰毇；爲米六斗太半斗，曰粲。”由其“精良”的詞義特徵引申出“鮮明”義，《玉篇・米部》：“鮮好皃。”《廣雅・釋言》：“粲，鮮也。”《廣雅・釋詁四》：“粲，明也。”“爛”之本義爲“用火烹熟”，引申作“鮮亮、明亮”義。《説文・火部》：“爤，火熟也。”段玉裁注曰：“孰則可燦然陳列，故又引申爲粲爛。”《詩・女曰鷄鳴》：“明星有爛。”鄭玄箋曰：“明星尚爛爛然。”又《詩・韓奕》：“諸娣從之，祁祁如雲。韓侯顧之，爛其盈門。”鄭玄箋曰：“爛爛，粲然，鮮明且衆多之貌。”“爛爛然”即指鮮明、明亮。“粲爛”同義並列成詞，指某物鮮明、明亮。

宋玉《風賦》："眴焕粲爛，離散轉移。"漢司馬相如《上林賦》："皓齒粲爛，宜笑的皪；長眉連娟，微睇綿藐，色授魂與，心愉於側。"南朝徐陵《桃葉答王團扇歌》："七寶畫團扇，粲爛明月光。"

"光明粲爛"是朱子使用的一個口語詞，"光明"、"粲爛"同義連用，更突出其鮮亮貌。

引申指鮮明、昭彰；明白、明瞭。

(2)"在明明德"，須是自家見得這物事光明燦爛，常在目前，始得。(1，14，261)

(3)非説當時便一治，只是存得箇治法，使這道理光明燦爛，有能舉而行之，爲治不難。[4](4，55，1318)

(4)顧諟，是常要看教光明燦爛，照在目前。[5](2，17，387)

(5)只管思量，少間這正當道理，自然光明燦爛在心目間，如指諸掌。(8，121，2920)

據宋本《池録》殘卷"燦"皆作"粲"，以上諸例中"燦"在宋本中應皆作"粲"[6]。例(2)、例(3)中"光明粲爛"表"鮮明、昭彰"，形容某事情、某規律，並非指實物。例(4)中"照"《池録》作"昭然"，"光明粲爛"與"昭然"同義，即"明白、明瞭"。例(5)可見，"光明燦爛在心目間"同"如指諸掌"，比喻對某事物非常瞭解。

"光明粲爛"之本義指物體鮮明、明亮，引申指某事情、道理鮮明、昭彰，又引申爲指心中明瞭，而有"明白、明瞭"義。

爛然

指光明亮堂貌。

臘之婦紅裝盛飾，如后妃之象。以鏡置胸懷間，就日中

行，則光采爛然，競傳以爲祥瑞。(8, 133, 3186)

例中方臘之妻將鏡子放在胸前，陽光照在鏡子上，“則光采爛然”，“光採爛然”即指鏡中反光光芒閃亮。“爛”有“鮮亮、明亮”義，“爛然”即鮮亮、明亮的樣子。

鄭玄箋《詩經》中《女曰鷄鳴》、《韓奕》提到“明星尚爛爛然”、“爛爛，鮮明且衆多之貌”。可見“爛爛然”在漢代已是一個通俗常用的詞。金劉祁《歸潛志》：“食時，忽陰雨開霽，日光爛然。”

“爛然”又引申爲“分明、清楚的樣子”。《漢書》卷六十七：“嘉謀日聞於上，天下條貫，國家表裏，爛然可睹矣。”顔師古注曰：“爛然，分明之貌。”

爛熳

指花開最繁盛時。

(1) 且如一朵花，含蘂時是將開，略放時是正盛，爛熳時是衰謝。(7, 100, 2546)

例 (1) 爲輔廣所録，又有同聞者李方子録作：“謂如見花方蓓蕾，則知其將盛；既開，則知其將衰；其理不過如此。”文意相同。可知“爛熳”即是“正盛”時，又是花“既開”時，可知此處“爛熳”是指花開最繁盛時。

爛熳，或作“爛漫”、“瀾漫”、“爛縵”，都有“自如地放開”義。從表意看，最初可能形容水勢大，寫作“瀾漫”[⑦]。“瀾”爲大的波浪[⑧]，“漫”形容“水盛大無際”[⑨]，其詞義或由“波浪盛大自如無遮擋地放開”的詞組義凝固成詞（一字代表一個成詞的音節），後又可用“爛漫”、“爛熳”、“爛縵”等記音表達；而從記音看，最初也可能就是由兩個記音字（一字代表一個不成詞的音節）構成一詞，形容水勢大。朱熹注韓愈《别知賦》“始參差以異序，卒爛漫而同流"句曰："'爛漫'本或作'爛熳'、或作'瀾漫'，云大水也。"[10]

司馬相如《上林賦》："踰絶梁，騰殊榛，捷垂條，掉希間，牢落陸離，爛熳遠遷。"[11]指猿猴四散奔走。漢王延壽《魯靈光殿賦》："彤彩之飾，徒何爲乎？澔澔涆涆，流離爛漫。"[12]指光綫放開、光彩四射。漢王褒《洞簫賦》："時奏狡弄，則彷徨翱翔，或留而不行，或行而不留。愺恅瀾漫，亡耦失疇，薄索合沓，罔象相求。"[13]此處指聲音的分散，與"恅愺"相對，二者一靜一動，以形容"奏狡弄"之逝止無常。

"爛漫"又引申指花草自如盛開而繁茂。漢馬融《長笛賦》："詳觀夫曲引之繁會聚雜，何其富也；紛葩爛漫，誠可喜也；波散廣衍，實可異也。"[14]此處"紛葩爛熳"本指花開盛多、繁茂，以之形容"曲引之繁會聚雜"，指聲音繁多、繁雜。唐皎然《花石長枕歌答章居士贈》："贈予比之金琅玕，瓊花爛熳浮席端。"陳子昂《慶雲章》："昔在帝嬀，南風既薰。叢芳爛熳，鬱鬱紛紛。"

據宋本《上林賦》例可見，"爛熳"在宋代前已出現。"熳"古字書皆未收。《增修互注禮部韻略·去聲·二十八翰》："瀾漫，淋漓貌。俗作爛熳，非。"清周靖《篆隸考異·火部》："熳，俗。瀾漫，猶淋漓也。經、史、子、集俱作'瀾漫'，不從火。"可知"熳"爲"漫"的换旁俗字。王锳先生指出："一個字受前面一個字形體的影響而改變偏旁，是文字發展中屢見不鮮的現象。"[15]或許由於這種機制，"漫"受"爛"之影響，變作了"熳"。[16]

淫蕩；淫佚。

(2) 秦檜自虜中歸，見虜人溺於聲色宴安，得之中國者日夜爛熳，亦有厭兵意。(8，133，3201)

例(2)"爛熳"爲動詞，與"溺於聲色宴安"近義，指虜人沉溺於美色與逸樂。

"爛漫"形容艷麗、萎靡的音樂，司馬相如《上林賦》："所以娱耳目樂心意者，麗靡爛漫於前，靡曼美色於後。"劉良注曰："麗靡爛漫，美音聲也；靡曼美色，多姿態也。言娱樂耳目則置於前後。"[17]金國永注曰："爛漫，即麗靡之轉音，以狀舞姿，則爲妖冶淫泆；以狀音樂，則爲靡靡邪音。"[18]又《魏書》卷一〇九："三代之衰，邪音間起，則有爛漫靡靡之樂興焉。""爛漫"與"靡靡"同義連用，以形容"邪音"，此處"爛漫"即指"萎靡不振"。"靡靡"本指舒緩的音樂，如《世本》卷上："箜篌、師延所作，靡靡之音也。"後引申指"頹靡、萎靡"，《霓裳續譜·跋》："《霓裳續譜》爲伶部靡靡之音，大雅之士見而輒鄙。"可見後世對"靡靡之音"十分唾棄。"爛漫"形容恣縱於艷麗的聲色之中，有"淫蕩、淫佚"義。

《語類》中所涉及"爛"的詞義及反映在《朱子語類》的用例可見下表：

"爛"的詞義	《語類》用例(包括詞組)		
	産生時代:上古	中古	近代
使物體完全鬆軟	爛		
腐爛、腐敗	壞爛、潰爛、魚爛		
破碎、碎爛	縻爛		
物體浸泡水中導致鬆軟稀糊		爛泥	爛物、爛泥醬熟
鮮明、明亮		粲(燦)爛、爛然	光明粲(燦)爛
胡亂、任意、無法度			爛殺
放蕩、無節制			爛飲
形容程度深,猶"狠"		爛熟	爛打
水勢盛大,引申指自如地放開("瀾")	爛熳		

《朱子語類》既有先秦的文言，又有唐宋的古白話和方言口語，叠置着從歷史上各個時期傳承下來的不同歷史層次的詞

語和宋代産生的新詞新義[19]。《朱子語類》保留了宋代"爛"豐富的詞義，有繼承上古、中古而來，也有唐宋産生的新義，在朱子授課與弟子的對答使用中形成了生動的用例，其中有承古的舊詞，亦有口語中隨意使用而産生的新詞及尚未成詞的詞組，部分詞語甚至僅僅在朱子師門這個小衆口語範圍中使用，其中多有喻指。

〔注釋〕

①《朱子語類》用例未特別註明者皆采用王星賢點校中華書局理學叢書本，括號内所標分别表示册數、卷數及頁碼。

②《漢語大詞典》未收此義，可補。

③恰似那藏相似，《晦庵先生朱文公語録》(簡稱《池録》)、朝鮮古寫徽州本《朱子語類》(簡稱《徽州本》) 作"恰似那寺中藏相似"。

④宋本《池録》卷三十八第 49 頁"燦"作"粲"。

⑤宋本《池録》卷三十八第 40 頁"燦"作"粲"。

⑥宋本、明抄宋本現僅存 18 卷，殘卷中僅有 3 例"粲"。除以上 2 例外，《池録》卷三十八第 34 頁："三代之書誥詔令，皆是根源學問，發明義理，所以粲然可爲後世法。" 王星賢點校本"粲"作"燦"。

⑦段玉裁《説文解字注 · 水部》注"瀾"字曰："《魏風》：'河水清且漣猗。'《釋水》引作瀾，云大波爲瀾。《毛傳》云：'風行水成文曰漣。'按，《傳》下文云：'淪，小風水成文。'則瀾爲大可知，與《爾雅》無二義也。凡瀾漫當作此瀾字。"

⑧《爾雅 · 釋水》、《説文 · 水部》："瀾，大波爲瀾。"《六書故 · 地理三》："游波旁薄者爲瀾。"《孟子 · 盡心上》："觀水有術，必觀其瀾。" 趙岐注曰："瀾，水中大波也。"

⑨《玉篇 · 水部》："漫，水漫漫平遠貌。"《集韻 · 桓韻》："漫，水廣大皃。"

⑩見《昌黎先生集考異》卷一，《朱子全書》第十九册，上海古籍出版社、安徽教育出版社 2002 年版，第 371 頁。

⑪據四部叢刊初編影印宋刊本《文選》卷八。金國永先生注曰："爛

漫，亦散亂貌。此謂猿屬雖喜群居，但其性恣縱，亦常有離群遠徙者。《漢書注》：'言其聚散不恒，雜亂移徙也。'" 見《司馬相如集校注》，上海古籍出版社中國古典文學叢刊本 1993 年版，第 64—65 頁。另，清嘉慶胡克家重刻宋淳熙刻本 "爛熳" 作 "爛漫"，中華書局 1977 年影印本第 126 頁。明張溥《漢魏百三家集》卷二《司馬文園集》作 "爛漫"。明汪士賢校《司馬長卿集》（日本早稻田大學藏）亦作 "爛漫"。而《史記·司馬相如傳》作 "爛曼"，見宋慶元黄尚夫刻本《史記》卷一百十七，百衲本《史記》臺灣商務印書館 1989 年版第 1092 頁。

⑫李善注曰："澔澔涆涆，光明盛貌。流離爛漫，分散遠貌。" 據四部叢刊初編影印宋刊本《文選》卷十一。

⑬據四部叢刊初編影印宋刊本六臣注《文選》卷十七。明刊張溥《漢魏六朝百三家集》卷六《王諫議集》同作 "瀾漫"。掃葉山房藏版《漢魏六朝百三家集·王諫議集》亦同。

⑭據四部叢刊初編影印宋刊本六臣注《文選》卷十八。明張溥《漢魏六朝百三家集》卷十六《馬季長集》作 "爛漫"，掃葉山房藏版《漢魏六朝百三家集·馬季長集》亦同。文淵閣四庫全書本《藝文類聚》卷四十四作 "爛熳"。

⑮見《詩詞曲語詞釋例》"爛漫" 條，中華書局 2005 年版第 187 頁。

⑯《朱子語類》中的還有 "熳火" 一詞："且如煮物事，合下便用熳火養，便似煮肉，却煮得頑了，越不能得軟。"（4，49，1202）又 "如煎藥，初用猛火；既沸之後，方用慢火養之，久之須自熟也。"（4，59，1414）"讀書如煉丹，初時烈火鍛煞，然後漸漸慢火養。又如煮物，初時烈火煮了，却須慢火養。"（7，114，2766）"熳火" 同 "慢火"，與 "猛火"、"烈火" 相對，指文火、微火。"熳" 在此義位上似是由 "慢" 改换偏旁，與火有關故改 "忄" 爲 "火"。

⑰據四部叢刊初編影印宋刊本六臣注《文選》卷八。

⑱見上海古籍出版社中國古典文學叢刊本《司馬相如集校注》1993 年版第 80 頁。

⑲見徐時儀《〈朱子語類〉詞語考》，《南陽師範學院學報》2012 年第 2 期第 25 頁。

〔主要參考文獻〕

[1] 王星賢點校. 朱子語類［M］北京：中華書局，1986.

[2] 朱傑人等主編. 朱子全書［M］上海：上海古籍出版社，合肥：安徽教育出版社，2002.

[3] 金國永. 司馬相如集校注［M］上海：上海古籍出版社，1993.

[4] 王锳. 詩詞曲語詞釋例（修訂本）［M］北京：中華書局，2005.

（潘牧天，上海師範大學古籍整理與研究所，郵編 200234）

《朱子語類》表昏闇義的用詞及其引申*

沈葉露

内容摘要： 文章就《朱子語類》中由昏闇義引申表糊塗不明、昏愚等義的一組詞進行分析考察，通過探究具體組詞與表義，明晰各詞同中有異的語義與使用特徵，以期管窺漢語文白轉型期的發展狀況。

關鍵詞：《朱子語類》　單音節詞　複音節詞　文白轉型

漢語中，表示光綫不明、昏闇意義的詞大致有闇、黯、昏、昧、暗、冥、暝、晦、曖、幽、蒙等，其中由昏闇模糊義進而引申指糊塗不明、昏愚等意義的詞主要有昏、闇、暗、蒙、昧等[1][頁883、911][2][頁373、374]。這些單音詞隨着詞語複音化的發展，又作爲詞素與其他相關詞素組合構成更多表達"糊塗，愚昧"義的複音詞，如"昏聵""昏憒""昏庸""闇弱""暗弱""昏蒙""蒙昧""茫昧""芒昧""昏昧""暗昧"等。本文擬就這組由光綫昏闇引申爲頭腦糊塗、愚昧義的單、複音節詞在《朱子語類》中的使用情況略作考探，明其語源、見其演變，並窺該書之處於文白轉型期的具體語用狀況。

* 本文爲國家社會科學基金重大項目（10&ZD104）；國家社會科學基金項目（08BYY044）；上海市教委 085 工程項目"宋代文獻整理與研究"；上海師範大學重點學科建設項目。

一　昏

《説文·日部》:“昏,日冥也。从日氐省。氐者,下也。”是甲骨文以來的會意字[3][頁99],日頭低下,故引申有昏闇義。段玉裁注:“日入三商爲昏,引伸爲凡闇之稱。”《爾雅·釋詁下》:“昏,代也。”注:“代明也。”疏云:“日入後二刻半爲昏,昏來則明往,故云代明。”又《周禮·秋官》司寤氏注:“日入三刻爲昏,不盡三刻爲明。”又《淮南子·天文訓》:“日至虞淵是謂黄昏,至於蒙谷是謂定昏。”由諸家注訓可知“昏”的時間段大致爲太陽西落後的二刻半到三刻(三商)之間①,具體約爲十二時辰中的戌時(下午7點到9點)[4][頁17],地點則自虞淵至於蒙谷。《詩·陳風·東門之楊》:“昏以爲期,明星煌煌”即狀的這一時間段的情景。“昏”由傍晚日落時分的具體時間引申指光綫不明,昏闇的狀態,有時白天也可以出現“昏”的景況,如漢·王褒《九懷·陶壅》:“浮雲鬱兮晝昏,霾土忽兮塺塺。”左思《吴都賦》:“揮袖風飄,而紅塵晝昏。”由於“昏”的本義是指日落之後所造成的光綫暗淡、視物模糊,因此其“在表示人的認識能力上,側重的不是受蒙蔽造成的真相不明和是非不清,而是由於分辨能力的欠缺或智力衰退所造成的頭腦不清;不是不辨是非,而是不明是非,是昏憒、迷糊、顛倒。”[1][頁883]此外,“昏”字西周金文又作人持酒爵手舞足蹈狀,因而亦引申有昏迷、昏亂義。[3][頁99]《朱子語類》中“昏”共有296例,其中40例用作“昏媾”、“士昏禮”等義,相當於現代漢語常用的“婚”。其餘256例,“昏”單獨使用的有116例,充當複音詞語素的有140例。

(一)“昏”單獨使用的用例

1. “昏”表“光色昏闇”或“傍晚,黄昏”義:

(1) 如出必是告，反必是面，昏定晨省，必是昏定晨省，這易見。(14，262)[②]

(2) 初三昏月在西，上弦昏在南，十五昏在東，十八以後漸漸移來，至三十晦，光都不見了。(67，1673)

2. “昏”表動詞義“昏蔽，使昏闇不明”：

(1) 人合下具此天命之全體，乃爲物欲、氣禀所昏，反不能如物之能通其一處而全盡，何也？(4，60)

(2) 蓋人爲萬物之靈，自是與物異。若迷其靈而昏之，則與禽獸何別？(8，132)

(3) 如鄭文亦平和純正，氣象雖好，然所説文字處，却是先立個己見，便都説從那上去，所以昏了正意。(79，2031)

3. “昏”由光綫的暗弱模糊引申指渾濁，不清朗：

(1) 霧與露亦微有異，露氣肅，而霧氣昏也。(100，2549)

(2) 格物工夫，至爲浩大。如義剛氣昏，也不解泛然格得。(125，2789)

4. “昏”引申指昏闇不明、糊塗昏愚的狀態：

(1) 人物之生，其賦形偏正，固自合下不同。然隨其偏正之中，又自有清濁昏明之異。(4，56)

(2) 蓋心既放，則氣必昏，氣既昏則心愈亡。(59，1400)

(二) “昏”作爲詞素構成的複音詞

《朱子語類》中由“昏”充當詞素構成的複音詞除了表示時間的“黄昏”外，其餘均爲並列式複合詞。這類詞語有：昏暗(3 例)、昏蔽（16 例)、昏愚（10 例)、昏濁（25 例)、昏怠（2 例)、昏昧（14 例)、昏亂（3 例)、昏困（5 例)、昏倦（3 例)、昏翳（1 例)、昏惑（2 例)、昏塞（11 例)、昏弱（9 例)、昏謬

(1例)、昏沉(1例)、昏惰(1例)、昏冥(1例)、昏雜(2例)、昏眩(1例)、昏懦(1例)、昏賴(1例)、昏蒙(2例)、昏鈍(3例)、昏晦(3例)、昏庸(1例)、昏縱(1例)、昏闇(1例)、昏迷(3例)、昏昏(3例)、淫昏(1例)。其中"昏暗"用例均指光綫的陰闇不明,茲不舉例,其餘詞語試作列舉釋義如下:

1. 昏蔽:指氣質、義理有所不明而導致的遮蔽、蒙蔽。

(1) 若在物言之,不知是所稟之理便有不全耶,亦是緣氣稟之昏蔽故如此耶?(4, 57)

(2) 心亦如此,方其昏蔽,得人警覺,則此心便在這裏。(12, 200)

(3) 衹爲人役役於不可必之利名,故本原固有者,日加昏蔽,豈不可惜!(118, 2836)

2. 昏愚:昏濁愚昧。

(1) 物物有理,第恐氣稟昏愚,不能格至其理。(15, 292)

(2) 然黄却是個白直底人,衹是昏愚無見識,又愛官職,故爲邢所誘壞。(130, 3107)

3. 昏濁:(氣質等的)昏昧渾濁。

(1) 瞽瞍之氣有時而清明,堯舜之氣無時而昏濁。(4, 60)

(2) 某直敢説,人生時無浩然之氣,衹是有那氣質昏濁頽塌之氣。這浩然之氣,方是養得恁地。(52, 1260)③

4. 昏怠:昏沉懈怠,形容精神散漫的樣子。

(1) 今人看文字,多是以昏怠去看,所以不子細。(11, 177)

(2) 如人一時間外面整齊嚴肅,便一時惺惺;一時放寬了,便昏怠也。(17, 372)

5. 昏昧：昏沉暗昧，精神不清朗謹肅。

(1) 但從來爲氣禀所拘，物欲所蔽，一向昏昧，更不光明。(14，271)

(2) 惺惺，乃心不昏昧之謂，祇此便是敬。(17，373)

6. 昏亂：有兩個義項，(1)(2) 例指心神雜亂；(3) 例指社會混亂。

(1) 若心雜然昏亂，自無頭當，却學從那頭去？又何處是收功處？(12，217)

(2) 求放心，愈求則愈昏亂，如何？(59，1407)

(3) 其所引援，皆是半間不界無狀之人，弄得天下之事日入於昏亂。(129，3088)

7. 昏困：昏怠困頓。

(1) 静坐久時，昏困不能思；起去，又鬧了，不暇思。(12，221)

(2) 若只持敬，不時時提撕着，亦易以昏困。須是提撕，才見有私欲底意思來，便屏去。(18，402)

8. 昏倦：昏怠困倦。

(1) 今人却塊坐了，相似昏倦，要須提撕着。提撕便敬；昏倦便是肆，肆便不敬。(14，269)

(2) 但疾病昏倦時多，又爲人事書尺妨廢，不能得就緒。(84，2192)

9. 昏翳：爲塵埃等覆蓋遮蔽而導致的昏闇不明。

如一面鏡子，本全體通明，只被昏翳了，而今逐旋磨去，使四邊皆照見，其明無所不到。(15，283)

10. 昏惑：迷惘困惑。

(1) 今有此心而不能致，臨事則昏惑，有事則膠擾，百種病根皆自此生。(15，293)

(2) 然四端皆有相反者，如殘忍之非仁，不耻之非義，

不遜之非禮，昏惑之非智，即故之不利者也。(57，1353)

11. 昏塞：昏暗蔽塞。

(1) 只爲氣昏塞，如置寶珠於濁泥中，不復可見。(17，375)

(2) 人之所以不聰不明，止緣身心惰慢，便昏塞了。(44，1146)

12. 昏弱：精神不振，暗弱不明。

(1) 雖非志，而志亦在其中。所見不明，氣質昏弱，皆力不足之故。(32，803)

(2) 因人之昏弱而箴之曰："人做事，全靠這些子精神。"(121，2933)

13. 昏謬：糊塗乖謬。

是非之心勝，則含糊苟且頑冥昏謬之意自消。(53，1295)

14. 昏沉：昏惑迷糊。

所以有終身昏沉，展轉流盪，危而不復者。(59，1393)

15. 昏惰：昏困怠惰。

放心，不獨是走作喚做放，才昏睡去，也是放。只有些昏惰，便是放。(59，1406)

16. 昏冥：昏暗。

惟不以一毫私欲自累，則其心峻潔，決無污下昏冥底意思，自然能"極高明"。(64，1585)

17. 昏雜：昏惑雜亂，混雜。

(1) 到底説得來，只是個定則明，明則事理見；不定則擾，擾則事理昏雜而不可識矣。(79，2034)

(2) 若敬心稍不存，則裏面固是昏雜，而發於外亦鶻突，所以專於"敬而無失"上用功。(120，2909)

18. 昏眩：昏花糊塗。

想是子由老後昏眩，說得恁地。(86，2221)

19. 昏懦：愚昧懦弱，暗弱不明。

聰明者人不能欺，誠信者人不忍欺。若昏懦之人，爲之所紿；譎詐之士，則務欲容，於此大不可。(106，2644)

20. 昏賴：無理耍賴，抵賴。

今爲人父母在不異財，却背地去典賣，後來却昏賴人。(106，2649)

21. 昏蒙：昏惑蒙蔽，糊塗無主見。

(1) 氣質昏蒙，作事多悔：有當下便悔時，有過後思量得不是方悔時，或經久所爲因事機觸得悔時。(116，2787)

(2) 但氣質昏蒙，自覺易爲流俗所遷。(116，2789)

22. 昏鈍：昏惑愚鈍。

(1) 江西如萬正淳亦純實，只是昏鈍，與他說，都會不得。(117，2812)

(2) 但叔權也昏鈍，不是個撥着便轉，挑着便省底。(119，2877)

23. 昏晦：昏惑不明。

文振近看得文字較細，須用常提撕起得惺惺，不要昏晦。若昏晦。則不敬莫大焉。才昏晦時，少間一事來，一齊被私意牽將去，做主不得。(118，2853)④

24. 昏庸：糊塗庸弱。

秦檜在相時，執政皆用昏庸無能者，如汪勃章夏董德元皆一類人。(131，3159)

25. 昏縱：懈怠放縱。

千萬更加勉力，就日用實事上提撕，勿令昏縱爲佳！(118，2855)

26. 昏闇：昏庸愚昧，不開化。

東坡作詩譏一昏闇之人，有句云："烟雨塞九竅！"

(140，3329)

27. 昏迷：愚昧，糊塗；昏庸，昏憒。

(1) 若曰“奔告於受”，則商之忠臣義士，何嘗一日忘周。自是紂昏迷爾。(25，636)

(2) 以善言之，是善端方萌處；以德言之，昏迷中有悔悟向善意，便是復。(62，1513)

按：“昏迷”一詞至現代漢語詞義發生了較大的變化，“昏”轉義指失去知覺[3][頁99]，“昏迷”義爲“因大腦功能嚴重紊亂而長時間失去知覺”[5]，多用作動詞。《朱子語類》中該詞仍表“昏憒迷糊”義，則爲並列式複合形容詞。

28. 昏昏：糊塗的樣子。

(1) 人一向推托道氣禀不好，不向前，又不得；一向不察氣禀之害，只昏昏地去，又不得。(4，69)

(2) 但今人無事時，又却恁昏昏地；至有事時，則又隨事逐物而去，都無一個主宰。(16，316)

29. 淫昏：荒淫昏庸。

考之於忽，所謂淫昏暴虐之類，皆無其實。(80，2075)

由上用例可見，“昏”由日落而天色昏暗的本義多向人的氣質方面引申，並側重於指氣質爲外物所染污，不自振作而導致的昏憒不明。在理學思想中，人的氣質本當是清明的，而與之相對則爲“昏”，因此“昏”作詞素構成的詞語多具有這方面的意義。

二　暗

《説文·日部》：“暗，日無光也。”與“昏”之原指日落後一定的時間段，而後引申指昏暗不同，“從日音聲”的“暗”本義就指日光暗淡不明，如《楚辭·九辯》：“卒壅蔽此浮雲兮，下暗漠而無光”。用光綫不明比喻見識不明，便産生了“暗”的糊塗、愚昧義。《荀子·天論》:“上暗而政險，則是雖無一至者，無益也。”劉孝標注《世説新語》引《司馬徽别傳》:“居荆州，知劉表性暗，必害善人。”又《晋書·周顗母李氏傳》:“名重而識暗”,“識暗”就是缺乏洞察力。[1][頁911]《朱子語類》共出現“暗”141處，單獨使用60例，充當語素與其他語素構成複合詞67例，出現在對前人的詩句如杜甫“暗飛螢自照”、林逋“暗香浮動月黄昏”等引用中4例，用於人名阿骨打之子暗版孛訖烈10例。本文暫就前兩種情況略作探討。

(一)“暗”單獨使用的情況

1. 指夜色昏暗:

唐太宗用兵至極北處，夜亦不曾太暗，少頃卽天明。(1，7)

2. 泛化表光綫昏暗:

昔楚相作燕相書，其燭暗而不明。(83，2158)

3. 引申爲色澤暗弱或顔色幽深，黑暗:

(1) 水内明而外暗，火内暗而外明。(1，10)

(2) 蓋火日外影，其中實暗，到望時恰當着其中暗處，故月蝕。(2，13)

(3) 如暗室求物，把火來，便照見。(8，131)

4. 引申比喻政治風俗昏暗無明(之處):

“歸明人”，元不是中原人，是徭洞之人來歸中原，蓋自暗而歸於明也。(111，2719)

5. 表暗中、私下，隱蔽地，默默地:

(1) 古者，小學已自暗養成了，到長來，已自有聖賢坯模，只就上面加光飾。(7，125)

(2) 漢時諸儒以經相授者，只是暗誦，所以記得牢，故其所引書句，多有錯字。(10，170)

(3) 絜，度也。不是真把那矩去量度，只是自家心裏暗

度那個長那個短。(16, 363)

6. 比喻言語隱晦，不明確：

(1) 又曰："子静説話，常是兩頭明，中間暗。"或問："暗是如何?"曰："是他那不説破處。他所以不説破，便是禪。……"(104, 2620)

(2) 文中子議論，多是中間暗了一段，無分明。(137, 3268)

7. 指頭腦昏愚暗昧或性情被遮蔽而導致的昏昧不明：

(1) 許多道理，皆是人身自有底。雖説道昏，然又那曾頑然恁地暗！(9, 154)

(2) 其良知、良能，本自有之，只爲私欲所蔽，故暗而不明。(14, 267)

8. 指弱，偏弊；昧於或不善於：

(1) 粗而喻之，如勇於爲非，則怯所遷善；明於責人，則暗於恕己，同是一個病根。(35, 939)

(2) 看來他也是暗於事機，被那兩個小人恁地弄後，都不知。(79, 2063)⑤

(二)"暗"作爲詞素構成的複音節詞

《朱子語類》中"暗"充當詞素構成的複音節詞除曆法學名詞"暗虚"(3例)外，另有昏暗(3例)、邪暗(1例)、暗昧(7例)、黑暗(7例)、暗塞(1例)、晦暗(1例)、幽暗(7例)、虚暗(1例)、迷暗(1例)、暗弱(3例)、愚暗(1例)、暗僻(1例)、暗曖(1例)、暗暗(1例)、暗地(6例)、暗中(2例)、暗自(1例)、暗合(7例)。兹擇例列舉如下：

1. 邪暗：陰暗不正。

雨風露雷，日月晝夜，此鬼神之迹也，此是白日公平正直之鬼神。若所謂"有嘯於梁，觸於胸"，此則所謂不正邪暗，或有或無，或去或來，或聚或散者。(3, 34)

2. 暗昧：有兩個義項，(1) 例指陰暗的，形容鬼魅；(2) (3) 例指昏昧，無開化的。

(1) 試定精神看一看，許多暗昧魍魎各自冰散瓦解。(12，201)

(2) 不聞不見，全然無形迹，暗昧不可得知。(62，1503)

(3) 且説而今暗昧底人，解與人健訟不解？(78，1993)

3. 暗塞：蔽塞不明。

人皆有此明德，但爲物欲之所昏蔽，故暗塞爾。(16，315)

4. 晦暗：昏暗。

天地之氣，有清有濁。若值得晦暗昏濁底氣，這便稟受得不好了。(17，376)

5. 幽暗：(1) 例指昏暗，黑暗；(2) 例喻指糊塗不明。

(1) 方渾淪未判，陰陽之氣，混合幽暗。(94，2367)

(2) 見道理不分明，將漸入於幽闇，含含胡胡，不能到得正大光明之地。(114，2760)

6. 迷暗：糊塗暗昧。

譬如人，光明磊落底便是好人，昏昧迷暗底便是不好人。(74，1889)

7. 暗弱：軟弱不明，缺乏剛斷。

(1) 固是剛比之暗弱之人爲勝，然只是彼善於此而已。(118，2842)

(2) 惟公恁地循循默默，都理會公心下不得，這是幽冥暗弱，這是大病。(121，2924—2925)

8. 愚暗：愚昧昏庸。

但當時宗室爲武后殺盡，存者皆愚暗，豈可恃？(105，2638)

9. 暗僻：冷僻。

而今人却務出暗僻難曉底題目，以乘人之所不知，却如何教他不杜撰，不胡説得！(109，2694)

10. 暗曖：暗昧，不磊落。

故聖賢之所推尊，學者之所師慕，亦以其心顯白而無暗曖之患耳。(115，2773)⑥

11. 暗暗：私自，默默地。

自"衣錦尚絅"以下皆是，只暗暗地做工夫去。然此理自掩蔽不得，故曰"闇然而日章"。(97，2490)

12. 暗地、暗中：私下，悄悄地。

(1) 縱不肯明求，也須暗地結托。(22，509)

(2) 不惟念得正文注字，要自家暗地以俗語解得，方是。(116，2805)

(3) 又如昔人有以五色綫令人暗中學辨，三年而後辨得。(98，2506)

13. 暗自：暗中，私下。

體驗是自心裏暗自講量一次。(119，2879)

14. 暗合：不經意間契合。

(1) 善人雖不曾知得前人所做樣子，效他去做，但所爲亦自與暗合，但未能到聖人深處。(39，1021)

(2) 五方之民，言語不通，却有暗合處。(87，2237)

由以上用例，可見"暗"因本義即指"日無光"，因此引申爲昏愚義時與"昏"之表氣稟爲物欲所昏蔽不同，其更多地指人本性的暗弱無明，語境中常與"明"相對言，程度較"昏"更深，如上引例中之"雖説道昏，然又那曾頑然恁地暗"所傳達的遞進意義。此外，"暗"與"昏"的不同還在於，其還可引申表私下、默默等義，詞義的泛化程度較"昏"更廣。

三　闇

《説文·門部》："闇，閉門也。从門，音聲。"段玉裁注："藉以爲幽暗字。"又，《説文》"暗"段注："暗者正字，闇者假借字也，引申爲凡深沉不明之稱。"《玉篇·門部》："闇，幽也，與暗同。"《廣韻·勘韻》："闇，冥也。"可知"闇"、"暗"同源義通，不同之處在於"暗"側重於室内的光照不足，用於人事，"闇"則表示人的見事不明，强調由於環境的限制而使人不明真相、不辨是非，故經常用於人主或領導人因受蒙蔽而不辨是非。如《韓非子·説疑》："進則掩蔽賢良以陰闇其主，退則擾亂百官而爲禍難。"此外，"闇"與"暗"也不局限在用於君主上，也可指一般的用事者，如《六韜·犬韜·戰騎》："明將之所以遠避，闇將之所以陷敗也。"《三國志·蜀書·諸葛亮傳》："劉璋闇弱，張魯在北，民殷國富而不知存恤。"而"闇"很少用以形容非用事的普通人。[1][頁883]《朱子語類》中"闇"共見11例，出現於對前文的引用4例，此外單獨使用3例，充當詞素構成複音詞4例。

（一）"闇"單獨使用的用例

明夷，未是説闇之主，只是説明而被傷者，乃君子也。上六方是説闇。君子出門庭，言君子去闇尚遠，可以得其本心而遠去。(72，1827)

（二）"闇"充當詞素構成的複合詞

《朱子語類》中"闇"充當詞素構成的複合詞主要爲"昏闇"(1例，例句及釋義見"昏"部分)、"愚闇"(1例)。

1. 愚闇：愚鈍，缺乏聰慧。

此是一大統會，當時必大有所省，所恨愚闇不足以發師誨耳。(49，1211)

四　蒙

"蒙"原爲女蘿之類的一種植物，《説文·艸部》："蒙，王女也。"⑦《爾雅·釋草》"蒙"注："女蘿别名。"由於這種植物多附生在鬆樹上並呈絲狀下垂貌，如《詩·小雅·頍弁》："蔦與女蘿，施於松柏"，唐·元稹《夢遊春》："朝蕣玉珮迎，高鬆女蘿附"等詩句即描寫其纏附於松柏的情形。因此"蒙"引申有遮蔽、掩蓋義，《爾雅·釋言》曰："奄也。"遮蓋義又引申爲光綫昏闇，《廣雅·釋訓》："蒙蒙、冥冥、昧昧、晻晻，暗也。"如《書·洪範》："乃命卜筮，曰雨，曰霽，曰蒙。"孔傳："蒙，陰闇。"進一步引申指欺瞞、蒙蔽或蒙昧無知。如《左傳·僖公二十四年》："上下相蒙。"杜預注："蒙，欺也。"需要注意的是，"蒙"在表示智力低下是和"昧"含義相近，是表示認識能力未經開發處於混沌狀態。二者的不同處在於，"昧"是泛指，"蒙"則經常指幼童的智力未經啓發的幼稚無知狀態。如《易·蒙》："匪我求童蒙，童蒙求我"，《左傳·僖公九年》："王曰小童"，孔穎達疏："蒙謂暗昧，幼童於事多暗昧，是以謂之童蒙焉。"用於成人，"蒙"也表示不明是非，是待開導的無知。[1][頁883—884]如《書·伊訓》："臣下不匡，其刑墨，具訓於蒙士。"孔傳："蒙士，例謂下士"，即淺學無知之士。又如《漢書·汲黯傳》："至説公孫弘等，如發蒙耳"，《抱朴子·勖學》："朱緑所以改素絲，訓誨所以移蒙蔽"等，"蒙"皆表愚頑、蒙昧。

《朱子語類》中"蒙"除用於人名（如"端蒙"、"正蒙"、"子蒙"）、地名（如"莊子生於蒙"、"兀術是時往蒙國"）、卦名（《易·蒙》）、篇名（《大學·啓蒙》）等外，單獨使用時主要集中於蒙受、承蒙（如"向蒙戒喻"、"蒙先生教誨"）和遭受（如"使吾黨蒙訕議"）兩類義項，"蒙"用作語素構成的複音詞主要有蒙昧（4例）、蒙蔽（2例）、昏蒙（2例）、蒙求（1例）、發蒙（2例）、童蒙（除對蒙卦卦辭“匪我求童蒙，童蒙求我”的引用外，3例）、蒙頭（1例）。除“蒙頭”指“埋頭”，形容專注的樣子外，其餘六個複音詞中的“蒙”均有“混沌不明”的含義，“昏蒙”已於上述“昏”部分舉例釋義，餘者列舉如下：

1. 蒙昧：茫然，迷糊。

(1) 蒙有二義，“險而止”，險在内，止在外，自家這裏先自不安穩了，外面更去不得，便是蒙昧之象。(70，1745)

(2) 山下已是險峻處，又遇險，前後去不得，故於此蒙昧也。(70，1745)

2. 蒙蔽：有兩個義項，(1) 例謂遮蔽、掩蓋；(2) 例謂欺騙、欺蔽。

(1) 蓋上九以剛陽居上，擊去蒙蔽，只要恰好，不要太過。(73，1851)

(2) 淵聖卽位三四日後，昏霧四塞，豈耿南仲邪説有以蒙蔽之乎？(127，3050)

3. 童蒙：有兩個義項，(1) 例謂幼稚蒙昧[8]，(2) 例指兒童。

(1)“童蒙”則又教人以須是如童蒙而求資益於人，方吉。(66，1621)

(2) 如童蒙誦書，到氣昏時，雖讀數百遍，愈念不得；及到明早，又却自念得。(59，1399)

4. 發蒙：啓發蒙昧。

蓋視其來求我之發蒙者，有初筮之誠則告之，再三煩瀆，則不告之也。(70，1746)

5. 蒙求：求學、求知的幼童。

時奉使叔祖教授鄉里，只就蒙求逐事開説本末，時人已相尊敬，謂能通古今。(10，175)

可見“蒙”的用例在《朱子語類》中遠遜與“昏”與“暗(闇)”，且不指人的氣禀天性之昏愚，而側重指在一定的境遇中一時的糊涂迷茫，並可通過啓發學習或境遇的轉變而改變和突破。

五　昧

《説文·日部》：“昧爽，且明也。一曰闇也。”段注：“且明者，將明未全明也。”又：“昧者，未明也。爽者，明也。合爲將旦之稱。”可見“昧”强調的是“不明”、“暗”。故“昧谷”是西方日入之處，昧旦、昧爽也都指天將亮而未亮的時間。[4][頁4、16]如《詩·鄭風·女曰鷄鳴》：“女曰鷄鳴，士曰昧旦。”“昧”由早晨日將出未出時不明亮的狀態引申有昏闇義，又引申指人的糊塗、愚昧。[3][頁169]由於“昧”的本義是指黎明前的黑暗，所以它在表示認識糊塗上與“蒙”相近，側重於指認識的不分明，是認識處於朦朧、混沌的狀態；這種混沌，不是因爲智力衰退引起的，而是没經開發、教導的結果。[1][頁883]

《朱子語類》中“昧”單獨使用38例，作爲詞素構成複音詞44例。

(一)“昧”單獨使用的用例

1. 指渾濁，昏昧：

(1) 氣質之清者、正者，得之則全，人是也；氣質之濁者、偏者，得之則昧，禽獸是也。(4，73)

(2) 敬則此心常惺惺，大綱卓然不昧，天理無時而不流行。(117，2820)

2. 與“明”相對，特指暗昧：

(1) 人當無事時，其中虛明不昧，此是氣自然動處，便是性。(5，94)

(2) 志氣清明，思慮精一，炯然不昧，而常有以察於幾微之間，則精矣。(140，3341)

3. 引申指“不足”：

問：“謝氏說：‘子夏文學雖有餘，意其遠者大者或昧焉。’子張篇中載子夏言語如此，豈得爲‘遠者大者或昧’?”曰：“上蔡此說，某所未安。其說道子夏專意文學，未見個遠大處，看只當如程子‘君子儒爲己，小人儒爲人’之說。”(32，805)

(二)“昧”構成的複音詞

《朱子語類》中，“昧”充當詞素構成的複音詞有：昧爽（1例)、昧谷（2例)、草昧（3例)、昏昧（14例)、暗昧（7例)、愚昧（1例)、芒昧（1例)、茫昧（3例)、蒙昧（4例)、微昧（1例)、冒昧（5例)、素昧平生（1例)。其中“草昧”、“昏昧”、“暗昧”、“愚昧”、“芒昧”、“茫昧”、“蒙昧”、“微昧”、“冒昧”、“自昧”諸詞“昧”均有“糊塗，不明”義，除上文已涉及到的“昏昧”、“暗昧”、“蒙昧”外，其餘舉例如下：

1. 草昧：天地初開時的混沌狀態；蒙昧。

(1) 尋常數家，便說“草木蕃”是“草木暢茂”，“天造草昧”之意，故指來說“恕”字不甚着。(27，696)⑨

2. 愚昧：愚蠢，不明事理，不開化。

却不知孟子他此說，蓋爲有那一般極愚昧底人，便着恁地向他說道是心本如此，不曾把做主說。(20，478)

3. 芒昧、茫昧：二詞異形同義，謂蒙昧，不明。

(1) 夏時，人正也。此時方有人，向上人猶芒昧。(45，1154)

(2) 今人說易，所以不將卜筮爲主者，只是慊怕小却這道理，故憑虛失實，茫昧臆度而已。(75，1924)

(3) 若“委之無窮，付之不可知”，此又溺於茫昧，不

能以常理爲主者也。(98，2529)

4. 微昧：微妙不明，細微難知。

"道心惟微"，是微妙，亦是微昧。(78，2010)

5. 冒昧：無知而妄爲，魯莽輕率。

(1) 愚有兩節，有一般愚而冒昧向前底，少間都做壞了事。(29，739)

(2) 殘忍便是那惻隱反底，冒昧便是那羞惡反底。(59，1381)

由用例可知，"昧"既可表"昏"之氣稟蔽塞義、"暗(闇)"之愚弱不明義，又可表"蒙"之蒙昧未啓義，同時，又可由"不知"之"蒙昧"引申表魯莽之"冒昧"，其詞義内涵較爲寬廣。

六　結語

《朱子語類》是朱熹與其門人講學問答的實録，成書年代又正好處於中古漢語到近代漢語的過渡時期，是漢語發展史上近代漢語逐步形成和定型的重要階段，其由 98 個來自長江以南不同地區的門生記録匯編而成。體現了不同時期不同場合的講學内容和記録情況，因此同一内容的表述用詞不盡相同，門人弟子所記又各有側重，既記錄了朱熹講課的語言，又一定程度上體現了各學生的語言風貌與習慣。[6]本文通過"昏""暗""闇""蒙""昧"等由"光綫不明，昏闇"引申表（頭腦）糊塗，（性靈）昏昧的一組詞的探討分析，瞭解到這一漢語轉型期詞語使用的豐富性和搭配的靈活性。再次證實了徐時儀師所説的："《朱子語類》全書 140 卷，約 200 多萬字，既有先秦的文言，又有唐宋的古白話和方言口語，文白相間，雅俗共存，新舊質素交融，舊義的延續和新義的誕生共存於同一平面，形成了絶對動態演變、相對静態聚集，多源而一統、同處而異彩的語言淵藪，相當於一個立體的網絡，迭置着從歷史上各個時期傳承下來的不同歷史層次的詞語和宋代產生的新詞新義，客觀上如實反映了中近古漢語詞彙的發展和演變概貌。”[6] 同時，諸詞同中有異，在同一平面互相錯綜搭配，不斷構成和創造新詞的同時，又體現着來自本義的細微差別。其中，“昏”作爲詞素構成的複音詞除了“黄昏”外，均爲並列式複合詞，且具有很强的自由搭配組合功能，其靈活度在諸詞中爲最强；“暗”也是該組詞中使用十分廣泛的成員，其充當詞素構成的該類詞語既有並列式，又有偏正式，構詞的靈活度僅次於“昏”；“暗”是“闇”的同源詞，隨着“闇”重新歸併於“暗”，《朱子語類》對“闇”的使用明顯較少，且多與“暗”重合，反映了漢語轉型期詞語的擇用趨勢；“蒙”偏重指智力、能力未經開發、啓迪的混沌狀態，構詞有一定的傾向和局限，作爲詞素組成的複合詞有並列、動賓、主謂諸類情況；“昧”含義與“蒙”近似，構詞功能又次於“暗”，在諸詞中處於居中地位，所組成的複音詞既有並列式，又有主謂和偏正式。《朱子語類》的成書處於文白轉型時期，正是單音詞向複音詞過渡的時候，由“光綫昏闇”引申而指“糊塗，蒙昧”語義場的“昏”“暗”“闇”“蒙”“昧”一組詞語中詞語各自的構詞、搭配正反映了這一時期漢語詞彙極速增加，使用日益靈活的發展趨勢。

〔注釋〕

①按，“刻”“商”均爲古代漏壺計時的時間單位。《韻會》：“刻，漏也，鍥漏箭以候日晷爲刻，故因謂晷度曰刻。”歷代對“一刻”的時長規定不盡一致，如漢哀帝建平二年分晝夜爲百二十刻。梁武帝天監年間，又以八刻爲一辰，晝夜十二辰共得九十六刻。至清代始以鐘錶計時，十五分鐘爲一刻，四刻計一小時。“商”與“刻”同，三商猶言三刻。

②本文引例所據爲中華書局 1986 年版《朱子語類》，括號内爲卷和頁，下同。

③羅竹風主編《漢語大詞典》（1986）釋“昏濁”：1. 指空氣、水等不

潔净；2. 引申爲污穢難看；3. 指社會、政治黑暗混亂。比較上舉《朱子語類》用例，《漢語大詞典》該條釋義略有不足。

④《漢語大詞典》（1986）釋“昏晦”：1. 指光綫昏闇；2. 指行文混亂而晦澀。未及該詞義，宜酌補。

⑤《漢語大詞典》（1986）缺乏對該義項的明確釋義。

⑥《漢語大詞典》（1986）釋“暗曖”：昏闇不明貌。舉漢·張衡《思玄賦》：“繽聯翩兮紛暗曖，倏眩眃兮反常閭”爲書证，似欠缺對其引申義的釋義舉证。

⑦清·錢大昕《十駕齋養新録·王女》：“案：女蘿之大者謂之王女，猶王彗、王芻，魚有王鮪，鳥有王雎也。”

⑧ 按：《易·蒙》：“匪我求童蒙，童蒙求我。”朱熹《本義》：“童蒙，幼稚而蒙昧。”

⑨《朱子語類》中的“草昧”皆出現於對《易·屯》彖傳“雷雨之動滿盈，天造草昧，宜建侯而不寧”義的引用中，王弼注《易》：“造物之始，始於冥昧，故曰草昧也。”

〔主要參考文獻〕

［1］王鳳陽. 古辭辨［M］. 長春：吉林文史出版社，1993.

［2］段德森. 簡明古漢語同義詞詞典［M］. 太原：山西教育出版社，1992.

［3］高景成. 常用字字源字典［M］. 北京：語文出版社，2008.

［4］吾三省. 古代漢語八千詞［M］. 上海：上海辭書出版社，2006.

［5］中國社會科學院語言研究所詞典編輯室. 現代漢語詞典·第3版［Z］. 北京：商務印書館，1996.

［6］徐時儀.《朱子語類》詞語考［A］. //中國語言學發展之路——繼承、開拓、創新國際學術研討會［C］. 北京 2010，8.

（沈葉露，上海師範大學人文學院，郵編 200234）

從藏緬語施助詞看古漢語“（N）所V”句的性質*

——兼論古漢語“（N）所V”句的來源

程亞恒

内容摘要： 藏緬語有“e^{31}、a^{31}、ne^{33}”等一些施動關係標志的助詞，古漢語“（N）所V”句中的“所”跟它們的功能極其相似，這種“所”字並不一定是梵文原典被動態譯文的標志。古漢語“（N）所V”句不僅在漢譯佛典中大量出現，中土文獻也有不少用例。從源流關係看，這種句子上古就已經產生，它不可能是省略了“爲”字的被動句。“所”字實際上是一個具有雙重功能的助詞。

關鍵詞：“（N）所V”句　佛典　施助詞

一　“（N）所V”句在文獻中的分佈

古漢語“（N）所V”句是一種比較常見的句式之一。關於這種句子在文獻中的使用情況，不少學者都曾有過論述。朱慶之

* 本文是本人博士論文中的一部分，又是黑龍江省牡丹江師範學院博士科研資助項目（編號 MSB200905）的部分成果。感謝導師柳士鎮先生對論文的指導，感謝論文答辯委員會的滕志賢、董志翹、李開等幾位先生及《漢語史研究集刊》審稿專家對論文提出的修改意見，文中不妥之處與他人無關，概由本人負責。

（1995：29）認爲此類“（N）所V”句在漢譯佛典中大量存在，而典型的書面語中例證見到不多。高列過（2003）認爲中土文獻不見“（A）所V”（即我們所說“（N）所V”）式。胡萍（2007）補充了《太平經》中的12例“（N）所V”句，何亮（2007）則指出了“（N）所V”句在《三國志》《抱朴子》等中土文獻中的一些用例。我們也認爲“（N）所V”句在古漢語中並非僅限於佛典，中土文獻也廣泛使用這種句式。我們在《魏書》中就發現了不少用例，如：

（1）積六十七世，至成皇帝諱毛立，聰明武略，遠近所推，統國三十六，大姓九十九，威震北方，莫不率服。（《序紀》）

（2）赫連屈丐，土宇不過千里，其刑政殘虐，人神所棄，宜先討之。（《長孫嵩傳》）

（3）亮以彌機蕃欵素著，矜其亡滅；彌博凶悖，氐羌所棄；彌機兄子彌承，戎民歸樂，表請納之。（《穆崇傳》）

（4）秦賊勁強，諸將所憚，朝廷初議遣將，咸云非延伯無以定之，果能克敵。（《崔玄伯傳》）

《魏書》之外，其它中土文獻也可見到不少用例，如：

（5）逐獸者目不見太山，嗜欲在外，則明所蔽矣。（《淮南子·說林》）

（6）今子與神鬥於水，亡馬失御，又受眇目之病，形殘名勇，勇士所恥。（《吳越春秋·闔閭內傳》）

（7）大惡之家，無大小，鬼神所憎，但可自正，勿非謗神。（《太平經》卷一百十二《七十二色死尸誡》）

（8）部吏正卒此（比）伍特（持）至曠野不潔之處，纔得被土，狐犬所食，形骸不收，棄捐道側，魂神俱苦，適（謫）作不息。（《太平經》卷一百十二《寫書不用徒自苦誡》）

(9) 或著草木，六畜所食，何時復生？(同上)

(10) 衆口所呪，攸寧尋患足腫，粗於甕，其酸楚不可忍，數月而終。(《朝野僉載》卷二)

(11) 張賓客文瓘之爲大理，獲罪者皆曰："張卿所罰，不爲枉也。"(《隋唐嘉話·中》)

這種"(N)所V"句不但能單獨充當句子的謂語，而且還可以降級爲造句單位。例如：

(12) 順曰："陛下盛服炫容，不畏天下所笑，何恥臣之一言乎？"(《魏書·任城王傳》)

(13) 後知南部大人劉庫仁所盜，養於窟室。(《魏書·奚斤傳》)

(14) 今宜早建東宫，選公卿忠賢陛下素所委仗者，使爲師傅，左右信臣簡在聖心者以充賓友。(《魏書·崔浩傳》)

以上三例中，第一例"(N)所V"結構在句中作賓語，第二例充當主謂謂語句的謂語，末例在句中充當"者"字結構的修飾成分。

我們雖然未對中土文獻的"(N)所V"句進行窮盡統計，但事實已經説明，儘管"(N)所V"句在佛經譯文中屢見不鮮，但中土文獻中也並非罕見用例。

二　"(N)所V"結構中的"所"與藏緬語的施助詞

關於古漢語"(N)所V"結構中"所"的性質，目前學界尚有不同看法。《馬氏文通》認爲它是接續代詞[①]。《助字辨略》一方面稱它爲"語助"，另一方面又指出它"皆有所指目，非空爲助句者也。"[②]楊樹達(1954：448)認爲它是一個被動助動詞。呂叔湘認爲這種"所"字有兩個作用，一是指示，二是完形。[③]

王力起初認爲“所”字是動詞的記號，又指出它經常放在外動詞的前面，它的語法作用是使這個動詞、整個謂語形式或整個句子都變爲定語的性質④。後來王先生（1989）又指出它是一個特殊代詞。楊伯峻《文言語法》中把它稱爲小品詞，《文言常用虛詞》中又把它歸入不能單用的助詞，但又認爲“‘所’加動詞組合成名詞性詞組，‘所’表示與動作、行爲有關的人、物、事，放在動詞前面，受這個動詞支配和限制。如‘所見’，‘所’是‘見’的對象，‘見’又限定了‘所’指代的範圍”。實際上還是承認它有指代作用。（1983：232）王锳（1982）認爲它在一般情況下兼有指代和輔助兩種功能，而在有的情況下其指代作用消失，主要起結構上的輔助作用，因而它實際上是一個既有指代作用又有結構上的輔助作用的“指代助詞”。

我們覺得以上看法都有一定道理，但又都不夠全面。被動助動詞說及動詞（包括整個謂語形式或整個句子）定語化說不能解釋“其北陵，文王之所避風雨也”中的“所”，指代助詞說又不能解釋“天下所共傳寶”中的“所”，所以不得不用“指代性消失”的說法來加以補充。我們認爲，古漢語“（N）所V”句中的“所”在上古漢語中是一個具有雙重功能的助詞，它一方面具有對“（N）”和“V”之間施動關係的標志作用，另一方面又具有使動詞結構名詞化的功能。中古以後，“所”字的功能在語言中發生了一些變化。除了繼承上古標志施動關係的作用外，“所”字動詞結構名詞化的功能逐步減弱，代之而起的是協調音節以助句的功能。

關於“所”字協調音節助句的功能，我們比較一下下面兩組句子的變換情況就可以看出：

(15) 租達平落，吳富等果脅車營，實公熙所潛遣也。（《魏書·張惠普傳》）

=>租達平落，吳富等果脅車營，實公熙潛遣也。

(16) 鄭康成漢末之通儒，後學所宗正。（《魏書·逸士·鄭康成傳》）

=>鄭康成漢末之通儒，後學宗正。

也許堅持認爲“所”有指代作用的學者會提出這樣的看法：從前面所舉例句來看，句中的“所”字都可以理解爲代詞，比如“塵垢所弊”就是“塵垢弊之（眾生之類）”，“匈奴所殺”就是“匈奴殺之（北地都尉印）”。對於這種說法，我們還是持否定觀點。從“所 V”後面可以出現受事賓語的情況來看，“（N）所 V”句中的“所”字也不能是代詞。儘管我們可以把“（N）所 V”句變換成“（N）V 之”，但我們並不能據此認爲二者句法同構。實際上，造成“所”字具有指代特征假象的原因是動詞的語義配價沒有飽和，是賓語的空語類形式造成的。正是由於動詞賓語爲空，所以當人們把這種深層語義關係賦予表層句法成分時就會把“所”字處理爲代詞。

“所”字的這種助詞用法，我們也可以從它跟藏緬語“e^{31}、a^{31}、ne^{33}”等施動關係標志的助詞用法比較中受到啟發。

戴慶廈、李潔曾經在藏緬語語法比較研究的結果中指出，藏緬語存在一種強調式施事句，這種句子常用來翻譯漢語的被動句，在有的語法分析中就把它看成是被動句⑤。以下是二人所舉例句中的一部分：

(17) n^{55} phje^{51} ʃi^{33} e^{31} la^{55} ka̱u^{55} sai^{33}.（景頗語：背包被他拿走了。）

背包他（施助）拿　掉（句助）

(18) maˀ^{31} kɔ^{31} ɲaŋ^{31} a^{31} tɕɔ^{31} pɔ^{31}.（阿昌語：梨子被他吃了。）

梨子　他（施助）吃了

(19) ŋa$^{55/51}$ ne^{33} di^{31} a^{55}.（哈尼語：被我打了。）

我（施助）打　了

（20）mji^{31} ja̱ŋ^{31} e^{ʔ31} lɔ̱ʔ^{55} sat^{55} pe^{51}.（載瓦語：火被他搞滅了。）

火 他（施助）搞滅 了

與漢語“N_1被N_2V（了/掉）”格式的被動句對應的景頗語或哈尼語是“N_1N_2V（了/掉）”，景頗語和哈尼語等藏緬語的這種語序正跟漢語受事主語句的雙項NP句（或稱意念被動句）相同。從這些例子可以看出，藏緬語強調式施事句中的施助詞e^{31}、a^{31}、ne^{33}正與古漢語“（N）所V”結構中的“所”相對應。比如，如果不考慮句末助詞的話，我們可以仿照古漢語的“（N）所V”把上面句子翻譯成“背包他所拿”“梨子他所吃”“我所打”“火，他所搞滅（了/掉）”⑥。這一點正好說明古漢語“（N）所V”結構中的“所”與藏緬語強調式施事句中的施助詞e^{31}、a^{31}、ne^{33}有着一種相同的功能，即都具有標明前後成分之間施事和動作關係的語法功能。“所”的這種用法還可以借助助詞“行”與蒙語格助詞之間的關係來理解⑦。

“所”字這種標志施事和動作關係的助詞用法，我們還可以從下面的例子窺見一斑：

（21）左右勸向靈州，而悅不決，言下隴之後，恐有人所見。（《魏書·侯莫陳悅傳》）

（22）時三十二天王，亦各皆有四部軍衆之所圍繞。（《佛說立世阿毘曇論》，32/194b）

（23）此三國並屬吐蕃所管。（《遊方記抄·往五天竺國傳》，51/977a）

這裏的“人所見”“四部軍眾之所圍繞”和“吐蕃所管”解釋爲被動句都很難與句意相合，而且如果我們認爲它們是省略“爲”字的被動式，那麼我們根本無法補出“爲”字來。但是，如果我們把這種“所”理解爲“標志施動關係的助詞”，問題就迎刃而解了。

再聯系梵文的被動句來看，似乎也可以用原非被動句的“（N）所 V”句來表達。比如“ksatriyo rāj? ā hanyate”（戰士被國王殺掉）一句，如果我們翻譯時保持語序不變，就可以把“ksatriyo rāj? ā hanyate”譯成“戰士，國王所殺”，這裏的“所”字對應的正好是藏緬語中的“e[31]、a[31]、ne[33]”等施助詞。這種不同語言之間的類似現象，正好爲我們提供了古漢語“（N）所 V”結構中的“所”用作施動關係標志助詞的類型學支持。

三　“（N）所 V”句的來源

從漢語發展的歷史來說，具有施動關係的“（N）所 V”句並非突現於漢譯佛典。孫錫信（1992）認爲具有被動意義的“所V”結構上古已經存在。何樂士（1985）發現的用例也不晚於西漢，而這時候尚未出現漢譯佛典。所以，把表達被動意義的“所V”句歸爲漢外混合型結構，我們覺得還可以再商。我們覺得，助詞“所”用於標志施動關係的用法產生於上古漢語中，例如：

（24）慶鄭曰：“背施幸災，民所棄也。近猶讎之，況怨敵乎！”（《左傳·僖公十四年》）

（25）晉、楚唯天所授，何患焉？（《左傳·成公十六年》）

（26）易初本由兮，君子所鄙。……內直質重兮，大人所盛。（《史記·屈原賈生列傳》）

除了用作分句外，上古漢語的“（N）所 V”結構也可以降級使用，如：

（27）今子於子圉，道路之人也，取其所棄，以濟大事，不亦可乎？（《國語·晉語四》）

（28）君子所貴乎道者三：動容貌，斯遠暴慢矣；正顏色，斯近信矣；出辭氣，斯遠鄙倍矣。（《論語·泰伯》）

（29）夫天之所棄，不過其紀。（《國語·周語上》）

（30）如是而薛公徐爲不能以天下爲亓（其）所欲，則天下故（固）不能謀齊矣。（《戰國縱横家書·蘇秦自梁獻書於燕王章（二）》）

以上“其所棄”和“亓（其）所欲”在句中用作賓語，“君子所貴乎道”充當了“者”字結構的限定成分，“天之所棄”在句中作主語。

有人認爲，“（N）所V”結構是“爲A所V”式被動結構省略介詞“爲”而成的，我們認爲這種説法不妥。衆所周知，“爲A所V”式被動句產生於戰國後期，而“（N）所V”結構的出現最遲則在春秋戰國之交，從歷時發展的角度看，把“（N）所V”句處理爲“爲A所V”式被動句的省略變式也是有困難的。

儘管我們總會憑借經驗拿“（N）所V”句來比附漢語中的“爲A所V”式被動句典型句式，但從產生的根源來説，我們還是不能認定漢譯佛典及中土文獻中的“（N）所V”句就是“爲A所V”式被動句的省略式。中古譯經中出現的“（N）所V”句實際上是利用上古漢語固有的“（N）所V”結構翻譯佛典被動句的一種常見句式。儘管最初可能也有爲了表達原文被動態的因素在裏面，但由於它跟上古漢語流傳下來的“（N）所V”結構同形，使得它完全按照漢語中固有的“（N）所V”結構進入句子，並且衹能按照漢語固有的“（N）所V”結構分析爲一般敘述句。

我們説“所V”具有敘述句的性質，可以通過下列句子進行比較：

（31）又此國界，父王所有。（《賢愚經》，4/403a）

（32）少壯之年若時老病，世人所不喜；若無病者後便得病，世人所不喜。（《增一阿含經》，2/637c）

（33）恩愛得集後復別離，是世人所不喜。（又）

(34) 寇是虜主所信，虜主弟赤堅王亦言之。(《系觀世音應驗記》)

(35) 且楚之之徒，是彼所忌，將奪其國，彼安得端坐視之。(《魏書·崔浩傳》)

(36) 貴平人才險薄，爲出帝所信。(《魏書·安定王傳》)

上面各例“(N) 所 V”句用了“是”的，毫無疑問屬於敘述句中的判斷句形式。就是沒有用“是”的“所 V”句也一樣可以理解爲判斷句。如上“父王所有”可以說成“是父王所有”，“世人所不喜”可以說成“是世人所不喜”。就連最後一例被動句“爲出帝所信”也可以說成“是出帝所信”，比較“寇是虜主所信”可知。

四　“(N) 所 V”句的性質

關於“(N) 所 V”結構的性質，目前學界也存在着不同的看法。劉景農 (1994：293) 認爲這是“爲”和“所”結合起來表被動時“偶然用‘所’不用‘爲’的個別情況”。朱慶之 (1995：30) 認爲這類句式的產生是佛經原典語言影響的產物。何亮 (2007：76) 明確指出它實際上是漢語“爲……所”式被動句的一個變式。胡萍 (2007) 也把這類句子看作被動式。其實，最早提出“所 V”表示被動的大概是何樂士先生，她在論述《史記》中新出現的有形式標志的被動句一部分時指出：“有時衹用‘所’加動詞短語表示被動，這種句式很少見。”(1985：71) 孫錫信 (1992：359) 也有類似的看法，他說：“‘爲 A 所 V’這種句式相當於‘爲 AV’和‘所 V’兩種結構的疊加，‘所 V’可間接表示被動關係，如‘所聞’可代被聽聞的言或事，因此可與‘爲 A 所 V’結合使用。”

我們認爲，把“（N）所V”句處理爲被動句是不妥的。首先，從“（N）所V”句的來源看，“所”並不一定是梵文被動態翻譯後的保留形式，因爲佛教傳入中國之前，漢語中已經有不少這樣的“（N）所V”句了。況且從語言翻譯角度來說，翻譯語言不能作爲語法現象所屬類型的根據，這是眾所周知的。比如，藏緬語大多數語言沒有介詞，這些沒有介詞的藏緬語翻譯漢語的介賓結構時大多用“體詞＋結構助詞”的格式來表達，但我們並不能把藏緬語這種格式中的結構助詞當成介詞[8]。其次，我們還必須注意到，梵文中沒有被動形態的動詞“有”在漢語譯文中也可以進入這種句式，如：

（37）又此國界，父王所有。（《賢愚經》，4/403a）

（38）世良福田，合國所有。（《賢愚經》，436b）

（39）婦即懷妊，日月期滿，生一男兒。軀體端嚴，世所希有。（賢愚經，430c）

這裏有一個問題：既然梵文的動詞“有”沒有被動態，那我們的譯文爲什麽會出現“所有”“所希有”的組配呢？是譯經的語言誤用，還是譯文的語言調整所致？從出現數量和在譯經中的分布來看，顯然不能認爲是譯經的語言誤用。可見，在佛經譯文中，“（N）所V”結構中的“所”並非衹是原文被動態的保留。

況且梵文的被動式分詞還有形容詞的用法，如“rājñā dattam dhanam”可解作“國王所給予的錢”，其中的“dattam”即有形容詞的作用。（參R. Antoine S. J.，1985：144）梵文的這一特點正與上古漢語中的“（仲子）所食之粟”（《孟子·滕文公下》）和“天下所共傳寶”（《史記·廉頗藺相如列傳》）等句子結構相同，被動分詞dattam用於主語rājñā之後，二者共同構成主謂短語充當dhanam的定語，（可譯作“國王所予之錢）”；“（仲子）所食之粟”和“天下所共傳寶”的結構相同，“（仲子）所食”和“天下所共傳”都是用作定語修飾後面名詞中心語的。

這一點再次說明了梵文被動態翻譯成漢語以後的“所”具有標志施事和動作關係的助詞功能。

另外，也有人認爲“（N）所V”句中的一部分屬於被動句，另一部分屬於判斷句。我們也不同意這樣的劃分。因爲這樣的分類實際上是針對用於後續句的“（N）所V”句來說的。但是，“（N）所V”句在文獻中並不限於後續句，它也經常用於始發句，這時把它們看作被動句和判斷句都有問題。如：

(40) 嶸今所錄，止乎五言。（《詩品·序》）

(41) 臣所總秉，三萬六千，王爲當都去，將半去耶？（《賢愚經》，4/398c）

(42) 己所狎昵，並居要津；上所親信，各就散地。（宋·劉克莊《奏乞坐下史嵩之致仕罪名狀》）

此外，即使是把用作後續句的“（N）所V”句分成被動句和判斷句兩類，但在實際操作中也會遇到一些麻煩，試比較下列句子：

(43) 此最小者，鬼神所敬。（《賢愚經》，4/356b）

(44) 名稱遠達，智者所敬。（《雜寶藏經》，4/449a）

(45) 王之年老，朝廷所知。（《魏書·李順傳》）

(46) 若信清能，衆所稱美，誣告以求直，反其罪。（《魏書·高宗紀》）

“鬼神所敬”“智者所敬”“朝廷所知”和“衆所稱美”究竟是上文所謂的被動句，還是判斷句呢？如果一定要把“（N）所V”句分成被動句和判斷句的話，那麽上面幾例皆可兩解。上節提到的“恐有人所見”“有四部軍衆之所圍繞”“三國並屬吐蕃所管”等例無論解釋爲被動句，還是處理爲判斷句，也都很難與句意吻合。但如果我們把其中的“所”認爲是漢語中固有的一個標志施動關係的助詞的話，上述分歧自然不復存在了。

〔注釋〕

①呂叔湘，王海棻．馬氏文通讀本．第 2 版．上海：上海教育出版社，2001：114.

②［清］劉淇．助字辨略．章錫琛校注．北京：中華書局，1954：142.

③呂叔湘．中國文法要略．新 1 版．北京：商務印書館，1982：80.

④王力．中國語法理論．北京：中華書局，1957：253．漢語史稿．新 1 版．北京：中華書局，1980：294.

⑤參看戴慶廈，李潔．藏緬語的強調式施動句——兼與漢語被動句比較．//戴慶廈主編．漢語與少數民族語言語法比較．北京：民族出版社，2006.

⑥這是仿照古漢語的句子造出來的“所 V”句，並不代表這些句子存在於古漢語中。

⑦見江藍生．後置詞“行”考辨．//近代漢語探源．北京：商務印書館，2000：204.

⑧參戴慶廈，胡素華．涼山彝語的體詞狀語助詞——兼論彝語詞類中有無介詞類問題．語言研究，1998（1）.

〔主要參考文獻〕

［1］戴慶廈．漢語與少數民族語言語法比較．北京：民族出版社，2006.

［2］戴慶廈，胡素華．涼山彝語的體詞狀語助詞——兼論彝語詞類中有無介詞類問題．語言研究．1998（1）.

［3］高列過．東漢佛經被動句疑問句研究．浙江大學博士學位論文．2003.

［4］何樂士．從《左傳》和《史記》的比較看《史記》被動句的特色．//程湘清主編．兩漢漢語研究．濟南：山東教育出版社，1985.

［5］何亮．漢語佛典中的“所 V”被動句來源小議．古漢語研究．2007（3）.

［6］胡萍．《太平經》被動式研究．南京大學博士學位論文．2007.

［7］江藍生．後置詞“行”考辨．//近代漢語探源．北京：商務印書館

館，2000.

[8] 劉景農. 漢語文言語法. 北京：中華書局，1994.

[9] 石毓智，李訥. 漢語語法化的歷程——形態句法發展的動因和機制. 北京：北京大學出版社，2001.

[10] 孫錫信. 漢語歷史語法要略. 上海：復旦大學出版社，1992.

[11] 王锳. 關於古漢語中"所"的用法與詞性. 語言文字學. 1982 (4).

[12] 楊伯峻. 文言語法. 北京：北京出版社，1962.

[13] 楊樹達. 詞詮. 北京：中華書局，1954.

[14] 楊伯峻，田樹生. 文言常用虛詞. 長沙：湖南人民出版社，1983.

[15] 朱慶之. 漢語佛典中的"所 V"被動句及其來源. 古漢語研究. 1995 (1).

[16] R. Antoine S. J. 梵文文法動詞及梵英字匯對照表. 吳汝鈞譯. 臺北：華宇出版社，1985.

（程亞恒，牡丹江師範學院文學院，郵編 157012）

東鄉語漢語借詞研究*

敏春芳

内容摘要：東鄉族主要集中在甘肅省臨夏回族自治州的東鄉族自治縣，有語言没有文字。東鄉語長期處於我國西北漢語方言的包圍之中，是受漢語影響最深的蒙古族語言之一。

關鍵詞：東鄉語　漢語借詞　研究

東鄉語是東鄉族的主要交際工具，屬阿爾泰語系蒙古語族。東鄉族主要集中在甘肅省臨夏回族自治州的東鄉族自治縣，有語言没有文字。東鄉語長期處於漢藏語系語言的包圍之中，漢語的影響幾乎滲透到東鄉語的語音、語法、詞彙各個系統，尤其在詞彙方面更爲明顯。東鄉語在與漢語接觸過程中，不段地吸收新詞，借入了大量的漢語詞，這成爲豐富和發展東鄉語詞彙的重要手段之一。

1.1 東鄉語詞彙

東鄉語詞彙中包括漢語、突厥語、阿拉伯語、波斯語等語言的借詞。借詞在整個詞彙中約占百分之五十左右。借詞中絶大多數爲漢語借詞，其他來源的借詞數量不多。東鄉語中的漢語借詞無疑是東鄉族人民與漢族、回族人民在政治、經濟、文化等方面

---

* 本文爲國家社科基金重大招標項目“漢語語言接觸史研究”（11&ZD127）的階段性成果。

長期交往中從漢語逐漸吸收進來的。

從漢語借詞的詞義上分析，涉及的範圍相當廣泛，其中包括生産和生活用具、社會和生産活動、人體器官、親屬稱謂、職業名稱、數目及單位名稱等，這類藉詞是在解放前或更早的時期吸收進來的，已成爲東鄉語常用詞的一部分。例如：

qixang	鐵鍁	zhuanjia	莊稼
xai	鞋	wazi	襪子
jaŋji～jaju	洋芋	dangla—	當（當官、當老師等）
qi? la—	請（邀請）	haba	下巴
wajiang	瓦匠	ershi	二十
bajin	八斤	jiumu	九畝（地）
dafala—	打發，出嫁	dabala—	打扮
jiuji—	救	dazhilie—	打整（收拾）

有些漢語借詞雖然也是早期吸收進來的，但是隨着社會制度和時代的變化，已成爲舊詞，不常用了。例如：

xiaojie	小姐	yahuan	丫鬟
huangshang	皇上	fuma	駙馬

還有一大批漢語借詞是反映解放以來出現的新事物和新概念。其中包括政治、經濟、文化生活等方面的新詞語。例如：

giemin	革命	minzhu	民主
jiefang	解放	pingdeng	平等
tuanjie	團結	weixing	衛星
tolaji	拖拉機	jienshi	電視

關於東鄉語的詞彙研究，我們首先要提到《東鄉語簡志》、《東鄉語詞彙》和《東鄉語漢語詞典》三部著作。

劉照雄的《東鄉語簡志》（1981），是第一次收録大量詞彙並對東鄉語進行研究的著作。該書研究了東鄉語與各親屬語言同源的固有詞的關係；其次，借詞方面，主要是對漢語借詞（早期漢語藉詞和近期漢語借詞）進行簡單探討，這是本書對東鄉語借詞研究的主要特點；構詞方面，簡要地説明瞭派生和合成兩種辦法。著作最後列有 2000 詞彙的附表。

布和等編的《東鄉語詞彙》(1983)，收詞四千餘條，其中包括複合詞和詞組。收詞以常用詞爲主，同時收録了新中國成立以來出現的一些新詞和少量比較生僻的舊詞。本書是繼《東鄉語簡志》之後，第一個大量收集東鄉語詞彙的著作。本書最大的特點是標注了每個詞的來源，即在蒙古語語族詞彙後注上同源的蒙古語詞（蒙文）；在來源於漢語、阿拉伯語、波斯語的借詞上標寫了原來的詞形。這對東鄉語的語音、詞彙、語法描寫研究方面有重要作用，尤其對研究東鄉語和蒙古語及其他親屬語的同源關係有非常重要的作用。

馬國忠、陳元龍的《東鄉語漢語詞典》（2001)，共收詞條（包括派生詞和複合詞以及少量地名）10840 餘條。數量上大大超過了《東鄉語簡志》和《東鄉語詞彙》。它收集了東鄉語中的固定短語和引申義詞，該詞典對收集的借詞也作了詳細的詞源標注。

1.2 東鄉語中漢語借詞概況

對東鄉語中的漢語借詞，有以下幾種統計結果：

1.2.1《臨夏回族自治州概況》：東鄉語言屬阿爾泰語系蒙古語族，其中蒙古語成分約占 60%，漢語成分約佔 20%，還有約 20%的阿拉伯語和波斯語成分，無文字[①]。

1.2.2藉詞（漢語、突厥語、阿語、波斯語）在東鄉語詞彙中約佔百分之二十左右[②]。

1.2.3阿. 伊布拉黑麥：東鄉語裏借詞較多，從漢語吸收的借詞約佔常用詞的十分之四[③]。

1.2.4Field（美國）統計（1997)：布和等編的《東鄉語詞彙》共 4522，其漢語借詞 1623，佔 36%；東鄉語＋漢語：161，佔 3%；漢語＋東鄉語：271，佔 6%；三項佔 45%。

1.2.5鍾進文：東鄉語是一個受漢語影響較深的語言，東鄉語中的漢語借詞達45%④。

1.2.6包薩仁（2006）：馬國忠、陳元龍的《東鄉語漢語詞典》（2001年版）共收詞條（包括派生詞和複合詞及少量地名）10800餘條。數量上大大超過了《東鄉語簡志》和《東鄉語詞彙》，並收集了東鄉語中的固定短語和引申義詞，其中漢語借詞約佔34%。

1.2.7我們對布和《東鄉語詞彙》也做了統計：其中完全音譯的漢語借詞是1095，佔26.84%；東鄉語＋漢語：147，佔3%；漢語＋東鄉語：410，佔10.5%，三項合起來漢語借詞佔42%，其中，名詞1092，佔58%。

1.2.8我們2011年底對《東鄉語漢語詞典》（2001年版）中的詞彙進行調查，調查結果：漢語借詞佔到了58%。

1.3東鄉語吸收漢語借詞用以下幾三種方式：

1.3.1音譯加注（合璧詞）

音譯加注就是按照先漢語讀音吸收借詞，然後加上本民族語言的詞作爲注解，即對漢語的詞彙進行改造，也可以稱爲是合璧詞。例如：pingo"蘋果"→pingo（漢語）＋alima（東鄉語，果子）

sunʂu"鬆樹"→sunʂu（漢語）＋mutun（東鄉語，樹）

koma"騍馬"→koma（漢語）＋mori（東鄉語，馬）

χonχo"黄河"→χonχo（漢語）＋moron（東鄉語，河）

1.3.2音譯（完全替代）

音譯就是基本上按照當地的漢語讀音吸收借詞，即用漢語借詞完全替代東鄉語，例如：

mindzu 民族 ʂəjən 社員 dʑwnfu 政府

xudu 很，非常 igua 一起 ga 尕（小）tʂu 最

但是單音節借詞作爲動詞使用時，要在原借詞的後面附加東

鄉語派生動詞的附加成分一la，主要使用在漢語藉詞上構成動詞的附加成分 - dʑi，一ji。如：

一la gao“搞”（原借詞）→gaola一 搞

ban“綁”（原借詞）→banla一 綁

- dʐi dʐan“貼”（原借詞）→dʐandʐi一 貼、粘

biən“編”（原借詞）→biən dʑi一 編

一ji la“拉”（原借詞）→laji一 拉

dui“堆”（原借詞）→duiji一 堆

雙音節借詞作爲動詞使用時，要借助於助動詞 giə一“做”。如：

dʐiəfan“解放”（原借詞）→dʐiəfan ＋ giə一 解放

fadʐan“發展”（原借詞）→fadʐan ＋ giə一 發展

1. 3. 3 半音譯半意譯

這種方式就是按詞的一部分通過音譯，詞的另一部分通過翻譯的辦法吸收借詞。這類詞多是合成詞。例如：

baobəi taʂw（baobəi“寶貝”taʂw“石頭”）寶石

maomao Cura（ maomao“毛毛”Cura“雨”）毛毛雨

根據東鄉語對漢語的吸收方式：我們分三個方面加以解釋：

第一部分，對漢語詞彙進行改造的，原來結構是漢＋東，現在還是漢＋東結構的，正在變化中的漢語借詞，佔總數的 31％（3321/10800）。也就是按照東鄉語吸收漢語借詞的的方式：音譯加注（個別注加音譯）的詞彙。

（見附表 1：《東鄉語漢語詞典》對漢語詞彙進行改造的漢語借詞）

名詞：1682，佔 51％；動詞：1166，佔 35％；形容詞：390，佔 11％；副詞：64，佔 2％。

第二部分，由漸變到徹底完成。受漢語影響的原東鄉語詞彙再次發生演變，原來結構是漢東，現在完全變成漢語的。在詞典

中還是對漢語詞彙進行改造了的，我們調查的時候已經完全變成了漢語詞彙的，佔總數的 8%（864/10800）。

（見附表 2：《東鄉語漢語詞典》逐漸發生變化的漢語借詞）

名詞：432，佔 50%；動詞 345，佔 40%；形容詞 63，佔 7%；副詞：25，佔 3%。

第三部分，徹底變化，即由漢語詞彙完全替代東鄉語詞彙的，詞典是東鄉語，現在基本上按照當地漢語的讀音吸收借詞（音譯），没有任何的加工和改造，而是完全吸收漢語借詞，占總數的 19%（2071/10800）。

（見附表 3：《東鄉語漢語詞典》中完全替代的漢語借詞）

名詞：811，佔 39%；動詞 876，佔 42%；形容詞 230，佔 11%；副詞 53，佔 3%；代詞 63，佔 3%。

1.4 東鄉語漢語借詞特點

東鄉語裏的漢語借詞主要借自當地的漢語方言即臨夏話，所以方言色彩特别濃重。

chua ji 立即	zaoer 棗	linko 森林
ba wi 格外	daigo 立刻	hudu 特别
han chin 悲慘	zhenzhenxin 嶄新	
yanyanji 各式各様	qiaoqigva 驚奇	miinzhe 猛的
nan pai 安排	nanxin 困難	maokou 脾氣
pa fei 肺	peizhila 欺負	pofan 煩憂
tai zhao 理髮師	lolien 可憐	yeshi 鑰匙
yan ho 火柴	yaiou 洋芋	

從 1999 年開始，爲了記録東鄉族語言，以及給《東鄉語詞典》註音，借助本族語學好漢語，搞好雙語教學。東鄉語開始采用漢語拼音作爲記音符號的方式。東鄉語雖然用漢語拼音作爲記音符號，但是東鄉語漢語借詞的語音形式與漢語還是不完全相

同，因爲漢語有聲調，東鄉語没有聲調。具體體現在以下幾個方面：

1.4.1從漢語借詞的語音特點上看，東鄉語同漢語臨夏話比較接近。例如，在漢語普通話齊齒韻（i、ie、iao、iu、ian，ing等）前面出現的聲母舌尖中音 d、t，在東鄉語的漢語借詞中一律變爲舌面前輔音 j、q。這一點同漢語臨夏話一樣。

漢語借詞	漢語普通話	
jiqiu	dìqiú	地球
jiaucha	diàochá	調查
jienjing	diànyǐng	電影
jingzhi	dǐngzhēn	頂針
qiauwu	tiàowǔ	跳舞
qienqi	tiānqì	天氣
qingzi	tíngzi	亭子

1.4.2有些漢語借詞的發音又帶有東鄉語的特點。漢語的送氣塞擦音 c［ts‘］在東鄉語中多發爲擦音 s［s］。例如：soda—（弄錯）來源於漢語“錯”，bosai 來源於“菠菜”，如：

漢 語	東鄉語
翅膀 chiban	siban
催 cui	sui
脆骨 cuigu	suigu
醋 cu	su

犯錯誤 cuo wu	soda
辭別 cibie	sibie gie
發財 fa cai	fa saila
芹菜 qin cai	qinsai

漢語 c［ts‘］聲母借入東鄉語後發音爲 s［s］，這是東鄉語受母語干擾産生的音變現象，這種音變現象在東鄉語裏比較常見，如上所舉。因爲東鄉語固有的輔音系統中没有輔音 c［ts‘］，借漢語 c［ts‘］聲母後，衹能用相近的音去代替。用母語發音部位或發音方法相近的音去代替外來音，這是語言接觸中的一種常見現象，因此東鄉語用 s［s］代替漢語的 c［ts‘］。《東鄉語詞典》注中有一條明確註明："c 可以讀作 s"。

隨着漢語的深入影響，東鄉人已認識到輔音 c 和 s 的區别，從而在交際中能有效地區别這兩個輔音。所以，現在漢語 c 聲母字在東鄉語中兩讀的現象比較普遍，老人以及没有受過教育的人讀 s 的比較多，大多數學生已經能分清兩者的區别。這種音變現象只發生在東鄉語漢語借詞和臨夏回腔漢語中，臨夏漢腔漢語没有這種音變現象。東鄉族由於長期與臨夏回族接觸，受了回腔漢語影響，導致了這種音變現象。

東鄉語中的漢語借詞與漢語相比較，韻母方面也有兩點明顯的變化：

1.4.3漢語前鼻音韻母和後鼻音韻母在東鄉語借詞中的音值不穩定，經常相混。

後鼻音韻母讀作前鼻音韻母。例如：

漢　語	東鄉語漢語借詞
誠實　cheng shi	chinshi
空氣　kong qi	kunqi

森林	sen lin	linko
政府	zheng fu	zhinfu
莊稼	zhuang jia	zhonjia
中央	zhong yang	zhunyan
幫忙	bangmang	banman gie
補充	bu chong	buchun gie
市長	shizhang	shizhan
院長	yuanzhang	yenzhan
紅園	hongyuan	hun ian
工作	gongzuo	gunzo
用處	yongchu	yonchu

東鄉語漢語借詞出現前鼻音韻母和後鼻音韻母相混的情況，可能與整個西北官話有關。臨夏話没有前鼻音韻母，普通話鼻韻母 an、ian、uan、üan 在臨夏話裏丢失鼻尾韻［—n］，主要元音鼻音化，讀作 əẽ、iəẽ、uəẽ、yəẽ；普通話鼻韻母 en、in、un、ün 在臨夏話裏一律讀作 eng、ing、ong、iong。

1.4.4漢語撮口呼韻母在東鄉語漢語借詞中讀作齊齒呼韻母，即［y］、［yə］在東鄉語中發音爲［i］和［iə］。例如：

漢語拼音	東鄉語漢語借詞
雨傘 yu san	i san
學校 xue xiao	xie xiao
同學 tong xue	tun xie
缺點 que dian	qie jien
玉石 yu shi	ishi（tashi）
鬢角 bin jue	bin jie
洋芋 yangyu	yan i

漢語撮口呼韻母在東鄉語漢語借詞中讀作齊齒呼韻母，這也是東鄉人根據自己的語言特點對漢語借詞進行的改造。東鄉語没

有元音［y］，所以没有形成發［y］的發音習慣，面對漢語撮口呼韻母字，只能作相應的改造，以符合自己語言的元音系統的特點。和［y］在發音方法和發音部位上最爲接近的是元音［i］，這兩個元音都是前高元音，區别就是［y］是圓脣元音，［i］是不圓脣元音。所以用齊齒呼韻母代替撮口呼韻母是有發音原理上的根據的。

相同的漢語詞彙，如電話，東鄉族雙語人在講普通話時用一種讀音“dianhua”，進入東鄉語時又是一種讀音“jienhua”。現代借詞他們用早期借詞的聲韻系統來讀，就是説他們仍舊能意識到母語和目標語言在藉詞上的對應關係，並繼續用這種對應關係來接受漢語借詞。東鄉語是黏着語，構詞方式爲派生法和複合法，即在詞根上黏着構詞成分派生新詞是主要的構詞方法。所以東鄉語要在漢語借詞動詞、名詞後使用特定的附加成分，使漢語借詞能够符合東鄉語自己的語言特點。這是東鄉語根據自身黏着語的特點對漢語借詞進行的改造。

民族語言學家通過對大量語言接觸事實的調查分析，提供了因詞語互借引發語言系統變化的大量事實，證明詞語的互借往往導致語音體統的變化和調整，有時甚至句法的調整。對東鄉語中漢語借詞引起的構詞法的變化和語言系統變化以及引起這種現象的原因，我們將另著文章究中進行探討，兹不贅述。

附表 1. 《東鄉語漢語詞典》對漢語詞彙進行改造的漢語借詞

序號	東鄉語	詞　義	詞性	詞源（結構）
1	alima bazi	果蒂	名詞	東漢
2	alima huhu	果核	名詞	東漢
3	aman dayi	搭口（指開始吃或喝）	動詞	東漢
4	aman hunla	哄嘴（指吃零喫）	動詞	東漢

續表：

5	aman jila	忌口（不吃某一類事物）	動詞	東漢
6	aman minji	閉口、抿嘴	動詞	東漢
7	ameli ganji	做伊斯蘭教功課	動詞	阿漢東
8	amin hoyi	賣命、拼命、豁出去	動詞	東漢東
9	aminde yenji	驗命、憑運氣	動詞	東漢東
11	anzhasum hua	犁鏵	名詞	東漢
14	ayibu guyi	遮羞、遮醜	動詞	阿漢東
23	baiyi	拜	動詞	漢東
25	baizhenchi	賣拜氈的人	名詞	漢東
67	baobeida	認爲是寶貝、看做寶貝	名詞	漢東
68	baochou gie	報仇	動詞	漢
72	baoguda	吃煮玉米棒	動詞	漢東
73	baojien	寶劍	名詞	漢
74	baojientu	有寶劍的	形容詞	漢東
80	baoniin gie	報恩	動詞	漢東
87	baozha gie	爆炸	動詞	漢東
90	baozichi	賣包子的人，愛吃包子的人	名詞	漢東
91	baozida	吃包子	動詞	漢東
92	baozichi	賣包子的人，愛吃包子的人	名詞	漢東
93	baozida	吃包子	動詞	漢東
94	baozichi	賣包子的人，愛吃包子的人	名詞	漢東
95	baozida	吃包子	動詞	漢東
96	baozichi	賣包子的人，愛吃包子的人	名詞	漢東

續表:

97	baozida	吃包子	動詞	漢東
98	baozichi	賣包子的人，愛吃包子的人	名詞	漢東
99	baozida	吃包子	動詞	漢東
100	baozichi	賣包子的人，愛吃包子的人	名詞	漢東
101	baozida	吃包子	動詞	漢東

附表 2.《東鄉語漢語詞典》逐漸發生變化的漢語借詞

166	hanxi gie	稀罕，喜歡	xi han	動詞	漢東
167	hao guayi	掛號；請假	qing jia	動詞	漢漢東
184	hoji sao	當長工，做傭人	zuo yong ren	動詞	漢東
188	honji1	還（償還，回報）	huan	動詞	漢東
189	honji2	慌，着慌，着急	zhao ji	動詞	漢東
201	houhui gie	後悔	hou hui	動詞	漢東
202	houmiin yawu	走後門	zao hou men	動詞	漢東
203	hoyi	揉和，摻和，混合（在粉狀物中加水攪拌或揉弄，使粘在一起）	rou he	動詞	漢東
204	huahuashi	嫌花了；變花	xian hua le	動詞	漢東
205	huaida	變壞	bian huan	動詞	漢東
207	huayen gie	化驗	hua yan	動詞	漢東
269	jienliuzi	扒手，小偷	xiaotou	名詞	漢
290	kama	準兒	zhuner	名詞	漢
291	kanzi	胸膛	xiongtang	名詞	漢
296	kecha	樹梢	shushao	名詞	漢阿
299	keyichin	雕刻者	diaokezhe	名詞	漢

續表:

315	koshuibao	嗜睡的人	shi shui de ren	名詞	東漢東
335	laye sanshini xieji	除夕	chu xi	名詞	漢
336	leizigu yasun	肋骨	lei gu	名詞	漢
352	lolienbao	可憐蟲	ke lian chong	名詞	漢
354	magieda	麻子，麻臉人	ma zi	名詞	漢
357	maiza gudui	墳堆，墳頭，墳上的土包	feng tou	名詞	漢東
359	meshui	墨水	muo shu	名詞	漢
360	miaojia	莊稼，苗情，苗的長勢	zhuan jia	名詞	漢
374	ranjia	賣染料的人	mai ran liao de ren	名詞	漢
377	raoyidan	招手貌	zhao sho mao	名詞	漢
409	yeliwa	月裏娃，嬰兒	ying er	名詞	漢
435	zhonjia kun	農民	nunm	名詞	漢
437	zui	罪	zui	名詞	漢
438	zuino	罪惡	zuie	名詞	漢
439	zunjiao	宗教	zongjiao	名詞	漢東
440	zuntun	總統	zongtong	名詞	漢
56	doleishon	七雙	qi shuang	名詞	漢
24	beilin fugie	輩份大、行輩高；（莊稼）晚熟的	wan shu de	名詞	漢
31	binzitu	有餅子的	bin zi wei he	名詞（兒）	漢
45	chinshi	誠實	cheng shi	數詞	東漢
79	erlan	藍色，藍色的	lan se de	形容詞	漢
106	ganbitu	有鋼筆的	you gang bi de	形容詞	漢
				形容詞	漢東
				形容詞	漢東
				形容詞、名詞	漢

附表 3.《東鄉語漢語詞典》中完全替代的漢語借詞

序號	東鄉語	詞義	現讀	詞性
1875	xianchin	幸福，美滿，和美，完美	wanmei	形容詞
1876	xianchinshi	變得和美、完美、美滿	meiman	動詞
1877	xiango gie	接吻	jiewen	動詞
1878	xianyi	便宜	pianyi	名詞
1879	xianyi kielien	便宜話	pianyihua	名詞
1880	xiaocha gie	①膽怯，怯場，懼怕②受驚，驚詫	danqie	動詞
1881	xiaojiao	①影子②樹蔭	yingzi	名詞
1882	xiaojiaolie	乘凉，在樹蔭底下歇息	chengliang	動詞
1883	xiaojiaoni jie	失魂，丢魂	shihun	動詞
1884	xiaojie	跪	gui	動詞
1885	xiaojierulie	降露水	jianglushui	動詞
1886	xiaojierun	露水	lushui	名詞
1887	xiareini	壞蛋	huaidan	名詞
1888	xibu	極其，非常，的確	jiqi	副詞
1889	xidagva	勸架，勸阻，勸説	quanjia	動詞
1890	xidagvazhi kielie	勸説	quanshuo	動詞
1891	xie	①曬②烤	shai	動詞
1892	xiemelan	静悄悄的	jing qiaoqiaode	形容詞
1893	xien	尾巴	weiba	名詞
1894	xien konni yasun	骶骨，尾骨	weigu	名詞
1895	xieni	夜間，晚上，夜晚	yejian	名詞

續表：

1896	xieni dunda	半夜，夜半，午夜	wuye	名詞
1897	xieni okhoshi	夜變短	ye bianduan	動詞
1898	xieni udu	入夜	ruye	動詞
1899	xienide	夜裏	yeli	名詞
1900	xienihu	黑夜	heiye	名詞
1901	xienne zhadeigva	翹尾巴	qiao weiba	動詞
1902	xiensun	膽汁	danzhi	名詞
1903	xienxien	漸漸，逐漸	zhujian	副詞
1904	xierei	醒來	xinglai	動詞
1905	xierun	醒着的，清醒的	xingzhede	形容詞
1906	xierusa	嫌粗糙	xiancucao	動詞
1907	xiexiaode onshi	上學	shangxue	動詞
1908	xiezhi ghogvo	曬干，烤乾	shaigan	動詞
1909	xighezhi uzhe	凝視	ningshi	動詞
1910	xigvei	乾涸，水枯竭	ganhe	動詞
1911	xihe	氈片，破氈	zhanpian	名詞
1912	xihu	幾乎，差一點	jihu	副詞
1913	xijiedan	縫法	fengfa	名詞
1914	xijiegve	倒，酌	dao	動詞
1915	xiliu	多的	duode	後
1916	xinie otugva	笑痛肚皮	xiaotongdupi	動詞
1917	xiniegva	逗笑	douxiao	動詞
1918	xiniegva	弄滅，吹滅，撲滅	nongmie	動詞

續表：

1919	xinla	請，邀請	qing	動詞
1920	xinqi	星期	xingqi	名詞
1921	xinshi	形勢，情勢	xingshi	名詞
1922	xinshigva	①流行，時興②吃得開，得勢	liuxing	動詞
1923	xiqishi	①變得親熱②變得喜歡、喜愛	xi ai	動詞
1924	xirade	下面，向下	xiamian	動詞
1925	xirala	自卑，自鄙	zibei	動詞
1926	xirashi	下降，顯得低	xiajiang	動詞
1927	xirei	①撕，撕扯，用手撕抓②粗糙物，物體上容易鉤破、擦傷衣物、皮膚的東西	si	動詞，名詞
1928	xirei	飛散，飛濺	feisan	動詞

〔注釋〕

①見《臨夏回族自治州概況》編寫組：《臨夏回族自治州概況》，甘肅民族出版社 1986 年版，第 64—68 頁。

②阿．伊布拉黑麥：《東鄉語的構詞法》，《西北民族學報》1988 年，第 171 頁。

③馬國良、劉照雄：《東鄉語研究》，1988 年。

④鍾進文《甘肅地區突厥蒙古諸語言的區域特徵》，載《民族語文》1997 年第 4 期，第 55—60 頁。

〔主要參考文獻〕

布和．東鄉語和蒙古語．呼和浩特：内蒙古人民出版社，1986.
布和等．東鄉語詞彙．呼和浩特：内蒙古人民出版社，1983.
劉照雄．東鄉語簡志．北京：民族出版社，1981.

馬國忠，陳元龍．東鄉語漢語詞典．蘭州：甘肅民族出版社，2001.

清格爾泰．現代蒙古語語法（蒙文）．呼和浩特：内蒙古人民出版社，1981.

鍾進文．甘肅地區突厥蒙古諸語言的區域特徵．民族語文，1997（4）.

東鄉族簡史編寫組．東鄉族簡史，蘭州：甘肅人民出版社，1984.

東鄉族自治縣地方史志編纂委員會．東鄉族自治縣志．蘭州：甘肅文化出版社，1996.

（敏春芳，蘭州大學文學院，郵編 730020）

思界話與廈門話陰聲韻韻母的對應關係及音韻特徵

李　玉

內容摘要：本文歸納分析了廣西思界話（思界閩南話）與廈門話在陰聲韻各韻的對應關係和音韻特徵。通過研究語音對應關係來研究音變，當是音韻研究的新途徑和新方法。本文的研究也是內部構擬的新成果。

關鍵詞：音韻特徵　對應關係　內部構擬　歷史音變

思界是廣西平南縣的一個鄉；人口三萬多，距離縣城 14 公里。位於郁江北岸，珠江的中游。思界鄉的居民均講思界話。思界話有新派老派之分。新派思界話有撮口呼“y”，老派思界話沒有撮口呼“y”。講新派思界話的人大都住在思界鄉思界街附近，多為年青人，人口四千左右。廈門話乃至整個閩南話都沒有撮口呼，平南白話（粵方言）有撮口呼，新派思界話的撮口呼“y”可能由平南白話影響所致。思界人都能講平南白話。因此，思界話屬闽语，是個閩南話方言島（周邊方言是平南白話），受平南白話的影響較深。思界居民其先祖於明末從離廈門很近的福建漳州遷到廣西平南思界。三百多年來，思界話發生了不少縱的橫的變化，也保留了一些古音痕跡，屬漢語珍稀、瀕危方言，有深入研究的價值。發音合作人吳耀家先生，男，65 歲，思界鄉思界人，高中文化。曾重輝先生，男，32 歲，思界鄉橫木村人，大學文化。

壹　語音系統

一、聲母 19 個（包括零聲母∅）：

p　ph　mb　m　ɸ　t　th　n　l　ʧ　ʧh　ȵ　ʃk　kh　h　ŋ（ŋg）hŋ　∅

二、韻母 69 個（包括自成音節的m̩和ŋ̍）：

u　i　a:　o　ɛ　y

ua:　ia:　io　oi　a:i　ai　a:o　ou　iu　ue　ei

iɛu　ia:i　uei　uou　uoi　ua:i

ã:　iã　ã:　ĩ　ĩõ　m̩　ŋ̍

a:m　iɛm　am　im　a:n　ua:n　iɛn　an　in　un

a:ŋ　ia:ŋ　ua:ŋ　oŋaŋ　iŋ　uiŋ　uŋ　iuŋ

a:p　iɛp　ap　ip

a:t　ua:t　iɛt　at　it　ut

a:ʔ　ia:ʔ　ua:ʔ　oʔ　ioʔ　iɛʔ　aʔ　uʔ　uiʔ　iuʔ

三、聲調 10 個：

（1）陰平 45　（2）陽平 23　（3）陰上 54　（4）陽上 32　（5）陰去 21　（6）陽去 33

（7）上陰入<u>51</u>　（8）下陰入<u>4</u>　（9）上陽入<u>23</u>　（10）下陽入<u>1</u>

貳　對應關係

本文把思界話中陰聲韻各韻與廈門話中陰聲韻相對的各韻做歷史比較和內部構擬，理清思界話和廈門話陰聲韻的韻母的“對應關係”。“對應關係”有兩個方面的意義：一是平面對照方面，一是歷時的音變。其中大都是“歷時音變”。瞭解“歷時音變”，對瞭解原始閩南話乃至原始漢語都有重要的意義。本文對“對應關係”的研究是窮盡性的。

關於廈門話的音系和收字，本文以羅常培的《廈門音系》為基礎，以袁家驊的《漢語方言概要》、周長楫的《廈門方言詞典》作些修改。

總的來看，在“對應關係”（如：uei<u）中，廈門話的形式“u”具有更多的古音痕跡。在“對應關係”中，“<”號之後的音標是廈門話的形式；“<”號之前的音讀是思界話的形式[①]。廈門話的音讀大多數是更古老的形式。下文將思界話與廈門話陰聲韻各韻的“對應關係”[②]一一列舉如下[③]：

例如：1. mei（思界話）<媒梅姆—m（廈門話）

2. a：<a：疤琶爬麻媽家加佳查渣 沙 紗蝦馬罵牙衙痂枷叉賈雅葩霸豹耙帕罩毫液 啞隘下也罷夏廈假 啞嫁訝孝乍窄詐苧擠炸傻阿 茶灑爸

3. —m<a：點短　iŋ<ŋ 平坪評柄病彭棚盲

4. a：i<ε 懈蟻鑷挾柴 ua：<ua 舵跎鮀謳

ou<au 鮫絞扣教早炒吵巧 a：<iu 焦礁貓

5. a：<e 差叉渣灰鈔沙 茶 假傀啟禮下怕父把體禮洗姐

6. ia：<ia 車 咋遮賒奢它靴乜歧寄耶椰蟻野爺者姐柘借籍射謝斜 邪 舍寫卸赦惹夜蔗

7. ua：<ua 磨拖籮過反應過歌誇剁我哇娃瓦花哺鋪華踝沙鯊耍華畫話呼缽博簿歌割掛葛喝溫飽外化貨耍辣賴沙蛇侉垮拖籮踝哆 ua：<iεn 線仙賤牽扯現寫赦顯

8. a：i<ai 大賴外　uou<o 普敷浦甫

9. u<u 芻相許芋雨魚鄒聚初蘇酥疏梳武葡 斧 武 舞撫敷除鋤斧孵浮畝廟墓慕募巫摹模蛛都 軀室糾蘇孚敷無誣 浮呼浮 符扶芙葡 府 富副附注鑄付赴富副婦使父伏婦負諭遇 芋 住拄聚敘

舉樹與句庶戌？處趣汙書痀具俱胥須汝拘驅盂須趨輸除徐渠濾遇語餘輿愉主羽雨主如仁厚榆貯旅女汝縷舉去煮許取處 鼠於於虛墟車居車諸廚驅拘渠如遇與住著許煦侶禦預署預豫懼芋 住 聚娶魚漁 a：o<u 匏 袍久舊舅臼有餓於掩軛

10. i<u 貲咨淄思私廝斯滋師徙璽史死使死子四恣漬賜兕飼事士似字 uei<u 龜惠 ou<u 邱朱舊舅臼

11. uou<ɔ 補布步牛魔王柱普甫浦鋪部務霧肚簿墓暮傅粗操搽圖徒土塗兔醋奴 蘆烏吳壺度渡鬥妒盂惡吐五午蘆魚鹵路姑孤褲胡湖虎戽戶護 雨租酥造夠狗故 顧詁怙庫口互祚鬥噁扣寇吼走奏湊數敕造許嫗

12. ou<o 謳導搜 鄒 芻鯫蘇酥嫗侯搜猴喉插破報朵 那妥果鎬課過誥襖母好曹 槽 左皂灶早訛膏棗暴磨舵餓波坡盜道澇臥餓和禍賀何皓造褒婆多刀駝 那叨滔操雨 訛螺羅戈哥歌 高俄鵝果播蒿禾和河訶嵯驟破報那妥果鎬課 過好左坐座左造早頗跛奧

13. u<ɔ 都呼沽烏箍初 浮岵互 初 戶怙唾 沽 搜偷套做土頭補妒 鬥兔透路皂露鉤溝哺鋪鋪芻謳鯫鄒鉏捕

14. ou<ɔ 補 普 葡逋圃菩謀搜鄒 芻 摸 摹盧爐臚壚姥魯 胡古鼓苦許塢吾弧狐祖阻沮楚數助後厚祚厚吳吾五采播簸報可挫播佐惰礎嫗湖努弩都逃陶島到桃所數討勞老嘔嫗多走叟瘦嗽奏 湊菩豆痘漏陋後厚驟遨豪澡茂蠔布佈謳導搜偷 猴喉鬥狗笱媾夠蘇酥缶奏 湊頭姥芋 a：<o 他阿茼

15. iɛu<io 膘抱瓢描挑橋腰麼搖蕉椒表 剽 票漂釣廟

16. io<io 茄 叫 轎蕎照醮

17. a：<c 臘蠟鬧插踢鴨壓早咬罷擺灑甲胛榨炸

18. ɛ<e 砂灰賈雅柴杳膠傀貓把吹耙把體洗 姐

19. o<e 和火夥粿　ia：i<e 茄

20. io<e 胎災尿 梯 推鍋禍貨

21. a：i<e 黎餒兌葵改解 低堤梯 推 街 溪 買 賣劑躋遮這

西 犀 知 犀獅閉倪未債載

22. ia：i<e 弊幣滯替退洗垂濟姐細濟祭妻滯茄

23. uei<e 梯 推崔催錘歸圭閨迷鮭稅會繫齊係誓咀被肥背飯吠代配第遞對地遞退偪制髓賠哇

24. a：i<e 飛腐枷低例曆勵麗藝計雞題啼帝

25. iai<e 階街雞啼個牙 衙批杯恢

26. ue<ue 初 疏 梳煨灰倭閨體啟璃這

27. uei<ue 杯批傀檜街雞恢魁溪灰 兌哀微月非肺廢費會圍圓違 遠委遠諱偉賠陪樣梅買 賣魏兌 題 啼 魏回茴摧鞋陪倍犂圭餒矮齊摧花改瓜解

28. o<ue 貝輩背配底抵貯對退 替 會 膾疥怪 契穢廢最贅洗帥稅說歲細 狽佩鋭芮外衛話 會潰匯罪鋭

29. i<i 悲原告鼠披邊卑備鄙憋被 披脾疲婢彼鼻微秘披陂丕邳知鴟奇妓饑欹饑未址廚著蝕駐注絮義支枝脂差鴟施屍脾胚皮疲糜彌豬池笞離璃基期奇宜岐騎儀移匙兒醫噫依衣禧詩絲司琵匙彼眉楣微靡弭彼遲持莉祁耆其忘我工作祈蜞綺企疑蟻之姨互維惟怡飴倚椅魚紙衹紫侈時豈器擬以懿豆戲爾旨指止至死始屎 施耳子庇置閉被避離棄至死始屁屎 施 子避屁置義意易志試肺備比未雉被痔利吏跽柿異巳飼 市氏是示視侍恃峙弟地在子痢未巳辭而爾否鄙譬美米底姨這閉失死稗婢秕二字弟 地在 oi<i 台肋苔抬許芋 雨 ia：i<i 幣 洗 制 劑 際 細 a：i<i 閉弊迷 謎 第世勢幣 斃秕批苔底

30. y<u 拘驅盂須趨輸除徐濾愚語餘輿愉主住魚 漁羽雨如儒榆貯旅女汝縷舉去煮許取處鼠據愚於於虛墟車 居 車諸廚如與著許照懼遇芋聚娶敘慮侶禦預署預秘（又音 mbiu）朱縷樹汝汙書具趣

31. y<i 蜘趣呂蛆朱株薯駐注鑄 如舒渠據句宇喻裕蛛都珠

32. uoi<ui 追推梯規窺龜歸傀圭虧閒委萎威捬揮非錐吹炊

崔推雖縷搥壘葵懷危為危 桅惟洧磁水垂隨誰對腿偏韋葦尉匪悱芾費肺醉璀翠碎睡帥祟中級委隨誰揣？尉為偽魏位胃吠脆瑞遂穗退季貴氣

33. uei<ui 雷鐳詭軌 桅 惟遺委 萎懷 壘 桂 愧悸累沮匯跪櫃魏 吠氣韋吠蕞

34. iu<iu 稠籌留流求仇漚鷗尤郵由猶抽休求救優舟羞須仇酬酋柔周舟州討咒手首守優舟秀受就究 救求救 優 優 優丘綢鵲照抄超潮聘宙肘紐醜九久 糾 究 救柩舊牛有酉又幼柏朽紂臼 樹受蹂嗅醜手臭守 魚秀袖授壽袖彪丟愁秋羞修憂酋囚丘鳩

35. iɛu>iu 彪丟丘鳩球憂優幽瘵秋韶表飄嫖妙秋描雕條吊掉調跳聊遼嘹料繚畫柳溜糾誘謬酒糾

36. ai<a 揩西弟內台使世 勢臍胥婿堉

37. oi<ai 胎該開衰栽載災齋世勢海待來內奈改凱藹駭陔材采 彩 慨 慨愛害滓蔡菜采蓋害蔡

38. a：i<ai 皆階開挨咍械邂懈蟹排牌擺埋眉歹殺改諧鞋太派帶戴大太泰丐介界疥慨 溉隘債蔡曬內礙亥在祀敗備稗蟹懈

39. oi<ai 改盔捱貸 袋殆乖待

40. ua：n<uan 杯盔頹歪拐蒯快夬壞

41. a：o<au 錢包匏飽卯 絞 巧炮庖豆妖孝壞東門灶票漂笑嘯哨尿紹包胞抛

42. ou<au 兜偷頭樓 流 留老溝鉤狗口九到鬥絞透厚操坳漏後侯效奏找哮糟抄梢釣猴號拗走嘔喉炒草炒蚤 i<ɛi 事

43. ia：u<au 嶢邵售驕嬌耀教校老鬧驕艄漱

44. 貂朝潮調條召挑銚燎僚瘵了僑攪繳朽堯麼謠搖照昭悄小少爪繞表裱票漂廟妙吊召兆調叫轎竊要 耀笑哨紹尿

叁 音韻特徵

一、聲韻組合特點

思界話聲母和韻母人有 642 種組合，其中齊齒呼最多，共 268 種，開口呼次之，有 204 種，合口呼 134 種，撮口呼 32 種，鼻化韻 34 種，鼻尾韻 2 種。

1）s—聲母能與開、齊、合、撮及鼻化韻相拼。由於思界話的 s—沒有相應的 ts—、tsh—，故古 ts—（精清從）的讀音因同化的關係都跑到 s—中去了，造成 s—母字大增。

2）mb—能與開、齊、合、撮四呼相拼，不與鼻化韻相拼。

3）ȵ—聲母不與開口呼、合口呼、鼻化韻相拼，祇與齊齒呼、撮口呼相拼。

4）hŋ—聲母不與開口呼和撮口相拼，祇與齊齒呼、合口呼、鼻化韻相拼。

5）除 ai、am、an、aŋ、ap、at、aʔ、ã 這八韻外，零聲母能與其他各韻相拼。這八韻的主元音“a”是個與“aː”相對的短元音。思界話的祖語廈門話中沒有長短音之別，平南白話有“a”系列元音，有 aː/a 長短元音之分。思界話存在長短音之別當是後起的音變形式。這些形式當是受其周邊方言——平南白話影響所致。6）除 mb—外，ia 韻能與開、齊、合、撮相拼。

7）除 hŋ—外，iŋn 可與所有聲母相拼。

8）陽上調不與送氣塞、塞擦音聲母相拼。

9）陽上調不與陽聲韻、鼻化韻相拼。

二、聲母的主要特徵

1）廈門話有濁聲母 b—、g—，思界話沒有 b—、g—。思界話聲母 b—、g—的失落應該是後起的音變，當是從福建遷到思界這段時間。

2）思界話的清鼻音聲母 hŋ一應該是漢語前上古音留下來的形式。例如：宇 hŋi^{53}　葉 hŋio^{53}　燒 hŋia^{45} 橫 hŋuei^{23}　圓 hŋuan^{23} 圍 hŋuei^{23}　蜂 hŋuŋ^{45}　拂 hŋua^{ʔ1}　兄 hŋĩ ã：^{45}……親屬語言的證據：援暖爰緩 hŋun^{33}（黔東苗語）　燒 hŋe^{45}（勉瑤語）　歡 hŋei^{45}（勉瑤語）（這樣，這些）hnaŋ^{3}（勉瑤語），又 hŋe^{23}（勉瑤語）……上述親屬語言的聲母也都是清鼻音聲母。

三、韻母的主要特徵

1）從整個音系來看，思界話的發展要比廈門話快。廈門話有韻母 79 個，思界話的韻母變成 69 個。王力（1980）P207 認為："漢語語音簡單化是語音發展的一般趨勢，特別是在普通話裏是這樣……在韻母方面同，由十六攝減為《要法》的十二攝。"王力之說甚是。鼻化韻中，思界話有 5 個，廈門話有 12 個，減了 7 個，思界話顯然是簡化後的結果。塞尾韻中，思界話有 20 個，廈門話仍有 34 個之多，思界話顯然經歷了塞尾韻簡化的歷程。值得一提的是，在聲調方面，思界話有 10 個聲調，而廈門話衹有 7 個，在簡化的道路上走得更快。

2）"對應關係"中，"元音高化"和"元音低化"成為重要的"音變規律"。前者出現比"元音低化"要少一些。"元音低化"的例子如：

4. a：i<ε 懈蟻　4④. a：<iu 焦貓　5. a：<差叉　10. uei<u 龜　10. uei<u 惠慧　17. a：<ε 壓獵　19. ia：i<e 茄閉　24. a：i<e 飛磨　25. ia：i<e 階牙　29. ia：i<i 細知　30. uoi<ui 龜底　29. a：i<i 非備　34. a：i<e 揩西　35. a：i<e 胎開，共 14 例。

"元音高化"的例子：

4. ou<au 扣夠　10. uei<ɔ 都呼　10. u<ɔ 盧吾　10. u<ɔ 補布　12. ou<o 謳導　13. u<ɔ 土頭　14. ou<ɔ 普芻　31. uei<ui 雷尼　35. oi<ai 第內　37. o<ai 改亥　40. iεu<iau 口

門　42. iɛu<iau 朝吊

共 13 例，比“元音低化”少一例。

面對上述紛繁複雜的複雜的音變形式，王力（1980）P83 認為：“在漢語語音發展過程中，元音高化的現象是相當普遍的……因此，元音高化說是漢語語音發展之一。”王力先生的意見是正確的。“元音低化”是與“元音高化”相對的一類。王力（1980）P78“在上古純元音的發展”一章中認為（上古漢語）“ea，ia，oa 是另一類，由於韻頭為較松的元音，所以趨向於‘低化’”。但是，“元音高化”在語音發展中起的作用更大。

3）在“對應關係”中，思界話的複韻母要比廈門話多。廈門話有複韻母 8 個，三個元音組成的韻母衹有 2 個：ai，au，iu，ia，io，ui，ua，ue，iau，uai；而思界話有複韻母 17 個，比廈門話多 7 個。這些韻母是：ua:，ia:，io，oi，a：i，ai，ao，ou，iu，ue，ei，iɛu，ia：i，uei，uou，uoi，ua：i。比廈門話多 7 個（複韻母）。平南白話沒有三合元音韻母；雙合元音中，思界話有 6 個；這說明在思界話複韻母的增加中，廈門話、平南白話對思界話影響都不大，思界話的複韻母的增加是自身發展的結果而來，思界話自身的發展是緩慢的。

4）“均衡對應”，思界話與廈門話有一種“對應關係”可叫“均衡對應”。“均衡對應”在“<”號前後的音標相同，或基本相同。“音變”應該是應該是異化的，如果全都是“元音高化”或“元音低化”，那麼，漢語語音就是一樣的了。例如：2. a：<a：爬麻　6. ia：<ia 賒也　7. ua：<ua 拖磨

8. a：i<ai 大賴　9. u<u 芻許　16. io<io 叫轎　18. ɛ<e 灰父　26. ue<ue 初疏　29. i<i 悲碑　31. uei<ui 委懷　34. iu<iu 流求　41. a：o<au 偷頭　44. iɛu<iau 蕘麼　40. ua：n<uan 杯盔　35. iɛu<iu 彪丟

5）思界話裏，咸山兩攝陽聲韻比廈門話豐富。比廈門話多

7 個，共 19 個。這 7 個陽聲韻是：a：m，a：n，a：ŋ，oŋ，uiŋ，uŋ，iuŋ。例如：a：m 擔貪參甚　a：n 便饅丹但　a：ŋ 傍朋憑能　oŋ 蟒狂蚊蜋　uiŋ 榮永泳詠　uŋ 幫邦旁滂　iuŋ 黨中洞通……

這 7 個陽聲韻當是受平南白話影響而新產生的新的韻母。短音—a—作為韻腹，是與長音—a：—相對的新的新韻母。長短音對立，是粵方言的主要特徵之一。其中韻腹為—a—的韻母字數不多，當系吸收粵方言借詞而形成的後起形式。此外，短元音（—a—）大多是後起的韻母，但也是最早消亡的元音。

6）思界話裏，以“ɛ”為主要元音的韻母大多是來自粵方言。平南白話與思界話一樣，元音系統以“a：—a—ɛ”三個主要元音為特徵。例如：

ɛ　iɛu　iɛm　iɛn　iɛt　iɛp　iɛʔ　例如：

ɛ 百爬麥罵茶提螺叉紗加客嚇硬低……

iɛu 表嫖秒描刁跳料趙仇貓消曲竅曉……

iɛm 閃沉深殲粘廉占侵嚴閃兼坎嫌偽……

iɛn 扁片免名典填研連煎產生堅權牽……

iɛp 疊帖孽獵汁澀十夾級協葉

iɛt 別撇滅秩列徹折泄傑訣恤

iɛʔ 迫竹曆穀斥息極逆

這些韻在周邊粵方言（平南白話）都有，例如：

ɛ　ɛu　ɛm　ɛn　ɛŋ　ɛp　ɛt　ɛk

這是一個以—ɛ—為核心的—ɛ—類韻母，當是平南白話早期就存在的現象。思界話的—ɛ—類韻有可能由此而來。廈門話—ɛ—類韻衹有 iɛt 韻，因此，思界話的—ɛ—類韻當是是後起的，是借自平南白話的。

7）思界話有撮口呼 y，例如：

拘驅盞須趨輸除徐渠慮濾愚語餘與愉主榆旅去女汝縷舉煮處

鼠於芋虛朱居車諸廚如住許著禦預置豫懼遇芋聚娶敘秘都具俱軀遇住拄敘樹論與句庶戍絮芋趣汙書懼胥須汝……

8）思界話 y 與 u 合併。

與“u”合併的“y”類字，這些字現代漢語今讀“u”韻字。例如：

豬蜘箸廚趣呂女蛆株薯著駐注處舒署車居車句區驅俱拘宇喻袷……

9）思界話的鼻化韻比廈門話少，衹有 5 個韻，正在處於消亡狀態。例如：

ã 擔膽帳衫膠今敢……

ĩ 變甜纏領錢線丸……

ĩ ã 兩命定聽廳嶺領……

ĩ õ 章張娘糧梁粱羊……

ũ ã 般搬盤軟阮山旱……

廈門話共有 12 個鼻化韻。思界話鼻化韻鋭減也可能是受平南白話影響所致，平南白話沒有鼻化韻。

四、聲調的主要特徵

1）思界話第 4 調（陽上，32）調類的字是由入聲韻的塞韻尾脱落再聚合而成。需要説明的是，“陽上”調的聲母不一定都是濁聲母。來自清聲母的例子如：

huei^{32}血 tʃi^{32}接 phua^{32}闊 kiɛu^{32}曲 hio^{32}壹 phɛ^{32}伯……

來自濁聲母的例子如：

po^{32}雹薄 to^{32}桌 lo^{32}樂落索作 la：^{32}蠟臘……

發生上述“陰入對轉”並產生“陽上（32）”調的音變分佈在下列韻母：ɛ o a： u a： o ou ua： oi io ia： ia：i iɛu uoi 占陰聲韻（19）的 63%。

2）第 10 調（下陽入）疑為從平南白話借來。這類聲調的字音大都與平南白話相同，例如：

突核日穆木額黔卜蘿～岳～父穴點～默黑逸錄略曰錄掠沃液易交～粵活牧□：～tʃiɛu，眼睛；□：fit～～水掃地：灑水掃地。□：ŋa²¹頭，額頭。眼□ti⁵⁴前：舌頭。

這些音節大都是口語形式，容易變化，有音無字的音節就更易互借了。

〔注釋〕

①思界話的音讀參考：李玉《廣西平南閩南話的語音系統及同音字彙》，載《廣西師院學報》1999 年第 1 期。平南白話的音讀參考：李玉《平南話同音字彙》，載《廣西師範學院學報》2008 年第 4 期。

②“對應關係”“<”之後的字是例字。這些字包括“陰聲韻”所有文字。

③音變符號“>”前後的字不在討論之列。

④音標前的數字前是本文“貳‘對應關係’的序號”。下同。

〔主要參考文獻〕

（1）白宛如．廣州方言詞典．［M］．南京：江蘇教育出版社，1995．

（2）侯精一．現代漢語方言概論．［M］．上海：上海教育出版社，2002．

（3）李玉．平南環城方言的音韻特點．［J］．廣西師範學院學報，1988（3）．

（4）馬重奇．漳州方言字彙．［J］．方言，1993（3）．

（5）王力．漢語史稿．上册．［M］．北京：中華書局，1980．

（李玉，中國社會科學院語言研究所，郵編 100732）

《真誥》中的韻文*

夏先忠

内容摘要： 日本赤松佑子的《〈真誥〉詩文押韻中所見的吴語現象》是目前能見到的以《真誥》韻文為研究物件的唯一論文，可能由於其對我國六朝漢語音韻知識缺乏全面理解，此文存在韻文整理不全、部分韻脚字與《真誥》原文不符、首句入韻韻字未列入用韻考察範圍、個別韻脚字的韻部錯誤、韻文確定有誤等現象，本文對此逐一指出，加以補充，並分析其原因，供學界同仁參考。

關鍵詞：《真誥》　韻文　韻脚字　首句入韻

一　《真誥》的成書

東晉興寧年間，楊羲自稱神仙下降，通過扶乩的方式與他交談，並傳授給他一批經文，其後，楊羲又傳授給弟子許謐、許翽，形成了道教上清派的一批早期文獻。南朝時，陶弘景搜集世稱楊羲以來神仙降靈傳授的文獻以及相關的內容，彙集成《真誥》，成為中國道教史上很有影響的一部文獻，歷來受到研究者

* 本文爲2012年教育部人文社會科學研究規劃基金項目“中古道經的韻文和寫作年代研究”（項目批號：12YJA740080）、2011年湖南省哲學社會科學基金項目“魏晉南北朝道經詩文用韻研究”（項目批號：11YBA245）、懷化學院重點學科建設項目。

的重視。

二 《真誥》中的韻文

《真誥》中保存了大量的韻文，引起學界的注意，日本學者赤松佑子通過對韻文的觀察，對《真誥》各部分內容的實際作者展開分析，在《〈真誥〉詩文押韻中所見的吳語現象》一文中提出：

> 《真誥》中共有一三五個押韻組。其中見於卷十三第十八至十九紙的十五組韻文是編者陶弘景所作，不能跟當時降神的資料一起處理。這十五組韻文呈現出整齊的押韻情況，與其他部分風格迥異，確實像是出於陶弘景之手。又卷一第一紙中的《愕綠華詩》也不是降神時的作品，而是前此六年，即升平三年（359）時女神愕綠華贈給巫師羊權（泰山南城人）的，也應當別作處理。又卷十七第八至九紙有四首五言詩，書中記載的作者是石慶安（汲郡人）、張誘世（常山人）、許玉斧（汝南人）、丁瑋寧，本文將不作討論。也就是說，一三五組押韻組中，有一一五（115）組是本文的語言資料。

赤松佑子的研究方法和角度都很有創見，給人啟發良多。但認為《真誥》收錄的降神作品中衹有115個韻段，跟我們的觀察不符，材料的分歧可能影響研究的結論，對此，本文作一分析。

《真誥》中的韻文，有的採用詩歌形式，也有的採用賦的形式。表現在句子結構上，有時是很整齊的四言、五言句，有時則是一些長短不同的對偶句；有的時候，在整齊的句組前面，出現少數有提起作用的發語詞、動詞或者一個小句，或在句末有贅加的語氣詞。通常，韻文的押韻與內容之間有很高的一致性，偶或有一些不規則的情況。韻文出現的位置，有時是一段經文的篇章開頭，也有時出現在標示某人話語的“曰”“云”等詞之下，或者後面有一句某人傳授的說明。根據以上特點，我們對《真誥》展開逐句地考察，對全文的用韻情況重新作了梳理，其中，涉及赤松佑子疏漏的韻段，都列出《真誥》原文，加以說明，另外，對赤松文中少數韻段的韻字及用韻的處理提出了不同的意見。

(一)《真誥》中韻文的數量及赤文遺漏的韻文

我們在《真誥》中找到214個韻段，除去赤松佑子所說“卷一中的《愕綠華詩》、卷十三中的十五組陶著韻文及卷十七中的四首五言詩”外，還有79個韻段未列入考查範圍。具體情況如下（韻段用楷體顯示，宋體字為散文部分。韻段后［ ］標示所補韻段的順序，押韻字右下角的小字為該韻字在《廣韻》中的韻部。引文後用括弧表示它在三家影印本《道藏》第20册中的頁碼及欄次）：

1. 卷一

得道之階，錯厲精神$_{\text{真}}$。靖躬信宿，洗誠求矜$_{\text{真}}$。［1］如斯而言，道已邇也。然夤夜之間，宜篤經營，乃後得手結天維，足浮靈綱$_{\text{唐}}$，心遊太空，目擊洞房$_{\text{阳}}$。［2］不待久日也。(492中)

若夫仰擲雲輪，總轡太空$_{\text{东}}$，手維霄綱，足陟玉庭$_{\text{青}}$，身升帝闕，披寶歙青$_{\text{青}}$，上論九玄之逸度，下紀萬椿之大生$_{\text{庚}}$。遂竦景電肅，千霞焕明$_{\text{庚}}$，真言玄浪，高談玉清$_{\text{清}}$，激朱唇之流徽，運日氣之零零$_{\text{青}}$。爰乃吐烽郤煙，彈金奏瓊$_{\text{清}}$，鸞音蒨粲，鳳唱嘉聲$_{\text{清}}$耳。［3］若但應景下旋，迴靈塵埃$_{\text{哈}}$，參華弊宇，敖拂朝市$_{\text{止}}$，來成真才，訓我弟子$_{\text{止}}$，［4］則玉振落響，琳鐘内抑$_{\text{职}}$，周目五濁，契闊愆室$_{\text{质}}$，神勞臭腥，填鼻斂氣$_{\text{未}}$。［5］(494上)

真妃乃徐徐微言而授曰：我是元君之少女，太虛李夫人愛子也。昔初學真於龜臺，受玉章於高上，荷虎録於紫皇，秉瓊鉞於天帝，受書於上真之妃，以遊行玉清也。常數自手扉九羅，足躡玄房$_{\text{阳}}$，霄形靈虛，仰歠日根$_{\text{痕}}$。入宴七闕，出轡雲輪$_{\text{谆}}$，攝三辰而俱升，散景霞以飛軒元也。[6] 非不能採擇上室，訪搜紫童东，求王宫之良儔，偶高靈而為雙江，接玄引奇，友於帝郎唐矣。[7] 直是我推機任會，應度歷數，俯景塵沫，参龍下邁，招冥求之雄，追得匹之黨耳。自因宿命相與，乃有墨會定名，素契玉鄉阳，齊理二慶，攜雁而行唐，匏爵分味，醮衾結裳阳，顧儔中饋，内藏真方阳也。[8] 推此而往，已定分冥簡，青書上元。是故善鄙之心，亦已齊矣，對景之好，亦已域矣。得願而遊，歡兼昔旨，豈不冥乎自然。此復是二象大宗，内外之配職耳，實非所以變無反淡，凝情虚刃，靈刀七累，遺任太素，保真啓玉，單景八空之謂也。秀迹高清，欝輿流霄宵，使鳳歌雲路，龍吟虎嘷豪，天皇雙景，遠升辰樓侯，飛星擲光，日月映軀虞，[9] 口吐冥煙，眼激電光唐，上寢瓊房，流行玉清清，手掣景雲，足陟金庭青。[10] 若自此之時，在得道之頃，為當固盡内外，理同金石。情纏雙好，齊心幃幙耳。為必抱衾均牢，有輕中之接，塵穢七神，悲魂任魄乎？蓋是妾求氏族於明君耳，非有邪也。今可謂得志懷真，情已如一。方當相與結駟玉虚，偶行此[北]玄先，同掇絳實於玉圃，并採丹華於閬園元。分飲於紫川之水，齊濯於碧河之濱真。紫霞毛帔，日冕蓉冠桓。逍遥上清，俱朝三元元。八景出落，鳳扉雲關删，仰漱金髓，詠歌玉玄先。浮空寢晏，高會太晨真。四鈞朗唱，香母奏煙先。齊首偶觀，攜帶交裙文。[11] 不亦樂乎？不亦得志乎？(496上一中)

2. 卷二

六月二十九日九華真妃授書曰：景應雙槩，雲會玄落。龍秀五空，采瓊閬臺哈。長歌靈幙，煥啓玉扉微。眇矣遺事，與世長辭之。霞軫絳波，電赴紫棲齐。共攜清響之外，同遊雲岫廣崖佳。[12] 豈不善乎？豈不樂哉！(498中一下)

見授書此曰："明君夷質虚閑，秘搆玉朗荡，蘭淵高流，清響金宫东。[13] 可謂能珍寶藏奇，幽真内煥。摽拂靈篇，乘數順生庚。素德神園，丹録玉清清。興煙拔景，冥鼓遐生庚也。必三事大夫，侍晨帝躬东。[14] 高佐四輔，承制聖君文。理生斷死，賞罰鬼神真。攝命千靈，封山召雲文。主察陰陽之和氣，而加為吴越鬼神之君文也。[15] 妾將挺命凝觀，憑華而生庚。靈飛九天，虚音飆房阳。因運四覺，玄梯同象养。紫名太上，清文八景梗。[16] 神映西暉，德名内隸。乃受書乘氣，得為真妃之任矣。又當助君總括三霍，綜御萬神真。對命北帝，制敕豐山山。又應相與攜袂靈房，乘煙七元元，嘉會希林，内攄因緣仙也。是故君姓於楊，我得為安寒。[17] 妾自發玄下造，君自受書於西宫。從北策景，乘軿東轅元。握髦秉鉞，專制東蕃元。三官奉留，河山啓源元。天丁獻武，四甲衛輪谆。[18] 當此之時，實明君之至貴，真仙之盛觀也。……是故古之高人，覽罪咎之難豫，知富貴之不可享矣。遂肥遯長林，棲景名山山。咀嚼和氣，漱濯清川仙。[19] 欲遠此惡迹，自求多福。超豁緤聘，保全至素者也。君亦奚足汲汲於人間之貴賤，投身於榮辱之肆哉！且方交兵日會，三災向臻臻。神風驅除，臭氣參天先。明金生穢於泥濆，寶玉投糞以招塵真。褰衣振血，濁精虧真真。[20] 玄通遠逸，是其時也。”(499 中—500 上)

喻書曰：“若必範玄秉象，清浄罕時之，遂拔群幽藻，戢翼高棲齐。感味上契，淵渟嶽峙止。[21] 蕭寥玉篇，玩寶神生庚。遺放俗戀，調彈清靈青。澄景虚中，五道發明庚。色絶化浪，欲與淡并清。空同[洞]冥衢，無視無聽青。[22] 爾乃遠齊妙真，重起玄覺觉。明德内圓，靈摽外足烛矣。終能策雲軿以赴霄，書司命之丹録屋耳。[23]”(500 下)。

因授令書如左：若夫能眇邈於當世，則所重唯身也。罕營外難者，則無死地矣。是以古之學者，握玄筌以藏領，匿穎鏡於紛務，凝神乎山巖之庭，頤真於逸谷之津。於是散髮高岫，經緯我生庚。暉暉景曜，採吸五靈青。遊躡九道，登元濯形青。投思絶

空，人事無營清。閉存三氣，研諸妙精清。故能迴日薄之年，反為童嬰清耳。[24]（501下）

清響散空，神風灑林侵。身超冥衢，志詠靈音侵。[25] 仁侯其人也。欲以《裴真人本末》示郗者可矣，其必克諧不？善誘之心，亦內彰也。（502下）

凝心虛形，內觀洞房。抱玄念神，專守真一者，則頭髮不白，禿者更軫。未有以百思纏胸，寒熱破神真，營此官務，當此風塵真。口言吉凶之會，身扉得失之門魂。[26] 眾憂若是，萬慮若此，雖有真心，固為不篤。抱道不行，握寶不用，而自然望頭不白者，亦希聞也。玉醴金漿，交生神梨脂，方丈火棗，玄光靈芝之，我當與山中許道士，不以與人間許長史止也。[27]（503下）

3. 卷三

注之曰：故玄玄以八風為關筌，天地為隄防阳，四海為甕盎，九州為秕糠唐。積之以萬殊，蒸之以陰陽阳。[28] 其陶鑄也，充隆炊累，剛柔清濁觉。象類不同，呼吸吐合合。[29]（509中）

4. 卷四

若其人暫死適太陰，權過三官者，肉既灰爛，血沈脈散者，而猶五藏自生，白骨如玉烛，七魄營侍，三魂守宅陌，三元權息，太神內閉霁。[30]（515中）

若夫瓊丹一御，九華三飛微，雲液晨酣，流黃徘徊灰。仰咽金漿，咀嚼玉蕤脂者，立便控景登空，玄升太微微也。[31]（515上）

天帝曰：太陰煉身形，勝服九轉丹寒。形容端且嚴，面色似靈雲文。上登太極闕，受書為真人真。[32]（515中）

5. 卷六

夫晨齊浩元，洞冥幽始止，八炁靡渾，靈關未理止者，則獨坦觀於空漠，任天適以虛峙止。於是淳音微唱，和風合起止，二明鑒暉，霄翳無倳志也。[33] 擁萌肇於未剖，塞萬源於機上，含生反真，觸類藏初，爰可矧萬歲以為天，願嬰札而長和耳。何事體造靈神之冥鄉，心研殊方之假外哉！自形無得真之具，器無任真之用者，誠宜步天元之妙攝，推萬精以極妙，尋九緯以挺生，睹晨景之迴照。仰觀煙氣，則靈雲纏虛；俯眄六律，則八風扇威微。太無發洞冥之嘯，圓曜有映空之暉微。於是紫霞靄秀，波激嶽頹灰，浮煙籠象，清景遁飛微。[34] 五行殺害，四節交擲昔，金土相親，水火結隙陌，林卉停偃，百川開塞德，洪電縱橫而响沸，雷震東西而折裂薛。[35] 天屯見矣，化為陽九之災咍，地否閡矣，乃為百六之會泰。[36] 亢悔載窮於乾極，睹群龍玃示，流血乎坤野。爾乃吉凶互沖，眾示災咎。履坦道者，將幽人貞吉质；居肥遁者，亦無往不利至。冒險巇也，行必輿屍脂。涉於東北，則喪朋而悔至至。[37] 苟大川之不利，明坎井之沈零矣。此皆人失其真、物乖我和，遊竟萬端，神鬼用謀，容使天地無常，以百姓為心。於是太上真人愍萬流之鼓動，開冥津以悟賢，遂爾導達百變，攝生理具。居福德者常全，處危害者彫折，御六氣者定壽，服靈芝者神逸。奇方上術，演於清虛之奧；金簡玉札，撰於委羽之臺。窈窕神唱，真暉合離。歌其章，則控晨太微微，用其道，則揚輪九垓咍，軒蓋於流霞之陣，眷眄於文昌之臺咍。[38] 或爐轉丹砂之幽精，粉煉金碧之紫漿阳，琅玕鬱勃以流華，八瓊雲煥而飛揚阳。絳液迴波，龍胎隱鳴庚，虎沫鳳腦，雲琅玉霜阳，太極月醴，三環靈剛唐。若以刀圭奏矣，神羽翼張阳。[39] 乃披空同之上文，煒燁元始之室。瓊音琅書，發乎三玄之宮东，寶緘紆三元之贈，蕊珮發丹林之房阳。上帝獻紫軿之重躍，太真錫流金之火鈴青。神童啓轅，九鳳齊鳴庚，天籟駭虛，晨鐘零鏗耕。竦身抑旋，八景浮空东，龍輿虎旂，遊扇八方阳。上造常陽之絶杪，下寢倒景之蘭堂唐。月妃參駟，日華照

容钟，靈姬抱衾，香煙溢窻东，顧眄而圓羅邁矣，何九萬之足稱蒸哉！[40]（521下—522中）

既及太平，則四炁含融，天緯薦生庚，災煙消滅，五毒匿形青，二辰恒察，萬物自成清。於是時任子所運而御，亦無復夭傾清也。[41]（522下）

豈若守丹真於絳宫，朝原神於泥丸桓，保津液而不虧，閉幽術於命門魂，餌靈朮以頤生，漱華泉於清川仙，研玄妙之秘訣，誦太上之隱篇先。於是高棲於峰岫，并金石而論年先耶！諸侯安得而友，帝王不得而臣真也。遠風塵之五濁，常清浄以期真真。[42]優哉悠哉，聊樂我云！（523上）

7. 卷七

體標高運，味玄咀真真。呼引景曜，凝静六神真。焕領八明，委順靈根痕。寶煉三度，養液和魂魂。[43]假使沖風繁激，將不能伐我之正性也。絶飈勃藹，焉能迴己之清淳谆耶？爾乃空沖自吟，虚心待神真，營攝百絶，棲澄至真真，當使憂累靡干於玄宅，哀念莫攖於絳津真也。淡泊眇觀，顧景共歡桓，於是至樂自鎗零聞於兩耳，雲璈虚彈乎空軒元也。口挹香風，眼接三雲文，俯仰四運，日得成真真。視眄所涯，皆已合神真矣。[44]夫真人之得真，每從是而獲耳。不真而强真，亦於此而顛蹷也。復使慾痾填籍，憂哀塞抱皓，經營常累，憑惜外道皓，和適群聽，求心俗老皓。[45]忽發哀音之兮冴，長悼死没以悲逝，必精滅神離，三魂隕炁，邪運空間，魄告魍魎，乘我虚陣，造構百祟。何可握生道以奔於死房，陶靈氣而踐於屍室。擲己吉象，投之凶穢乎？（526下）

8. 卷八

希遐遠曜，冥想凝玄先，蕭浪上韻，耽夢遁真真。仰飛霄霧，俯散靈根痕。飛步四覺，内觀七緣仙者，[46]則必有丹書秀簡，帝房之録烛，玄聲八振，棲身五嶽觉。於是灌胎朝元，吐納六液昔，從容三道，誨此景福屋。上可以策軒空洞，下可以反華變黑德矣。［47］若形羈榮羅，鼓輪華園元，乘波適物，鳴簪風塵真，外有謀道之名，内有百憂來臻臻者，適足勞天年以騁思，終歸骸於三官桓耳。［48］齋之不專，徒悟而無益，可謂意不盡言乎！（534上）

精氣神妙參二儀支，慎傳凡人賢者施支。封天制地無不宜支，子能寶秘天知之之。吾道要妙豈相期之，自有奇神先兵規支。火寸三五天瑞之之，隆代疊換運相推灰。明匠保德慎無思之，驅惡除逆疾尋思之。萬金之術龍之熙之，隆數卒三失由兒支。莫測其源劉向知支，有凶撥亂皇復基之。乘天命世遂平夷脂，制逆者誰必定期之。匠不足慮憂遠危支，五世之間真可悲脂，簒歷有數帝座虧支，當見變異紛紛來咍。［49］金室在茲，枕麝香一具於頸間，辟水注之來，絶惡夢矣，常存三關佳也。（535下—536上）

9. 卷九

向王而祝曰：左玄右玄，三神合真。左黄右黄唐，六華相當唐。風氣惡疫，伏匿四方阳。玉液流澤，上下宣通东。内遣水火，外辟不祥阳。長生飛仙（神仙），身常休强阳。［50］（538上）

既櫛髮之始而微祝曰：泥丸玄華，保精長存魂。左為隱月，右為日根痕。六合清煉，百神受恩痕。［51］（539下）

紫微夫人喻曰：披華蓋之側，延合天真真；入山澗之谷，填天山之源元。則虚靈可見，萬鬼滅身真，所謂仰和天真，俯按山源元也。［52］（540上）

上聞太上玉皇真君：乞得長生世上，壽無億年先，時乘黄晨真，緣蓋龍轅元，上詣紫庭青，役使萬神真，侍衛四明庚。［53］（541下）

微祝曰：大洞真玄張煉三魂，第一魂速守七魄，第二魂速守泥丸，第三魂受心節度，速啓太上三元君，向遇不祥之夢，是七魄遊屍來協，萬邪之源元，急召桃康護命，上告帝君文，五老九真，皆守體門魂，黄閣神師，紫户將軍文，把鉞摇鈴，消滅惡津真。反凶成吉，生死無緣仙。[54]（542上）

右英云：珠圓會暉，韜緑口凝蒸，日霞焕明，赤童秉靈青，玄炎散光，飇象鬱清清。[55] 此日之勢也，神之威也。（544下）

10. 卷十

乃微祝曰：朱鳥淩天，神威内張阳。山源四鎮，鬼井逃亡阳。神池吐氣，邪根伏藏唐。魂臺四明，瓊房零琅唐。玉真巍峨，坐鎮明堂唐。手暉紫霞，頭建神光唐。執詠洞經，三十九章阳。中有辟邪龍虎，截嶽斬綱唐。猛獸奔牛，銜刀吞鑲阳。揭山攫天，神雀毒龍钟。六領吐火，啖鬼之王阳。電豬雷父，掣星流横庚。梟磕駁灼，逆風横行唐。天擒羅陳，皆在我傍宕。吐火萬丈，以除不祥阳。群精啓道，封落山鄉阳。千神百靈，并首叩顙蕩。澤尉捧燈，為我燒香阳。所在所經，萬神奉迎庚。[56]（547下）

乃開目，除去左手。手按山源元，則鬼神閉門魂，手薄神池，則邪根散分文，手臨魂臺，則玉真守關删。[57]（548上）

乃祝曰：炎帝裂血，北斗燃骨没。四明破骸，天猷滅類至。神刀一下，萬鬼自潰队。[58]（548下）

其言云：我今墓有青龍秉氣，上玄辟非微，玄武延軀，虎嘯八垂支，殆神仙之丘窟，煉形之所歸微。[59]（550中）

11. 卷十三

茂曾作書與太極官僚云："昔學道於鬼谷，道成於少室质，養翮於華陽，待舉於逸域职。時乘飆輪，宴我句曲烛，悟言永歎，代謝之速屋。[60] 物存人亡，我勞如何？"（568上）

其文曰：解帶被褐，尋生理活。養存三亦，洞我玉文文。領理八老，二十四真真。不眠内視，微氣綿綿仙。把録太素，玄之又玄先。神道在今，子來乃臻臻。[61]（571上）

12. 卷十四

碑讚末曰：玄漠太寂，混合陰陽阳，天地交泮，萬品滋彰阳。先生理著，分别柔剛唐。鬼神以覩，六度顯明庚。[62]（575下）

至人焉在，朖曜南辰真。含靈萬世，乘景上旋先。化成三道，日月為鄰真。實玄實師，號曰元人真。變成三老，友帝之先先。[63]安知至人，不有來遊尤。觀化兆間，混俗為儔尤。釋羽沈鈴，安此南堣虞。豈將好兆，染俗久留尤。[64]為世染俗，不適生期之。赤怪潛駭，三柱為災咍。賢者南遊，三嶽是之之。玄君來行，人其誰知支。[65]（577下—578上）

13. 卷十五

杜瓊作《重思賦》曰：霏霏春茂，翠矣重思之。靈烝交被，嘉穀應時之。四節既享，祝人以祀止。神禾鬱乎，浩京巨穗至。[66]橫我玄臺，爰有明祥，帝者以熙，此之謂矣。（582中）

14. 卷十七

注之曰：故玄玄以八風為橐筌，天地為隄防唐，四海為甕罌，九州為稗穅唐，積之以萬殊，蒸之以陰陽阳。[67]（588中）

若夫奇神倏詭，恢譎無方阳，陰陽之所煥育，川澤之所函藏唐，則羲和浴日於甘淵，烏飛司景於扶桑唐，江婓登湄而解珮，二女御風於瀟湘阳，潛蛟龍戰於玄泉，蕃丘喪馬於淮陽阳，靈洲海運於南極，東山遙集於帝鄉阳，騂騮抗轡於巨龜，江使感夢於宋王阳。[68]是以洞庭雖廣，濟之不容刀豪；盧龍雖峻，越之不崇朝宵。[69]岷山懸嶺，絶閣千仞震，束馬綿竹，則安樂歸晉震。[70]遼海泱漭，橫帶天渠鱼，公孫不競，則其亡忽諸鱼。[71]若夫飛壺白馬，即墨天山山，三江之浸，九河之源元。[72]尚曷足語哉！（588下）

公讀畢而笑曰："此詩各表其才性也。石生有逸才而輕邁夬，張生體和而難解蟹，[73]許生廣慎而多疑之，丁生率隱而發遲脂。[74]夫輕邁則真忝薄，難解則道不悟，多疑則思無神，發遲則得靈稽。所謂殊途者也。若能各返其迷，悟其所悟，不當

速也?”（591 上）

唯紫微夫人見答云：“爾真炁内感，靈求萬方阳，神來八玄，形與魂翔阳。［75］此實著至之象，事顯幽冥，非虚檮也。如洛公語也。可密示斧子等，勿廣宣露靈中旨也。”（591 中）

伏想玄宫融和，所蒞休宜支，時乘八風，平蕩滓翳霁，六天攝威，消滅魔氣未。［76］（592 上）

15. 卷十八

先生自寄神炁，投景東林侵，沐浴閑丘，乖我同心侵。［77］每東瞻滄海，歎逝之迅，西眄雲涯，哀興内發，仿佛故鄉，鬱何壘壘? 將欲身返歸塗，但矯足自抑耳。於是静心一思，逸憑靈虚。登巖崎嶇，引領仰玄先，冥志扉上，遊雲竦真真，始覺形非我質，遂亡軀遂神真矣。［78］浪心飆外，世路永絶薛，足樂幽林，外難一塞德，建志不倦，精誠無廢废，遂遇明師，見受奇術术，清講新妙，玉音洞密质，吐納平顏，煉魂保骨没，沖氣夷泯，無復内外泰也。［79］（598 上）

（二）赤文部分韻段韻腳字及用韻與《真誥》不符

（說明：a 為赤松佑子文，後面的數字為該句在《吳語研究》中的頁碼。b 為《真誥》文，後面的數字為該句在《道藏》中的頁碼。）

赤文中考察的 115 韻段，有 100 個韻段與《真誥》相符，但有 15 個韻段與《道藏》本《真誥》原文相比，存在差異，具體表現在以下幾個方面：

1. 韻段韻腳字與《真誥》原文不符，主要體現在漏字、錯字兩方面。

（1）漏字

a 清冥精靈誠瓊（3—7）〈清青清青青清清〉（P340）（“3—7”是赤松所標該韻段在《真誥》的位置，表示卷三第七紙，下同）

b 晨闕太霞構，玉室起霄清。領略三奇觀，浮景翔絶冥。丹空中有真，金映育挺精。八風鼓錦被，碧樹曜四靈。華蓋蔭蘭暉，紫轡策緑軿。結信通神交，觸類率天誠。何事外象感，須睹瑤玉瓊。(506 上一中)

a 缺韻腳字“軿”，即漏掉了兩句韻文。

a 精貞行平清（4—13）〈清清庚 2 庚 3 清〉(P340)

b 淵奇體道，解幽達精。虛中受物，柔德順貞。慈寬博採，聞道必行。逍遙飛步，啓誠坦平。策龍上造，浮煙三清。實真仙之領帥，友長里之先生。必當封牧種邑，守伯仙京。傅佐上德，列書絳名。(514 中)

a 缺韻腳字“生、京、名”，即漏掉了六句韻文。

(2) 錯字

a 隅驅裾珠塗何虛（3—12）〈虞虞魚虞模歌魚〉(P337)

b 飛輪高晨臺，控轡玄壟隅。手攜紫皇袂，倏欻八風驅。玉華翼緑帷，青裙扇翠裾。冠軒煥崔嵬，珮玲帶月珠。薄入風塵中，塞鼻逃當途。臭腥雕我氣，百痾令心殂。何不飈然起，蕭蕭步太虛。(508 上)

a 中的第六個韻腳字“何”是錯字，應為“殂”，故此韻段的韻部應為“虞虞魚虞模模魚”。

a 精靈平明情城生傾寧並鈴成星聽（9—8）〈清青庚 3 庚 3 清清庚 2 青青勁青清青青〉(P340)

b 太上四明，九門發精。耳目玄徹，通真達靈。天中玄臺，流炁調平。嬌女雲儀，眼童英明。華聰晃朗，百度眇清。保和上元，徘徊九城。五藏植根，耳目自生。天臺鬱素，柱梁不傾。七魄澡煉，三魂安寧。赤子攜景，輒與我並。有敢掩我耳目，太上當摧以流鈴。萬凶消滅，所願必成。日月守門，心藏五星。真皇所祝，群響敬聽。(539 中)

a 中的第五個韻腳字“情”是錯字，應為“清”。

a 員煙輪新（10—1）〈仙先諄真〉(P338)

b 微誠因理感，積精洞幽真。斐斐乘雲彩，靈像憑紫煙。眇眇濯圓羅，佛佛駕飛輪。玄翰啓蒙昧，顧景恩自新。(545 中)

a 中的第一個韻腳字“員”是錯字，應為“真”。故此韻段的韻部應為“真先諄真”。

2. 首句入韻韻字未列入用韻考察範圍

赤松佑子《〈真誥〉詩文押韻中所見的吳語現象》的用韻未見首句入韻的韻字，不符合漢語音韻學基本規律。

(1) a 京鳴庭聲軿縈清齡（3—12）〈庚 3 庚 3 青清青清清青〉(P340)

b 靈轂秀瀾榮，藏身棲巖京。被褐均衮龍，帶索齊玉鳴。形磐幽遼裏，擲神太霞庭。霄上有陛賢，空中有真聲。抑我曲晨飛，案此緑軒軿。下觀八度內，俯嘆風塵縈。解脱遺波浪，登此眇眇清。擾競三津竭，奔馳割爾齡。(508 上)

a 未將首句入韻的韻腳字“榮（庚）”列入考察範圍。

(2) a 邪家魔（9—10）〈麻麻戈〉(P334)

b 天庭發雙華，山源彰陰邪。清晨按天馬，來詣太真家。真人無那隱，又以滅百魔。(540 上)

a 未將首句入韻的韻腳字“華（麻）”列入考察範圍。

(3) a 生嬰靈並名（9—10）〈庚 2 清青勁清〉(P340)

b 開通天庭，使我長生。徹視萬裡，魂魄返嬰。滅鬼卻魔，來致千靈。上升太上，與日合併。得補真人，列象玄名。(540 上)

a 未將首句入韻的韻腳字“庭（青）”列入考察範圍。

(4) a 君神翩門丸真（9—11）〈文真仙魂桓真〉(P338)

b 眼童三雲，兩目真君。英明注精，開通清神。太玄雲儀，靈驕翩翩。保利雙闕，啓徹九門。百節應響，朝（徊）液泥丸。身升玉宫，列為上真。(540 中)

a 未將首句入韻的韻腳字“雲（文)”列入考察範圍。

(5) a 靈情經清庭（9—17)〈青清青清青〉(P340)

b 太上高精，三帝丹靈。絳宫明徹，吉感告情。三元柔魄，天皇授經。所向諧合，飛仙上清。常與玉真，俱會紫庭。（542中）

a 未將首句入韻的韻腳字“精（清)”列入考察範圍。

(6) a 童公凶鐘龍蹤沖風翁凶鋒重祥狀形（10—10)〈東1東1鐘鐘鐘鐘鐘東3東1鐘鐘鐘陽漾青〉(P342)

b 天蓬天蓬，九元煞童。五丁都司，高刁北公。七政八靈，太上浩凶。長顱巨獸，手把帝鐘。素梟三晨，嚴駕夔龍。威劍神王，斬邪滅蹤。紫氣乘天，丹霞赫沖。吞魔食鬼，横身飲風。蒼舌緑齒，四目老翁。天丁力士，威南禦凶。天騶激戾，威北銜鋒。三十萬兵，衛我九重。辟屍千里，去卻不祥。敢有小鬼，欲來見狀。攫天大斧，斬鬼五形。(548中—下）

a 未將首句入韻的韻腳字“蓬（東)”列入考察範圍。

(7) a 天人玄仙奸煙神淵晨（10—12)〈先真先仙刪先真先真〉(P338)

b 太元上玄，九都紫天，理魂護命，高素真人。我佩上法，受教太玄。長生久視，神飛體仙。塚墓永安，鬼訟塞奸。魂魄和悅，惡氣不煙。遊魅罔象，敢幹我神。北帝呵制，收氣入淵。得籙上皇，謹奏玉晨。(549上）

a 未將首句入韻的韻腳字“玄（先)”列入考察範圍。

(8) a 煙泯神全津（10—21)〈先軫真仙真〉(P338)

b 上景飛纏，朱黄散煙。炁攝虛邪，屍穢沈泯。和魂煉魄，合體大神。令我不死，萬壽永全。聰明徹視，長享利津。（552上）

a 未將首句入韻的韻腳字“纏（仙)”列入考察範圍。

3. 韻腳字的韻部錯誤

韻腳字的韻部錯誤，衹見 1 例。

a 精靈平明情城生傾甯並鈴成星聽（9—8）〈清青庚 3 庚 3 清清庚 2 青青清青清青青〉（P340）

b 太上四明，九門發精。耳目玄徹，通真達靈。天中玄台，流炁調平。嬌女雲儀，眼童英明。華聰晃朗，百度眇清。保和上元，徘徊九城。五藏植根，耳目自生。天臺郁素，柱梁不傾。七魄澡煉，三魂安寧。赤子攜景，輒與我並。有敢掩我耳目，太上當摧以流鈴。萬凶消滅，所願必成。日月守門，心藏五星。真皇所祝，群響敬聽。（539 中）

a 第八個韻腳字“傾”的韻部不是青韻，應為清韻。

4. 韻文確定有誤

韻文確定有誤是指把不押韻的字數相同的句子當作韻文，例如：

a 玄旋洗（8—10）〈先線薺〉（P338）

“玄旋洗”是“靈草廕玄，方仰感旋，曜精洗洗似草作言邊，應詵詵字，即《毛詩》“螽斯羽詵詵兮”，宜爾子孫之義也，繁茂萌重，德必克昌。（20/535 中）”前三句最後一個字，其中“曜精洗洗”中的“洗洗”前人校作“詵詵”。漢語中，四字句很少句句用韻或用奇數句押韻，更未見三句成韻的情況，因此，這三句不應認為是韻文。

三 餘論

全面搜尋古代文獻中的韻文材料、準確歸納研究材料中的所有韻字、並對這些韻字的韻部及用韻進行分析，是研究某一時代或某部文獻韻部或用韻特徵的重要因素。由於種種原因，如沒有注意韻字常常押在語氣詞前等，導致《〈真誥〉詩文押韻中所見的吳語現象》存在遺漏韻文、韻段韻腳字與《真誥》原文不符、首句入韻韻字未列入用韻考察範圍、韻腳字的韻部錯誤、韻文確定有誤等現象，可能會影響人們準確研究《真誥》韻文用韻特徵，以及根據《真誥》的韻文特徵考察其寫定年代。

〔主要參考文獻〕

[1] 明正統道藏［Z］. 北京：文物出版社，上海：上海古籍出版社，天津：天津古籍出版社，1998.

[2] 周祖謨. 魏晉南北朝韻部之演變［M］. 臺北：臺灣東大圖書公司，1996.

[3] 赤松佑子.《真誥》詩文押韻中所見的吳語現象［J］. 吳語研究［Z］. 香港中文大學新亞書院，1995.

[4] 王力. 南北朝詩人用韻考. ［M］. //龍蟲並雕齋文集. 北京：中華書局，1982.

[5] 朱越利. 道藏分類解題. ［M］. 北京：華夏出版社，1996.

[6] 陳國符. 道藏源流考. ［M］. 北京：中華書局，1962.

（夏先忠，懷化學院中文系，郵編 418008）

《資治通鑒釋文》所反映的宋代幾項局部音變

鄧　强

内容摘要：《資治通鑒釋文》是《資治通鑒》問世之後最早爲其作注的音義專書，約作於1150—1160年之間，作者宋代四川人史炤。該書音注材料豐富，其中一些音切反映出宋代語音幾項重要的局部音變，它們與近代官話語音演變的方向一致。這些材料對於近代語音史的研究具有重要的參考價值。

關鍵詞：資治通鑒釋文　宋代　局部音變

《資治通鑒釋文》（下簡稱《通鑒釋文》）是《資治通鑒》問世之後最早爲其作注的音義專書。作者史炤，字子熙，又字見可，宋眉州眉山（今四川眉山）人，曾官宣義郎，監成都府糧料院。古代文獻中鮮有對史氏生平仕履的詳細記載。《通鑒釋文》前所存宋馮時行序是現今考察史氏其人其書最早最可靠的歷史文獻。馮序曰：

> 《通鑒》之成，殆百年未有釋文。學者讀其書，間有難字，必舍卷尋繹，淹移晷景。一字既通，則已忘失前覽矣。於是眉山史見可著《通鑒釋文》三十卷，字有疑難，求於本史，本史無據，則雜取六經、諸子、釋音、《説文》、《爾雅》及古今小學家訓詁、辯釋、地理、姓纂、單聞、小説。力疲疚積，十年而書成。吁！亦勤哉！夫無用之學，聖賢所不

取，古今以文章名世傳後固不少，雖傳矣，未必真有補於世。見可精索而粗用，深探而約見，不與文人才士競能於異世，而爲後學垂益於無窮，亦可以覩其用心矣！見可名炤，嘉佑治平間眉州三卿爲搢紳所宗，東坡兄弟以鄉先生事之，見可即清卿之曾孫也。温恭誠信見於言貌，年幾七十，好學之志不衰，其猶所謂古君子者歟！紹興三十年三月日左朝散郎權發遣黎州軍州主管學事縉雲馮時行序。

紹興三十年爲公元 1160 年，此時史炤“年幾七十”，則史氏生年當在 1090 年之後不久。《玉海》卷四十七載：“《通鑒釋文》三十卷 史炤紹興三十一年（1161 年）上”。《中國史學史辭典》推斷史炤主要活動在公元 1092－1161 年之間，基本可信。史炤由北宋入南宋，經歷了社會動盪和政權更迭，《通鑒釋文》約作於 1150－1160 年之間，時值南宋高宗紹興年間。

《通鑒釋文》注釋條目共 28078 條，註音在除去重復之後共計有效反切和直音 9875 條，該書音切材料如此豐富，是我們今天考察兩宋之交時期漢語語音的重要文獻。筆者對《通鑒釋文》音切進行窮盡考察，發現其中一些音注反映出宋代語音幾項重要局部變化，這些材料對於近代語音史的研究是不可忽視的。

本文選取“四部叢刊本”爲工作底本（該本乃據“烏程蔣氏密韻樓藏宋刊本”影印，爲完帙），再取“中華再造善本”（影印宋本）與之對校，以“叢書集成初編本”作參校，對《通鑒釋文》的音注全面校勘。然後將《通鑒釋文》音切與中古音比較，我們遵循邵榮芬（1964）和陳亞川（1986）先後提出和完善的反切比較法原則，找《廣韻》中可比對之音作比較，適當參考《集韻》。本文所舉音切例证中被注字和反切下字或直音字的右下角注中古的聲韻開合等第及聲調，個別字附有釋義，括號内爲出處。以下對這些特殊音注所反映的宋代局部音變分類討論。

一 蟹攝二等部分字讀入假攝二等

蟹攝二等與假攝二等的混同在唐代詩歌用韻裏就有表現。唐初李白《千里思》葉：沙家花嗟涯（下加點號的是蟹攝二等字，下同)；《古意》葉：花斜家崖。（鮑明煒，1990）唐代《五經文字》（邵榮芬，1964）反切中有佳麻二韻合口互注的例子，如：匕，火卦切；掛，古化切。唐五代的《千字文》等對音（羅常培，1961)、《字寶》音注（劉燕文，1998）等都反映出相同的語音變化。宋代的《通鑒釋文》裏也出現了蟹攝二等合口字與假攝二等合口字的混注：

華匣禡合二去，户卦見卦合二去切（漢紀五十一）

被注字“華”是假攝禡韻二等合口字，反切下字“卦”是蟹攝卦韻二等合口字，此例反切反映出蟹攝二等合口字脱落 i 韻尾之後韻母變與假攝二等合口字相同。但《通鑒釋文》中蟹攝與假攝的混注僅此一條。佳麻二韻係的混同在宋代各地區詩歌押韻中十分普遍，如據劉曉南先生（2004）研究，宋代四川詩韻“佳夬韻系一分爲二，一部分逐漸歸於麻韻系，其他歸入皆來部，這是由唐宋到元的漢語語音演變的普遍現象，宋代四川詩人用韻亦反映了這一通語音變現象。”《通鑒釋文》音注所反映的佳麻混注與詩韻所反映的佳麻通押的語音實質相同。

二 果攝一等開合口部分字相混

果攝一等開合口的相混在宋以前的文獻中比較少見，這種相混在宋代逐漸出現，《通鑒釋文》中共有六條：

1. 歌開一戈合一混注

(1) 阿影歌開一平，烏禾匣戈合一平切（秦紀二、晋紀十三）

（2）莎心戈合一平，素何匣歌開一平切（漢紀三十三、四十二、唐紀三十七、七十九）

（3）婆並戈合一平，蒲何匣歌開一平切（秦紀三、晋紀三十七、梁紀一、四、七、八、十三、十六、陳紀二、三、九）

（4）鄱並戈合一平，蒲何匣歌開一平切（晋紀十七、陳紀五、唐紀十一）

2. 箇開一過合一混注

（5）啰來箇開一平，魯播幫過合一平切（唐紀五十三）

（6）磨明過合一去，莫賀匣箇開一去切（周紀四）

阿，《廣韻》烏何切，作者將歌韻“何”改爲戈韻“禾”。莎，《廣韻》蘇禾切。“素”和“蘇”都是心母字，作者將“禾”改爲“何”。前兩條混注一共出現了六次，如果不是實際語音裏“何”、“禾”音同或音近，如此自由的替换是不可能出現的。這反映的當是果攝一等主元音 a 高化爲 o 的音變，開口即讀此，合口讀 uo，韻母讀音實際近於 o，正是因爲果攝一等開合口主元音高化後韻母變的相近，甚或混同，所以才會出現這樣的混注。楊耐思先生（1981）給《中原音韻》中歌戈韻一等開口和合口的擬音即分别是 o 和 uo。後四例的被注字和反切下字都牽涉到唇音字，有“婆”、“鄱”、“播”和“磨”四個，由於唇音字不分開合，所以這四條反切是否也反映出同樣的音變還不能肯定。

宋初譯音對這兩韻的變化已有反映。據張福平（1996）研究，天息灾譯音裏歌戈都用來對譯 a，還發現“在宋初語音系統中這兩韻（筆者按：歌戈兩韻一等）字的主要元音已有向後代 o 元音轉變的趨勢”，這是因爲已經有少數歌戈韻一等字同對 o。北宋末董冲《唐書釋音》（孫建元，1996；吕勝男，2010）反切亦有“妥，他可切”這樣的註音。（加點號的是歌韻系字，下同）南宋初《詩緝》（劉紅花，2005）音注裏歌戈一等混注共六例，如以戈注歌：娑，音梭；以歌注戈：妥，拖之上。這種相混在不少文獻裏都有反映，説明這是宋代比較常見的音變現象。

三 宕攝一等開合口部分字相混

宕攝是與果攝主元音平行的陽聲韻韻攝，《通鑒釋文》中宕攝開合之間衹有一條混注，出現在入聲鐸韻一等開口與合口之間，混注例爲：

郝曉鐸開一入，音霍曉鐸合一入（晉紀二十四）

以“霍”音“郝”，明確説明實際語音裏鐸韻一等開合口韻母相同或相近。混注例較少，可能説明這種混同衹是一部分字韻母的相混，其實質當同於果攝一等開合之間的混注。此類相混在北宋及以前的文獻難覓其迹，《通鑒釋文》是所能見到的較早記録宕攝一等開合相混的文獻。

四 流攝部分唇音字讀入遇攝

流攝部分唇音字韻母轉入遇攝是唐宋時期一個較爲普遍的音變現象。初唐的白話詩人王梵志（張鴻魁，1992）詩作中這類通押就有不少，如《你若是好兒》叶：“母不户與母户”，《見有愚痴君》叶：“女屋覆護誤”。（下加點號的是流攝唇音字，下同）中唐白居易（鮑明煒，1990）古體詩《白雪毛》韻段一叶：“茂露去住顧妒樹賦”，《薛中丞》叶：“遇露固度懼覆具柱互諭惡露去暮數故”。慧琳《一切經音義》（周祖謨，2001）反切有“負，扶武反”，“阜，扶務反”等反映流攝唇音字混入遇攝的音注。唐五代敦煌俗文學的別字異文（邵榮芬，1963）中有以“浮”代“扶”、以“負”代“輔”、以“赴”代“副”的代用例。《千字文》（羅常培，1961）等的漢藏對音裏“婦富阜不否覆茂”等流攝唇音字與遇攝字都對 u，而流攝其它字對 eu 和 iu。宋代《通鑒釋文》中亦有這類混注：

1. 以厚注麌

（1）䳇微麌合三上，罔母明厚開一上切（隋紀二）

2. 以虞注尤

（2）枹（鼓槌）奉尤開三平，風無微虞合三平切（周紀四、漢紀十九、五十六、五十九、魏紀二、晋紀二十六）

（3）桴（同“枹”，鼓槌）奉尤開三平，芳無微虞合三平切（唐紀二十一）

（4）桴（同“艀”，舟也）奉尤開三平，芳無微虞合三平切（漢紀十三、三十五、梁紀九、唐紀二十）

例 1 被注字“䳇”爲微母麌韻合口三等字，用厚韻明母一等字“母”作反切下字，説明“母”字韻母與“䳇”同，讀入遇攝。“䳇”爲帶有 i 介音的三等字，用一等字作它的反切下字，同時説明這個遇攝輕唇音字的介音也發生了變化，由細音變爲洪音。

“枹”字在《廣韻》中有三音：一、防無切：枹罕，縣名，在河州。罕音漢。二、縛謀切：鼓槌。三、布交切：《爾雅》注曰：“樹木叢生，枝節盤節。《詩》云：枹有三枿。又楊枹菜。據例（2）在《通鑒釋文》的解釋爲“擊鼓杖”，義同“鼓槌”，當與尤韻的“縛謀切”一音比較。“枹”用虞韻的“無”作反切下字，説明韻母讀入遇攝。例 3“桴”在《通鑒釋文》的釋義爲“本亦作枹，擊鼓槌也”，可見爲“枹”之異體，該字與虞韻字“無”的混注情况同“枹”。例 4“桴”在《通鑒釋文》的釋義爲“編竹木爲之大者曰栰，小者曰桴。”《廣韻》“栰”、“筏”異體，“筏”，《廣韻》“房越切，大曰筏，小曰桴，乘之渡水”，可見“筏”和“桴”都是舟船之屬。《廣韻》尤韻“艀”：縛謀切，舟也。“桴”、“艀”義同，當爲異體關係。例 4“桴”與虞韻字“無”的混注情况亦同“枹”，反映的也是尤韻唇音字韻母轉入遇攝的音變。這三例中的被注字都是奉母字，用非母和敷母字作反切上字，説明韻母變化的同時聲母也發生了“濁音清化”的音變。

宋代詩詞用韻中流攝唇音字押入遇攝字成爲十分常見的現象，如劉曉南先生（2004）研究宋代四川詩韻發現“宋代四川詩人用韻中尤侯部唇音字入魚模韻 15 字共 53 例，它們是‘負母婦否覆富拇剖畝缶謀蜉浮眸’”。《通鑒釋文》反切與宋代四川詩韻兩種不同類型的文獻所反映的音變不謀而合。

五　明母三等部分字變爲洪音

通攝和流攝等的明母三等字後來 i 介音脱落，變成洪音，這種變化早在《通鑒釋文》中就有反映，共有如下數例：

1. 被注字爲洪音字，反切下字爲三等字

（1）鶩明屋合一入，音目明屋合三入（晉紀二十）

2. 被注字爲三等字，反切下字爲洪音字

（2）蟊明尤開三平，莫侯匣侯開一平切（後唐紀七）

（3）鍪明尤開三平，莫侯匣侯開一平切（漢紀五十三、宋紀七、陳紀三）

（4）牟明尤開三平，莫侯匣侯開一平切（唐紀十三、唐紀三十一）

（5）牟明尤開三平，謨侯匣侯開一平切（漢紀十三）

《通鑒釋文》中以上例证中的“目”和“蟊”、“鍪”、“牟”等明母三等字或作爲一等字的直音字，或用一等字作反切下字，説明它們的 i 介音已經脱落，由細音變成了洪音。

北宋董冲《唐書釋音》（孫建元，1998；吕勝男，2010）中有類似混注，如“粦，莫侯切”，“鍪，莫侯切”。（下加點號的是明母三等字）這種變化在宋代的西北方音裏似乎表現得較突出，與《通鑒釋文》時間相近的《番漢合時掌中珠》（龔煌城，2005）

裏明母尤韻三等字許多變爲洪音，它們同對 u。這種變化與《通鑒釋文》情形類似，説明此音變已經廣泛存在於宋代的實際語音中。

六　合口三等部分輕唇音字變爲洪音

合口三等輕唇音字變洪音在唐五代時期的少數文獻出現。朱翺《説文繫傳》反切（王力，1982）中有輕唇音合口字變洪音的例子，如：賦，方布切；凡，符芝切。（下加點的是合口三等輕唇音字，下同）這種變化在唐及宋初的文獻中並不多見。《通鑒釋文》有一些這樣的混注例：

1. 被注字爲洪音字，反切下字爲合口三等輕唇音字

（1）以麌注暮

度定暮合一去，徒父奉麌合三上切（魏紀十）

（2）以陽注唐

旁並唐開一平，毗房奉陽合三平切（唐紀五十四）

2. 被注字爲合口三等輕唇音字，反切下字爲洪音字

（3）以厚注麌

䳇微麌合三上，罔母明厚開一上切（隋紀二）

（4）以没注物

紱非物合三入，分忽曉没合一入切（晋紀一）

（5）以潸注阮

皈非阮合三上，扶板幫潸開二上切（梁紀九）

（6）以咸注梵

泛奉梵合三平，符咸匣咸開二平切（漢紀五十三）

“父、房”和“䳇、紱、皈、泛”等都是合口三等輕唇音字，它們與一二等字混注，説明這些輕唇音字丢失了原有的 i 介音，變同一二等字，成爲洪音。輕唇音字中 i 介音的丢失，應當是與

輕唇音聲母的産生相伴隨的變化。例（3）除反映微母字“鵡”變爲洪音外，還顯示出流攝唇音字讀入遇攝的音變。《通鑒釋文》中這六條例证分别出自遇、宕、臻、山、咸五攝，奉、非、微三個輕唇音聲母，涉及面較廣，可見這種變化在當時是比較普遍的。

此變化在宋代其它文獻中也有體現，如董冲《唐書釋音》（孫建元，1998；吕勝男，2010）“酆，敷公切”，“飯，音販”。在宋代西北方音裏也出現。與《通鑒釋文》時間相近的《番漢合時掌中珠》（龔煌城，2005）裏出現的合口三等輕唇音字大多都變爲洪音，這些變爲洪音的輕唇音字主要是遇攝字和通攝入聲字，它們同對 u。雖然合口三等輕唇音字由細向洪的變化在其它文獻中也偶有出現，但《通鑒釋文》中這項音變涉及到多個韻攝和多個輕唇音聲母，顯得十分突出，這在兩宋之交及以前的文獻中是很少見的。

七　莊母三等部分字變爲洪音

知莊章三組舌齒音字韻母向洪音的轉變是與這三組聲母在近代的演變相伴隨的介音變化。《通鑒釋文》中有一條反映此音變的音注：

搤影麥開二入，於側莊職開三入切（漢紀四十六）

“搤”，《廣韻》於革切，影母麥韻開口二等。反切下字“側”，《廣韻》阻力切，莊母職韻開口三等。“搤”，至今仍然讀作洪音，用三等字“側”作其反切下字，則説明“側”字的 i 介音丢失，變爲洪音。這條音注同時也反映出梗曾二攝主元音的趨同。周祖謨先生（1966）認爲宋代《皇極經世書聲音倡和圖》中的知照（章莊）組聲母已經合流，莊母已變爲捲舌聲母。楊耐思先生（1981）認爲《中原音韻》中的莊母還是舌葉聲母，尚未變爲捲舌聲母。不管宋代《通鑒釋文》的莊母是舌葉音還是捲舌音，其中部分字韻母中的 i 介音應是受聲母同化而消失的。

北宋董冲《唐書釋音》（孫建元，1998）中有同類混注出現，如“鋃，魯常切”，“橰，抽吾切”，“喘，吹官切”。（下加點的是舌齒音三等字，下同）南宋蕭常《續後漢書音義》（孫建元，1998）“創，初康切”，“並，普尚切”。宋代音注文獻中對此音變多有反映，而且牽涉到知莊章三組多個舌齒音聲母，如以上例证中“側”莊母，“常”禪母，“橰”徹母，“喘”昌母，“創”初母，“尚”書母，這説明此時舌齒音字韻母由細音向洪音的轉變已經頗具規模。

以上七項音變與宋代其他文獻，如詩韻、音釋、對音等所反映出的語音特點都基本吻合，而且有一些語音變化在其他文獻中是比較少見的。這些音變與近代漢語語音的代表《中原音韻》音系中更爲成熟的變化也比較一致，《通鑒釋文》中的這些音變是宋代實際語音的真實體現。雖然這些局部音變衹發生在部分字上，不如濁音清化、同攝重韻及三四等韻合併、濁上變去等系統音變那麽引人注目，但是對於整個語音史的研究來説，考察局部音變也是一項必需的工作，是建立完整的漢語語音史不可或缺的一部分。

〔主要參考文獻〕

[1] [宋] 史炤. 資治通鑒釋文. 四部叢刊初編 [C]. 上海：上海書店，1989.

[2] [宋] 王應麟. 玉海. 影印文淵閣四庫全書第九四四册 [C]. 臺北：商務印書館，2003.

[3] 明文書局. 中國史學史辭典 [M]. 臺北：明文書局，1986.

[4] 邵榮芬.《五經文字》的直音和反切 [J]. 中國語文，1964 (3).

———敦煌俗文學中的别字異文和唐五代西北方音 [J]. 中國語文，1963 (3).

[5] 陳亞川. 反切比較法例説 [J]. 中國語文，1986 (2).

[6] 鮑明煒. 唐代詩文韻部研究 [M]. 南京：江蘇古籍出版社，1990.

[7] 周祖謨. 唐五代的北方語音. //周祖謨語言學論文集 [C]. 北京：商務印書館，2001.

——宋代汴洛語音考. //問學集下册 [C]. 北京：中華書局，1966.

[8] 羅常培. 唐五代西北方音 [M]. 北京：科學出版社，1961.

[9] 劉燕文. 敦煌寫本《字寶》《開蒙要訓》《千字文》的直音、反切和異文. //語苑擷英 [C]. 北京：北京語言文化大學出版社，1998.

[10] 劉曉南. 宋代四川詩人用韻及宋代通語音變若干問題 [J]. 四川大學學報，2004 (6).

[11] 楊耐思. 《中原音韻》音系 [M]. 北京：中國社會科學出版社，1981.

[12] 張福平. 天息災譯着的梵漢對音研究與宋初語音系統. //薪火編 [C]. 太原：山西高校聯合出版社，1996.

[13] 孫建元. 宋人音釋研究. 南京大學博士論文，1997.

[14] 吕勝男.《唐書釋音》音切研究. 南京大學博士論文，2010.

[15] 劉紅花.《詩緝》音釋研究. 南京大學博士論文，2005.

[16] 張鴻魁. 王梵志詩歌用韻考. //隋唐五代漢語研究 [C]. 濟南：山東教育出版社，1992.

[17] 龔煌城. 十二世紀末漢語的西北方音韻母系統的構擬. //西夏語言文字研究論集 [C]. 北京：民族出版社，2005.

[18] 王力. 朱翺反切考. //龍蟲並雕齋文集. 第三册. [C]. 北京：中華書局，1982.

（鄧強，昆明學院人文學院，郵編 650214）

沈兼士《廣韻聲系》諧聲系統分析*

喬秋穎　史晶璐

内容摘要： 沈兼士《廣韵聲系》對《廣韵》諧聲字作了系統性的整理和安排。書中"見"類"古"系字的各級諧聲系統中主諧字之間、各級子系統中主諧字與被諧字之間中古聲韵關係明顯，上古聲韵關係更爲密切，其他各係字内部的音讀關係亦有規律可循。沈著對從聲韵上認識漢字諧聲系統，進一步推進上古韵部和聲紐的研究有重要意義。

關鍵詞： 沈兼士　《廣韵聲系》　諧聲系統　古音研究

諧聲字能體現讀音關係，在古音研究中被廣泛應用。民國以前，諧聲字主要用於古韵研究。民國以來，越來越多的學者運用諧聲字研究上古聲紐，他們不再像清代學者那樣，僅僅用零散的諧聲現象研究古聲紐，而是界定了諧聲原則後，更爲系統、科學地去運用。沈兼士先生的《廣韵聲系》（以下簡稱《聲系》作爲一部諧聲字字典，它整理了《廣韵》的諧聲系統，爲其他學者運用諧聲材料研究上古音提供了極大便利。

一　沈兼士對諧聲字作用的認識

沈兼士認爲形聲字在漢字衍變過程中起着十分重要的作用，

* 項目資助：江蘇省政府規劃指導項目"民國時期的古音學研究"（08YYD013）。

考察漢字音讀關係尤其是諧聲系統，對於漢語研究有着重要價值：

吾人欲建設漢語學，必須先研究漢語之字族；欲作字族之研究，又非先整理形聲字之諧聲系統不可。[1]

蓋中國文字演進之程序，有二階段：先爲意符字——象形，指事，會意，後爲音符字——形聲，轉注，假借。說文所敘，前者僅少數，後者乃得十之七八。换言之即三代之意符文字雖少，而晚周秦漢以來之音符文字，獨以之爲總龜。[2]

沈兼士提到的“諧聲系統”已將諧聲字研究建立在系統、科學觀的基礎上。他以聲紐爲綱，將《廣韵》龐大的諧聲系統納入四十一聲類，有利於我們進行系統的古音研究，尤其能够促進聲紐的研究。而《聲系》將散列的諧聲字整理成嚴整的諧聲系統，也是對諧聲材料整理工作的極大豐富和發展。

《聲系》第一主諧字爲非形聲字，有 947 個，加上各聲類《附録》中“意符字之不爲主諧字者”452 個，和“疑似之音符字及字體不明者”207 個，這些非形聲字或難以確定歸屬的字共計 1606 個，而《廣韵》所收字之總數爲 26194 個，加上《聲系》收録的《廣韵》未之字 32 個，共 26226 個，非形聲字所占的比例僅占 6. 1 %，《聲系》堪稱“諧聲字字典”，是對漢字諧聲系統研究十分有價值的工具書。

二 《聲系》對《廣韻》收字諧聲系統的歸納

沈兼士在《廣韻聲系編輯旨趣》中說：“至於反切等呼，均逐字註明，復以高本漢所擬切韵音標並記之，俾便研究讀音問題”。周祖謨補識說：“每一主諧字或被諧字，於欄内既記其反切音讀，欄外並記其紐韵等呼，及瑞典高本漢（B. Karlgren）所擬之切韵音值，以便比較研究。”對各字音讀的詳細標注是“比較主諧字與被諧字讀音分合之現象"[1]的前提。

下面將《聲系》展現出來的各字中古的聲、韻、調、開合、等、反切以及擬音音值等要素羅列出來，從兩個方面進行分析：一、各級主諧字之間的音讀聯繫，即一級主諧字與隸屬於它的其它等級的主諧字之間的音讀聯繫；二、同級子系統中主諧字與被諧字之間的音讀聯繫。我們以《聲系》收字最多的"57 古"爲例。

（一）各級主諧字之間的音讀聯繫

級數	主諧字	紐	韻	調	開合	等	反切	擬音
一級主諧字	古	見	姥	上	合	一	公户切	ᶜkuo
二級主諧字	居$_1$	見	之	平	開	三	居之切	꜀kji
	居$_2$		魚				九魚切	꜀k iwo
	辜		模		合	一	古胡切	꜀k˙uo
	酤$_1$		模				古胡切	꜀kuo
	酤$_2$		暮	去			古暮切	kuoᵓ
	酤$_3$	匣	姥	上			侯古切	ᶜɣuo
	敢	見	敢	上	開		古覽切	ᶜk ɑ̂m
	固		暮	去	合		古暮切	kuoᵓ
	苦$_1$	溪	姥	上			康杜切	ᶜk'uo
	苦$_2$		暮	去			苦故切	k'uoᵓ
	胡	匣	模	平			户吴切	꜀ɣuo
三級主諧字	嫴	見	模	平	合	一	古胡切	꜀kuo
	厰$_1$	溪	敢	上	開		口敢切	ᶜk'ɑ̂m
	厰$_2$	疑	侵	平		三	魚金切	꜀ngəm
	厰$_3$	透	敢	上		一	吐敢切	ᶜt'ɑ̂m
四級主諧字	嚴	疑	嚴	平	開	三	語驗切	꜀ng?? m
五級主諧字	巖	疑	銜	平	開	二	五銜切	꜀ngɑm

説明：表中收了又音，我們用下標數字以示區别。如上表中"居"有兩個讀音，則用"居$_1$、居$_2$"表示。

由表可見各級主諧字之間音讀上的聯繫。我們從聲、韻兩個方面分析：

1. 從聲紐上看

（1）一級主諧字"古"與二級主諧字"居辜酤$_1$酤$_2$敢固"及三級主諧字"嫴"都屬見母 k①。

（2）二級主諧字"酤$_3$"與"胡"字都屬匣母 ɣ，二級主諧字“苦$_1$苦$_2$”與三級主諧字“厰$_1$”都屬溪母 k'。它們雖與“古”字之見母 k 不同，但溪母 k'與見母 k 同屬牙音，二者發音部位相同，因此是相近的關係。而匣母 ɤ 爲喉音，與見母 k 發音部位相近。

（3）三級主諧字“厰$_2$”與四級主諧字“嚴”、五級主諧字“巖”同屬疑母 ng[2]，疑母 ng 與見母 k 同屬牙音；“厰$_3$”屬透母 t'，舌音透母 t'與牙音見母 k，發音部位和發音方法都存在區別，其諧聲關係就不易知曉了。

由此，我們可以總結出“古”系諧聲字聲紐關係表：

一級	關係	聲紐	二級	三級	四級	五級
古見 k	相同	見 k	居辜酤$_1$酤$_2$敢固	嫴（辜）		
	相近	溪 k'	苦	厰$_1$（敢）		
		疑 ng		厰$_2$（敢）	嚴	巖
		匣 ɤ	酤$_3$胡			
	不合	透 t'		厰$_3$（敢）		

説明：甲. 括號内的字爲該字的主諧字，如“嫴”的主諧字是辜；乙. 有又音的字，如果聲紐相同，則不再分注。如“苦”有“苦$_1$、苦$_2$”二音，這兩個音都爲溪母，則僅在表中録入“苦”字，不再區分苦$_1$、苦$_2$。韻母相同的也依此處理。

2. 從韵母上看

（1）模、姥、暮聲調不同，屬不同韻，但韻母相同，二級主諧字“辜酤固苦胡”與三級主諧字“嫴”都爲 uo。

（2）二級主諧字“居$_2$”爲魚韻iwo，而與一級主諧字“古”的姥韻 uo 相近，衹是韻頭有所差異；二級主諧字“居$_1$”爲支韻 ji，與一級主諧字“古”的姥韻 uo 區別較大。

（3）二級主諧字“敢”與其被諧字，即三級主諧字“厰$_1$、厰$_3$”同屬敢韻âm，音值相同。而三級主諧字“厰$_2$”、四級主諧字“嚴”、五級主諧字“巖”，分屬侵ịəm、嚴ịəam、銜 am 三韻，它們與二級主諧字“敢”的âm 主要元音相近，韻尾相同。二級主諧字“敢”及其牽起的各級主諧字與一級“古”字的韻則係聯不起來。

“古”系諧聲字韻母關係表：

<table>
<tr><th>一級</th><th>關係</th><th>聲韻</th><th>二級</th><th>三級</th><th>四級</th><th>五級</th></tr>
<tr><td rowspan="9">古
姥 uo</td><td rowspan="4">相同</td><td>模 uo</td><td>辜酤$_1$胡</td><td>嫴（辜）</td><td></td><td></td></tr>
<tr><td>姥 uo</td><td>酤$_3$苦$_1$</td><td></td><td></td><td></td></tr>
<tr><td>暮 uo</td><td>酤$_2$固苦$_2$</td><td></td><td></td><td></td></tr>
<tr><td>魚ịwo</td><td>居$_2$</td><td></td><td></td><td></td></tr>
<tr><td rowspan="5">不合</td><td>之 ji</td><td>居$_1$</td><td></td><td></td><td></td></tr>
<tr><td>敢âm</td><td>敢</td><td>厰厰$_3$（敢）</td><td></td><td></td></tr>
<tr><td>侵ịəm</td><td></td><td>厰$_2$（敢）</td><td></td><td></td></tr>
<tr><td>嚴 ibm</td><td></td><td></td><td>嚴（厰$_2$）</td><td></td></tr>
<tr><td>銜 am</td><td></td><td></td><td></td><td>巖（嚴）</td></tr>
</table>

以“古”爲一級主諧字的各級主諧字及被諧字的關係若網在綱，一目了然，其他各主諧字及被諧字的關係亦與此相似。

（二）各級子系統中主諧字與被諧字間的音讀聯繫

我們從一級子系統“古”開始分析，順次進行，直至最後一級子系統，即五級“巖”子系統。下文各圖左上方標明編號：“1—1”即一級子系統，“2—1”即二級子系統中的第一個諧聲子系統，2—2 即二級子系統中的第二個諧聲子系統，依次類推。

與上文對各級主諧字之間諧聲關係的分析一樣，我們從中古音的角度，從聲、韻兩個方面，對每一級子系統進行分析。在分析過程中，是將各級子諧聲系統中的諧聲關係分爲：聲紐相同、聲紐相近、聲紐不合；韻母相同、韻母相近、韻母不合這六種情况來探討的。

一級子系統“古”		紐	調	韻	開合	等	反切	擬音
主諧字	古	見	上	姥	合	一	公户切	^{c}kuo
被諧字	胋同股 罟估盬$_1$ 鈷𦍩俗羖 詁牯沽盬$_1$		上	姥	合	一	公户切	^{c}kuo
	居$_1$			之	開	三	居之切	$_{c}$kji
	居$_2$			魚			九魚切	$_{c}$k i̯wo
	姑辜酤$_1$蛄鴣𦨴沽$_2$𪉟盬$_2$ 𤫩		平	模	合	一	古胡切	$_{c}$kuo
	敢 㪉籀文 𣪊古文		上	敢	開		古覽切	^{c}kam
	故酤$_2$沽$_3$固痁		去	暮	合		古暮切	kuo^{ɔ}
	枯軲殆跍	溪	平	模			苦胡切	$_{c}$k'uo
	苦$_1$		上	姥			康杜切	$_{c}$k'uo
	苦$_2$		去	暮			苦故切	k'uo^{ɔ}
	居$_1$	端	上	姥			嘗古切	^{c}tuo
	胡 頶 瓳 黏粘	匣	平	模			户吴切	$_{c}$ɣuo
	怙祜岵 居$_2$酤$_3$		上	姥			侯古切	^{c}ɣuo

從聲紐看，一級子系統“古”内分爲兩種情況：

1. 被諧字與主諧字聲紐相同：k（見）——k（見）“胋罟估盬鈷𦍩詁牯沽盬居姑辜酤$_1$酤$_2$蛄鴣𦨴沽𪉟盬𤫩敢㪉𣪊故沽固痁”。

2. 被諧字與主諧字聲紐相近：k（見，牙音）——k'（溪，牙音）“枯軲殆跍苦”、ɣ（匣，喉音）“胡頶瓳黏粘怙祜岵居$_2$酤$_3$”。

祇有一個字與主諧字聲紐不合：“居$_1$”，t（端，舌音）。

從韻母看，一級子系統“古”内分爲三種情況：

1. 被諧字與主諧字韻相同：uo（姥）——uc（模姥暮）“胋罟估盬鈷𦍩詁牯沽$_2$盬姑辜酤蛄鴣𦨴沽$_1$𪉟盬𤫩故沽$_3$固痁枯軲

殆跍苦居胡頶瓳黏粘怙祜岵”。

2. 被諧字與主諧字韻相近：uo（姥）——wo（魚）“居$_2$”。

3. 被諧字與主諧字韻不合：uo（姥）——ji（之）“居$_1$”、âm（敢）“敢骰散”。

2—1

二級子系統“居”		紐	調	韻	開合	等	反切	擬音
主諧字	居$_1$	見	平	之	開	三	居之切	꜀kji
	居$_2$	見	平	魚	開	三	九魚切	꜀k i̯wo
被諧字	⿱宀居據裾琚腒鶋蜛崌椐$_1$涺⿱艹居腒$_1$	見	平	魚	開	三	九魚切	꜀k i̯wo
	鋸倨踞椐$_2$艍⿰魚居	見	平	御	開	三	居御切	k i̯wo꜄
	椐$_3$	溪	去	魚	開	三	去魚切	꜀k'i̯wo
	腒$_2$	群	平	魚			强魚切	꜀g'i̯wo

從聲紐看，二級子系統“居”内有兩種情況：

1. 被諧字與主諧字聲紐相同：k（見）——k“⿱艹居據裾琚⿱艹居鶋蜛崌椐$_1$椐$_2$涺⿱艹居腒$_1$鋸倨踞艍⿰魚居”。

2. 被諧字與主諧字聲紐相近：k（見，牙音）——k'（溪，牙音）“椐$_3$”、g（群，牙音）“腒$_2$”。

從韻母看，被諧字與主諧字相同，都爲i̯wo（魚、御）。

2—2

二級子系統“辜”		紐	調	韻	開合	等	反切	擬音
主諧字	辜	見	平	模	合	一	古胡切	꜀kuo
被諧字	橭$_1$ ⿰金辜⿰女辜⿰月辜	見	平	模	合	一	古胡切	꜀kuo
	橭$_2$	溪	平	模	合	一	苦胡切	꜀k'uo

從聲紐看，二級子系統“辜”内有兩種情況：

1. 被諧字與主諧字聲紐相同：k（見）——k（見）“橭$_1$ ⿰金辜⿰女辜⿰月辜”

2. 被諧字與主諧字聲紐相近：k（見，牙音）——K（溪，牙音）“樟$_2$”。

從韻母看，被諧字與主諧字相同，皆爲 uo（模）。

2—3

二級子系統“酤”		紐	調	韻	開合	等	反切	擬音
主諧字	酤$_1$	見	平	模	合	一	古胡切	$_{c}$kuo
	酤$_2$		去	暮			古暮切	kuo^{ɔ}
被諧字	酤$_3$	匣	上	姥	合	一	侯古切	^{c}ɣuo
	蔛$_2$	溪	去	暮			苦故切	k'uo^{ɔ}

二級子系統“酤”内被諧字與主諧字聲紐相近：k（見）——k'（溪，牙音）“蔛”；韻母相同，都爲 uo（暮）。

2—4

二級子系統“敢”		紐	調	韻	開合	等	反切	擬音
主諧字	敢	見	上	敢	開	一	古覽切	? k âm
被諧字	橄澉$_1$	見	上	敢		一	古覽切	^{c}k âm
	鱤$_1$		上	闞			苦暫切	^{c}âm^{ɔ}
	撖$_1$	溪	去	覃			口含切	^{c}k'âm
	厰$_1$		上	敢			口敢切	k'âm
	撖$_2$			豏			苦減切	$_{c}$k'âm
	闞$_1$瞰胋䑙 $_2$		去	闞			苦濫切	^{c}k'âm^{ɔ}
	厰$_2$	疑	平	侵		三	魚金切	$_{c}$ng i̥m
	厰$_3$	透	上	敢		一	吐敢切	^{c}t'âm
	澉$_2$		去	闞			吐濫切	t'âm^{ɔ}
	噉	定	上	敢			徒敢切	^{c}d'âm
	獥$_1$	初	去	鑑			楚鑒切	ts'âm^{ɔ}

續表：

	儆$_1$	影	上	檻		二	於檻切	ᶜam
	儆$_2$		去	鑑			音黯③	am
	憨$_1$	曉	平	談			呼談切	꜀χam
	闞$_2$		上	豏		二	火斬切	ᶜχam
	獭$_2$ 黴			檻			荒檻切	ᶜχam
	儆譀$_1$ 闞$_3$		去	鑑			許鑒切	ᶜχamᵓ
	譀$_2$		入	狎			呼甲切	χap꜀
	撖$_2$	匣	上	檻			胡黤切	ᶜɤam
	憨$_2$ 獭$_3$ 譀$_3$		去	闞		一	下瞰切	ɤ âmᵓ

從聲紐分析，二級子系統“敢”内，分爲三種情況：

1. 被諧字與主諧字聲紐相同：k（見）——k（見）“橄澉$_1$瞰$_1$”。

2. 被諧字與主諧字聲紐相近：k（見，牙音）——k‘（溪，牙音）“撖$_1$撖$_2$厰$_1$闞$_1$瞰瞰黬$_2$”與 ng（疑，牙音）“厰$_2$”、χ④（曉，喉音）“憨$_1$闞$_2$獭$_2$黴厰譀$_1$譀$_2$闞$_3$”、ɤ（匣，喉音）“撖$_2$憨$_2$獭$_3$譀$_3$”、∅（影，喉音）“黝”。

3. 被諧字與主諧字聲紐不合：k（見，牙音）——t‘（透，舌音）“$_3$澉$_2$”、d‘（定，舌音）“噉”、ts‘（初，齒音）“$_1$”。

從韻母分析，二級子系統“敢”内，分爲兩種情況：

1. 被諧字與主諧字韻母相同：âm（敢）——âm（談敢闞）“橄澉黬厰$_1$厰$_3$闞$_1$瞰瞰噉憨獭$_3$譀$_3$”。

2. 被諧字與主諧字韻母相近：âm（敢）——â? m（覃）“撖$_1$”、ạm（豏）“撖$_2$”、ịəm（侵）“厰$_2$”、am（檻鑑）“獭$_1$獭$_2$黬黴儆譀$_1$闞$_3$撖$_2$”及其入聲 ap（狎）“譀$_2$”、âm（豏）“譀$_3$”。

2—5

二級子系統"固"		紐	調	韻	開合	等	反切	擬音
主諧字	固	見	去	暮	合	一	古暮切	kuoᵓ
被諧字	稒痼錮鯝𦋺 棝涸	見	去	暮	合	一	古暮切	kuoᵓ
	箇個			箇	開		古賀切	k âᵓ
	嗰	匣	平	模	合		户吴切	꜀ɣuo
	婟$_1$		上	姥			侯古切	ᶜɣuo
	婟$_2$		去	暮			胡誤切	ɣuoᵓ
	涸		入	鐸	開		下各切	ɣâk꜀

從聲紐看，二級子系統"固"内有兩種情況：

1. 被諧字與主諧字聲紐相同：k（見）——k（見）"稒痼錮鯝𦋺棝涸箇個"；

2. 被諧字與主諧字聲紐相近：k（見，牙音）——ɣ（匣，喉音）"嗰婟涸"。

從韻母看，二級子系統"固"内有兩種情況：

1. 被諧字與主諧字韻母相同：uo（暮）——uc（模姥暮）"稒痼錮鯝𦋺棝涸嗰婟"；

2. 被諧字與主諧字韻母不合：uo（暮）——â（箇）"箇個"與âk（鐸）"涸"。

2—6

二級子系統"苦"		紐	調	韻	開合	等	反切	擬音
主諧字	苦$_1$	溪	上	姥	合	一	康杜切	ᶜk'uo
	苦$_2$		去	暮			苦故切	k'uoᵓ
被諧字	𥯤	溪	上	姥	合	一	康杜切	ᶜk'uo
	楛	匣					侯古切	ᶜɣuo

從聲紐看，二級子系統“苦”内分爲兩種情況：

1．被諧字與主諧字聲紐相同：kʻ（溪）——kʻ（溪）“箬”。

2．被諧字與主諧字聲紐相近：kʻ（溪，牙音）——ɣ（匣，喉音）“楛”。

從韻母看，被諧字與主諧字相同，都爲 uo（姥）。

2—7

二級子系統“胡”		紐	調	韻	開合	等	反切	擬音
主諧字	胡	匣	去	模	合	一	户吴切	꜀ɣuo
被諧字	餬瑚湖鶘猢醐䴴 糊 ⿰鼠胡葫$_1$⿸疒胡箶 ⿰衤胡	匣	平	模	合	一	户吴切	꜀ɣuo
	葫$_2$	曉					荒烏切	꜀χuo

從聲紐看，二級子系統“胡”内分爲兩種情況：

1．被諧字與主諧字聲紐相同：ɣ（匣）——ɣ（匣）“糊瑚湖鶘猢醐䴴糊⿰鼠胡葫$_1$獵箶⿸疒胡”。

2．被諧字與主諧字聲紐相近：䴴（匣，喉音）——χ（曉，喉音）“葫$_2$”。

從韻母看，被諧字與主諧字相同，都爲 uo（模）。

3—1

三級子系統“嫴”		紐	調	韻	開合	等	反切	擬音
主諧字	嫴	見	平	模	合	一	古胡切	꜀kuo
被諧字	箛	匣	平	模	合	一	户吴切	꜀ɣuo

三級子系統“嫴”内被諧字與主諧字聲紐相近：k（見，牙音）——ɣ（匣，喉音）“箛”；它們的韻母相同，都爲 uo（模）。

3—2

三級子系統"厥"			紐	聲	韻	開合	等	反切	擬音
主諧字	厥1		溪	平	敢	開	一	口敢切	ᶜk'am
	厥2		疑		侵		三	魚金切	꜀ng ịəm
	厥3		透		敢	開	一	吐敢切	ᶜt'am
被諧字	嚴		疑	平	嚴	開	三	語轍切	꜀ng ịdm

從"厥2"看，三級子系統"厥"内被諧字與主諧字聲紐相同，皆爲 ng（疑，牙音）；韻母相近，爲ịəm（侵）——ịbm（嚴）。

4—1

四級子系統"嚴"		紐	調	韻	開合	等	反切	擬音
主諧字	嚴	疑	平	嚴	開	三	語轍切	ngm
被諧字	䉷巖	疑	平	嚴	開	三	語轍切	꜀ng ịDm
	礹1			銜		二	五銜切	꜀ng ịDm
	儼礹2 曮		上	儼		三	魚掩切	꜀ngom
	釅		去	釅			魚欠切	꜀ng ịDm
	𡅭		入	陌			宜戟切	ng ịDkm
	玁	曉	上	琰			虛檢切	꜀χ ịäm

從聲紐看，四級子系統"嚴"内分兩種情況：

1. 被諧字與主諧字聲紐相同：ng（疑）——ng（疑）"䉷巖礹儼曮釅𡅭"。

2. 被諧字與主諧字聲紐相近：ng（疑，牙音）——χ（曉，喉音）"玁"。

從韻母看，四級子系統"嚴"内分三種情況：

1. 被諧字與主諧字韻母相同：ịbm（嚴）——ịbm（嚴儼釅）"儼巖礹$_2$曮"；

2. 被諧字與主諧字韻母相近：ịm（嚴）——om（銜）"巖礹$_1$"、ịäm（琰）"玁"；

3. 被諧字與主諧字韻母不合：ịbm（嚴）——ịbk（陌）"巘"。

5—1

五級子系統"巖"		紐	調	韻	開合	等	反切	擬音
主諧字	巖	疑	平	銜	開	二	五銜切	꜀ngom
被諧字	巗	疑	平	銜	開	二	五銜切	꜀ngom

五級子系統"巖"内被諧字與主諧字聲紐相同，爲 ng（疑）；韻母相同，爲 om（銜）。

三　"古"類諧聲字的聲韻關係分析

以上對各級子系統内諧聲關係的分析，是立足於中古音。我們還可以按沈兼士的"比較主諧字與被諧字讀音分合之現象"的旨趣，用上古音分析其中的聲韻分合現象。事實上，諧聲材料與上古音的關係更爲密切，因而古音學家重視運用諧聲字來研究上古音。我們把上文兩個層次的分析結合起來。下文兩圖是根據《聲系》中"古"系諧聲字的音歸納出的諧聲關係，分別包括以"古"爲聲符的各諧聲字間韻部、聲紐的關係。

（一）以“古”爲聲符字的韻部關係

一級　　二級　　三級　　四級　　五級

- 模 uo
  - 模姥暮 uo
    - 模姥暮 uo
    - 箇 ɑ̂k
    - 鐸 ɑ̂k
  - 之 ji
  - 魚 ịwo —— 魚御 ịwo
  - 敢　m
    - 談敢闞 ɑ̂
    - 覃 ɑ̂m
    - 賺 ɑm
    - 侵 ịəm —— 嚴 ịbm
      - 嚴儼釅 ịɑm
      - 銜 om —— 銜　om
      - 陌 ịbk
      - 琰 ịäm
    - 檻鑑 ɑm
    - 狎 ɑp

説明：若主諧字爲又音字，則在各讀音中選擇與其被諧字聲紐和韻母都相同的，作爲分析對象；若聲紐或韻母不同，則參考其開合、等的性質，選擇與其被諧字音讀相同的。

我們對圖中所示的諧聲脈絡作出如下五條總結，並逐條分析：

1. 模韻 uo——之韻 ji、魚韻 ịwo、敢韻 ɑ̂m

（1）模韻 uo（魚部 ɑ）[5]——魚韻 ịwo（魚部 ɑ），二者在上古屬於同一韻部，因此可以彼此相諧。

（2）模韻 uo（魚部 ɑ）——之韻 ji（之部 ə）、敢韻 ɑ̂m（談

部 am)，它們在上古不屬同一韻部，但魚部 *a* 與之部 ə 元音相關，魚部 *a* 與談部 am，元音相近。

2. 暮韻 uo——箇韻â、鐸韻âk

(1) 暮韻 uo（魚部 *a*）——箇韻 â（歌部 a)，主要元音相近。

(2) 暮韻 uo（魚部 *a*）——鐸韻âk（鐸部 *a*k)，它們在王力上古韻十一類二十九部中同屬第五類。“同類的韻部由於主要元音相同，可以互相通轉。其中關係最密切的有‘之’和‘職’，‘幽’和‘覺’，‘宵’和‘藥’，‘魚’和‘鐸’，‘支’和‘錫’”[3]。

3. 敢韻âm——覃韻ậm、鹻韻âm、侵韻ịəm、檻鑑韻 *a*m、狎韻 *a*p

(1) 敢韻âm（談部 am）——檻鑑韻 *a*m（談部 am)，在上古屬於同部。

(2) 敢韻âm（談部 am）——狎韻 *a*p（葉部 ap)，談部 am 與葉部 ap 在上古同屬第十一類，它們主要元音相同，有陽聲韻尾和入聲韻尾的區別，二者有陰陽對轉的關係。

(3) 敢韻âm（談部 am）——侵韻ịəm、覃韻ậm、鹻韻ạm（侵部 əm)，它們的韻尾相同，主要元音相近。

4. 侵韻ịəm——嚴韻ịbm

侵韻ịəm（侵部 əm）——嚴韻ịbm（談部 am)，主要元音相近，韻尾相同。

5. 嚴韻ịbm——銜韻 om、陌韻ịbk、琰韻ịbäm

(1) 嚴韻ịbm（談部 am）——銜韻 om、琰韻ịbm（談部 am)，在上古屬於同一韻部。

(2) 嚴韻ịbm（談部 am）——陌韻ịbk（鐸部 *a*k)，二者主要元音相同，有陽聲韻尾和入聲韻尾的區別，它們之間有陰陽對轉的關係。

我們發現，在整個“古”系諧聲系統中，由二級主諧字“敢”繫聯來的帶有“敢”聲符的被諧字，與一級主諧字“古”的其它被諧字、其他二級主諧字及其被諧字，其韻母的諧聲關係不易理解。然而“敢”字本身所在的二級子系統及其三級、四級、五級子系統，其韻母的諧聲關係都是協調的。

以上是對“57 古”韻母諧聲關係的分析，在分析其韻母分合演變的過程中，我們認爲：上古屬於同一韻部的字，它們可以彼此形成諧聲關係。而在上古屬於同類韻部（陰陽入）的字，由於主要元音相同，也可以互爲諧聲。如：敢韻ɑ̂m（談部 am）與狎韻 ɑp（葉部 ap），二者在上古並不屬同一韻部。它們之間因有着陰陽對轉的關係，而可以彼此相諧。王力先生認爲：“實際上凡同類的韻部，其諧聲偏旁也可以相通。這是因爲造字時代要比詩經時代早得多，少數諧聲偏旁和詩經的韻部不一致，是因爲詩經時代的語音系統已經起了變化的緣故。”[3]

段氏“同聲必同部”的理論認爲：“一聲可諧萬字，萬字而必同部，同聲必同部。”[4]這一理論對後來的古韻學研究發揮了重要作用，但它並不是絶對的。王力先生對此提出了兩點意見：一是“同諧聲必同部”原則上是對的，但聲符的認定還成問題，不能全依《説文》。二是“諧聲時代與《詩經》時代不可混爲一談。諧聲時代至少比《詩經》時代更早數百年。‘凡同聲符者必同部’的原則，在諧聲時代是没有例外的，在《詩經》時代就不免有些出入了。”[5]

此外，潘悟雲認爲：“韻尾相同而主元音相近的韻母形態相關”[6]。在上文的分析中，敢韻ɑ̂m（談部 am）——侵韻ịəm、覃韻ɑ̣̂m、嗛韻ɑ̣m（侵部 əm），侵韻ịəm（侵部 əm）——“嚴”韻ị bm（談部 am），這兩例都是主要元音相近，韻尾相同，可以互諧。

(二) 以“古”爲聲符字聲紐的諧聲關係

一級　二級　三級　四級　五級

- 見 k
  - 見 k
    - 見 k
    - 溪 k
    - 群 g
    - 疑 ng——疑 ng——疑 ng
      - 疑 ng
      - 曉 χ
    - 透 t
    - 定 d
    - 初 ts'
    - 影 ϕ
    - 曉 χ
    - 匣 ɣ
  - 溪 k
    - 溪 k
    - 匣 ɣ
  - 匣 ɣ
    - 匣 ɣ
    - 曉 χ

對圖中所示的諧聲脈絡作出如下四條總結，現逐條分析[□]：

1. 見 k——溪 k'、群 g'、疑 ng、透 t'、定 d'、初 ts'、影 ϕ、曉 χ、匣 ɣ

(1) 見 k（牙音）——溪 k'、群 g'、疑 ng（牙音），它們在中古和上古發音部位都是相同的，只是發音方法有所區别。

(2) 見 k（牙音）——影 ϕ、曉 χ、匣 ɣ（喉音），牙、喉音相近，黄侃等學者認爲它們在上古同屬喉音。

(3) 見 k（牙音）——透 t'、定 d'（舌頭音）、初 ts'（齒音），上古未見其聯繫。

2. 溪 k'——匣 ɣ

溪 k'（牙音）——匣 ɣ（喉音），牙、喉音相近，黄侃等學者認爲它們在上古同屬喉音。

3. 匣ɣ——曉χ

匣ɣ（喉音）——曉χ（喉音），中古和上古發音部位都相同。

4. 疑ng——曉χ

疑ng（喉音）——曉χ（喉音），中古和上古發音部位都相同。

從以上分析可以看出：不同聲紐的字，若發音部位相同，則可以互爲諧聲。而這些在上古發音部位相同的音，到中古，有的發音部位發生了變化，這便體現了聲紐在歷史演變過程中的分合情況。如中古的牙音見k與喉音匣ɣ，發音部位是不同的，但按黄侃的説法，上古却屬於一類。在這個問題上，分析中我們采用的是下面一些學者的觀點，而分析結果也在一定程度上印证了學者們的觀點。對於喉音與牙音在上古的歸屬問題，學者們對此研究頗多，我們略舉三例：

李新魁的《上古音“曉匣”歸“見溪群”説》[7]一文認爲上古音“曉系”（喉音）和“見系”（牙音）原是合而不分；然後證明上古音“曉系”（喉音）也跟“見系”（牙音）一樣念爲k、k‘、g‘，魏晋以後才由塞音的“k、k‘、g‘”變爲擦音的“χ、ɣ”，并且以一般音變規律（舌根塞音變舌根擦音）、古今字演變和方言讀音予以證明。

持此觀點的還有黄侃，他所考定的古十九紐將“見、溪（群）、曉、匣、疑”定爲淺喉音，“影（喻、於）”定爲深喉音[8]。黄焯《古今聲類通轉》（1983）出版説明：“按喉、牙二聲本爲同類，聲的大類只可分爲喉、脣、齒、舌四類”，而將喉音與牙音統稱爲喉音。

李方桂在其擬定的兩條諧聲原則之一“上古發音部位相同的塞音可以互諧”中總結説：“舌根塞音可以互諧，也有與喉音

(影及曉）互諧的例子，不常與鼻音（疑）諧。”[9]這條原則也符合我們所舉的“57古”的分合情況。

此外，參考經籍異文材料：

《詩·小雅·巧言》："僭始既涵"，韓詩作"譖始既減"。"減"在見紐而"涵"在匣紐。

《周禮·地官·載師》："任遠郊之地"，注"古文書郊或作蒿"。杜子春云："蒿讀爲郊。"郊，見紐，蒿，曉紐。

《尚書·呂刑》"其審克之"，《漢書·刑法志》作"其審核之"。克在溪紐，核在匣紐。[10]

上古，“見”k與“匣”ɣ相通，“見”k與“曉”χ相通，“溪”k'與“匣”ɣ相通。

通過對“古”系諧聲系統的分析，我們發現，將《聲系》中的諧聲材料用於古音分析，確實是有價值的。此處衹是分析了“見”類的“古”系諧聲系統，若對《聲系》提供的整個諧聲系統分別進行聲紐與韻母的分析，可以得出更爲系統的全面的規律。需要注意的是，諧聲不是研究上古音的唯一材料，對諧聲關係的分析也是有其局限性的。

從諧聲字字典的角度看，《聲系》“就《廣韻》每韻中取其聲母以爲綱，凡從之爲聲者依次件係於下。其流衍之勢，出入之數，務使別白詳晰，一覽無遺。庶幾縱可以回溯千餘年聲母遞次轉變之軌迹；横可以鈎稽二百六韻分合相互之關係；至二徐以來所訂《説文》形聲之是非；以及古音中上去入三聲有無及分合之説；皆可不假外证，軼然就理。”[11]

《聲系》爲我們提供了龐大的《廣韻》諧聲系統，並在兼顧各字按其在《廣韻》中韻次排列的同時，將各字布列到四十一聲類中，可謂是對諧聲系統研究方法的一大進步，不僅有利於“比較主諧字與被諧字讀音分合之現象”，也有利於全面系統地分析諧聲字在上古的聲韻關係，促進上古音的研究。

〔注釋〕

①本文對於音標的標識省略“［ ］”號。

②此處 ng 實爲 ŋ，《聲系》標其爲 ng，本文以《聲系》爲研究對象，故從之。

③“黯”字注“乙咸切”，又“乙減切”，《廣韻聲系》，第 841 頁。

④《聲系》作“χ”，本文從之。

⑤我們使用的是王力《漢語史稿》中的上古聲韻系統。

⑥見紐與溪紐、匣紐諧聲的脈絡包括在下文第一條脈絡中，不再單列。

〔主要參考文獻〕

［1］沈兼士．廣韻聲系編輯旨趣．//廣韻聲系［M］．北京：中華書局，1985.

［2］沈兼士．右文説在訓詁學上之沿革及其推闡．//沈兼士學術論文集［C］．北京：中華書局，1986.

［3］王力．漢語史稿［M］．北京：中華書局，1980.

［4］段玉裁．六書音均表一．//説文解字注［M］．上海：上海古籍出版社，1988.

［5］郭錫良．歷史音韻學研究中的幾個問題［A］．//漢語史論集［C］．北京：商務印書館，2005.

［6］潘悟雲．漢語歷史音韻學［M］．上海：上海教育出版社，2000.

［7］李新魁．李新魁自選集［C］．鄭州：河南教育出版社，1993.

［8］王力．漢語音韻學［M］．北京：中華書局，1956.

［9］李方桂．上古音研究［M］．北京：商務印書館，1980.

［10］李新魁．漢語音韻學［M］．北京：北京出版社，1986.

［11］沈兼士．廣韻聲系叙及凡例［A］．沈兼士學術論文集［C］．北京：中華書局，1986.

（喬秋穎、史晶璐，江蘇師範大學文學院，郵編 221116）

《世說新語》中人名用字“嶠”“混”的讀音*

蔣　信

内容摘要：六朝的“温嶠”“和嶠”都是歷史名人，通常人們都將其名“嶠”讀作 qiáo，二人在《世說新語》中多見，兩部《世說新語》詞典的注音也讀作 qiáo。二人的名字多見於後世的詩賦。詩賦由於格律的要求，平仄區别明顯。通過電子手段檢索《四庫全書》中的相關材料，進而從名字的關係考察，發現“温嶠”、“和嶠”之“嶠”應讀仄聲的 jiào，而不是平聲的 qiáo。再，從名字的來歷考察，“謝混”之“混”當讀作 gǔn 而不能讀 hùn 音。

關鍵詞：温嶠　和嶠　謝混　讀音

漢字一字多音的情況很常見，一些字在用作人名時，在讀音方面往往有特别的要求，比如宋代詩人陸游字“務觀”，有人把其中的“觀”讀作平聲，但宋劉克莊《後村集》卷十八却有這樣的記載：“放翁賜第，其去國自是臺評。然王景文乃云：‘直翁自了平生事，不了山陰陸務觀。’放翁見詩亦笑云：‘我字務觀，乃去聲。如何把作平聲押了。’”據此，陸遊字中的“觀”當讀作 guàn。可見，多音的人名用字的讀音容易出錯，需要仔細斟酌。我們在《世說新語》中也遇到兩個多音的人名用字，在此作一個

---

* 此問題是張永言先生提示的，叫我們在《世說新語大辭典》中糾正。我們細作考察，撰成此文。

簡單的討論。

一 “嶠”的讀音

六朝的“温嶠”“和嶠”，都名“嶠”，兩人在《世說新語》中屢見，兩部《世說新語》詞典都為他們的名字作了注音。其中，四川人民出版社 1992 年版的《世說新語辭典》（以下簡稱為《辭典》）是這樣解釋的：

【嶠】qiáo 巨嬌切平宵群（又 jiào 渠廟切 去笑群）

用於人名，見“和嶠”“温嶠”。（341 頁）

另外，【和嶠】條（168 頁）列於【和令】條下、【温嶠】條（467 頁）列於【温公】條下，顯然也是取的第一音 qiáo，《辭典》前後是一致。

商務印書館 1993 年出版的《世說新語詞典》（以下簡稱為《詞典》）是這樣解釋的：

【嶠】qiáo 人名。①指“和嶠”。②指“温嶠”。（559 頁）

按，“嶠”有兩讀，《漢語大詞典》亦列 qiáo、jiào 平仄兩音，作為人名“温嶠”、“和嶠”之“嶠”到底怎麼讀，有豐富的文獻資料可資取證。

“温嶠”“和嶠”都是歷史名人，尤其是“温嶠”，明代還有人編了戲劇《玉鏡臺記》演繹他的故事。兩人在後代文人的作品中多有提及，其中出現在詩賦中的人名，由於格律的要求，平仄區別明顯，可以借此觀察它們的讀音。因此，本文通過電子手段檢索了《四庫全書》中的相關材料，從中觀察人名“嶠”字的讀音。為便說明，茲選擇一些例子獺祭於下，既是為這兩位魏晉名士“正名”，同時也免得日後人們在閱讀解析相關詩文時誤讀，甚至誤以為古人失律。（說明：以下材料，凡絕句、律詩全引，排律或賦則選擇幾聯能說明問題則可。並將對應的詞語標上著重號。)

1. 詩賦中“温嶠”的讀音

蜀煙飛重錦，峽雨濺輕容。拂鏡羞温嶠，薫衣避賈充。(唐李賀《惱公》。按，此詩為五言排律)

絳節飄飄宫國來，中元朝拜上清回。羊權須得金條脱，温嶠終虚玉鏡臺。曾省驚眠聞雨過，不知迷路為花開。有娀未抵瀛洲遠，青雀如何鴆鳥媒。(唐李商隱《中元》)

温嶠南歸輟棹晨，燃犀牛渚照通津。誰知萬丈洪流下，更有朱衣躍馬人。(唐胡曾《牛渚》)

投扇昔年笑温嶠，握刀晚歲戰劉郎。不須戚戚如馮衍，便與時時説李陽。(宋蘇軾《戲孫公素》)

多難還分手，江邊白髮新。公為九州督，我是半途人。政爾傾全節，終然卻要身。平生第温嶠，未必下張巡。(宋陳與義《再别》)

門乏陳平之車轍，誤辱重知；家無温嶠之鏡臺，曷將厚意。既奉千金之諾，薄修五兩之儀。(宋王十朋《代送定·季孫》)

思子甚思母，秪應淚更多。尚無歸國日，其奈倚門何。江漢悲温嶠，詩書愧孟軻。今朝誰獻壽，庭戶可張羅。(元郝經《九月五日念母》)

謝家擇婿得逸少，温嶠先酬玉鏡臺。羅帳合歡猶有待，可憐孤鳳意徘徊。(同上《得周子善書問京師事及賤跡以絶句十首奉答》之八)

夜深風靜水無波，獨立江頭且浩歌。買酒放懷人醉後，滿船無奈月明何。袁宏泊渚名猶在，温嶠燃犀恨已多。明日江頭掛帆去，興來重淬劍鋒多。(明李勝元《採石夜》)

南風吹海不成波，江右生民喜欲歌。玄化九天如有賴，神功千古自難磨。夫差箭落江潮避，温嶠犀然水怪過。塵劫未能同幻滅，好將銅狄共摩挲。(明龔斆《題洪都鐵柱觀》)

古墓前頭月一池，璧紋浮動不成漪。半空影落秋毫見，午夜光生老蚌知。犀火不勞温嶠照，錦袍誰賦謫仙詩。舊遊回首傷心地，乂是煙愁雨暝時。（明李東陽《璧池浸月》）

東郭飛花晏坐，北堂芳杜晨興。回馭王陽自得，絕裾温嶠何能。（明胡應麟《六言絕句》）

引光照幽谷，谷中人鬡髼。羣處飲神糞，翻嫌持聖燈。燃犀水怪沸，失日酒人明。温嶠世無取，微開吾不能。（明倪元路《戊辰春》）

泛月宜何處，山莊景最新。夏宵含颯爽，塞水漾明淪。鶴唳孤松頂，鹿尋曲澗濵。錘峯玉臺迥，温嶠早癡人。（清乾隆《泛月》）

温嶠寧容下鏡臺，折梅花向臉邊開。玉人近遠家何處，羽帔應從姑射來。（同上《唐寅折梅仕女即用其韻》）

愁與膩雲散，詩將快霽來。畫圖生以動，凫雁往而迴。育物心無斁，時暘眉始開。長吟鏡中坐，温嶠若為臺。（同上《治鏡閣》）

温嶠玉鏡臺，陶侃螺酒杯。千秋佳話傳，一夢浮雲開。十二屏屈曲，廿四圖往來。乘興賡子山，底論濟鹽梅。（同上《用庾信詠畫屏風二十四首元韻即效其體》，按此為拗句。“侃”字拗，“螺”字救）

色染安期棗，圓疑温嶠臺。曾無穀蒲刻，漫致子男猜。憶錯他山石，幾經刧火灰。居然廁文玩，笑此底為哉。（同上《詠漢玉盈尺素璧》）

2. 詩賦中“和嶠”的讀音

彼美邱園秀，風韻何灑落。考盤盱水湄，貧賤不隕獲。氷椀薦溪毛，縞衣佩蘭若。和嶠松森森，王恭柳濯濯。文采南山豹，野逸青田鶴。獨振大雅音，黄鐘在牛鐸。（宋謝逸《懷呂聘君》）

伏審知府待制……早軒翔於册府，實表映於書林。獻可納言，簡在之心屢沃。出藩入侍，具瞻之望良高。仁宗以獎拔未終，今聖以知聞亟委。魏舒領袖，上目送以為榮。和嶠棟梁，眾神伏而咸待。（宋呂南公《代人上知府待制啟》）

腰儒緩趨走，不堪備遊徼。古心乏嫵媚，亦莫齒優笑。十年營負郭，畢願了租調。詩書祝兒輩，風味久必肖。文窮覓退之，錢癖減和嶠。此計墮渺茫，浪出豈炫耀。（同上《長句送以道既辱和答……》。按，此詩為五言古風，押仄聲嘯韻）

遙依沙岸系扁舟，風落荒山萬木愁。枕下驚波時汩汩，天邊寒夢信悠悠。遭憂和嶠仍丹淚，遠適虞翻易白頭。離亂偪人全策少，微生從此任浮游。（宋張嵲《泊舟》）

要以禮法論，休言哀毀同。但觀生和嶠，定勝死王戎。（宋林同《和嶠王戎居喪飲酒，哀毀特甚。嶠禮法自持，不能踰戎，劉毅謂嶠生孝，戎死孝》）

濯濯王忱影，峩峩和嶠身。寫來松石上，一見一相親。（清毛奇齡《題何君畫像》）

黃金高築不曾逢，敢道才多氣似龍。客路經年乘下澤，官齋臥日到高舂。王通家有三珠樹，和嶠身如千丈松。何幸臺城重會合，秋宵一聽景陽鐘。（同上《答贈黃虞稷江南踵韻》）

以上各例中，“嶠”都在仄聲的位置上，並與平聲相對，可見，從後人詩賦的格律來看，“温嶠”、“和嶠”之“嶠”應讀仄聲的 jiào，而不是平聲的 qiáo。

再者，從二人名與字的關係也可證明。

温嶠字太真，陶隱居曰：“仙家名金為太真。”梁漸子《隨筆》曰：“温嶠字太真，正以丹嶠產金，故取為字。”（《通雅》卷四八“金石”）

再，從温嶠名與字的關係可知其與仙道有關，晉人企慕神仙，而葛洪《抱朴子》更是影響巨大，葛洪居羅浮山煉丹成仙，羅浮地屬五嶺，“嶠”（jiào）為五嶺之專稱，其名字當緣於此。

和嶠字長輿，晉人喜乘肩輿，即俗言滑竿，名士尤其如此。“嶠”（jiào）又指山道，山道崎嶇，乘輿自是舒服自在。

二 人名“混”的讀音

謝混，通常人們都把“混”讀作 hùn，但是，“混”還有 gǔn 音一讀，這一讀音，兩種《世說新語》詞典都注意到了：

《辭典》

【混】gǔn 古本切 上混見

通“滚”。波濤翻騰；大水奔流。見“～～”。(153 頁)

《詞典》

【混】1. hùn ① 見謝混。2. gǔn ②通“滚”，見“混混”。(257 頁)

《詞典》專門為“謝混”的“混”立項，注明音 hùn；而《辭典》“混”下未列 hùn 音，似認為《世說新語》中的“混”沒有 hùn 音，但是，下文的釋義時卻說“混”通“滚”，見“混混”，並在下文“謝”字條下，把“謝混”條列在“謝虎子”後(501 頁)，卻又等於把“（謝）混”讀作“hùn”。

按，兩部詞典都錯了。“混”的兩個讀音都是仄聲，無法從詩文的格律來考察取捨，但謝混的名與字之間的關係可以讓我們瞭解它的讀音。

《世說新語·言語》劉孝標注：“《晉安帝紀》曰：混字叔源，陳郡人，司空琰少子也。”謝混字叔源，其名與字來自《孟子·離婁下》“原泉混混，不舍晝夜”。“原”“源”是古今字的關係，“叔”是謝混的排行。朱熹《孟子集注》：“原泉，有原之水也。混混，湧出之貌。”《通雅·釋詁》：“《孟子》原泉混混，音袞。《世說》裴僕射談名理混混有雅致……子美不盡長江滚滚來，即混混也。”所以，謝混的“混”應該音 gǔn。

〔主要參考文獻〕

張永言等. 世說新語辭典，成都：四川人民出版社，1992.
張萬起. 世說新語詞典，北京：商務印書館，1993.
四庫全書. 電子版. 上海：上海人民出版社，1999.

（蔣信，西南科技大學文學與藝術學院，郵編 621200）

"如即不如"考辨*

姚　堯

内容摘要："如即不如"不能被視爲反訓現象。上古漢語中，"如"用於假設複句中，表達對未然情況的建議，而"不如"用於讓步複句中，表達對已然或必然情況的建議。"如"表達建議的意義是從"如果"義引申而來的，與義爲"及得上"的"不如"之"如"非同一來源。

關鍵詞：如　不如　已然　未然

一

古代訓詁材料中數見訓"如"爲"不如"的例子。如《左傳·僖公二十二年》："若愛重傷，則如勿傷；愛其二毛，則如服焉。"孔穎達《正義》："如猶不如，古人之語然，猶似敢即不敢。"又如《公羊傳·隱公元年》："母欲立之，己殺之，如勿與而已矣。"何休注："如即不如，齊人語也。"《漢語大詞典》也采用這種説法，將"不如"作爲"如"的一個義項，書证即《公羊傳》隱公元年文。

檢索上古漢語語料，義近"不如"，即用來表示意見、建議

---

*　本文爲江蘇省教育廳高校哲學社會科學研究項目"《春秋公羊傳》語言研究"（編號 2012SJB740027）的階段性研究成果。

的“如”有以下一些用例，大部分出自《左傳》：

(1) 臧文仲曰：“……巫、尫何爲？天欲殺之，則如勿生；若能爲旱，焚之滋甚。”（《左傳·僖公二十一年》）

(2) 子魚曰：“明恥、教戰，求殺敵也。傷未及死，如何勿重？若愛重傷，則如勿傷；愛其二毛，則如服焉。”（《左傳·僖公二十二年》）

(3) 孫子曰：“不可。以師伐人，遇其師而還，將謂君何？若知不能，則如無出。今既遇矣，不如戰也。”（《左傳·成公二年》）

(4) 朝吳曰：“二三子若能死亡，則如違之，以待所濟；若求安定，則如與之，以濟所欲。”（《左傳·昭公十三年》）

(5)（華多僚）對曰：“君若愛司馬，則如亡。死如可逃，何遠之有？”（《左傳·昭公二十一年》）

(6) 子西曰：“不能，如辭。城不知高厚，小大何知？”（《左傳·定公五年》）

(7) 公朝國人，使賈問焉，曰：“若衛叛晉，晉五伐我，病何如矣？”皆曰：“五伐我，猶可以能戰。”賈曰：“然則如叛之。病而後質焉，何遲之有？”（《左傳·定公八年》）

(8) 母欲立之，己殺之，如勿與而已矣。（《公羊傳·隱公元年》）

(9) 不習爲吏，如視已事。（《大戴禮記·保傅》）

(10) 子墨子曰：“……今天下莫爲義，則子如勸我者也，何故止我？（《墨子·貴義》）

漢代之後，用例兹多，大多見於官員、文人的政論和史論，可以說是先秦文獻語言的餘緒：

(11) 義曰：“欲令都尉自送，則如勿收邪？”（《漢書·翟義傳》）

(12) 夫見善而不能知，雖善何爲？知而不能譽，則如

勿知；譽而不能深，則如勿譽；深而不能久，則如勿深；久而不能終，則如勿久。（[唐] 李翺《李文公集》卷一《感知己賦序》）

(13) 遇寇不守，則如勿屯。（[唐] 陸贄《翰苑集》卷一八《請減京東水運收腳價於緣邊州鎮儲蓄軍糧事宜狀》）

(14) 夫用之不盡其效，則如不用；思之不求其人，則如勿思。（[宋] 宋祁《景文集》卷四三《論文帝不能用頗牧》）

(15) 觀古人之書，泛然而不得其實，則如弗觀而已矣。（[宋] 陸九淵《象山集》卷二四《策問》）

(16) 今也舉不用尸，則如勿祭而已矣。（[宋] 蘇軾《東坡全集》卷四九《私試策問八首》）

(17) 疑其爲姦，則如勿任；知其可任，則不必疑。（[宋] 李光《簡莊集》卷十《論國是劄子》）

(18) 半版以後，心不在焉，則如不讀矣。（[宋] 朱熹《朱子語類》卷六四）

(19) 夫人君之於臣，遇之以禮，而示之以誠，故人樂爲之用。果惜名器，則如勿許。（[金] 王若虛《滹南集》卷二六《君事實辯》）

與"如"有同源關係的"若"也有類似用例：

(20)（苗賁皇）歸言於晉侯曰："……吾若善逆彼以懷來者。吾又執之，以信齊沮，吾不既過矣乎？"（《左傳·宣公十七年》）

(21) 右尹子革曰："請待于郊，以聽國人。"王曰："衆怒不可犯也。"曰："若入於大都而乞師於諸侯。"王曰："皆叛矣。"曰："若亡於諸侯，以聽大國之圖君也。"王曰："大福不再，祇取辱焉。"（《左傳·昭公十三年》）

(22) 子猶受之，言於齊侯曰："……君若待于曲棘，使

群臣從魯君以卜焉。若可，師有濟也。”（《左傳·昭公二十六年》）

(23)（伍員）對曰：“楚執政衆而乖，莫適任患。若爲三師以肄焉，一師至，彼必皆出。彼出則歸，彼歸則出，楚必道敝。（《左傳·昭公三十年》）

(24) 越大夫種乃唱謀曰：“……王若今起師以會，奪之利，無使夫悛。”（《國語·吴語》）

二

汪啓明（1998：277—279）在討論《公羊傳》何休注“如即不如”的時候提出，這是由於古漢語中有“一個詞同時兼有正反兩方面意義”的情況，“有時是由於在詞義的歷時運動中，人們從事物的對立性上進行聯想思維而産生；有時又是由於事物本身的對立統一，直接反映到概念中，而形成正反同詞”。華學誠（2007：330—331）認爲“其説甚辯”，亦將此視爲“正反同詞”現象。

“正反同詞”即“反訓”。“如，猶不如”或“如，即不如”的訓釋，確實反映了一些古代學者認爲“如”兼有“不如”義的觀點。但從現代語言學的眼光來看，用同一個詞來表示對立的概念，或用兩個相反的詞表示同一個概念，違反矛盾律，與語言的交際功能相抵觸，輕易假設有這一現象的存在可能會掩蓋詞義的真相。前輩學者已經提出“‘某，不某也’作爲訓詁成例不可從”（周名初 1992），“如”與“不如”的關係，亦非“反訓”所能解釋。

對於“如即不如”這個訓釋，顧炎武和王念孫、王引之父子等清代學者就從不同角度做過研究，相同的是，他們都否認了這屬於“反訓”。

王引之《經義述聞》卷二四"如勿與而已矣"條記録王念孫的説法是："'如'上當有'不'字，而寫者脱之。桓十四年《傳》曰：'御廩災，不如勿嘗而已矣。'文十六年《傳》曰：'先祖爲之，己毁之，不如勿居而已矣。'則此亦當云'不如勿與而已矣。'不然同一齊人語，何以此言'如'而彼皆言'不如'乎？何注殆不可從。"王引之又補充道："凡以'如'爲'不如'者，皆爲此注所誤，説見《釋詞》。"

王引之《經傳釋詞》卷七"如"條舉例與分析非常詳盡，針對《左傳·僖公二十二年》孔疏所謂"如猶不如"，他引述了王念孫的觀點："孔説非也。如，猶當也。言若愛重傷，則當勿傷之；愛其二毛，則當服從之也。"其後又舉《左傳》、《大戴禮記》、《墨子》的文例來證明"如"與"當"同義。王念孫《讀書雜誌》卷七"如"條討論《墨子》中的"則子如勸我者也"同樣認爲："如，猶宜也。言子宜勸我爲義也。如字古或訓爲宜，説見《釋詞》。"

訓"如"爲"宜"或"當"不乏前代訓詁材料依據。例（5）《左傳·昭公二十一年》"則如亡"杜預注："言若愛大司馬，則當亡走失國。"例（6）《左傳·定公五年》"不能如辭"杜預注："言自知不能，當辭勿行。"

總結王氏父子觀點，對於《公羊傳》的"如勿與而已矣"，認爲是脱了"不"字，對於《左傳》中的衆多例子，則認爲"如"應訓爲"當"或"宜"，而不是"不如"。裴學海《古書虚字集釋》、楊樹達《詞詮》等著作皆繼承了此觀點，楊伯峻注釋《左傳》僖公二十一年"則如勿生"時亦稱引《經傳釋詞》並説："如，應當之義。"

顧炎武《日知録》卷三二"語急"條討論《公羊傳》的"如"則有不同的觀點。他引《左傳》諸例證明"此不必齊人語"，並提出了"古人多以語急而省其文"。俞樾《古書疑義舉例》卷二“語急例”持同樣的觀點，舉《公羊傳》“如”例以证“古人語急”。淳于鴻恩《公羊方言疏箋》在此基礎上申發開去：“如爲不如，猶可爲不可，敢爲不敢，得爲不得也，古人之言氣急而文簡，多此例也。”劉淇《助字辨略》卷一“如”條也認爲：“如之訓不如，猶可之訓不可，省文也。”要之，他們認爲“如”是“不如”的語急省文。

學者們對與“如”音義相近的“若”討論得較少。王引之《經傳釋詞》卷七“若”條：“若，猶或也。”舉例（21）《左傳》昭公十三年文爲例。吳昌瑩《經詞衍釋》卷七“若”條：“若，猶且也。”舉例（21）、（22）、（23）《左傳》文爲例。“或”或“且”在此皆表示提議。俞樾《群經平議》卷二六“吾若善逆彼以懷來者”條提出：“若，猶當也，言吾當善逆彼以懷來者。‘若’與‘如’同義。”他將這類用法的“若”和“如”聯繫起來，是十分有見地的。楊伯峻注《左傳》宣公十七年“吾若善逆彼以懷來者”時亦引用和申説了俞樾的觀點：“若，應該之義。”

王氏父子的説法有兩點值得商榷。第一，他們從校勘學的角度説《公羊傳》中的“如”是脱了“不”字，並沒有其他的版本證明，僅是一種理校。況且從上文列舉的《左傳》等文獻的眾多例子中就可看出，“如＋V”結構很常見，另還有不少“若＋V”結構，必無每一處皆是脱字之理。第二，以“當”或“宜”來釋“如”，僅傳達大致的文意，不能遽以認爲“如”有“當”義。以語詞訓釋來代替句法、語義分析常無法準確揭示一個詞語的真正屬性。如文例所示，“如”表達的語氣較委婉，皆用在商議、勸解的場合，引出的建議多爲不得已的權宜之計，很少正面、積極的提議。而“當”或“宜”通常帶有更多的主觀强制性，且引出的建議並無積極或消極的限制。《左傳》和《公羊傳》的用例，有很多是大臣對君主的諫言，如果以“當”釋“如”，恐嫌過於生硬，與語境不符。

顧氏等的"語急"觀點也缺乏理據。如果由於語急而省略的話，按常理應省略較次要且不太過影響文意的詞。否定詞是一個句子中的關鍵成分，將它省略會造成理解的偏差，甚至使文意背道而馳，顧炎武等並未對語急爲何恰恰省略否定詞的原因進行解釋，因此我們也只能存疑。

但顧炎武所説的"此不必齊人語"則是正確的。正如文例所見，第一，用以表達建議的"如"和"若"，不僅出現於《公羊傳》這部以齊人爲作者的文獻中，還出現於《左傳》、《國語》、《大戴禮記》、《墨子》等中，僅《左傳》中，説話人就有魯國臧文仲，宋國子魚，華多僚，衛國孫良父、王孫賈，蔡國朝吳，楚國子西、子革、伍員，晉國苗賁皇等，皆非齊人，雖不能排除他們的言語經過作者加工的可能，但也不能認爲此詞是齊方言所獨有。第二，《公羊傳》中亦不乏"不如"的用例，説明齊方言中表達建議的"如"和"不如"二詞并存，與其他地區的使用情況並無區别。

三

既然清人的觀點不無可商榷之處，"反訓"亦難有説服力，那麽應當如何看待這種訓詁現象呢？

要研究"如"和"不如"究竟是反訓還是各自有不同功能或意義，需要把"如"和"不如"的文例作梳理和對比。由於"如"大部分出於《左傳》，以下也選取《左傳》中"不如"的用例以資比較。《左傳》中共有引出建議的"不如"67例，爲節約篇幅，姑舉10例如下：

(25)（祭仲）對曰："姜氏何厭之有？不如早爲之所，無使滋蔓！"（《隱公元年》）

(26) 梁餘子養曰："……不獲而尨，命可知也。死而不

孝，不如逃之。”（《閔公二年》）

(27) 先軫曰：“……楚有三施，我有三怨，怨讎已多，將何以戰？不如私許復曹、衛以攜之，執宛春以怒楚，既戰而後圖之。”（《僖公二十八年》）

(28)（子揚窗）曰：“庸師眾，群蠻聚焉，不如復大師，且起王卒，合而後進。”（《文公十六年》）

(29) 諸大夫皆曰：“不可。酆舒有三俊才，不如待後之人。”（《宣公十五年》）

(30) 晉侯曰：“戎狄無親而貪，不如伐之。”（《襄公四年》）

(31) 子服惠伯曰：“……飢寒之不恤，誰遑其後？不如姑歸也。”（《襄公二十八年》）

(32) 蔡大夫曰：“王貪而無信，唯蔡於感，今幣重而言甘，誘我也，不如無往。”（《昭公十一年》）

(33) 苑羊牧之諫曰：“齊帥賤，其求不多，不如下之。大國不可怒也。”（《昭公二十二年》）

(34) 武城黑謂子常曰：“吳用木也，我用革也，不可久也。不如速戰。”（《定公四年》）

分析文例可以發現，“如”與“不如”的用法主要有兩點區別。第一，“如”絕大多數與否定詞“勿”、“無”、“弗”等連用，即提出否定性的建議，表示不要做某事。而“不如”則沒有這種傾向。由此也能看出，“如”所引出的建議多爲消極性的，衹爲避免某事，較少正面的建議。

第二，也是更值得注意的，“如”多用於對未然、假設的情況提出建議，而“不如”則用於對既成事實或必將發生的事提出建議。如例（1）“天欲殺之”是假設的情況，上天是否意欲殺死巫尫，並非世人可知之事，臧文仲是在這種假設下向天提出“勿生”的建議。例（2）“若愛重傷，則如勿傷；愛其二毛，則如服焉”中的“若”，凸顯了這是假設句。例（3）、（4）、（5）亦皆有“若”來表示假設。例（6）子西説“不能如辭”，是因爲築城者回答不出城墻的高度、厚度，子西表示“如果沒有能力，應當辭職”，而後築城者回答説自己的能力在保護王，而不在築城，在此“不能”並非既定事實，乃子西的假設。例（7）的假設和建議相距較遠，且有“衛叛晉”和“猶可以戰”兩重假設，但也可知“叛之”是建立在“晉五伐我，猶可以能戰”的假設情況之上的。其餘皆仿此，不一一分析。總之，所提及的情況，都是假想的，也不是必定會發生的。

而對照“不如”，例（25）至（34）都是針對已經發生的情況提出建議。如例（25）是祭仲針對“姜氏何厭之有”這個既成事實提出“早爲之所”的建議。例（26）的“不獲而尨”、例（27）的“楚有三施，我有三怨，怨仇已多”、例（28）的“庸師眾，群蠻聚焉”、例（29）的“酆舒有三俊才”、例（30）的“戎狄無親而貪”等等，皆爲人所共知的已然事實，而非説話人的假設。

另一些“不如”則是針對將來必定會發生的事實提出建議，如：

（35）士季曰：“……若二子怒楚，楚人乘我，喪師無日矣。不如備之。（《宣公十二年》）

（36）隨季曰：“楚師方壯，若萃於我，吾師必盡，不如收而去之。”（《宣公十二年》）

（37）知莊子、范文子、韓獻子諫曰：“……若不能敗，爲辱已甚，不如還也。”（《成公六年》）

即使句中有“若”等表示假設的詞語，以示該事件尚未發生，但若仔細辨析，也可發現其中“不如”與前例中“如”出現的語境仍然是不同的。例（35）中，“若”引出的假設是“二子怒楚，楚人乘我”，結果是“喪師無日矣”，而“不如”引出的建議"備之"與"若"假設複句是相互獨立的。亦即"若二子怒楚，楚人乘我，喪師無日矣"是必然會發生的事情，對此必然的情況，提出"備之"的建議。例（36）也是對"吾師必盡"的必然結果提出"收而去之"的建議，例（37）同，"不如"引出的建議皆非假設句的一部分。而反觀例（1）至（24），"如"所引道的建議都是假設句的一部分，是假設複句中的結果。

《左傳》中有一個同時使用"如"和"不如"的文例，集中體現了二者的區别，即成公二年"若知不能，則如無出。今既遇矣，不如戰也。"王引之《經傳釋詞》卷七"如"條也認爲："上言'如'，下言'不如'，則'如'非'不如'明矣。"與王引之以"當"訓"如"不同，我們可以發現，此例中"如"與"若"搭配，而"不如"與"既"搭配，正表明"如"針對的是"知不能"這個假設的情況，而"不如"針對的是"遇"這個已然的事實，恰能證成我們的觀點。

近年來，對於"如"和"不如"的討論仍在繼續。沈培（2008）提出，上博簡中有三個文例亦可證明"如"可訓爲"不如"，分别是：

（38）競平王就鄭壽，訊之於层廟，曰："禍敗因童（重）于楚邦，懼鬼神以爲怒，使先王無所歸，吾何改而可？"鄭壽辭，不敢盒（答），王固訊之，盒（答）："如毁新都戚陵、臨陽，殺左尹宛、少師無忌。"（《上博六·平王問鄭壽》）

（39）公愠，無告，告强門大夫。强門大夫曰："女（如）出內庫之囚，回而余（予）之兵。"（《上博五·姑成家父》）

（40）孔子曰："庶民知説之事鬼也，不知刑與德，女（如）毋愛珪璧幣帛於山川。"（《上博二·魯邦大旱》）

例（38）中的"如"和《左傳》、《公羊傳》中的的"如"句法語義功能相同。"懼鬼神以爲怒，使先王無所歸"中，"懼"體現出這是楚平王的擔心，並未成爲事實，是否必將出現也未可知，故而此處用"如"來引出對這種假設的應對建議，而非"不如"。例（39）在前文中沒有明確的前提，例（40）中的前提"庶民知説之事鬼也，不知刑與德"是既成事實，這一用法與我們的推論相左，但由於例（39）、（40）中"女"的釋讀和意義尚有爭議，這兩個用例仍須存疑。

通過以上分析我們認爲，上述例子中的"如"不必釋爲"不如"。用來表示建議是"如"自身的一個語義功能。在上古漢語中，"如"與"不如"的功能和語義有分工，"如"用於假設複句中，是對未然情況的建議，而"不如"則用於讓步複句中，是對已然或必然情況的建議，二者並不是"如即不如"的關係，也不能簡單將此現象視爲反訓。現代漢語中，"如"已不再有表達建議的用法，但"不如"仍多用來引進對已然事實的建議，它與表示讓步的連詞"既然"搭配可文從義順，但與表示假設的連詞"如果"搭配則接受程度不高，這恐怕也是古漢語遺留下來語義限制。

四

接下來需要探討的是，"如"爲何具有表示建議的語義功能，與"不如"的關係又是怎樣？

"不如"的語義發展理據是比較顯豁的。"如"有基本義"像"、"如同"，又可引申爲"及"、"比得上"，故而"X 不如 Y"義爲 Y 優於 X。如果 X、Y 是兩個選擇肢，指的就是選擇 Y 優於選擇 X，如：

> （41）彘子曰："……今失諸侯，不可謂力。有敵而不從，不可謂武。由我失霸，不如死。（《左傳·宣公十二年》）

這個例子表示，與"由我失霸"這個選擇相比，還是"死"這個選擇更好。

在此基礎上，如果選擇肢X隱現，衹出現“不如Y”，則表示與任何選擇相比Y都更好，從而“不如”可以被重新分析，語法化爲表示提議的連詞。

而引出提議的“如”無法用“像”、“如同”的意義來解釋。但例（8）的“如勿與而已矣”、例（15）的“則如弗觀而已矣”、例（16）的“則如勿祭而已矣”與其他用例相比，透露出了“如”的這種用法的來源。尚未詞彙化的“而已”參與構成“如X而Y”句式，“已”充當動詞Y。這裏的“如”，用它的另一個基本義“假如”、“如果”來解釋，則文意更加通順，“如勿與而已矣”的句法結構是{如［勿與］而［已］矣}，即“如果不給他也就罷了”，是一個假設複句。“勿與”指的是鄭伯不要給共叔段過大的權利，這雖然只是不得已的權宜之計，但與“毋欲立之，己殺之”相比是更好的選擇，説話人自然傾向於此，因此“如”具備了進一步引申爲表達建議的語義基礎。

例（23）“若爲三師以肄焉，一師至，彼必皆出”也是一個能體現“若”的詞義引申的過渡性例子。其中“若”乃假設連詞，義爲“假如”，則“爲三師以肄焉”是假設的前提，“一師至，彼必皆出”是假設的結果。由於這個假設的行動是有益的、應當采取的，因此“若”被認爲引入提議，也是有語義基礎的。

一旦“如”或“若”具有了這樣的語義功能，進入一個可以表達建議的語境，正如“X不如Y”句型可以省略前一選擇肢X而單獨使用“不如Y”，“如X而Y”句型亦能省略後面的結果部分“而Y”而只用“如X”。因爲如果選擇了假設的行動X，可得到的滿意結果是不言而喻的，説話人無需向聽衆一一解釋。如“天欲殺之，則如勿生”一例，可補足爲“則如勿生而已矣”，“若愛重傷，則如勿傷”一例，可補足爲“則如勿傷而已矣”，餘皆仿此。“而已”語義較虚，省略亦不致影響語義。當“如”在越來越多情況下僅引入假設項而省略諸如“而已矣”之類的結果項時，"如"也容易被重新分析，發展出表示建議的語義。久而久之，"如"的詞義引申理據比"不如"更模糊，而又恰好與"不如"具有類似的語義，致使令人迷惑的"反訓"現象出現。

〔主要參考文獻〕

[1] 淳于鴻恩. 公羊方言疏箋 [M]. //四庫未收書集刊. 經部第2輯第10册. 北京：北京出版社，1988.

[2] 杜預. 春秋左傳正義 [M]. //孔穎達疏. 北京：中華書局，2003.

[3] 顧炎武. 日知録. 黄汝成集釋 [M]. 上海：上海古籍出版社，2007.

[4] 劉淇. 助字辨略 [M]. //章錫琛校注. 北京：中華書局，2004.

[5] 沈培. 由上博簡证"如"可訓爲"不如" [J]. //出土文獻與古文字研究（第二輯）. 上海：復旦大學出版社，2008：152—159.

[6] 王念孫. 讀書雜誌 [M]. 南京：江蘇古籍出版社，1985.

[7] 王引之. 經義述聞 [M]. 南京：江蘇古籍出版社，1985.

[8] 吳昌瑩. 經詞衍釋 [M]. 北京：中華書局，1956.

[9] 楊伯峻. 春秋左傳注 [M]. 修訂本. 北京：中華書局，1990.

[10] 俞樾. 古書疑義舉例 [M]. 北京：中華書局，2005.

[11] 俞樾. 群經平議 [M]. //續修四庫全書. 第178册. 影印清光緒二十五年春在堂刻本. 上海：上海古籍出版社，1995.

[12] 周名初. "某，不某也"訓詁例獻疑 [J]. 古漢語研究，1992(2)：52—56.

（姚堯，蘇州大學文學院，郵編 215123）

釋副詞"劣"*

章紅梅

内容摘要：副詞"劣"的形、義及其語法性質，在文獻的釋讀中還存在一些疏漏，本文在勘誤的基礎上，對"劣"作副詞的來源進行了討論，以期對其有更爲精確深入的認識。

關鍵詞：副詞"劣"　勘誤　溯源

武平四年（573）六月二十七日《臨淮王像碑》："香甫燃而霧作，花劣飛而霰下。"①

"劣"字比較費解。清方若《校碑隨筆》："'花劣飛而霰下'之'劣'，齊也。國初拓本已泐上半，故《金石索》誤爲'分'。"②《金石索》作"分"確實是錯誤的。我們復核原拓片，字應當作"劣"，没有問題。但是方氏釋"劣"爲"齊也"，則非是。且不説"花齊飛"不合詩歌之意境，文中"劣"與"甫"對舉成文，"甫"是副詞，"齊"是形容詞，對仗也不工穩。

馬向欣《六朝别字記新編》討論到這個字，認爲"'飛'上之字當亦係時間狀語"③，這個見解比《校碑隨筆》高明，但視爲時間狀語的根據何在呢？他解釋説"竊意莫若'初'字貼切"，然後從字形入手展開論证，試圖從俗字上尋找答案，以爲"初"

* 本文是國家教育部青年基金項目"上古至南北朝石刻古文字研究"階段成果之一。

俗字作"劣"，然後與"劣"混。讀"劣"爲"初"，其思路恐怕有誤，原拓本作"劣"，不作"初"，我們遍查各種材料，没有發現"初"作"劣"的證據。

程章燦《六朝碑别字新考——讀〈六朝碑别字記新編〉札記四則》認爲"此處'劣'的字義自然不是優劣的劣，而是一個時間狀語，義爲纔、僅"。④其持論有可取之處，但並未解决問題，至少有三點須要討論：

其一，"時間狀語"的提法不恰當，應釋爲"時間副詞，方才，剛剛"。碑文"劣"與"甫"對舉成文。"甫"是時間副詞方才，剛剛。《漢書・翼奉傳》："天下甫二世耳，然周公猶作詩書深戒成王，以恐失天下。"顔師古注："甫，始也。""劣"在文中的意義正與"甫"相應。

其二，"劣"更主要的是作範圍副詞，義爲纔，僅僅，表示限定範圍。下列程章燦先生文中所舉四條書证：

《公羊傳・桓公十三年》："僅有年也。"何休注："僅，劣也。"

南朝鍾嶸《詩品序》："學謝朓，劣得'黄鳥度青枝'。"陳衍《鍾嶸詩品評議》卷上："'黄鳥度青枝'，乃虞炎《玉階怨》句，欲以追步玄暉者，故曰'學謝朓，劣得"黄鳥度青枝"。''劣得'，猶云僅僅得此也。"

南朝沈約《宋書》卷四十五《劉懷慎傳》附《劉德願傳》："德願善御車，嘗立兩柱，使其中劣通車軸，乃於百餘步上振轡長驅，未至數尺，打牛奔從柱間直過，其精如此。"

北魏酈道元《水經注・濁漳水》："以木爲偏橋，劣得通行。"

全部書证中的"劣"字，都應是範圍副詞，表示僅僅之義，没有一例是時間副詞，當然也就無所謂"時間狀語"這個意義了。

可見程先生所舉的全部書证與他的釋義不相吻合，出現這種失誤，表面上是没有細緻分析書證的含義，而根本問題則是模糊了“劣”既可以作時間副詞，也可以作範圍副詞的事實。

其三，“劣”作副詞表示時間的來源，應該進一步討論。

“劣”的本義是弱。《説文·力部》：“劣，弱也。從力，少。”[⑤]段玉裁注：“會意。”意謂“劣”字的構字理據是會力少爲弱之義。王充《論衡·效力》：“秦漢之事，儒生不見，力劣不能覽也。”《後漢書·順帝紀》：“年老劣弱，不任軍事者，上名。”曹植《辨道論》：“壽命長短，骨體强劣，各有人焉。”引申爲小，少，不足之義。《廣雅·釋詁二》：“劣，減也。”王念孫疏证：“劣者，少之減。”《論衡·儒增》：“夫德劣故用兵，犯法故施刑。”再引申爲低劣、惡劣，這是一條引申路徑。

另一條引申路徑，由小、少之義進一步引申，意義開始虛化，不再形容具體的事物弱、小或少，而是表示範圍小，程度淺，相當於“衹”，“僅僅”。其弱、小、少的語義特徵被淡化，被隱藏，但並没有完全消失，其屬於縮小限定範圍的副詞特徵便是明证，衹是由表層語義退向了深層語義。與此同時，在句法層面，“劣”所處的位置開始固定在謂語動詞的前面，句法功能作狀語。於是完成了由形容詞演變成範圍副詞的語法化過程。《正字通·力部》：“劣，薄也，僅僅不足之辭。”楊樹達《詞詮》卷二：“劣，表態副詞，僅也”，是也。

範圍小，程度淺與時間短暫彼此是相通的，故又從範圍副詞演變作時間副詞，義爲方纔，剛剛。轉變的理據是空間語義範疇和時間語義範疇的位移。

順便提及，《漢語大詞典》“劣”字條義項[⑥]列有“僅；剛”一義。也没有分時間副詞和範圍副詞。所舉四條書證，除了《宋書·劉德願傳》外，還有唐吴融《敗簾六韻》：“伴燈微掩夢，兼扇劣遮羞。”清洪昇《衢州雜感》詩：“障日叢篁劣容騎，連雲列戟不通鴉。”三例中的“劣”應是範圍副詞，義爲僅僅，剛剛。

宋楊萬里《中秋無月至十七日曉晴》詩：“劣到中秋雲便興，中秋過了却成晴。”此例中的“劣”是時間副詞，義爲纔，剛。由於“剛”既可以是時間副詞，也可以是範圍副詞，這樣處理似乎也説得過去，但是畢竟比較籠統，比較模糊。我們認爲或分成兩個義項，或在副詞這個大項下分列兩個次項，這樣處理就恰當了。

〔注釋〕

①毛遠明．漢魏六朝碑刻校注．北京：綫裝書局，2008：15．

②方若．王壯弘增補《增補校碑隨筆》．上海：上海書畫出版社，1981：411．

③馬向欣．六朝別字記新編．北京：書目文獻出版社，1995．

④程章燦．六朝碑別字新考——讀《六朝碑別字記新編》札記四則．中國語文．2000（3）．

⑤《漢語大字典》卷一，367頁“劣”字條引《説文》作“从力，少聲”，誤。

（章紅梅，成都中醫藥大學，郵編 610064）

“大鳥崖柴兩翅青”新解

魏啓君

内容摘要：“崖柴”的訓釋意見不甚一致，通過對相關文獻的考釋，我們認爲“崖柴”是聯綿字，有多種文字記録形式。“崖柴”與“睚眦”同源。“崖柴”讀爲 áichái，詞性爲形容詞，意義爲“露出牙齒的樣子”，有“兇狠”、“犬門貌”、“險峻”、“坎坷”、“笑貌”等引申義。

關鍵詞：崖柴　本字　意義　聯綿字

“崖柴”一詞，首見於《三國志·魏志·曹爽傳》裴松之注引《魏略》：“故於時謗書，謂‘臺中有三狗，二狗崖柴不可當，一狗憑默作疽囊。’三狗謂何、鄧、丁也。默者，爽小字也。其意言三狗皆欲嚙人，而謐尤甚也。”[①]海内外學者對《大目乾連冥間救母變文》“長蛇皎皎三曾黑，大鳥崖柴兩翅青”（王重民等 1957，731）中的“崖柴”，做了許多有益的訓詁研究，歸納起來大致有以下幾種解釋：（1）張開嘴巴，貪饞兇狠的樣子，讀爲 áichái。蔣禮鴻（1959，101；1994，4）還認爲“崖柴”與“啀喍”、“齷齜”、“齷齘”聲近義同；（2）“崖柴”指張翼。（吴小如 1980）；（3）“崖柴”即“睚眦”，爲嗔目之義[②]。（陳治文 1982；黄征、張涌泉 1997，1056；高文達 2001）；（4）張口露齒貌，亦作“啀喍”。（項楚 1989，695）；（5）《漢語大詞典》列“啀喍”與“崖柴”兩個詞條。釋“啀喍”爲犬門貌；釋“崖柴”爲“形容張口欲咬人之狀”，以該句爲第二書證。

上述意見似乎都有可取之處，但究竟孰是孰非？"啀喍"與"崖柴"等是何種關係？通過對《大藏經》的窮盡性檢索，筆者共得到"崖柴"的以下用例：

(1) 問："軍期急速時如何？"師云："受降城下骨崖柴。"（宋·李遵編《天燈廣聖録》卷十五，X78/492/a[③]）

(2) 師崖柴而笑曰："龍象蹴踏，非驢所堪。"（明·圓悟著　真啓編《辟妄救略説》卷七，X65/161/a）

(3) 紫柏老人試拈問麟郎。麟曰："兩頭不着。"老人曰："尚未信，汝再道看。"麟則崖柴笑而已。（明·德清《紫柏老人集》卷二十二，X73/333/c）

如果以前文列舉的五種解釋來解讀上述例句，似乎於文意都不通暢。例（1）是説受降之後，城墻下屍骨皚皚，令人悚然；例（2）、（3）的"崖柴"意義相同，都是動詞"笑"的修飾語。一般説來，除非古代的淑女刻意講究"笑不露齒"，常人在發笑時牙齒難免會隨着面部的肌肉運動而露出。在現代漢語裏，我們形容人大笑時，常表述爲"露齒而笑"。因此，這兩例的"崖柴"似乎可以理解爲"（笑時）露齒的樣子"。"崖柴"還可以有重叠用法，如：

(4) 召大衆云："還知枯樁和尚落處麽？一生列列别别，崖崖柴柴。生鐵爲面具，頑石作胸懷，逢春不變，有地難埋。"（住顯、宗焕等編《石溪和尚語録》卷下，X71/69/a）

"崖崖柴柴"指稱一生漂泊的枯樁和尚。從"逢春不變，有地難埋"可以看出，枯樁和尚的處境很不好，"崖崖柴柴"相當於"坎坎坷坷"。湯顯祖詩"邑子久崖柴，長者亦揺簸"，"崖柴"與"揺簸"相對成文，也是"坎坷"的意思。

從表面上看，四個例句的"崖柴"居然有三個意義。如果深究，這三個意義其實都衹是語境義，是可以歸併的。例（1）指稱城墻下白骨皚皚。死人化爲白骨，肌肉將不復存在，但骨頭還在，牙齒露出。人死後露出牙齒的樣子，當然面目狰獰，使人驚懼；例（2）、（3）以“崖柴”狀寫“笑”的情形。若持續發笑動作時，牙齒時而露出；例（4）的“崖崖柴柴”相當於“坎坎坷坷”。人生不順利如同牙齒露出在外一樣，得不到保護，這正如唇亡齒寒似的。因此，“崖柴”的核心義可以歸納爲“露出牙齒的樣子”，在“大鳥崖柴兩翅青”和“二狗崖柴不可當”中用的是此義的引申義“兇狠”。由此引申義還可以繼續引申爲“險峻”，如：

（5）武朔既崖柴，崑崙絶排奡。始蹈吕梁險，終成昆吾嵲。（清·王士禛《漁洋精華録》）

“排奡”指“剛勁有力，豪宕”，與“崖柴”意義相近。下文“始蹈吕梁險”也提示了“崖柴”有“險峻”之義④。

顯然，“崖”與“柴”的本字是不可能衍生這些義項的，因此我們根據因聲求義的方法繼續討論“崖柴”的其他寫法，以揭示相互間的關係，確定“崖柴”的本字。《三國志·魏志》卷九考證，何焯曰：“崖柴《藝文》作啀喍。《玉篇》啀，狗欲嚙也。《類篇》又作嘊。則偏旁無口字者，或古人假借通用。”慧琳《一切經音義》卷二十七《妙法蓮花經音義》：“啀喍，犬鬥也。《玉篇》犬相啀。《埤蒼》犬相啀，拒也。《説文》、《玉篇》作齜，謂開口見齒曰齜。啀，《切韻》齒不正曰齜，齨作齜。有云啀齜，褰唇露齒之皃。有作喍，不知所從）。”同卷“嘊喍”⑤條與此解釋同。可知“嘊喍”、“啀喍”、“崖柴”、“啀齜”通。同書卷十四《大寶積經第八十八卷音義》：“嘊喍嘷吠：並俗用字也，正體並從齒從柴省作齜，《説文》作齜，《集訓》云，齒相齗也，又云開口見齒也。《玉篇》云，齒相切也。《聲類》作齷齜。《考聲》云齷齜，狗鬥皃也，齒不齊皃也。齷字亦從齒從厓。”可知“嘊喍”是俗用字，正字當爲“齷齜”。同書卷五三《起世因本經卷第三音義》：“齷齜，並從齒”。“齷齜”也可記作“齜齷”，同書卷七十六《贊觀世音菩薩頌經音義》收"齜齷"詞條，釋義與"齷齜"同。相關文獻的用例是：

(6) 譬如有狗，前至他家，見後狗來，心生嗔嫉，齜齷吠之。(唐菩提流志譯《大寶積經》卷八十八，T11/504/a[⑥])

同句《法苑珠林》卷一百八引《摩訶迦葉經》作"譬如有狗，前至他家，見後狗來，心生嗔恚，齷齛吠之。[⑦]"

我們在文獻中也發現了"喍齜、啀齜、齜啀"的用例，意義都與"崖柴"同。

(7) 喍喋者，喋字亦作齜，聚脣露齒也。(唐·湛然述《法華文句記》卷六，T34/271/a)

(8) 語起慢言，名啀齜嘷吠。聚露脣齒名啀齜，出聲大吼名嘷吠。啀音五佳反，犬鬬也。齜音士佳反，齒不正作齜齇。開口見齒作齜啀，又不知喋字所出。(唐·窺基撰《妙法蓮華經玄贊》卷六，T34/759/a)

(9) 鬬諍摣掣，啀齜食噉，至曉更散。(唐·僧詳撰《法華經傳記》卷九，T51/91/c)

慧琳《一切經音義》引《集訓》云："崖，從山厓聲，厓音同。"我們認爲"厓柴"也是記音字，例如：

(10) 豈厓柴若世之猘狗？然哉！帝曰："曉人不當，如是乎！"此説客之所當知也。(《戰國策》卷四，宋·鮑彪注)

此例的"厓柴"就是"崖柴"，意義爲"兇狠的樣子"，後文的"猘狗"指瘋狗，前後意思相涉。《太平御覽》卷九〇四引三國魏魚豢《魏略》："故於時謗書，謂臺中三狗，喍喋不可當。"

還有記作"齷齚"的，《諸經要集》卷十五《嗔恚緣第九·正報頌》："愚人嗔恚重，地獄被燒然。犲狼諍圍遶，蚖毒競來前。齷齚怒自食，背脅縱横穿。"《大正藏》注"齷齚＝啀喋"從意義上看，《通俗文》："咬噉曰齚也。"語義與"喍喋"略有出入。從語音上看，"齚"在《廣韻》爲崇母陌韻入聲，"柴"在

《廣韻》爲祟母佳韻平聲，語音相近。

蔣禮鴻先生在探求“崖柴”的語源時，認爲“柴”的本字是“齜”；認爲“崖”的本字是“啀”[8]，似可商榷[9]。有以下幾個方面的原因：第一，文獻中儘管有“啀齜”連用的用例，但是《一切經音義》認爲“啀”並不是正字，正字爲“齨”。而且從我們目前掌握的文獻來看，最早的寫法反而是更俗的記録形式“崖柴”。第二，與牙齒相關的字並不一定要從齒表義。如“咬、嚼、咀、叮、噬、啃、吃”等字，從口表義而不從齒。“喍”與“𪘏”、“齜”，“啀”與“齨”具有同樣的表義功能。但從“崖柴”的種種記録形式看，大都傾向於偏旁類似，如“啀喍”、“嘊喍”、“齨𪘏”、“齨齜”。這也是聯緜字的記録特點之一。“崖柴”的衆多寫法，正反映了人們刻意由字形表達字義的主觀追求。但是供選擇的形體之間難免存在模棱兩可的地方，這便很遺憾地走向了主觀追求的反面，導致語源的迷失與困惑。因此我們上面討論的“崖柴”的各種記録形式都不宜作爲“崖柴”的本字。

我們認爲“崖柴”的語源是“睚眦”。從語音上看，中古時候“啀喍”與“睚眦”是相近的。慧琳《一切經音義》卷九八：“睚，崖懈反；眦，柴戒反。”“崖、柴”分別是“睚、眦”的反切上字，可以肯定“崖”與“睚”、“柴”與“眦”聲母相同。又卷三四“睚眦，上五賣反，下助賣反。”反切下字相同，可以肯定“睚”與“眦”韻母相同。《廣韻》“賣”爲“佳韻二等去聲”，“崖”有兩讀，一爲“佳韻二等平聲”，一爲“之韻重紐三等平聲”，“柴”爲“佳韻二等平聲”。因此，“崖柴”與“睚眦”聲韻相同，聲調略有不同，都是叠韻，可以認爲都是聯緜字。從意義上看，“睚眦”指“嗔目怒視、瞪眼看人”，“崖柴”指“露出牙齒的樣子”。《史記・范雎蔡澤列傳》：“睚眦之怨必報。”《索隱》云：“睚眦，謂相瞋怒而見齒也。”以“怒目”與“見齒”相連釋義，“睚眦”與“崖柴”意義相通。音近義通，具有分化孳乳關係，是同源字。

值得一提的是，"崖柴"與"睚眦"分化後，産生各不相同的引申義，形成兩個系列的聯綿字群。"崖柴"引申義爲"兇狠"、"犬鬥貌"、"險峻"、"坎坷"、"笑貌"等，與"啀喍"、"厓柴"、"嘊喍"、"喍啀"、"齷齚"、"嘊齜"、"啀齜"、"齜啀"、"齷𪘨"等形成一個系列的聯綿字[10]。

"睚眦"也有較多的記音字。"睚眦"與"睚眥"同，《漢書·杜周傳》："反因時信其邪辟，報睚眦怨。"顔師古注："眦即眥字，謂目匡也。""睚眥"可省作"厓眥"，《漢書·孔光傳》："以太后指風光，令上之。厓眥莫不誅傷。""睚眦"還可作"睚𥈭"，《晋書·王猛》"微時一餐之惠，睚𥈭之忿，靡不報焉，時論頗以此少之。""睚眦"的引申義爲"借指微小的怨恨"，與"睚眥"、"厓眦"、"睚𥈭"構成一個系列的聯綿字。

因此，我們的結論是，"崖柴"與"睚眦"存在同源關係。"崖柴"是聯綿字，詞性爲形容詞，本義是"露出牙齒的樣子"，有"兇狠"等引申義，讀爲 áichái。

〔注釋〕

①張舜徽（1992，422）認爲"崖柴"通"㗊㗊"，意義爲"犬鬥"。我們認爲，"犬鬥"義來源於"露出牙齒的樣子"，此外，"崖柴"爲形容詞，釋"犬鬥皃"更貼切。

②高文達（2001）認爲"崖柴"爲聯綿詞，與"睚眦"同，讀音爲 yázǐ。我們認爲讀音應以蔣禮鴻先生的意見爲確，詳見蔣禮鴻（1959）。

③阿拉伯數字及英文字母分别表示引文在《大正新修大藏經》中的册數、頁數、上中下欄。

④清王士禛著，惠棟、金榮注《漁洋精華録集注（下册）》，於"崖柴"條下衹注引《魏略》："臺中有三狗，二狗崖柴不可當，一狗憑默作疽囊"，釋義欠詳細、明確。

⑤"嘊喍"還可以寫爲"喍嘊"，《集韻佳韻》："喍，喍啀，犬鬥貌。"

⑥此例轉引自蔣禮鴻《敦煌變文字義通釋》。《大正藏》（T53/949/a）該句“齷齜”作“齜齷”。

⑦同句唐·不空譯爲：“譬如有狗，前至他家，於是他家便作爲主，見後來狗，心生嗔妬嘊喍嘷吠”（《大乘瑜伽金剛性海曼殊室利千臂千鉢大教王經》卷四，T20/740/b）

⑧明方以智《通雅·釋詁》卷十“嘊嘊牙牙也”條云：“管子齊人東郭謠曰：‘東郭有犬嘊嘊，日夕欲噬我猳，西郭北郭’。重言之，嘊嘊即牙牙，音義皆同。曹爽傳臺中三狗謠：‘二狗崖柴不可當’。崖柴音牙義，司空圖文：‘女則牙牙學語，男則雁雁成行’，此牙牙猶鴉鴉，言其聲也。”姑録此説，以供參考。

⑨蔣禮鴻先生認爲“崖柴”的“柴”本字當爲齜，與“啀”字同義連文。我們認爲本字爲“睚眦”，是聯綿字。“崖柴”至今還活躍在湘南土語中，如“做起那崖柴樣子，醜死了”，“你太愛吵事了，那手好崖柴，什麽東西都要摸下”。其引申義略有不同，分别爲“難看、討厭”之義。

⑩參《辭通》，在“睚眦”條目下收有“睚眦、厓眦、睚眥、崖柴、痝眦、痝疵、齷睚”等詞語。我們認爲列作兩目，另一目以“崖柴”爲詞頭，收“嘊喍、啀喍、齷齜、齷齜”等詞語。

〔主要參考文獻〕

王重民等．敦煌變文集．北京：人民文學出版社，1957.
蔣禮鴻．敦煌文獻語言詞典．杭州：杭州大學出版社，1994.
蔣禮鴻．敦煌變文字義通釋．北京：中華書局，1959.
項楚．敦煌變文選注．成都：巴蜀書社，1989.
黄征，張涌泉．敦煌變文校注．北京：中華書局，1997.
陳治文．敦煌變文詞語校釋拾遺．中國語文，1982（2）.
吴小如．讀蔣禮鴻《敦煌變文字義通釋》札記．文獻，1980（1）.
高文達．新編聯綿詞典．鄭州：河南人民出版社，2001.
張舜徽．三國志辭典．濟南：山東教育出版社，1992.
朱起鳳．辭通．影印本．上海：上海古籍出版社，1982.

（魏啓君，雲南財經大學傳媒學院，郵編 650021）

“摵”小考

黄錦君

内容摘要：本文以“摵”字為例，通過《廣韻》與《集韻》所收音義多寡之比較，表明《集韻》更注重共時語料的采集與補充，對唐宋文獻的研究更具參考價值。

關鍵詞：摵　集韻　音義擴充　語料價值

《廣韻》（1008）和《集韻》（1039）的编纂時間相隔不長，但由於各自編纂目的不同，其内容也有很大差異。前者作為“懸科取士，考核程準”[①]的範本，注重對前代韻書訛誤的糾正，“必豕魚之盡革，乃朱紫以洞分”。而《集韻》則在前者“多用舊文，繁署失當”基础上，要“務從該廣，經史諸子及小學書更相參定”[②]，要盡可能搜羅齊全，避免缺漏。

《集韻》的“務從該廣”不但體現在對漢字的網羅上，也反映在對音讀與義項的補充上。近來校注南宋詩僧釋道璨的文集《無文印》，卷四《育王笑翁禪師行狀》有云：

> “時天童無用全以妙喜竹篦陶冶學者，徑造其廬。無用問曰：‘行脚僧遊山僧？’師曰：‘行脚僧。’無用曰：‘如何是行脚事？’師以坐具便摵。無用曰：‘此僧敢來者裏捋虎鬚。’”

“師以坐具便摵”之“摵”從上下文來看，應該是一個表示與手有關的動作的詞語。“摵”《廣韻》凡三見：

《廣韻·屋韻》：所六切，“摵，到也，又子六切”。

子六切，“摵，到也”。

《廣韻·麥韻》：山責切，“摵，殞落貌”。

《廣韻》所收音義顯然不能為本文之“摵”作解，再看《集韻》，《集韻》“摵”凡五見：

《集韻·齊韻》：緜批切，“摵，批也”。

《集韻·屋韻》：子六切，“摵，至也”。

“摵，就六切，《廣雅》至也。”

所六切，“摵，《方言》到也”。

《集韻·麥韻》：色責切，“摵，隕落謂之摵”。

與《廣韻》相比，《集韻》“摵”多出了一個陰聲韻讀“緜批切”，義為“批也”。批，表示用手擊，打。《左傳·莊公十二年》云：“遇仇牧於門，批而殺之。”

與《集韻》相配的字書《類篇》卷三十四也載：“摵，又緜批切，批也。”又金韓道昭《五音集韻》卷二齊韻“莫兮切”同樣也收有“摵”字，義為“批也”。

“摵”表“批”義在唐代文獻中有例如：

“問潯説永嘉縣有一人患瘇，衣裳襤褸，顔色寒餒，於市中求乞，羣小兒多將篾隨後，摵其瘇處，亦不為怒。”（唐李復言《績幽怪録·薛主薄》，元陶宗儀撰《説郛》卷一百十七下）

文中“摵”義明顯與“批”為同一義類，可理解為“鞭打、抽打”等。

類似用法在宋代禪宗文獻里有例如：

（1）“僧喝之，善便打。僧以坐具作摵勢，善笑曰：‘喪車後掉藥囊。’”（宋釋惠洪《禪林僧寶傳》卷十三“福昌善禪師”條）

（2）“慈明呵曰：‘未在更道看。’泉乃作虎聲，慈明以

坐具摵之，泉接住，推置繩床上。慈明亦作虎聲，泉大笑。”（宋釋惠洪《禪林僧寶傳》卷十五“衡嶽泉禪師”條）

（3）“楷擬酬之，青以拂子摵之曰：‘汝發意來，早有二十棒也。’於是楷悟旨於言下，再拜即去。”（宋釋惠洪《禪林僧寶傳》卷十七“天寧楷禪師”條）

（4）“自乃舉德山小參話，圜悟高笑曰：‘吾以不堪為公師，觀公如是則有餘矣。’遂令再舉，至今夜不答話處，圜悟驀以手掩自口曰：‘止祇恁看得透，便見德山也。’自不勝其憤，趨出以坐且摵地曰：‘那裏有因緣，祇教人看一句。’於是朋儕競勉自從圜悟指示，未幾有省。”（宋釋曉瑩《羅湖野録》卷二“西蜀表自禪師”条）

（5）“勇曰：‘忽遇天魔外道來時如何？’顯以坐具便摵，勇作倒勢，顯拂袖而行，勇曰：‘且來。’顯曰：‘且去掘窟。’勇笑而已。”（宋釋曉瑩《羅湖野録》卷四“贛州顯首座”條）

（6）“龍詰曰：‘半升鐺内煮山川，即不問如何是一粒粟中藏世界。’呂於言下頓契，作偈曰：‘棄却瓢囊摵碎琴，如今不戀汞中金，自從一見黄龍後，始覺從前錯用心。’”（宋釋普濟《五燈會元》卷八“黄龍機禪師法嗣·呂巖真人”條）

（7）“眼歸，方丈令侍者喚問話，僧至，眼曰：‘上座適來問底話，許你具眼人天衆前，何不禮拜。’蓋覆卻，眼摵一坐具，其僧三日後吐光而終。”（宋釋普濟《五燈會元》卷十，“清涼益禪師法嗣·金陵報恩院玄則禪師”條）

（8）“到琅邪覺和尚處，邪問：‘近離甚處？’師曰：‘兩浙。’曰：‘船來陸來？’師曰：‘船來。’曰：‘船在甚處？’師曰：‘步下。’曰‘不涉程途一句作麼生道？’師以坐具摵一摵曰：‘杜撰長老如麻似粟。’拂袖而出。”（宋釋普濟《五

燈會元》卷十二“汾陽昭禪師法嗣·舒州法華院全舉禪師”條）

(9)“師左右顧視曰：‘夜來何處火，燒出古人墳？’明曰：‘未在更道。’師作虎聲，明以坐具便摵，師接住，推明置禪牀上，明却作虎聲。”（宋釋普濟《五燈會元》卷十二“汾陽昭禪師法嗣·南嶽芭蕉菴大道谷泉禪師”條）

例句中的“摵”都表示較為用力的手部動作，可以直接理解為“擊打”等，如例（1）（2）（3）（5）（6）；而像例（4）（8）（9）當理解為“擊”、“拍”；例（7）似當理解為“拋擊”。禪宗對學人的引導往往不拘一格，師徒、師友間的機鋒對接除言語外，往往還有激烈的身體動作，《無文印·育王笑翁禪師行狀》“師以坐具便摵”之“摵”所反映的場景也就是其間類似的一幕。

“摵”表“批”義在禪宗以外文獻的例證較少：

“瑞日正高重御宴，摵鞭纔定再催班。”（宋田錫《乾明節祝聖壽》）

“醉中入月捉玉兔，手摵桂枝鳴策策。”（宋方翥《次韻時瑞見寄》）

除齊韻“鯀批切”一音外，《廣韻》與《集韻》所收“摵”的其他音義是一致的，收在屋韻的音讀表“到、至”義，收在麥韻的音讀表隕落。

“摵”表“至、到”義在文獻里出現較早，揚雄《方言》卷十三云：“摵，到也。”郭璞注云：摵“音縮”。《廣雅·釋詁一》：“摵，至也。”王念孫疏證：“摵之言造也，造亦至也，造與摵古同聲。造與摵古同聲，《孟子》‘舜見瞽叟，其容有蹙’，《韓子·忠孝篇》作‘其容造焉’，《大戴禮·保傅篇》‘靈公造然失容’，‘造然’即‘蹙然’，是其例也。”

“摵”又同“槭”，表“隕落”，《文選·潘岳·射雉賦》：“初莖蔚其曜新，陳柯槭以改舊。”注云：“槭，彫柯貌也，所膈切。”

《文選·潘岳·秋興賦》“庭樹槭以灑落兮，勁風戾而吹帷”注云“槭，枝空之貌，所隔切。”按：《六臣註文選》“槭”作“摵”，摵，所革切（所，生母；膈、隔、革，麥韻）。唐以後例如：

“秦地草木，摵然已黃；蒼梧白雲，不日而見。”（王維《送衡嶽瑗公南歸詩序》）

“摵若嚴霜之林，婉似流風之雪。”（唐張懷瓘《書斷》卷中）

就《廣韻》和《集韻》音讀及義項劃分而言，其間應該是涇渭分明的。許慎《說文》原未收“摵”字，徐鉉《手部新附》有：“摵，捎也，从手，戚聲，沙劃切。”徐鉉據孫愐《唐韻》為《說文》所收字加注反切，“沙”生母，“劃”麥韻，與《廣韻》、《集韻》麥韻所收音讀相同。也就是說，“摵”之麥韻音在表隕落貌的同時還兼表“捎”義。

《说文·手部》“捎”：“自關已西，凡取物之上者為撟捎，从手，肖聲。”段注云：“取物之上，謂取物之顛也，捎之言梢也。《方言》曰‘撟、捎，選也。自關而西，秦晉之閒，凡取物之上謂之撟捎。’”“捎”這裡是“取、擇取”的意思。如果用“捎”之“取、擇取”義為“摵”字作解，在唐宋文獻中似難以找到相應佐證。但“捎”除了“取”的本義之外，後來又發展出“擊打”的意思，如《集韻·巧韻》：“捎，擊也。”又《集韻·效韻》：“捎，支也。”另《類篇》卷三十四云：“（捎）又山巧切，擊也。”《五音集韻·巧韻》：“捎，山巧切，擊也。”

宋熊克《中興小紀》卷十七、宋李心傳《建炎以來繫年要録》卷八十一“紹興四年冬十月戊子”條有“上揕人胸，下捎馬足”文，揕，音 zhèn，刺也，擊也。“捎”相對“揕”而言，也當表類似意義。宋李幼武《宋名臣言行錄別集下》卷六“韓世忠”及《宋史·韓世忠傳》等此段文字即為“上揕人胸，下斫馬足”，“捎”改作“斫”，則“捎”“斫”二字当同義或近義。《說文新附》以“捎”為“摵”字作解，顯然，這裡的“捎”不能按“捎”原有的“取、撟捎”義去理解，而應當按《集韻》“巧、效”二韻中的“捎”義來理解。

至此，“摵”表示“批、擊”義時，或讀“沙劃切”，或讀“緜批切”，前者是“摵”原有之舊音，而後者則見於宋以後韻書，於是不禁讓人猜想，其“捎”義之沙劃切是否有音義分離的嫌疑？徐鉉在將“摵”作《說文》新附字時，根據孫愐《唐韻》為之注音，而從《廣韻》來看，“摵”僅有屋、麥二韻音讀，於是徐鉉就將現成的麥韻的“沙劃切”來作為“摵，捎也”之“摵”注音？而實際此“摵”當爲一個陰聲韻讀？

不過，拋開“摵，捎也”之“摵”的音讀不論，這裡要強調的是，作為《說文新附》“摵”之解為“捎”之“捎”在《廣韻》僅兩見，一在宵韻，相邀切，“摇動也”；一在肴韻，所交切，“捎，蒲捎，良馬名也，亦芟也”。《廣韻》并未收巧、效二韻音讀，也無“擊、支”之釋義，而《集韻》則增“捎”巧、效二韻音讀并“擊、支”等義。本例也再次表明《集韻》之“務從該廣”并非虛言，而《集韻》對探討唐宋以來的新詞新義方面的價值和意義或許應該得到更多的肯定和重視。

〔注釋〕

①《大宋重修廣韻牒》，《宋本廣韻》卷首，中國書店，1982年。

②《集韻韻例》，《集韻》卷首，中國書店，1983年。

（黄錦君，四川大學古籍所，郵編 610064）

《乾隆朝内府抄本〈理藩院則例〉》點校注釋舉誤*

王寶紅

内容摘要：中國藏學出版社出版的《乾隆朝内府抄本〈理藩院則例〉》，其中保留了一些《理藩院則例》所沒有的内容及一些重要史實的記述，具有較高的史料價值。鑒於此文獻中涉及的清代特有的詞語以及少數民族語的官職、機構、物産及地名等專有名稱較多，點校過程中難免存在一些失誤。本文列舉筆者所見十五條加以辨析。

關鍵詞：《乾隆朝内府抄本〈理藩院則例〉》　點校　釋義

2006年12月，中國藏學出版社出版了《乾隆朝内府抄本〈理藩院則例〉》（趙雲田點校），此書為《理藩院則例》的稿案本，通過理藩院所轄錄勳司、賓客司等五個司屬機構的職掌，記述了清政府與蒙古及西、北其他少數民族的關係，特別是清政府在這些少數民族居住地區實行的各項制度，保留了一些《理藩院則例》所沒有的内容及一些重要史實的記述。此書又收錄了一般讀者已經很難見到的康雍乾嘉四朝《大清會典》中的理藩院資料，對於研究我國清代西、北史地具有較高的史料價值。該書以淺近的文言寫成，其中涉及清代新生詞語、少數民族語及地名等專有名詞較多，這些詞語在現代漢語裏多數已退隱，今人已不太

---

* 本文為國家社科基金項目“清代藏學漢文文獻詞彙研究”（11BYY065）、西藏民族學院同題科研項目（11myY02）的階段成果。

容易搞清楚其意義，因此常常成為讀者閱讀文本的障礙。點校者對這些資料進行了標點、分段，個別地方作了注釋，全書改用簡體字出版，為藏學研究提供了很大的便利，的確有功於學人。儘管校注者做了很大的努力，注釋過程中仍然存在一些可議之處。為了使這部書更臻精善，本文利用近現代文獻資料的記述，在此謹舉出 15 例加以辨析，並將今人著作中的同類失誤，一併表而出之，以就教於點校者及方家。（說明：為便於讀者查檢原書，本文每條先引原文，原文後括注原書頁碼，再以按語分析論證原文點校之誤。所引文獻正文中夾注部分以括弧形式加以表述。）

1. 馬不烙印不拴名牌者，罰牬牛一頭。（第 35 頁）

又定：凡罰以九論者，馬二，犍牛二，乳牛二，牬牛（二歲牛）二，犙牛（三歲牛）一。（第 153 頁）

按，同書第 154、420、436、466 頁均寫作“牬牛”。“牬”字誤，當為“牬”，音 bèi。《說文·牛部》：“牬，二歲牛。從牛，市聲。”“市”音 fú。檢《漢語大字典》無“牬”字。《蒙古律例》卷四：“馬不烙印不拴號牌者，罰兩歲牛一隻，給付舉發之人。”[1]p34《中國古代軍事散文精選·清代卷》釋“牬牛”為“二歲牛。一作體長之牛。”[2]p165 參之上述第 2 段引文，此釋兩說並存，而此處“牬牛”含義確定，指二歲牛，應刪去“一作體長之牛”。

2. 梅針大箭兔叉骲頭上無名字者，罰犙牛一頭，各給拿獲之人。（第 35 頁）

按，“梅針大箭兔叉骲頭”為不同種類箭的名稱，應點斷。同書第 327 頁標點為：“梅針箭、兔叉、骲頭箭上無號記者，馬不烙印不拴號記者，皆論罰。”標點不誤。《蒙古律例》卷四：“梅針、大披子、兔兒叉、骲頭各色箭上不書記號者，罰三歲牛一隻，給付摘發之人。”[1]p34－35 其中的“梅針……各色箭”指明梅針等為各種箭的名稱，其義甚明。“梅針大箭”是箭體細而尖的箭。《黑龍江外記》卷四：“從軍用梅針箭，行獵用骨披箭。”[3]p42

“兔叉”是鏃有四叉如虎爪形、可射雉兔的箭；“骲頭”並非箭頭，《清會典事例》中寫作“骲箭”，[4]p1149 是一種裝有骨、角質的骲鏃的響箭。《欽定理藩部則例》亦引此段材料，寫作“骲頭箭”：“馬不烙印，不系號牌，梅針大箭、兔叉骲頭箭上無名字者，札薩克罰俸六個月。”[5]p259《中國古代軍事散文精選·清代卷》：“梅針大箭：箭名；兔叉：似為投擲武器。骲頭：箭頭，叉頭。骲：骨鏃，骨質箭頭。此處泛指箭叉之尖頭。”[2]p165 其中“兔叉”、“骲頭”兩釋不確。

3. 康熙三十年復准：蒙古部落，照本院所發印文，供應差馬餼羊，不許規避。如不供應差馬者，罰牲畜三九，不供應餼羊者，罰牛一頭。（第 63 頁）同頁下注釋：“餼羊：用作祭品的羊。”

按，《欽定大清會典事例 理藩院》亦存此段材料，注釋同上。[6]p270 此釋用的是該詞的古老意義，這裏是指驛站用羊，是驛站供使臣、公差過往食用的羊只。“差馬餼羊”點明了馬、羊的用途。“餼”有廩給、俸祿義，“餼羊”即政府作為廩給發放給驛站過往人員的食用羊，並非用於祭祀。同書第 277 頁：“餼羊按日散給，薪米之屬代以白金。”餼羊、薪米均為日常生活資料。“餼羊”又稱作“廩餼羊”。康熙五十四年九月二十二日《議政大臣蘇努等奏土默特兵所需之籽種等事折》：“再，議政大臣議復，土默特之一千兵丁，由該旗每人給發馬各四匹，駕車之馬各一匹可也。途中食用之廩餼羊，一年食用之廩餼糧，豐厚捐給。等語。……此等兵丁既系倘有行走之事，即立即行動現成之兵丁，是以札薩克等給發每人撒袋、鳥槍，豐厚捐給乘馬各四匹，馬拉車各一輛，途中食用之廩餼羊、一年食用之廩餼糧可也。”[7]p1061—1062“廩餼”指由國家供給的糧食之類的生活物資，“廩餼羊”、“廩餼糧”分別是蒙古驛站提供給過往兵丁的羊只與糧食。又稱“廩羊”。《欽定大清會典事例 理藩院》卷九百八十二："又定：熱河都統、協領、筆帖式，查看喜峰口一帶驛站，照出差例給予馬匹，不支廩羊。"點校者解釋為："廩羊：公家發給的食用羊只。"[6]p278 其說是。

4. 康熙六十一年奏准：蒙古隨圍之多羅郡王四人，各賞……氈靴、皮靴各一雙。……貝勒四人，貝子二人，公四人，各賞給……氈靴、皮靴如前。（第 87 頁）

按，"氈靴"當為"氈襪"。下文寫作"韈"。韈字同"韤"，指襪子。《欽定大清會典事例 理藩院》寫作"氈襪、皮靴各一雙。氈襪、皮靴如前。"[6]p370 字形不誤。

5. 隨圍驍騎、長槍手、鳥槍手、前鋒、護軍、領催、哈嘛爾嚮導、捕户等，共計千七百四十二人，各賞銀六兩。（87、88 頁）

按，"哈嘛爾嚮導"為兩詞，是參與木蘭行圍時不同身份的人，應點斷。"哈嘛爾"又寫作"哈瑪爾"，為蒙古語音譯，清帝行圍時的前鋒。《滿族源流傳》："《金史》……紇、曰唐古紇、曰哈瑪爾（蒙古語行圍前引人也，舊作霞馬，今改正。）"[8]p347《欽定理藩部則例》："喀喇沁王旗下應派管圍塔布囊官員二十四員，哈瑪爾十員，圍甲二百十三名，近侍虎槍手三名，夥計鳥槍手二名，虎槍手四十名，嚮導二十七名……喀喇沁札薩克貝子旗下應派管圍塔布囊官員二十四員，哈瑪爾十員，圍甲二百十三名，近侍虎槍手三名，夥計鳥槍手二名，虎槍手四十名，嚮導二十六名……喀喇沁札薩克塔布囊旗下應派管圍台吉官員二十二員，哈瑪爾十員，圍甲二百十四名，近侍虎槍手四名，夥計鳥槍手二名，虎槍手四十名，嚮導二十七名……"[5]p210 根據這些材料的敍述，可知參加圍獵時不同爵位、等級的蒙古官員各自配備的"哈瑪爾"、"嚮導"人數不等，兩詞意義有別，所指不同。《清代邊政通考》標點作"哈瑪爾、嚮導、捕户等，共計一千七百四十二人，各賞銀六兩。"[9]p281《欽定大清會典事例 理藩院》："隨圍馬甲長槍手、鳥槍手、前鋒、護軍、領催、哈瑪爾、嚮導、捕户等，共計一千七百四十二人，各賞銀六兩。”[6]p371 以上兩書兩詞均點斷，標點不誤。

6.（乾隆）十六年，議設噶卜倫四人……第巴三人，塔布一人，均給本院執照，分轄藏務，受駐藏大臣及達賴喇嘛管轄。（第 101 頁）

按：“塔布”不詞，當為“堪布”。“堪布”為藏語音譯詞，是達賴、班禪的高級侍從，握有大權。類似材料亦見於清人筆記中，如《聽雨叢談》卷二“西藏蒙古藩封”：“輔國公二人，一等台吉一人……堪布一人，聽駐藏大臣節制。”[10]p36

7. 重三十兩銀茶桶一，各色大緞十有二，大小麥帕各七。（第 124 頁）

按：“麥帕”當為“壽帕”，“麥”、“壽”系形近而誤。同書第 121、122 頁寫作“壽帕”，不誤。“壽帕”為藏語“哈達”的漢譯名。

8.（順治）十七年，岷州圓覺寺等二十六寺，貢馬、青木香等物。舊有畫佛、舍利、珊瑚、棗、酥油、杆力麻、延壽果、雕翎諸物，後皆免進。（第 151 頁）

按，“杆力麻”之“杆”字誤，當為“杵”，系字形近似而誤。這段材料又見於《欽定大清會典事例 理藩院》，寫作“杵力麻”[6]p324，不誤。“杵力麻”為西藏方物之一，在明代西藏僧俗官員的貢物名單中已見，又寫作“足力麻”。《殊域周咨錄》卷十“吐蕃”：“其貢：在烏思藏則畫佛、銅佛、銅塔、刀劍為獨異，外貢舍利、各色足力麻、各色鐵力麻（漢俗云鐵裹漢）、各色氆氌、珊瑚、犀角、左髻毛纓、酥油、明盔、明甲之類。”[11]p541《蜀中廣記》卷三十五：“烏思藏所產細畫泥金，水〔大〕幅佛像、銅度金佛、金塔、舍利、各色足力麻、鐵裹麻、氆氌……自雅州入京。”[12]p165《明史》卷三百三十一：“所貢物有畫佛、銅佛、銅塔、珊瑚、犀角、氆氇、左髻毛纓、足力麻、鐵力麻、刀劍、明甲胄之屬，諸王所貢亦如之。”[13]p4925《中國歷代貢品大觀》引用《明史》中這段材料，下注：“所貢足力麻、鐵力麻，詳不可考。”[14]p782 今人著作轉引上述材料，注釋“足力麻”為“藏語，是遊牧民族的一種美味點心。”[15]p37 或注為：“食品名稱。”[16]p455 注釋均不確。今人研究成果中又將“足力麻”寫作“角力麻”，[17]p79 認為“角力麻”即“延壽果”，[18]p97 此說亦不確。明人文獻中“足力麻、鐵力麻”經常同時出現，並有“各色足力麻”、“各色鐵力麻”的描述，據明人考證，“鐵力麻，即烏藏各色布也。”[19]p139 那麽“足力麻”也即“杵力麻”，應與氆氇、鐵力麻為同類，是西藏生產的一種毛織物。

9. 國初定：帽緯長出帽檐，及戴臥免帽剪開沿氊帽，脅間系偏練垂，皆系違禁，被人見者，王、貝勒等罰馬一匹，庶人罰牸牛一。（第 167 頁）同頁下注釋①帽緯：應為緯帽。清代的一種涼帽，無帽檐。

按：此句釋義、字形及標點均有可商之處。首先，“帽緯”並非倒文，而是冠帽頂部的裝飾物，一般以絲絛或紅緞子裁成。“帽緯長出帽檐”是說帽頂的紅色飾物長度超出了帽檐，而“緯帽”是清代的一種涼帽，無帽檐，以竹絲或藤作胎，面料用紗。《清代邊政通考·刑法》亦引此句，作“帽緯”。[9]p339“帽緯”一詞清代文獻中常見，如《檮杌萃編》第二十二回：“他帽子上花翎的翎線都要理得一條一條、舒舒坦坦的；帽緯也要理得又齊又勻。”[20]p344 其次，“臥免帽”之“免”字誤，當為“臥兔帽”。《清代邊政通考》亦誤作“臥免帽”，[9]p339《欽定大清會典事例 理藩院》寫作“臥兔帽”。[6]p465“臥兔帽”是一種皮帽子，點校者注釋不誤，再舉一例以證之。清蕭雄《西疆雜述詩》：“又蒙古有臥兔帽，狐皮為之，極厚而暖，回人亦購以禦寒，夏日特不戴此耳。……按蒙古臥兔帽‘臥兔’二字，當即冒頓，原讀作墨突，臥兔與墨突音諧。”[21]p236 “臥兔帽”今已不用，僅作為戲曲表演的道具偶一見之。第三，“及戴臥兔帽剪開沿氊帽”應點斷，當為：“及戴臥兔帽、剪開沿氊帽”，“戴”為動詞，“臥兔帽、剪開沿氊帽”是個並列式短語，共同充當其賓語成分。“剪開沿氊帽”又稱“剪沿氊帽”，[5]p369 指剪開了卷口的氊帽。

10. 每年十一月起至次年十月止，將一年所發廩給薪芻銀細數，及賓客人數姓氏，造册二本進呈，並將舊管、新收、開除、實在、銀數、匯疏隨册奏聞。（第174頁）

按：“實在、銀數、匯疏隨册奏聞”中“實在”與“銀數”不應點斷，“銀數”後頓號誤，應用逗號。當為：“並將舊管、新收、開除、實在銀數，匯疏隨册奏聞。”“舊管、新收、開除、實在、銀數”五詞不是並列關係，前四詞即所謂“四柱册”，是用以記載錢糧款項上期結存、本期收入、本期支出和期末餘額等因素及其變化情況的賬籍。《至正直記》卷三“出納財貨”：“計算私籍，其式有四：一曰舊管、二曰新收、三曰開除、四曰實在。”[22]p6642 又《十駕齋養新錄·四柱》：“今官司錢糧交代，必造四柱册。四柱者：舊管、新收、開除、實在也。……元時已有此名目。”[23]p406

11. 十八年題准：外藩蒙古王、貝勒，各照內王、貝勒等，設長史、司儀、長護衛。（第177頁）

按，“長護衛”不詞，應標點為“設長史、司儀長、護衛。”同書第16、75、210、319頁均作“司儀長”，“司儀長”是負責禮儀的官員。再舉一例以證之。《東行日記》：“又有長史、司儀長、護衛、典儀等官，長史三品，司儀長四品，護衛分三四五品，典儀分四五六品。”[24]p86

12. 凡罰以九論者，馬二匹，犍牛二頭，乳牛二頭，𤘺牛一頭，犙牛一頭。以五論者，犍牛一頭，乳牛一頭，𤘺牛一頭，犙牛二頭。（196頁）

按，同書第 202、215、248、255 頁均寫作“犋牛”。“犋牛”不詞，“犋”字誤，當為“犋”字。“犋”同上文“犻”。檢《漢語大詞典》，“犋”是牽引犁、耙等農具的畜力單位，能拉動一張犁或耙的畜力稱為一犋。“犋牛”是二歲牛，《本草綱目·獸一·牛》：“牛……生二歲曰犋，三歲曰犙。”《清代邊政通考》亦引上述資料，寫作“犻牛”。[9]p312《清代理藩院資料輯錄·康熙朝〈大清會典〉中的理藩院資料》寫作“犋”，[25]p22字形不誤。

13. 又復准：喀爾喀多羅貝勒，初次請安進貢，賞給……鍍金鞋帶連小刀、手帕、荷包一副……（第 246 頁）

按：“鞋帶”誤，當為“鞓帶”。“鞓帶”是皮革製成的腰帶。《欽定大清會典事例 理藩院》寫作“鞓帶”。[6]p252這是清代出現的一個新詞，清代文獻中常見，如《清史稿》卷二百十八：“詔褒多鐸功，賜嵌珠佩刀、鋄金鞓帶。”[26]p9036是詞今已不用，故今人著作中屢見將“鞓帶”訛誤為“鞋帶”的現象，如《理藩院奏報照例賞齎達賴喇嘛使者折》：“賞台吉敦多布達希漆鞍馬一匹……系有小刀、手絹、荷包鐧金鞋帶一條、加緞襪頭等綠斜皮靴一雙……”[7]p809又《多爾袞大傳》：“當奏捷文書送到北京，多爾袞萬分欣悅，當即下諭以功勳茂著賜給鑲嵌寶石的佩刀、鍍金鞋帶。”[27]p286

14. 嘉慶朝《大清會典》中的理藩院資料：“凡內札薩克王以下，各以其班覲於山莊，以備木蘭行圍，曰圍班……巴林槍手二十六人，喀喇沁、土默特、翁牛特杭愛車二百輛。”（第 341 頁）本頁注釋“杭愛車”為：“指沒有帳篷的車。”

按，《欽定大清會典事例 理藩院》注釋“杭愛車”同上，[6]p311《欽定理藩部則例》中寫作“杭靄車”，注釋亦同上。[5]p214此釋不確。“杭愛”為滿語，指清帝木蘭行圍時圍場管理牲獸的人或機構。《養吉齋叢錄》卷十六：“凡隨圍大臣，有派管錫伯甲者，派管買賣街者，派管杭愛車者。……圍場行圍，蒙古王公台吉獲獸，二品以上官在御前跪獻，三品以下交杭愛處。(杭愛，清語也，管牲獸者。)"[28]p212 "清語"即滿語。"杭愛車"就是清代皇帝木蘭行圍時所用的（駱駝、牛等）牲獸拉的車。《黑龍江省滿族、朝鮮族、回族、蒙古族、柯爾克孜族社會歷史調查》："從前遊牧時，蒙古人以乘馬為主要交通工典，不論男女老幼，凡是訪親探友、出牧遊獵均騎馬。後來，農業生產發展起來後，開始用車。車的種類有大鐵車、鋼軸車、杭愛車、美罕車、哈薩克車、大軲轆車。大型鐵車載重三至四噸，鋼軸車載重一至二噸，其他類車載重量較少，以載人為主，各類車主要用馬、牛拉……杭愛車每輛套一頭牛，車與車用牛頭繩牽連在一起，一個人可帶十幾輛。"[29]p151 這段材料顯示，"杭愛車"就是牛拉的車，新中国前還見使用。今人有釋"杭愛車"為"駝車"，[30]p223 不誤。由於不明"杭愛"一詞的含義，有關"杭愛車"的資料在被引用時，常出現誤點的情況。如《清代邊疆史地學》引清張穆《蒙古遊牧記》："木蘭圍場，……凡用喀喇沁、翁牛特圍兵一千人，巴林克什騰布圍兵一百人，敖漢布圍兵五十人，……哈喇沁、土默特、翁牛特、杭愛、車二百輛。"[31]p182 其中"杭愛、車二百輛"中間的頓號應刪去。

15. 凡回部扎薩克之貢以歲進，吐魯番，歲貢瑪什魯網二，趨達爾布二，佩刀四，手巾十，大葡萄二囊，小葡萄二囊，綠葡萄二囊，乾瓜二筐。哈密，歲貢趨達爾布四，佩刀二，鷹五，盤羊角十，礪石千方，瓜乾二十盤。(第 394 頁)

按，"趨達爾布"之"趨"字誤，當為"超"，"礪石千方"當為"礪石十方"。《清代理藩院資料輯錄》中寫作"超達爾布"，"礪石千方"作"礪石十方"。[25]p418 《清代內閣大庫散佚檔案選編》亦作"超達爾布"。[32]p355 "超達爾"是地名，回語。《欽定西域同文志校注》："超達爾 卷三 頁八下。回語。超，木筏也；達爾，筏匠也。居人多以造筏為業，故名。校注：突回語。”[33]p53“超達爾”位於今新疆溫宿縣吐木秀克鄉曲達村。[34]p263

〔主要參考文獻〕

[1] 佚名. 蒙古律例［M］. 臺北：廣文書局，1972.

[2] 王凱符. 中國古代軍事散文精選［M］. 清代卷. 北京：解放軍文藝出版社，2001.

[3] 西清. 黑龍江外記［M］. 哈爾濱：黑龍江人民出版社，1984.

[4] 清會典事例［M］影印本. 北京：中華書局，1991.

[5] 張榮錚，劉勇強等. 欽定理藩部則例［M］. 天津：天津古籍出版社，19980.

[6] 清會典館. 欽定大清會典事例 理藩院［M］. 北京：中國藏學出版社，2007.

[7] 王小虹等. 康熙朝滿文朱批奏摺全譯［M］. 北京：中國社會科學出版社，1996.

[8] 阿桂等. 滿族源流傳［M］. 瀋陽：遼寧民族出版社，1988.

[9] 陳炳光. 清代邊政通考［M］. 臺北：南天書局有限公司，1981.

[10] 福格. 聽雨叢談［M］. 北京：中華書局，1997.

[11] 嚴從簡. 殊域周咨錄［M］. 北京：中華書局，1993.

[12] 曹學銓. 蜀中廣記［M］. 轉引自賈大泉等. 四川茶業史［M］. 成都：巴蜀書社，1989.

[13] 張廷玉. 明史［M］. 長沙：嶽麓書社，1996.

[14] 龔予等. 中國歷代貢品大觀［M］. 上海：上海社會科學院出版社，1992.

[15] 《土族簡史》編寫組. 土族簡史［M］. 西寧：青海人民出版，1982.

[16] 芈一之. 黃河上游地區歷史與文物［M］. 重慶：重慶出版社，19950.

[17] 青海省地方誌編纂委員會. 唐蕃古道志［M］. 合肥：黃山書社，1996.

[18] 甘肅省民族研究所. 甘肅少數民族 [M]. 蘭州: 甘肅人民出版社, 1989.

[19] 徐應秋. 玉芝堂談薈 [M]. 轉引自梁方仲. 梁方仲讀書劄記 [M]. 北京: 中華書局, 2008.

[20] 誕叟. 檮杌萃編 [M]. 天津: 百花文藝出版社, 1989.

[21] 吳藹宸. 歷代西域詩鈔 [M]. 烏魯木齊: 新疆人民出版社, 2001.

[22] 孔齊. 至正直記 [M]. 宋元筆記小說大觀 (六). 上海: 上海古籍出版社, 2001.

[23] 錢大昕. 十駕齋養新錄 [M]. 南京: 江蘇古籍出版社, 2000.

[24] 吉同鈞. 東行日記 [M]. 近代史資料總 87 號. 北京: 中國社會科學出版社, 1996.

[25] 中國社會科學院中國邊疆史地研究中心. 清代理藩院資料輯錄 [M]. 全國圖書館文獻縮微複製中心, 1988.

[26] 趙爾巽等. 清史稿列傳 [M]. 臺北: 明文書局, 1985.

[27] 趙毅主編. 多爾衮大傳. 第 2 版. [M]. 哈爾濱: 黑龍江人民出版社, 2005.

[28] 吳振棫. 養吉齋叢錄 [M]. 北京: 中華書局, 2006.

[29]《民族問題五種叢書》黑龍江省編輯組. 黑龍江省滿族、朝鮮族、回族、蒙古族、柯爾克孜族社會歷史調查 [M]. 哈爾濱: 黑龍江朝鮮民族出版社, 1987.

[30] 侯德仁. 清代邊疆史地學 [M]. 北京: 群言出版社, 2006.

[31] 袁森坡. 康雍乾經營與開發北疆 [M]. 北京: 中國社會科學出版社, 1991.

[32] 遼寧社科院歷史研究所. 清代內閣大庫散佚檔案選編 [M]. 天津: 天津古籍出版社, 1992.

[33] 劉義棠. 欽定西域同文志校注 [M]. 臺北: 臺灣商務印書館股份有限公司, 1984.

[34] 鍾興麒等. 西域圖志校注 [M]. 烏魯木齊: 新疆人民出版社, 2002.

(王寶紅, 西藏民族學院文學院, 郵編 712082)

人民文學版“二拍”注釋商榷

崔山佳

内容摘要： 本文對陳邇東、郭雋傑兩先生校注的“二拍”中的一些注釋提出商榷。

關鍵詞： “二拍”　注釋　商榷

由陳邇東、郭雋傑兩先生校注的“二拍”[①]中有不少注釋，其中有一些注釋，筆者有不同看法。本文共探討18個詞語。

一　積年

(1) 主人是個積年，看出文若虛不快活的意思來，不好說破，虛勸了他幾杯酒。(《拍案驚奇》卷一)

注釋是：“有豐富生活經驗的人。”(第17頁)

我們以為，注釋中應有“多年”義。《漢語大詞典》收“積年”，義項有二：❶多年；累年。❷指有多年實踐、經驗豐富的人，或閱歷很深、懂得人情世故的人。(8：131) 義項❷的例子除例(1)外，尚有：

(2) 你在我衙門裏供應多年，也算的個積年了，豈不知衙門法度？(元·關漢卿《金線池》第四折)

(3) 八戒笑道：“開鎖有何難哉？不用刀斧，教我那一位毛臉老爺，他是開鎖的積年。”(《西遊記》第六十二回)

（4）那鴇兒是老積年，見貌辨色。（《醒世恒言·賣油郎獨佔花魁》）

二 嗄飯

（1）汪錫推討嗄飯，一道煙走了。（同上，卷二）

注釋是：“下飯的菜肴。”（第45頁）

（2）正在徯幸之際，衹見一個籠頭的小廝，拿了四碗嗄飯，四碟小菜，一壺熱酒，送將來道：“大郎送來與滿官人的。”（《二刻拍案驚奇》卷十一）

注釋是：“也作‘下飯’，佐飯的菜肴。”（第218頁）

我們以為，上面的注釋中“下飯的”“佐飯的”屬多餘。特別是例（2），後面還有“一壺熱酒”，“嗄飯”卻是用於“下酒”的。同時，“嗄飯”是一般的“菜肴”而“小菜”，據《現代漢語詞典》（第5版）的注釋是：“小碟兒盛的下酒飯的菜蔬，多爲鹽或醬醃制的。”

朱彰年等的《寧波方言詞典》[②]（以下簡稱“朱本”）收“嗄飯”：“同‘下飯’。”而“下飯”是：“〈名〉菜肴。”我們發現不少例子，下面舉與“酒”有關的例子，如：

（3）和寧門紅杈子前，買賣細色異品菜蔬、諸般嗄飯及酒醋、時新果子、進納海鮮品件等物。（《夢粱錄·天曉諸人出市》）

（4）俺這裏安排一席好酒，多著些湯水、多著幾道嗄飯。（《襄陽會》第一折）

（5）〔淨〕酒保，你去看四分銀子好酒，四分銀子嗄飯來。（《三元記》第十四齣）

（6）大哥今日酒也好，嗄飯也好，下次還到他家去吃。（《殺狗記》第十二齣）

以上是戲曲，小說中也有，例如：

(7) 論起來還不勾俺半醉，但俺途中節飲，也祇用五斗罷。有好嗄飯盡你搬來。(《喻世明言》卷五)

此例雖然沒有明確的“酒”字，但其中有“半醉”的話，可見也是喝酒的。

(8) 那酒家祇道他身邊還有銅錢，嗄飯案酒，流水般來。(《醒世恒言》卷三十七)

(9) 山東酒店沒甚嗄飯下酒，無非是兩碟大蒜、幾個饃饃。(《初刻拍案驚奇》卷十四)

就是字書中也有，例如：

(10) 按酒嗄飯　餅子三鮮。(《新鍥鼇頭備用雜字元龜》，見《雜字》第4頁)

以上可見，因為“嗄飯”不但可以下飯，也可以下酒，所以，“下飯的”、“佐飯的”應去掉才是。

三　張着

(1) 衆人在屋縫裏張着，看那放下的東西，恰像個人一般，又恰像在那裏有些動。(同上，卷五)

注釋是：“睜大眼睛看着。”(第87頁)

其實，“張”也是一個方言用字。朱本收“張”：“〈動〉窺看。”因為是“窺看”，所以，好多是在“縫”裏“張”的，例(1)就是如此，另如：

(2) 宋江在門縫裏張時，見是太公引着三個莊客，把火一到處照看。(《水滸傳》第三十七回)

(3) [賈公] 向門縫裏張時，祇見石小姐將這碟菜葉兒過飯。(《醒世恒言》卷一)

(4) 在壁縫中張他一張，看他在裏面怎生光景。(《二刻

拍案驚奇》卷二十四)

(5) 輕輕向壁縫裏張了一張，衹見他兩個正情濃意密，一個就如餓虎吞羊，一個便如嬌花着雨。(《鼓掌絕塵》第二十四回)

(6) 佛奴道：“……我在檞縫中張一張，就是後邊的灰貓頭俞甲，與臭老鼠王乙兩個，把落詩箋的後生綁了，指着罵道：‘狗頭，你與小姐通姦得好，如今拿去見大爺，少不得是個死。’……”(《醒名花》第三回)

(7)〔丑〕昨日張爺與元小姐到園中遊玩，那女子正在裏面啼哭，張爺與小姐聽得，就窗櫺中張看，兩下廝認起來。(《龍膏記》第二十八齣)

(8) 小阿奴奴連忙趕搭出去，來窗眼裏張着子個臭賊了，便膽喪了魂消。(《山歌》卷八)

(9) 待我在門縫裏張張看。(《面缸笑》第四齣)

(10) 這日韓香聽得夫人有個侄兒到了，忙到屏門後張了一張，見是蔣青岩，心下着了一驚道：“奇怪，奇怪！這生原來是夫人的侄兒。”(《蝴蝶緣》第三回)

以上可見，“張”是“窺看”的意思，與眼睛“睜大”不“睜大”無關。

四　角

(1) 陳大郎便問酒保打了幾角酒，回了一腿羊肉，又擺上些雞魚肉菜之類。(同上，卷八)

注釋是：“古代以牛角為盛酒器具，後遂以‘角’作為酒的計量單位。”(第 136 頁)

筆者對“角”作過考釋，有《說“角”》③一文，對此有自己的看法。季豔飛、顧禮銀先生的《中學課本中的酒器詮釋》④一文說了 10 種酒器，其中第 5 點是“角”：“飲酒器。‘角’是象形字，從甲骨文、金文看，像割下來的牛角。獸角中最早的酒器之一，後演變為青銅制，口呈兩尖角形，多有蓋。此後許多以‘角’為部首的字多與酒器有關。”這是對的。《漢語大字典》收“角”（二），音 jué，義項七是：古代酒器。青銅制，容四升，形似爵而無柱與流，兩尾對稱，有蓋。用以溫酒和盛酒，出現於商代和西周初期。清・朱駿聲《說文通訓定聲・角部》：“疑古酒器之始，以角為主，故觚、觶、觴、觥等字多從角。”《儀禮・特牲饋食禮》：“南順，實二爵，二觚，四觶，一角，一散。”鄭玄注：“角，四升。”《禮記・禮器》：“宗廟之祭，尊者舉觶，卑者舉角。”《漢語大詞典》收“角²”，音 jué，義項一是：古代酒器。青銅制，形狀似爵而無柱，前後兩尾沿口端斜出似角，有蓋。《禮記・禮器》：“宗廟之祭……尊者舉觶，卑者舉角。”鄭玄注：“凡觴一升曰爵，二升曰觚，三升曰觶，四升曰角，五升曰散。”

後來的明清白話小說中，有不少“角酒”的說法，如《水滸傳》就有不少，如：

(2) 魯達道：“先打四角酒來。”（第三回）

(3) 林沖道：“先取兩角酒來。”酒保將個桶兒打兩角酒，將來放在桌上。（第十一回）

(4) 楊志道：“先取兩角酒來吃，借些米來做飯，有肉安排些個，少停一發算錢還你。”（第十七回）

(5) 兩個一同出到巷口酒店裏坐下，叫量酒人打兩角酒來。（第二十六回）

(6) 武松道：“打兩角酒。先把些來嘗看。”那酒保去櫃上叫那婦人舀兩角酒下來，傾放桶裏，燙一碗過來道：“客人嘗酒。”（第二十九回）

(7) 便叫道：“酒店主人家，先打兩角酒來。……”（第三十二回）

(8) 宋江道:"……你先切二斤熟牛肉來,打一角酒來。"(第三十六回)

(9) 兩個又走了三十餘里,天色昏黑,尋着一個客店歇了,燒起火來做飯,沽一角酒來吃。(第五十三回)

(10) 呼延灼便叫煮了,回三斤麵來打餅,打兩角酒來。(第五十七回)

(11) 打兩角酒,切一大盤牛肉將來。(第六十二回)

(12) 正走之間,看見路旁一個村酒店,李逵便入去裏面坐下,連打了三角酒,二斤肉吃了,起身便走。(第六十七回)

(13) 石秀道:"先打兩角酒,下飯但是下得口的,祇顧賣來。"無移時,酒保旋了兩角酒,一盤牛肉,一盤羊肉,一盤嫩雞。(第九十回)

《漢語大字典》收"角"(一),音 jiǎo,義項十四是:量詞。1. 飲料或土地的計量單位。2. 文書的件數。3. 從整體劃分成角形的一部分。《漢語大詞典》收"角[1]",音 jiǎo,義項十六是量詞,有三點:❶牛一頭稱一角;❷份,封;❸面積單位。古代一角為四分之一畝。以《漢語大詞典》為基礎而編寫的《現代漢語大詞典》"量"的量詞義祇有一個:"用於從整塊上劃分成角形的一部分。如:一角餅。"

上面的注釋,顯然不能用來解釋《水滸傳》中的例子。《水滸傳》中的"角"也是量詞,專用來指酒。但這量詞是容器量詞,所以,與名詞義的"酒器"還是有聯繫的。

在別的白話作品中也有量詞"角"的用法,如:

(14) 看那大伯時,喉嚨啞颯颯地出來道:"……有件事相煩你兩個:與我去尋兩個媒人婆子,若尋得來時,相贈二百足錢,自買一角酒吃。"(《喻世明言》卷三十三)

(15) 將一個銀酒缸盛了兩角酒,安一把杓兒,酒保頻

將酒燙。(《警世通言》卷六)

(16) 還覺腹中是飽的,衹買一角酒來吃了。(《醒世恒言》卷三十八)

(17) 四人坐下,喚顧賣打上兩角酒來,攮個蔥兒、蒜兒、大賣肉兒、豆腐菜兒鋪上幾碟菜。(《金瓶梅詞話》第五十五回)

(18) 叫酒保打角酒來:"有甚麼過口?"(《水滸後傳》第二十四回)

(19) (知客) 打了幾角好酒。(《鍾馗傳——捉鬼傳、平鬼傳》第二回)

(20) 常時節一把拉住西門慶和鬼使,在路旁一個小小酒店坐下,解下搭膊,內有二百余文小鵝眼錢,即與孟婆,叫打兩角酒來,細問西門慶過世原因。(《金屋夢》第七回)

(21) 戴春喜不自勝,就到鶯歌巷口要酒樓內,沽了一角酒,揀些過口,叫酒保送到紀二家來。(《蕩寇志》第九十六回)

(22) 包公隨便要一角酒、兩樣菜。包興斟上酒,包公剛才要飲,衹見對面桌上來了一個道人,坐下要了一角酒,且自出神,拿起壺來不向杯中斟,花喇喇倒了一桌子。(《三俠五義》第三回)

"角"在白話小說中多見,戲曲中也有,如:

(23) 賞你一道紅,十角酒,三千貫響鈔,買乾糧饃饃去。(《邯鄲記》第十五齣)

以上可見,用作量詞義的"角"還是比較常見的。

目前發現"角"作量詞用的最早的例子是:

(24) 向紹興年間,賣梅花酒之肆,以鼓樂吹《梅花引》曲破賣之,用銀盂杓盞子,亦如酒肆論一角二角。(宋·吳自牧《夢粱錄》卷十六)

五　滬

(1) 那死屍潮上潮下，滬了多日，一夜乘潮逆流上來，恰恰到於家莊本社海邊，停著不去。(卷十四)

注釋是："字書未見。俗語無定字，作者自造，當是大水沖漂浮物。"(第229頁)

朱本收"滬"："同'汆❶'。"而"汆❶"："〈動〉漂浮。"例如：

(2) 衹見秦淮湖裏上流頭黑洞洞滬將一件物事來。(《初刻拍案驚奇》卷五)

(3) 元來陳秀才十月半步月之夜，偶見這死屍滬來，卻叫家僮陳祿取下一條腿。(同上)

所以，"滬"是動詞，而不是"大水沖漂浮物"。

"汆"的例子多一些，例如：

(4)〔小生〕淺水灘頭汆下一個坐婆來，這不是劉老娘？(《白兔記》第二出)

(5) 還有遇着夜間時水來，睡夢之中，都隨着水赤身露體汆去。(《型世言》第二十五回)

(6) 恰好風倒一株大柳樹流來，往他身邊汆過，便摸着了。一手扯着，把身往上一縱，坐在樹上，憑他汆去。(《歡喜冤家》第三回)

(7) 那玉姿真實時實有些難禁，後來著了味，果然便不肯放手，也把兩隻手來挽定了杜開頭頸，隨他淺抽低送，約莫有二百餘回，免不得幾點白溜溜的東西汆將出來，方才歇手。(《鼓掌絕塵》第六回)

(8) 船上稍水看見喊道："上流頭有一婦人汆來，快救快救！"(《跨天虹》卷三第四則)

(9) 此時時伯濟仍無人救，祇管在海面上自來自去，飄飄蕩蕩，不知汆了多少路。(《常言道》第二回)

(10) 別處汆來屍骸，約有數百。(《述異記·江南海嘯》)

(11) 乃問守城者此船何日汆來？守者曰："已三日矣。"(《海虞賊亂志》)

(12) 人在水上曰汆，人在水下曰氽。此皆土人臆造之字，非有典要也。(《兩般秋雨盦隨筆》卷五)

《字彙·水部》也收："汆，水推物也。土墾切。"

朱本也收"汵"："同'汆①'。"例如：

(13) 祇為蘇知縣後來還有造化，在水中半沉半浮，直汵到嚮水閘邊。(《警世通言》卷十一)

(14) 次早起來，果見金龍銜着一株五樹，遠遠地到岸邊。(《英烈傳》第六十二回)

六　做……不着

(1) 就對於良道："這事須有本戶於大豹、於大敖、於大節三人與我同謀的，如何祇做我一人汆?"(卷十四)

注釋是："宋元俗語，含義彼多，這裏是承擔之意。"(第231頁)

(2) 若看見有個把豪氣的，能事了得的，更自十分傾心結納，或周濟他貧乏，或結拜做弟兄，總是做申蘭這些不義之財不着。(同上，卷十九)

注釋是："拚舍，豁出去。這裏是不顧惜的意思。"(第322頁)

其實，"做……不着"就是一個意思，拙著《寧波方言詞語考釋》[⑤](以下簡稱"拙著")收：

寧波話“做”還有一種用法，朱本、李本都未收，“拿……作犧牲”義，近代漢語中例子很多。《京本通俗小説·菩薩蠻》：“他若欺心不招架時，左右做我不着。”《西廂記》第五本第三折：“做我一個主家的不着，這廝每做下來。”《留鞋記》楔子：“我看那小娘子的說話盡有些意思；則做我銅錢不着，日日來買胭脂，若能勾打動他，做得一日夫妻，也是我平生願足。”《龍膏記》第十七齣：“管不得甚天理，衹得做他不着，不免教他出來，有錢詐了他些，待到夜深時，動手結果了他。”《西遊記》第十五齣：“弟子銅筋鐵骨。火眼金睛，鍮石屁眼，擺錫雞巴，師父若怕拼，我做弟子不着。”《鸞鎞記》第十八齣：“[小生揖介]做姐姐不着，再轉去替小生說一聲兒。”《水滸傳》第七十五回：“衹怕有毒，我且做個不着，先嘗些個。”《警世通言》卷二十八：“……你可將一壇酒來，與我吃了，做我不着，捉他去見大尹。……將一壇酒吃盡了，道：‘做我不着！’將那空壇望着帳內打將去。”《初刻拍案驚奇》卷三十五：“今日得過繼兒子，是個美事。做我不着，成全他兩家罷。”《二刻拍案驚奇》卷七：“但是想起，衹做丈夫不着，不住的要幹事。”《清夜鐘》第二回：“顏氏對鈕氏道：‘做我不着，再打幾下罷，你又來討這苦。’”《型世言》第三十一回：“……一路算計道：‘有心這樣快活，率性在揚州做三百兩不着，討二個小、兩個丫鬟。……’”《鼓掌絕塵》第七回：“衹要講得過，便做我不着。請下船來。”《西湖二集》卷十六：“不要投水，衹說我將來跌壞了，做我老性命不着。”《醒世姻緣傳》第五十七回：“晁思才道：‘……沒奈何，衹得做我不着，這義氣的事，除了我別人不肯做，還得我領了這孩子去照管。……’”《豔史》第四十回：“心下想道：‘寧可做面皮不着，性命要緊。’”《嬌紅記》卷上：“若我母親知道不妨，衹做我一個不着。"《後西遊》第三十三回："但恐那老婆子賊滑，不肯信，做我不着，去説説看。"《覺世名言十二樓·合影樓》："（路公）又笑起來，道：'……寧可做小女不着，冒了被棄之名，替他別尋配偶罷。'"《十尾龜》第六回："静齋被説得心熱起來，當下就同惠伯趕到洋行，打了十萬箱的棧單，做店裏不着，支了往來莊家幾萬銀子，作為定銀。"《蜃中樓·述異》："做幾日工夫不着，就去試一試。""做……不着"是固定格式，有的校點者因不懂這種固定格式，有的把硬把它們分開了。有不少詞典收了"做我不着"、"做你不着"、"做他不着"等，這是不對的，因為"做……不着"是一種比較開放的格式，如果這樣收詞，那詞典不知要收多少個"做……不着"詞條了。（詳見拙著《近代漢語歷史考察》[6]第 14 章第 1 節《"做……着"和"做……不着"》）

同時，從上面的例子來看，"做……不着"更多的是在明清時期。

（3）陳德甫歎口氣道："是我領來的不是了。員外又不肯添，那秀才又怎肯兩貫錢就住？我中間做人也難。也是我在門下多年，今日得過繼兒子，是個美事。做我不着，成全他兩家罷。"（同上，卷三十五）

注釋是："意思是拿我來作犧牲。"（第 612 頁）

（4）官人們自爭閒氣，做他不着。（《二刻拍案驚奇》卷十二）

注釋是："不顧一切地拿他來作犧牲。'做……不着'，吳方言，相當現在口語所説：'拿……豁出去了。'"（第 244 頁）

這兩個注釋就對了。所以，注釋前後不一致。

七　老實頭

(1) 況且小娥有心機，申蘭平時竟試得他老實頭，小心不過的，不消慮得到此。(同上，卷十九)
注釋是："吳方言對老實人的稱謂。"(第322頁)
朱本收："〈形〉老實。"例如：

(2) 則你這亞仙子母老實頭，普天下愛女娘的子弟口，那一個不指皇天各般說咒？(《救風塵》第二折)

(3) 姑娘，我搭兩個才是老實頭人。(《綴白裘》第3集卷1)

上面3例中的"老實頭"都是形容詞"老實"的意思。
當然，吳語中"老實頭"是有"老實人"的意思，例如：

(4) 王九媽雖同是個鴇兒，到是個老實頭兒，憑劉四媽說話，無有不納。(《醒世恒言》卷三)

(5) 為甚莊家多快樂？休休，皇天不負老實頭。(《黃鶴樓》第二折)

(6) 靠前呵，官長每罵俺忒自輕，靠後呵，子弟每怪俺不順情，志誠呵，又道是老實頭不中親幸。(《香囊怨》第二折)

(7) 眾賊聽說："這個和尚倒是個老實頭兒。……"(《西遊記》第九十七回)

(8) 這王殉卻是老實頭，沒材幹的人。(《石點頭》第三回)

(9) 我一竟是老實頭，不會說謊話。(《最近上海秘密史》第五回)

"老實"是形容詞，"老實人"是名詞，二者是有區別的。《吳方言詞典》[7]收"老實頭"，義項有二，一是老實人，一是老實。這就較全面。《漢語大詞典》收："老實頭"，"忠厚規矩的人。"也是衹有名詞，是義項缺漏，例如：

(10) 珍大奶奶——不是我說——是個老實頭。(《紅樓夢》第八十八回)

(11) 先生知道李先生是個老實頭，他一聲也沒言語鯰出溜的就搬了。(老舍《趙子曰》第11)

八 麵湯

(1) 董天然兩個早起來，打點麵湯、早飯齊整，等着。(同上，卷三十一)

注釋是："吳方言，對洗臉水的稱謂。"(第526頁)

確切地說，應該是"熱的洗臉水"。因為"湯"就是"熱水"義。

朱本收："同'面水'。"而"面水"是："洗臉水（多指熱水）。"例如：

(2) 又有浴堂門賣面湯者，有浮鋪早賣湯藥二陳湯，及調氣降氣並丸劑安養元氣者。(《夢粱錄·天曉諸人出市》)

(3) 薛霸起來燒了面湯，安排打火做飯力。(《水滸傳》第八回)

(4) 金雞喔喔叫，慌忙扒起身，面湯與茶點，色色俱調停。(《開卷一笑》卷二)

例（3）更能說明問題，"面湯"前有"燒"，更可知"面湯"是"熱"的。因此，"面湯"與"面水"還是有一點區別的，"面湯"都是"熱水"，而"面水"則不一定，那是看天氣的冷熱，如果是冬天，那"面水"一般是"熱"的，如果是夏天，那"面水"一般是"冷"的。

我們再看"面水"的例子：

(5) 夜間又與我護腳，早晨間沒柴燒面水，他就與我舔臉。(《殺狗記》第二十五齣)

(6) 卻好狄洪道已自起來，樂山命莊丁打面水給狄洪道，梳洗已畢，又命廚房內做上等點心，請狄洪道用早膳。(《七劍十三俠》第一百三十五回)

(7) 錢篤笤先將面水送出，次後香茗又到了。(《描金鳳》第五回)

(8) 等到堂倌舀面水來，朴齋絞把手巾，細細的擦那馬褂，擦得沒一些痕跡，方才穿上。(《海上花列傳》第一回)

例 (5) 中的“面水”前也有一“燒”字。

寧波人還有說“面湯水”的，例如：

(9) 銀箏個個丫頭，面湯水，脚湯水，是介掇出掇進，阿是水?(《綴白裘》第七集第二卷)

(10) 寶珠姐倒面湯水，伏伺洗過了臉。(《海上繁華夢》第二集第十四回)

“面湯水”也是“熱”的，所以，《明清吳語詞典》[8]把它附在“面湯”條中，這是對的。

九 掗

(1) 衹是那些不曾識面的，一見了狄氏，問知是鐵生妻子，便來掗相知，把言語來撩撥，酒食來攛哄，道他是有緣之人，有福之人，大家來奉承他。(同上，卷三十二)

“掗相知”注釋是：“硬要引為知己朋友。掗，吳方言中指硬把東西塞給人家或賣給人家。”(第 550 頁)

其實，不一定全是“物”，連“人”也可“掗”。例如：

(2) 魏忠賢道：“各位爺鑒諒。都是這些乾兒子要來掗做個心腹，今日來選媒，明日來獻計。……”(《警世陰陽夢

·陰夢》卷三十九第五回）

(3) 那個是你泰山，你是誰的女婿？我的女兒須不臭爛出來，一定要挜與你。（《蕩寇志》第七十四回）

例（2）是“挜”的對象是“這些乾兒子”，例（3）“挜”的對象是“我的女兒”。

其實，說“挜”的對象祇是“物”的，由來已久，如《字彙·手部》：“挜，強與人物。衣架切。”

但湯珍珠等《寧波方言詞典》[9]的義項❶是：“強予，強加。”《明清吳語詞典》的注釋是：“對方不要，強行給予；硬塞。”《漢語大詞典》的注釋是：“強行使人接受。”這些注釋都沒有明確說明是“物”，是對的。

十　有兩日

(1) 有兩日歸來，狄氏見了，千歡萬喜，毫無嗔妒之意。（同上，卷三十二）

注釋是：“吳方言，偶爾。”（第554頁）

吳語中，“有兩日”是有“幾天”義，並非“偶爾”義。就連《現代漢語詞典》也收“兩”的約數義：“表示不定的數目，和‘幾’差不多：過～天再說｜他真有～下子｜我跟你說～句話。”同樣，例（1）中的“兩”也是“幾”義。

《近代漢語大詞典》[10]也收“有兩日”：“過了幾天。”例子即例（1）。

《明清吳語詞典》收“兩日”：“這幾天；也指過去或將來的幾天。相當於‘這兩日’。”例如：

(2) 顧三郎說：“不瞞你說，兩日不曾做得生意，手頭艱難。”（《古今小說》卷二十一）

(3) 一定兩日久坐在此，心中不舒暢，外邊閒遊去了。

（《醒世恒言》卷三十）

（4）兩日去拜他，祇因軍事倥偬，尚未得面，今日不免再去。（《紅梨記》第十六齣）

（5）兩日又該將些銀子來孝順大叔了。（《風流悟》第四回）

上面的“兩日”與例（1）的“兩日”都是表示約數。

十一　老親丈

（1）席間對柳太守道：“常州府與蘇州府接壤。那蘇州府所屬太湖洞庭山某寺中，有一件希奇的物事，乃是白香山手書《金剛經》。這個古跡，價值千金。今老親丈就在鄰邦，若是有個便處，不可不設法看一看。”（《二刻拍案驚奇》卷一）

注釋是：“對人表示親近和尊重的稱謂。”（第 12 頁）

其實，應該在“人”前要有限定，增加“男性”的話，否則“女性”也可稱呼為“丈”了。《現代漢語詞典》“丈”的義項中就有“古時對老年男子的尊稱”的說法。

十二　扳

（1）一面把盜犯下在死囚牢裏，一面叫個禁子到衙來，悄悄分付他道：“你到監中，可與我密密叮囑這行腳僧，我當堂再審時，叫他口裏扳着蘇州洞庭山某寺是他窩贓之所，我便不加刑罰了。你卻不可洩漏討死吃！”（同上，卷一）

注釋是：“原意是用力使朝自己方向移動，這裏是攀扯、牽連的意思。”（第 13 頁）

其實，“扳”的意思比“攀扯、牽連”還要重，（“攀扯”，

《現代漢語詞典》的注釋是："牽連拉扯。"）是"誣陷"的意思。因為"攀扯、牽連"語義輕，而"誣陷"是語義重。《明清吳語詞典》"扳"的義項❶是："（招供時）誣陷別人為犯罪同夥。"例如：

（2）我被強盜宋七無故屈扳，一時重刑，疼痛難受，衹得屈屈招成。（《歡喜冤家》第三回）

《漢語大詞典》"扳"義項❺是："攀扯、牽連。"例如：

（3）因有個仇家，欲要在兄身上，分付個強盜扳他，了其性命。（《醒世恒言·張廷秀逃生救父》）

（4）密諭盜扳其兄，移文拘至。（清·青城子《志異續編·弟兄爭訟》）

（5）恐怕不知是誰扳上你老了，我看是凶多吉少，不如趁此逃去罷。（《老殘遊記》第七回）

（6）這件事要是經了官，衹要三記屁股，他們就會張三、李四亂扳起來。（茅盾《霜葉紅似二月花》13）

我們以為，同樣，《漢語大詞典》的注釋也是不夠準確。

十三 買將上去

（1）這裏權翰林正要親傍，堆下笑來，買將上去，唱個肥喏道："妹子，拜揖了！"（同上，卷三）

注釋是："故意招引而走上前去。買，招惹。"（第60頁）

其實，這也是一個方言用字。朱本收"趕"："略微移動一下。"周志鋒先生在《明清小說俗字俗語研究》[11]一書中就說到此"買"字，認為寧波話中"買"有"挪、移動"義。又因為寧波話中，"買""賣"同音，所以，"買"又可寫作"賣"，例如：

（2）初然間一箭來，唐狀元把個頭往左一賣，一箭就在右邊過了。三太子又一箭來，唐狀元把個頭往右一賣，一箭

就在左邊過了。(《三寶太監西洋記通俗演義》第六十五回)

字也作“埋”，例如：

(3) 見莊蓉甫四十往來年紀，雪白一個圓面孔，墨黑兩片黑鬚子……一埋一埋的進來。(《新上海》第五十五回)

我們以為，周先生的說法很正確。說“買”有“招惹”義，是不準確的。

十四　謝女

(1) 何郎俊才調淩雲，謝女豔容華濯露。(同上，卷三)

注釋是：“晉人謝奕之女謝道韞，聰敏有文才，後因以‘謝女’泛指女郎。”(第66頁)

筆者以為，單是“女郎”不全面，應有“才女”義。《漢語大詞典》收“謝女”，有二義：❶指晉女詩人謝道韞。❷泛指女郎或才女。義項二的例子如：

(2) 窗間謝女青娥斂，門外蕭郎白馬嘶。(唐·溫庭筠《贈知音》詩)

(3) 何郎俊才調淩雲，謝女豔容華濯露。(明·葉憲祖《丹桂鈿合》第七折)

(4) 越人歌其山木，謝女詠其白團，以口為黛也。(清·張芳《黛史》)

再說對“何郎”的注釋是：“三國時何晏貌美，以才秀知名，世稱‘何郎’。後借指有才華的年輕美男子。”(第66頁) 其中有“有才華”的字眼，那麽，相對的“謝女”也應有“才”字才是。

十五　跳槽

(1) 一日，那大些的有跳槽之意。(同上，卷四)

注釋是:“略同於‘改換門庭’,此指抛開舊日相好,另覓新歡。”(第 82 頁)

說“跳槽”“此指抛開舊日相好,另覓新歡”是對的,但“跳槽”和“改換門庭”兩者是不同的。“改換門庭”,《現代漢語詞典》收有兩個義項:❶改變門第出身,提高社會地位。❷投靠新的主人,以圖維持、發展。而“跳槽”,《漢語大詞典》收,義項有三:❶指男女間愛情上喜新厭舊,見異而遷。❷指牲畜吃盛器内的食,吃了這衹又吃那衹。❸改變行業;變動工作處所。這樣看來,例(1)就是義項❶所說的。但《漢語大詞典》三個義項的排列次序有問題。筆者有《說“跳槽”》[12]一文,認為“跳槽”有三個義項:❶牲畜因發情或搶吃草料而離開所在的槽頭到别的槽頭。也指牲畜的發情、交配。❷比喻嫖客丟下一個妓女,又去嫖另一個妓女。❸比喻人離開原來的處所,另有所圖。雖然解釋與《漢語大詞典》大同小異,但排列次序不同。我們以為,就“跳槽”一詞來看,它的本義應該是筆者所說的“牲畜”,“牲畜”與“槽”這是有理據的,而義項❷中的“嫖客”和義項❸中的“人”的“跳槽”,那都是比喻用法。

十六 草蔀

(1)便把鍬刀草蔀一撩,道:“還幹那營生麼?”(同上,卷 19)

注釋是:“草編的筐、簍一類容器。”(第 379 頁)

其實,這“草蔀”不是草編的,應該是竹、藤條(或柳條)之類編的,我們江南一般是竹編的,用來盛草,所以,叫“草蔀”,“蔀”一般作“竹”字頭的“篰”。《現代漢語詞典》“篰”的注釋是:“竹子編的簍子。”而“蔀”的義項有二:❶遮蔽。❷古代曆法稱十六年為一蔀。上面解釋為“草編的”,主要是看到前有一“草”，“蔀”字又是“草”字頭，這是望文生義。寧波人一般叫“割草篰籃”。朱本收“籍籃”：“一種孔眼較大的大竹籃。”《明清吳語詞典》收“篰”：“簍、筐。用竹、草或柳條編成。”例如：

(2) 余少時從先宜人至曹山庵作佛事，以大竹篰貯西瓜，四浸宕內。（明·張岱《陶庵夢憶》卷六）

(3) 而自啟其篰，中貯蜈蚣無數，甲盡取食之。（清·俞樾《右台仙館筆記》卷十一）

詞典認為又作“蔀”，例子即例（1）。上面的注釋中有“草”字，可能就是指此例，其實也是望文生義。

《漢語大詞典》收“篰”，義項有二：❶簡冊，簡牘。❷竹篾所編的簍子。例如：

(4) 江鄉有一等車，雙輪兩臂，以一人推之。隨所欲運。別以竹為篰載兩旁，束之以繩，幾能勝三人之力。（宋·曾敏行《獨醒雜誌》卷九）

(5) 其戮人用竹籠，狀若豬篰，籠之，投之浮橋急流中。（明·黃溥《閑中今古錄》）

(6) 我近看子你活像個炭篰個嘴臉。（明·馮夢龍《山歌·湯婆子竹夫人相罵》）

(7) 趙妻：（回身摸袋，故意遲疑，好容易將兩個銅板交給賣菜的，賣菜的挑起篰正要走。[她] 很快地從賣菜的篰裏面拿了一支茭白。）添一支！（夏衍《上海屋簷下》第1幕）

上面“豬篰”、“炭篰”分別是用來放“豬”和“炭”的，那麼，“草蔀”也是用來放“草”，而不是用“草”編的。但衹說“竹篾所編”可能所指物件窄了點，因為“柳條”、“藤條”之類也可編。

《漢語大詞典》也收“蔀”，義項也有二：❶覆蓋於架棚上以遮蔽陽光的草席。❷古曆法名詞。我國漢初所傳六種古代曆法，以十九年為章，章有七閏。四章為蔀，二十蔀為紀，六十蔀為元。冬至與月朔同日為章首，冬至在年初為蔀首。所以，“蔀”其實沒有“篰”義。

十七　落

(1) 又有時反有幾兩銀子找將出來，與公子用，公子卻像落得的，分外喜歡。(同上，卷二十二)

注釋是:“吳方言，指經手錢財，中飽私囊。”(第430頁)我們以爲不確。《現代漢語詞典》收“中飽”:“經手錢財，以欺詐手段從中取利。”朱本收，義項❶〈動〉趁機私下克扣(錢物)。例如:

(2) 原來差撥落了五兩銀子，衹將五兩銀子並書來見管營。(《水滸傳》第九回)

(3) 他內外攬權，百般欺侵，巴不得姊夫有事，就好科派用度，落來肥家。(《二刻拍案驚奇》卷二十)

(4) 於是分派完，五爺整整帶了八千兩紋銀回去。二老爹兩日頭，除堂食之外，淨落五七百金。(《清風閘》第二十一回)

(5) 娘兒們商議將銀子落起大一半，拿小一半送與餓殺鬼，催他就將活鬼放出。(《何典》第二回)

(6) 我聽那老者一席話，才曉得這裏酒味不好的緣故，並不是代我買酒的人落了錢。(《二十年目睹之怪現狀》第七十回)

以上是白話小說，戲曲中也有，例如:

(7) 與了俺十兩銀子，着我買辦，我倒落下七兩九錢八分半。(《降桑椹》第一折)

(8) 此行正中吾之計，且落他幾文錢，吃他幾杯酒，多少是好。(《玉環記》第六齣)

(9) 倘或他陪我吃了飯，可不他又落了自家名下的二合米去做私房。(《一文錢》第一齣)

(10) 〔廚〕适才落得饅頭幾個，哥兒每，每人嘗嘗。(《東郭記》第四十齣)

就是諺語中也有，例如：

(11) 裁縫弗落布，死得勿得過。(《越諺》卷上)

從上面的例子中可以看出，“落”固然絕大多數是“錢財”(“錢財”一詞，《現代漢語詞典》注釋是：“金錢。”)，但也可以是“物”，如例(9)中的“米”、例(10)中的“饅頭”、例(11)中的“布”，所以，還是朱本的“錢物”確切。

十八　頭二兩

(1) 程寀見了道：“我說你福薄！前日不意中得了些非分之財，今日就倒灶了。這些彩緞，全靠顏色。顏色好時，頭二兩一匹，還有便宜。而今斑斑點點，那個要他？這五百兩不撩在水裏了？似此做生意，幾能勾挣得好日回家?”(同上，卷三十七)

注釋是：“吳方言，即‘一二兩’。”(第665頁)

其實，“頭二兩”是“約二兩”的意思。朱本收“頭”，義項❶是“副詞”：“和後面‘兩(二)’等數詞一起表示約數。”如“頭二斤”、“頭兩個月”、“頭兩千元”。還舉有上面的例(1)。另如：

(2) 鼓手四個，禮生一雙，頭二十兩銀子，祭了他，拿去穿罷了。(《綴白裘》第十一集第三卷)

(3) 勿像堂子裏，頭兩點鐘剛剛起來。(《海天鴻雪記》第四回)

(4) 這又一定是你們夥計偷了去了，怪道他一出去就是頭兩夜不回棧房。(《黃繡球》第二十四回)

(5) 如果再推下去，這頭兩萬銀子算不得甚麼，多進三五萬，亦論不定。(《官場現形記》第二十一回)

(6) 他聽見了已經嚇的了不得，足足有頭兩個月沒有出門。(《文明小史》第四十三回)

(7) 像這一行的人來，不過與他吃上一頓飯，十分過意不去，與他拿上頭二百老錢。(《綠野仙蹤》第四十四回)

還發現1例後面不是"兩(二)"的例子，如：

(8) 在上海住了半年，銀子用了頭萬兩。(《中國現在記》第一回)

〔注釋〕

①人民文學出版社，2007年。

②朱彰年、薛恭穆、汪維輝、周志鋒編著，漢語大詞典出版社，1996。

③見《辭書研究》2009年第5期。

④見《中學語文》2004年第22期。

⑤巴蜀書社，2007年。

⑥崇文書局，2004年。

⑦吳連生、駱偉裏、王均熙、黃希堅、胡慧斌編著，漢語大詞典出版社，1995年。

⑧石汝傑、[日] 宮田一郎主編，上海辭書出版社，2005年。

⑨湯珍珠、陳忠敏、吳新賢編纂，江蘇教育出版社，1997年。

⑩許少峰編，中華書局，2008年。

⑪中國社會科學出版社，2006年。

⑫見《辭書研究》1994年第4期。拙文寫成時，筆者尚未看到《漢語大詞典》第10卷。

(崔山佳，浙江財經學院人文學院，郵編310018)

論辭書編纂中採用僞典小說的問題*

羅　寧

内容摘要： 僞典小說是一種編造各種新奇典故的小說，其中記載的故事、代名等出自杜撰，全不可信。但是現代以來的各種辭書，均不加鑒別地採用僞典小說的材料，而且往往據其書設立詞目，解釋詞義。具體而言表現在五個方面：一，爲原出於甚至僅見於僞典小說的詞彙設立詞目，而解釋和書證就是僞典小說之記載；二，一些源出於僞典小說的典故詞彙進入辭書；三，一些源出於僞典小說的詞彙後來成為成語而進入辭書；四，在對一些詞彙和典故的解釋上採用了僞典小說編造出來的說法和故事；五，在辭書中其他地方採用僞典小說作為書證。辭書編纂者應該注意這些問題，並有區別地進行處理。

關鍵詞： 僞典小說　僞典　代名　辭書

僞典小說與僞典

僞典小說是筆者提出的一個概念和小說類別，指編造和杜撰各種新奇典故的一類小說，這裏所說的典故，包括故事、代名、詞藻等。就我目前研究，宋代的《雲仙散錄》、《清異錄》、《開元天寶遺事》、《龍城錄》和明代的《瑯嬛記》、《女紅餘志》、《古琴

* 本文是國家社科基金項目“唐五代軼事小說研究”（編號編號 10CZW026）的階段性研究成果。

疏》可為其中的代表作品[1]。漢唐時期的古小說，一般而言都是爲記錄見聞而作，作者意識中並無現代小說的虛構觀念。然而與之形成鮮明對比的是，在宋代出現的僞典小說則完全打破了這個傳統，以虛構或杜撰爲能事。僞典小說的出現和宋代以來知識界對僻典的追求有關，人們厭倦於普通典故的使用，在搜集各種佛道內典、小說傳記等雜書的典故仍不能感到滿足之時，便產生了杜撰典故的需求[2]。

常見的典故是故事性的，或者說是軼事性的，如《開元天寶遺事》卷上《牽紅絲娶婦》記郭元振牽紅絲娶張嘉貞第三女爲妻事，卷下《傳書燕》條記郭紹蘭託燕子傳書於外出經商之丈夫事；《雲仙散錄》之《圍棋短具》條記唐王積薪每出游必携圍棋遇人則與對手事，《玉蕤香》條記柳宗元得韓愈詩先薰玉蕤香後發讀事，《杜詩燒灰》條記張籍焚杜詩爲灰而飲事；《龍城錄》卷上《趙昱斬蛟》條記趙昱於岷江中斬蛟事，卷下《趙師雄醉憩梅花下》條記隋趙師雄於羅浮山醉臥梅花樹下遇一女子事；《瑯嬛記》卷中記李清照結褵未久趙明誠遠游、李清照作《一剪梅》詞以送之事；等等。其中如郭元振牽紅絲娶妻、趙昱斬蛟、趙師雄梅花、李清照作詞送趙明誠等均是比較有名的故事。限於篇幅，這裡不再引錄原文並辨析其僞了。

代名也是僞典小說最喜歡編造的內容。所謂代名，指某一事物的異名別稱，是一種在文學寫作中使用典故的現象。古人詩文中往往不用事物的本名而用代名，避免單調，達到生新奇異的修辭效果[3]。如螃蟹稱無腸公子（出《抱朴子》），羊稱髯鬚主簿（出《古今注》）等。僞典小說也大量生產這樣的代名，如《雲仙散錄》中以松燕督護指墨，離石鄉侯指硯，卻老先生指鑷子，《開元天寶遺事》稱鸚鵡爲綠衣使者等。而《清異錄》和《瑯嬛記》尤其熱衷於製造代名。如《清異錄》：

世宗時水部郎韓彥卿使高麗。見有一書曰《博學記》，偷抄之，得三百餘事，今抄天部七事：迷空步障（霧），威屑（霜），教水（露），冰子（雹），氣母（虹），屑金（星），秋明大老（天河）。（《天文·迷空步障》）

武宗為潁王時，邸園蓄食獸之可人者，以備十玩。繪十玩圖，於今傳播：九皋處士（鶴）、玄素先生（白鷳）、長鳴都尉（雞）、靈壽子（龜）、惺惺奴（猴）、守門使（犬）、長耳公（驢）、鼠將（貓）、茸客（虎）、辨哥（鸜鵒）。（《獸名·靈壽子》）

這些條文的根本意旨不在於提供軼事，而指向那些隨口編造的代名。《清異錄·藥品·一藥譜》還假託侯寧極《藥譜》之名編有一百九十種中藥的代名④，令人嘆為觀止。《瑯嬛記》裏也有："鷓鴣一名內史，一名花豸。""結草蟲一名木螺，一名簑衣丈人。"（以上卷上）"鯉一名稚龍。""李白有馬名黄芝。"（以上卷中）等等。

僞典不光是在僞典小說中被杜撰編造出來，也出現在宋人注杜詩中，也就是學界常說的杜詩僞注⑤。其手法簡單地說，就是對於讀不懂以及無需探源和闡釋的詩句，捏造一個典故或前人詩文來解釋，由此證明杜詩無一字無來處及其點鐵成金之妙。如杜甫〈空囊〉詩有句云："囊空恐羞澀，留得一錢看。"僞蘇注就說："晉阮孚山野自放，嗜酒，日持一皂囊，游會稽。客問囊中何物，'但一錢看囊，庶免其羞澀。'"又如杜甫〈曲江二首〉之一："酒債尋常行處有，人生七十古來稀。"僞王洙注則云："孫濟，權之叔也。嗜酒不事產業，善嘯，日常醉，欠人酒緡，人皆笑之。濟怡然自若，謂人曰：'尋常行坐處欠人酒債，欲貨此緼袍償之。'《古詩》云：'典盡春衣無可奈，尋常行處欠人錢。'"這些故事和詩都是湊合原詩杜撰的。從杜詩學、註釋學的角度來說，僞典是爲註釋詩歌作品而編造的。從小說的角度來說，僞典是編造出來預備作典故使用的，或者預備給讀詩、註詩的人使用的（這在《龍城錄》中表現尤其明顯），二者本來就是同一事物的兩面。

在簡單說明了僞典小說和僞典的概念和編造目的、手法之後，再來看現代辭書編纂，當看到各種辭書中對於僞典小說不加辨别地使用以及設立相關詞目，就不能不説這裡面存在很大的問題了。爲了避免繁瑣和涉及太廣，本文僅選取辭書中具有一定代表性的《漢語大詞典》、《辭源》、《新華成語詞典》來進行討論[⑥]，而其他各種辭書詞典，包括典故詞典、詩詞鑒賞詞典等書中存在的類似問題，暫不涉及。下文所説的辭書，一般也是指這三本書而言。下面分五個方面，先敘述辭書中使用僞典小説的情況以及存在的問題。

源出於僞典小說的詞語

辭書中設為詞目的有些詞語，原本來自僞典小說的生造，後來“謬種流傳”，竟然也有人相信和使用。下面引錄《漢語大詞典》和《辭源》的一些詞條，並標明在兩書中的頁碼。

【碧翁翁】猶天公。宋陶穀《清異錄·天文》：“晉出帝不善詩，時爲俳諧語，詠天詩曰：‘高平上監碧翁翁。’”清梁章鉅《浪跡叢談·喜雪唱和詩》：“（吴笏庵）又疊韻云：……試爲舉頭應更喜，白漫漫作碧翁翁。”亦省作“碧翁”。明袁宏道《天壇》詩：“碧翁難道是無情，分合千年議不成。”清陳維崧《渡江雲·欲雪》詞：“碧翁將試手，趁春未到，要放一城花。”（《漢語大詞典》7 册 1070 頁。亦見《辭源》2251 頁，僅引《清異錄》爲語源。）

【飛奴】信鴿。五代王仁裕《開元天寶遺事·傳書鴿》：“張九齡少年時，家養羣鴿，每與親知書信往來，祇以書繫鴿足上，依所教之處飛往投之，九齡目之爲飛奴。”元薩都刺有吟鴿詩，題名為《飛奴》。（《漢語大詞典》12 册 692 頁。亦見《辭源》3415 頁，復引宋李彌遠詩。）

【梵嫂】世人對僧妻的稱呼。宋陶穀《清異錄·梵嫂》："相國寺星辰院比丘澄暉，以豔倡爲妻。……忽一少年踵門謁暉，願置酒參會梵嫂，暉難之。"清宋長白《柳亭詩話》卷十一："鮑令暉有《代葛沙門妻郭小玉作》詩，結曰：'持妾一生淚，經秋復度春。'六朝以前，清規未立，世人呼爲梵嫂、師娘者，往往有之。"（《漢語大詞典》4 册 1031 頁。亦見《辭源》1580 頁，僅舉《清異錄》爲語源。）

【蜜父】梨的別名。宋陶穀《清異錄·蜜父蠟兄》："建業野人種梨者，誇其味曰蜜父。"明李時珍《本草綱目·果二·梨》："快果、果宗、玉乳、蜜父。"（《漢語大詞典》8 册 922 頁。《辭源》2770 頁，僅引《清異錄》爲語源。）

可以看出，這些詞語基本上都是代名或某一事物的稱謂。類似的詞目《漢語大詞典》中還有：胭脂虎（悍婦）、彩局（擲骰賭賽）、千金菜（萵苣）、香祖（蘭）、蠟兄（枇杷）、髭聖（唐太宗）、退鋒郎（禿筆）、扇子仙（芭蕉葉）、北苑妝（一種妝飾）（以上出《清異錄》）；迷香洞（妓女上等待客處）、六班茶（一種茶的名稱）（以上出《雲仙散錄》）；金衣公子（鶯）、饞魚燈（一種用魚脂煉油作的燈）、醉聖（李白）、喚鐵（敲擊以招喚鳥獸的一種響器）、紅冰（指淚水）、冰筋（指冰柱）（以上出《開元天寶遺事》）；玉蕤（一種酒名，出《龍城錄》）；長恩（書神）、鬼陣（棋）（以上出《瑯嬛記》）；璘藉（蠶箔）、踟躕（梭）（以上出《女紅餘志》）等。這些代名詞語雖然原本出自僞典小說的杜撰，但因其書流傳既久，也產生了影響（或者說是流毒），後世有人在詩文寫作中使用其詞，甚至在考證中引用其材料。

如果說，上面的代名和稱謂詞彙因為有後世使用的情況，設立詞目並引僞典小說作為詞源還有一定的道理，那麼，辭書中收入的一些詞彙僅有僞典小說的詞源解釋，就顯得無謂了。如：

【瑞聖奴】唐明皇給柑取的别名。宋陶穀《清異錄·瑞聖奴》："天寶年，内中柑樹結實，帝日與貴妃賞御，呼爲瑞聖奴。"（《漢語大詞典》4 册 604 頁。亦見《辭源》2070 頁。）

【淨君】隱指掃帚。宋陶穀《清異錄·淨君》："商山館中窗頰上有八句詩云：'淨君掃浮塵，涼友招清風。'是帚與扇明矣。"（《漢語大詞典》5 册 1179 頁。亦見《辭源》1830 頁。）

【治書奴】裁紙刀的别稱。宋陶穀《清異錄·治書奴》："治書奴，裁刀。治書參差之不齊者，在筆墨硯紙間，蓋似奴隸職也，卻似有大功於書。"（《漢語大詞典》5 册 1126 頁。亦見《辭源》1770 頁。）

類似這樣的僅提供了僞典小說出處作為釋義的詞條，在《漢語大詞典》中還有很多。出自《清異錄》的詞語有：氣母（虹）、龍潤（雨）、天公絮（雲）、吼天氏（風）、奇水（無雲而降之雨）、冷飛白（雪）、花鞴扇（開花風）、千里鏡（閃電）、千里燭（月）、卻老霜（一種養生藥名）、邊幼節（筍）、河東飯（粟）、聖花兒（棗）、拙骨羊（山藥）、婪尾春（芍藥）、瀛洲玉雨（梨花）、森伯（茶）、不夜侯（茶）、冷面草（茶）、水豹囊（茶）、苦口師（茶）、笑矣乎（一種食後使人發笑的菌）、小宰羊（豆腐）、百歲羹（虀）、麝香草（蒜）、三青蔓（枸杞）、龍鬚菜（一種菜名）、五鼎芝（桑樹上木耳）、婆娑兒（鷗）、書空匠（雁）、九皐處士（鶴）、玄素先生（白鷳）、長鳴都尉（雞）、惺惺奴（猴）、守門使（犬）、長耳公（驢）、辯哥（鸚鵡）、尾君子（猿猴）、黄奴（黄犬）、綠耳梯（馬）、蜜官（蜜蜂）、玉腰奴（蝴蝶）、半天嬌（鴿）、兀地奴（鵝）、青喜（青雀）、九苞奴（錦雞）、族味（鵪鶉）、碧海舍人（芙蓉鷗）、菊道人（兔）、鈍公子

(象)、獨筍牛（犀牛)、篆愁君（蝸牛)、通幽博士（龜)、白圭夫子（鰟)、甘盤校尉（烏賊)、長尾先生（鼷)[7]、眉匠（蔑)、涼友（扇)、夏清侯（竹席)、引飯大師（寺庙中浄槌)、六合被(唐莊宗命蜀匠所製被)[8]、錦郎（檳榔製的書軸)、節日翁（竹榻)[9]、房中弱水（尿)、夜瀦（夜壺)、鐵了事（耳挖子)、握君(如意)、義疾（肺癆)、氤氳大使（掌管婚姻之神)、漏春和尚(柳樹)、引光奴（以硫黃染杉條製成的引火物)、火寸（即引光奴)、尺二寃家（空白的書畫軸)[10]、鄱陽白（紙名)、快活湯(酒名)、君子觴（對酒的愛稱)、林慮漿（酒名)、禍泉（酒)、湯社（聚會飲茶)、九女春（鹿茸)、湯主（山茱萸)、玉絲皮(杜仲)、玉虛飯（龍腦草)、玉角香（一種松子)、鉢盂精（僧人)、瓜戰（一種遊戲）等。

出自《雲仙散錄》的有：楮國公（紙)、墨曹都統（筆)[11]、糠市（指貧民窟)、鸞手校尉（指吳越國畫工）等。

出自《開元天寶遺事》的有：花裀（以落花爲坐墊)、醒酒花（牡丹)、銷魂橋（指灞橋）等。

出自《龍城錄》的有：翠濤（一種酒名)、偃月公（李林甫)。

出自《女紅餘志》中的有：郎當（淨櫛器)、鬱離（竹)、寄春君（梅)、倏（一種疾獸的名稱)、眉言（以眉傳情）等。

出自《瑯嬛記》的代名詞語也很多。這些詞語在《漢語大詞典》中也是僅提供了釋義和語源出處而沒有其他引證，但和上面出於《清異錄》等書的詞目不大一樣，《漢語大詞典》所提供的出處並非都是《瑯嬛記》，還有其他書籍。這是怎麽回事呢？下面列表分別說明。

代名	事物	說明
沈尚書	鶴	《瑯嬛記》卷下：“鶴一名仙子，一名沈尚書，一名蓬萊羽士。”

續表：

春駒	蛺蝶	原出《瑯嬛記》卷上引《採蘭雜志》。《漢語大詞典》中稱“見宋無名氏《採蘭雜志》”，但實際上《採蘭雜志》之書名也出於《瑯嬛記》作者杜撰，而後來有些叢書又從《瑯嬛記》中輯出後收入。
少卿	毚	《瑯嬛記》卷上：“毚一名少卿。”
女奴	貓	《瑯嬛記》卷上：“猫一名女奴。”《漢語大詞典》所據爲“五代張泌《妝樓記・女奴》”。所謂五代張泌《妝樓記》是晚明僞書，其中抄了《瑯嬛記》的内容。
始影	一星名	原出《瑯嬛記》卷下。《漢語大詞典》據“南唐張泌《妝樓記》”。
解憂	長跂即蠨蛸	《瑯嬛記》卷上引《採蘭雜志》：“長蚑一名青鳥，一名解憂。”《漢語大詞典》據厲荃《事物異名録・昆蟲・蠨蛸》引《採蘭雜志》。《採蘭雜志》是《瑯嬛記》胡編的書名。
尚卿	紙神	《瑯嬛記》卷上引《致虚閣雜俎》：“筆神曰佩阿，研神曰淬妃，墨神曰回氏，紙神曰尚卿。筆神又曰昌化。”《致虚閣雜俎》也是《瑯嬛記》胡編的書名。
淬妃	硯神	原出《瑯嬛記》卷上。《漢語大詞典》據李調元《卍齋瑣錄》，應是抄自《瑯嬛記》。
昌化	筆神	原出《瑯嬛記》卷上。《漢語大詞典》據《致虚閣雜俎》，實際上是杜撰出來的書名。
回氏	墨神	原出《瑯嬛記》卷上。《漢語大詞典》據《説郛》卷三一引《致虚雜俎》。《致虚雜俎》和《採蘭雜志》都曾被重編《説郛》等叢書單獨收入。
趾離	夢神	原出《瑯嬛記》卷上。《漢語大詞典》據“唐馮贄《記事珠・夢神》”。所謂馮贄《記事珠》是晚明僞書，其中也抄了《瑯嬛記》。
烏孫公主	黄鵠	《瑯嬛記》卷中：“黄鵠一名遙翮，一名烏孫公主。”
子占	粉神	《瑯嬛記》卷下：“膏神曰雁孃，黛神曰天軼，粉神曰子占，脂神曰與贅，首飾神曰妙好，衣服神曰厭多。昔楊太真粧束，每件呼之，人謂之神粧。”（原注出《採蘭雜志》）
雁孃	膏神	出《瑯嬛記》卷下。《漢語大詞典》引厲荃《事物異名錄・神鬼・首飾神》引《採蘭雜志》。見前。
妙好	首飾神	出《瑯嬛記》卷下。

上面這些詞目，《漢語大詞典》除了釋義並注明僞典小說的出處外，均未提供其他文獻使用的例證。從理論上來説，類似這樣的代名詞彙，沒有列為詞目的必要，因為該詞本就出自僞典小說的編造，然後辭書釋義又以僞典小說來解釋，豈非循環解釋？而更複雜的問題在於，目前《漢語大詞典》、《辭源》等辭書中在一些詞目下僅舉僞典小說釋義而無用例，並不能由此斷定此詞從未經後人使用。如下面一例：

【墨娥】相傳唐姑臧太守張憲使家伎代書札，號墨娥。唐馮贄《雲仙雜記·鳳窠群女》："姑臧太守張憲使倡伎：奏書者，號傳芳妓；酌酒者，號龍津女；傳食者，號仙盤使；代書札者，號墨娥。"（《漢語大詞典》2 册 1218 頁。亦見《辭源》632 頁。）

此外《漢語大詞典》也據《雲仙雜記》收"龍津女"一詞，解爲"侍客酌酒的妓女"（12 册 1474 頁），也沒有用例。《雲仙散錄》的原文是："《姑臧前後記》曰：太［中］〔守〕張憲使倡妓戴拂壺巾、錦仙裳，密粉淡妝，使侍閣下。奉書者號傳芳妓，酌酒者號龍津女，傳食者號仙盤使，代書札者號墨娥，換香者號麝姬，掌詩稿者號雙清子。諸倡曰鳳窠羣女，又曰團雲隊、曳雲仙。"張憲爲六名家伎取的六個名字，後來明代小說《石點頭》中的《貪婪漢六院賣風流》就一一照搬使用了。像這樣的情況，墨娥、龍津女的詞條還是有設立的必要的。（設立墨娥、龍津女的詞條，而不設另外四個詞目，又顯得沒有道理了。）但是這樣也存在一個困難，在目前不能窮盡所有古籍文獻的情況下，對於出自僞典小說生造而暫時未見後人引用的代名和詞彙，如何確定哪些該進入辭書哪些不該進入呢？而且，即便古人未曾使用，如果現代人乃至今天的好事者偶一使用（因為這些詞彙新穎奇異，本來就是寫作詩文的好材料[12]），又該如何對待呢？這是辭書編纂時需要思考的問題。

除代名詞彙外，還有一些最早出於僞典小說的器物、食物等詞彙，也被辭書收入了。如：

【十二時盤】古代盤子名。相傳盤子四周的物象隨十二時辰而變易，故名。宋陶穀《清異錄·器具》："唐內庫有一盤，色正黄，圍三尺，四周有物象。元和中，偶用之，覺逐時物象變更，且如辰時，花草間皆戲龍，轉巳則爲蛇，轉午則成馬矣，因號十二時盤。流傳及朱梁猶在。"（《漢語大詞典》1 册 807 頁）

【夜明杖】傳説中夜間發光的拐杖。五代王仁裕《開元天寶遺事·夜明杖》："隱士郭休有一拄杖，色如朱染，叩之則有聲，每出處遇夜，則此杖有光，可照十步之內。登危陟險，未嘗足失，則杖之力焉。"（《漢語大詞典》2 册 359 頁）

必須指出的是，這些名物詞在僞典小說中的記載本身就是非常值得懷疑的，除非有其他文獻證明其物確實曾經存在，否則僅以僞典小說之記載而專設詞條，恐怕沒有必要。其他類似的詞目還有：移春檻、四香閣、歇馬杯、暖玉鞍、醉輿、占風鐸（以上出《開元天寶遺事》）；洗心糖、芋郎君（一種食物）（以上出《雲仙散錄》）；小樣雲（一種冠飾）、腰品（一種劍）、瑞英簾（以上出《清異錄》）等。

源出於僞典小說的典故詞彙

上面所說的代名，也是典故的一類，但主要集中在事物的別名和稱謂方面。下面所說的典故詞彙，往往是對某一故事、事實的概括。如：

【羅浮夢】傳説隋開皇中，趙師雄於羅浮山遇一女郎。與之語，則芳香襲人，語言清麗，遂相飲竟醉，及覺，乃在大梅樹下。見舊題唐柳宗元《龍城錄》。因以為詠梅典實。

唐殷堯藩《友人山中梅花》詩："好風吹醒羅浮夢，莫聽空林翠羽聲。"明文徵明《千葉梅與方山人同賦》："羅浮夢斷情稠疊，瑤圃風生珮陸離。"（《漢語大詞典》8 册 1050 頁。亦見《辭源》2488 頁。）

這是關於梅花最有名的典故之一，但實際上出於託名柳宗元的僞典小說《龍城錄》（上所引殷堯藩詩也是明人僞作）。此外，《漢語大詞典》"羅浮"條引元張可久《天净沙·孤山雪夜》曲和清屠宸楨《疏影》詞，"羅浮客"條引高啟《梅花》詩之四、吳偉業《送曹秋岳》詩，也是使用《龍城錄》羅浮梅花的典故。

又如：

【雙柑斗酒】唐馮贄《雲仙雜記》卷二："戴顒春携雙柑、斗酒，人問何之，曰：'往聽黄鸝聲。此俗耳針砭，詩腸鼓吹，汝知之乎？'"後遂用為春日雅遊的典故。明劉泰《春日湖上》詩："明日重來應爛漫，雙柑斗酒聽黄鸝。"亦省作"雙柑"。明張景《飛丸記·盟尋泉石》："看秦川吴苑花正妍，奚囊羯鼓隨伴，挈雙柑往聽鶯傳，詩腸鼓吹如勸。"王毓岱《乙卯自述一百四十韻》："三窟休營兔，雙柑往聽鸝。"（《漢語大詞典》11 册 852 頁。亦見《辭源》3320 頁。）

雙柑斗酒是《雲仙散錄》中對後世影響較大的典故之一，正如《四庫全書總目》所言："戴［逵］〔顒〕雙柑斗酒往聽黄鸝之類，詩家往往習用之。"[13]其他後人使用之例如趙長卿〈水龍吟·鶯詞〉："別有詩腸鼓吹。未關他、等閒俗耳。雙柑斗酒，當時曾是，高人留意。"[14]《漢語大詞典》（11 册 151 頁）、《辭源》（2890 頁）還收錄了"詩腸鼓吹"這一詞目，但祇有解釋和出處，無後來引證。

再看兩個例子：

【記事珠】傳說能幫助記憶的珠子。五代王仁裕《開元天寶遺事·記事珠》："開元中，張說爲宰相。有人惠說一珠，紺色有光，名曰記事珠。或有闕忘之事，則以手持弄此珠，便覺心神開悟，事無巨細，涣然明曉，一無所忘。”清秋瑾〈題《瀟湘館集》〉詩：“風流文采教占盡，羡煞胸多記事珠。” （《漢語大詞典》11 册 60 頁。亦見《辭源》2876 頁。）

【閉門羹】唐馮贄《雲仙雜記·迷香洞》：“史鳳，宣城妓也。待客以等差……下列不相見，以閉門羹待之。”謂僅作羹待客而不與相見。後指拒客進門，不與相見。清二石生《十洲春語·品豔》：“不見者三年，擬重訪之，恐其效閉門羹故事。”《小説月報》1981 年第 1 期……亦泛指對某事拒絶商談。郭沫若《洪波曲》第一章五……（《漢語大詞典》12 册 26 頁。亦見《辭源》3236 頁。）

這是兩個有名的典故，閉門羹甚至成為俗語。記事珠後來還被用作為書名，《續説郛》（卷二十一）、《五朝小説大觀》、《唐人説薈》、《唐代叢書》等叢書中有一種題名馮贄的《記事珠》（是晚明人拼湊的僞書），而清代學者錢泳又將自己的一部筆記命名爲《記事珠》⑮。

又如：

【解語花】會説話的花。五代王仁裕《開元天寶遺事·解語花》：“明皇秋八月，太液池有千葉白蓮數枝盛開，帝與貴戚宴賞焉。左右皆歎羨，久之，帝指貴妃示於左右曰：‘爭如我解語花？’”後因用以比喻美女。元白樸《梧桐雨》第三折：“眼兒前不甫能栽起合歡樹，恨不得手掌裏奇擎著解語花。”明唐寅《花月吟效連珠體》之九：“多情月照花間露，解語花摇月下風。”清趙翼《題女史駱佩香秋燈課女圖》詩：“一個嬌娃解語花，綺窗親課秋宵讀。”（《漢語大詞典》10 册 1376 頁。亦見《辭源》2869 頁。）

【飛雲履】相傳為唐白居易居廬山草堂時自製鞋的名稱。

唐馮贄《雲仙雜記·飛雲履》："白樂天燒丹於廬山草堂，作飛雲履，玄綾爲質，四面以素綃作雲朵，染以四選香，振履則如煙霧。樂天著示山中道友曰：'吾足下生雲，計不久上升朱府矣。'"元辛文房《唐才子傳·白居易》："公好神仙，自製飛雲履，焚香振足，如撥煙霧，冉冉生雲。"（《漢語大詞典》12 册 700 頁。亦見《辭源》3419 頁。）

【眉史】宋陶穀《清異錄·膠眉變相》："瑩姐，平康妓也。玉淨花明，尤善梳掠，畫眉日作一樣。唐斯立戲之曰：'西蜀有十眉圖，汝眉癖若是，可作百眉圖，更假以歲年，當率同志爲修眉史矣。'"後因稱妓女及記載妓女的書為"眉史"。《花月痕》第四四回："留芳眉史，歌蔦借孔雀之詞；證果情天，文梓起鴛鴦之塚。"（《漢語大詞典》7 册 1192 頁。同書 1195 頁還據《清異錄》錄"眉癖"之目。）

【祭詩】唐賈島常於每年除夕，取自己當年詩作，祭以酒脯而自勉。見唐馮贄《雲仙雜記》卷四。後因以"祭詩"為典，表示作者自祭其詩藉以自慰。宋戴敏《壬寅除夕》詩："杜陵分歲了，賈島祭詩忙。"（《漢語大詞典》7 册 913 頁。亦見《辭源》2280 頁。）

上"戴敏"當作"戴復古"[16]。賈島祭詩這個故事，《唐才子傳·賈島傳》也採用了，如白居易"飛雲履"被《唐才子傳》採用一樣，也是一個以訛傳訛的僞典或僞事。

上述典故詞彙因為對後世產生了實際的影響，辭書收錄解釋是必要的，但如果能同時指出這是僞典也許更好一些。出自僞典小說的典故詞彙，《漢語大詞典》中還有風流陣、紅汗、肉腰刀、富窟（均出自《開元天寶遺事》），買春錢（出自《雲仙散錄》），針史、逍遙館、黑心符、棣友（均出自《清異錄》）等。

僞典小說中的成語

僞典小說中的成語，包括兩種情況，一種是由僞典小說創造或首先使用的，一種是沿用過去的成語。

【紙醉金迷】宋陶穀《清異錄·居室》載：唐末有個人叫孟斧，“有一小室，窗牖煥明，器皆金飾，紙光瑩白，金彩奪目，所親見之，歸語人曰：‘此室暫憇，令人金迷紙醉。’”後用“紙醉金迷”形容使人著迷的富麗堂皇景象。也形容生活奢侈豪華。《孽海花》七回……楊沫《青春之歌》二部一六章……劉紹棠《村婦》卷二……也作“金迷紙醉”。《官場現形記》七回……（《新華成語詞典》954頁。又見《漢語大詞典》9冊771頁。亦見《辭源》2410頁。）

【生花妙筆】五代王仁裕《開元天寶遺事·夢筆頭生花》：“李太白少時，夢所用之筆頭上生花，後天才贍逸，名聞天下。”後用“生花妙筆”比喻傑出的寫作才能。王火《戰爭和人》（二）卷七：“……說明她有靈敏的‘新聞筆’，也有一支生花妙筆。”（《新華成語詞典》613頁）

【筆底生花】唐馮贄《雲仙雜記》卷一〇：“李太白少夢筆頭生花，後天才贍逸，名聞天下。”後用“筆底生花”形容文章寫得非常出色。劉紹棠《京門臉子》：“北大胸有成竹，本人筆底生花。”（《新華成語詞典》40頁）

孟斧的話，李白夢筆頭生花的故事，其實都是出自僞典小說的杜撰。不過像這樣的成語流行很廣，辭書收錄是很有必要的。另外說明一下，李白夢筆頭生花的故事原本出自《開元天寶遺事》卷下〈夢筆頭生花〉，但《新華成語詞典》於“筆底生花”中引的卻是《雲仙雜記》，這是怎麼回事呢？原來，《雲仙雜記》卷九、卷十乃是明人增補，並非原書所有，實是僞中之僞，其中頗多來自《開元天寶遺事》。此外，《漢語大詞典》3 册 1188 頁“夢筆生花”，8 册 1161 頁“筆生花”，8 册 1160 頁“筆下生花”，7 册 1196 頁“生花筆”，以及《辭源》659 頁的“夢筆生花”，2099 頁的“生花筆”，均來自這一僞典。

又如：

【偎紅倚翠】謂親狎女色；狎妓。宋陶穀《清異錄·偎紅倚翠大師》：“李煜在國，微行娼家，遇一僧張席，煜遂爲不速之客。僧酒令、謳吟、吹彈莫不高了，見煜明俊醞藉，契合相愛重。煜乘醉大書右壁曰：‘淺斟低唱，偎紅倚翠，大師鴛鴦寺主，傳持風流教法。’”明李日華《西廂記·詭謀求配》：“柳陌花街常時樂，偎紅倚翠追歡笑。”清蔣士銓《冬青樹·夢報》：“偎紅倚翠初承領，羨他名士悦傾城，這都是聖祖神宗與證盟。”（《漢語大詞典》1 册 1549 頁。亦見《辭源》244 頁。）

【淺斟低唱】斟著茶酒，低聲歌唱。形容悠然自得、遣興消閑的樣子。宋陶穀《清異錄·釋族》：“李煜乘醉，大書石壁曰：‘淺斟低唱，偎紅倚翠。’”宋柳永《鶴沖天》詞：“忍把浮名，換了淺斟低唱。”《初刻拍案惊奇》卷十八：“淺斟低唱，觥籌交舉。”清黃景仁《虞美人·閨中初春》詞：“問春何處最多些，衹在淺斟低唱那人家。”（《漢語大詞典》5 册 1365 頁。亦見《辭源》1825 頁。）

柳永《鶴沖天》詞云：“且恁偎紅翠，風流事、平生暢。青春都一餉。忍把浮名，換了淺斟低唱。”“偎紅翠”有的版本作“偎紅倚翠”。《清異錄》也出現了這兩句話。《清異錄》過去認為是宋初陶穀所撰，但我懷疑是北宋末出現的僞典小說，上面兩句（成語），恐怕也是有意湊合柳永詞而編造的，這樣一來，《漢語大詞典》列《清異錄》為首見的詞源就有問題了。《辭源》解釋“淺斟低唱”沒有提到《清異錄》，但最後說“參見偎紅倚翠”，而“偎紅倚翠”一條僅引《清異錄》的記載，這樣又提供了錯誤的指向。

還有一個有名的成語也是僞典：

【阮囊羞澀】囊：口袋。宋呂祖謙《詩律武庫後集·一錢看囊》：“(阮孚）日挑一皂囊游會稽。客問：‘囊中何物？’孚曰：‘俱無物，但一錢看囊，庶免羞澀爾。’”後用“阮囊羞澀”指經濟困難，手頭拮据。清王韜《淞濱瑣話·金玉蟾》：“自此（鄒生）無日不往，兩月餘，阮囊羞澀，垂橐興嗟。”清百一居士《壺天錄》卷上：“阮囊羞澀，行止兩難。”(《新華成語詞典》584頁。《漢語大詞典》11冊913頁。亦見《辭源》3259頁。）

阮囊羞澀是宋代杜詩僞蘇注編造出來的僞典（見前）。而《新華成語詞典》中也收錄“囊中羞澀”（501頁），衹引《韻府群玉》所載阮孚故事而不用杜甫詩的出處，更是本末倒置（《漢語大詞典》、《辭源》解釋“阮囊羞澀”也是如此）。要知道，這個典故和成語完全是根據杜詩“囊空恐羞澀，留得一錢看”編造出來的。

此外，《漢語大詞典》據《開元天寶遺事》收“向火乞兒”（3冊137頁）、“玉燕投懷”（4冊513頁），也是出自僞典小說而較有影響的成語。

有的成語原本有更早的來源，僞典小說也用到了，但現代辭書有時候反將僞典小說認作源出文獻了。如“滔滔不絕”，《新華成語詞典》引《開元天寶遺事》作為最早用例：“張九齡善談論，每與賓客議論經旨，滔滔不竭，如下阪走丸也。”(679頁）《漢語大詞典》6冊22頁的“滔滔不竭”則以樂府詩〈積善舞〉爲第一個用例，以《開元天寶遺事》作為第二個用例，是正確的處理。

另外辭書中有誤將成語出處歸於僞典小說的情況，如：

【心織筆耕】唐王勃能文，有盛名，所至人多請託為文，所獲金帛滿几。時人稱之爲心織筆耕。見唐馮贄《雲仙雜記》八、李肇《翰林志》。（《辭源》1097 頁）

【心織筆耕】唐馮贄《雲仙雜記》卷九：“《翰林盛事》云：‘王勃所至，請託爲文，金帛豐積，人謂心織筆耕。’”本謂爲人撰文獲得一定報酬，後亦以指賣文爲生。參閱唐李肇《翰林志》。（《漢語大詞典》7 册 393 頁）

兩處標明的《雲仙雜記》卷數不同，《漢語大詞典》是正確的。至於李肇《翰林志》，根本沒有這一內容。前面說過，《雲仙雜記》是後人從他書中抄出一些條文拼加在《雲仙散錄》後面的[17]。這一故事的本來出處是唐代張著的《翰林盛事》，《古今事文類聚》别集卷五《筆耕》、《記纂淵海》卷五十五《論議部·坐以致人·傳記》均載此事，而注出張著《翰林盛事》。不過《記纂淵海》卷六十五《名譽部·睎慕·傳記》載此事標明的又是李肇《翰林志》。這大概是後來誤稱李肇《翰林志》之由。準確地說，“心織筆耕”和王勃這個故事本身到不是僞典，但辭書應寫明《翰林盛事》而不是《雲仙雜記》。

釋義時採用僞典小說的說法

古代有的詞彙，來源較早，意義較難索解，僞典小說則杜撰出解釋來。如《古今注·鳥獸》裏說：“燕，一名天女。”但沒有解釋爲什麽有這樣的名稱，或在什麽時代、什麽地域有這樣的名稱。《瑯嬛記》卷上就說：“昔有燕飛入人家，化爲一小女子，長僅三寸，自言天女，能先知吉凶，故至今名燕爲天女。”完全是信口胡編。又如唐詩中屢見“謝豹”一詞，指子規鳥。《禽經》“江介曰子規”下舊注云：“啼苦則倒懸於樹，自呼曰謝豹。”《老學庵筆記》卷三：“吳人謂杜宇為謝豹。杜宇初啼時，漁人得蝦曰謝豹蝦，市中賣筍曰謝豹筍。唐顧況《送張衛尉》詩曰：'緑樹村中謝豹啼。'若非吳人，殆不知謝豹爲何物也。"[18]大約是吳地方言如此，並無深意。《瑯嬛記》卷上則云："昔有人飲於錦城謝氏，其女窺而悅之。其人聞子規啼，心動，即謝去。女恨甚，後聞子規啼，則怔忡若豹鳴也，使侍女以竹枝驅之，曰：'豹，汝尚敢至此啼乎?'故名子規爲謝豹。"編了一個離奇俗陋的故事來解釋其得名之由，十分可笑[19]。此外，《瑯嬛記》還杜撰了玄駒（蟻）、不借（草鞋）的得名之由。幸好，上述這些解釋沒有被《漢語大詞典》和《辭源》採納。但是"石尤風"一條還是騙過了辭書編者：

【石尤風】傳説古代有商人尤某娶石氏女，情好甚篤。尤遠行不歸，石思念成疾，臨死歎曰："吾恨不能阻其行，以至於此。今凡有商旅遠行，吾當作大風爲天下婦人阻之。"見元伊世珍《瑯嬛記》引《江湖紀聞》。後因稱逆風、頂頭風為"石尤風"。南朝宋孝武帝《丁督護歌》之一："願作石尤風，四面斷行旅。"唐陳子昂《初入峽苦風寄故鄉親友》詩："寧知巴峽路，辛苦石尤風。"宋楊億《荷花》詩："灑從瓊蕊露，吹任石尤風。"亦省作"石尤"、"石郵"。唐李商隱《擬意》詩："去夢隨川後，來風貯石郵。"明張煌言《答曹雲霖監軍書》："弟棲遲沙關，幾三月矣。金盡粟空……祇得仍圖北返。兩番鼓棹，又爲石尤留滯。"清納蘭性德《南鄉子·柳溝曉發》詞："人去似春休，卮酒曾將酹石尤。"王大覺《月夜渡澱湖歌》："我被石尤妒，屢把歸期誤。"（《漢語大詞典》7冊981頁。亦見《辭源》2232頁"石尤"。）

類似這樣的地方，辭書在釋義時即便要引用僞典小說的說法，也應指出這是不可信的胡編亂造。

下面這個例子，也是辭書編纂者誤信僞典小說的例子：

【懷風】3. 琵琶名。南朝齊王融《詠琵琶》："抱月如可明，懷風殊復清。”陳後主孔貴嬪因以“懷風”名琵琶。唐馮贄《南部煙花記·琵琶》：“陳後主孔貴嬪琵琶名懷風。”（《漢語大詞典》7 册 789 頁）

【夜明枕】夜間發光之枕。五代王仁裕《開元天寶遺事·夜明枕》：“虢國夫人有夜明枕，設於堂中，光照一室，不假燈燭。”唐鄭嵎《津陽門》詩：“堂中特設夜明枕，銀燭不張光鑒帷。”（《漢語大詞典》2 册 359 頁）

所謂馮贄《南部煙花記》其實是晚明僞書，這段話原本抄自《女紅餘志》卷上。但實際上，孔貴嬪以“懷風”名其琵琶，是完全沒有根據的杜撰，這樣的內容應該删去。至於“夜明枕”，唐代《津陽門詩》已經提到（見上），而鄭嵎自注云：“虢國夜明枕，置於堂中，光燭一室。西川節度使所進，事載國史，略書之。”其實辭書釋義應該引《津陽門詩》和自注，而不是北宋的僞典小說《開元天寶遺事》。

又如：

【桑鵝】即桑耳。宋黄庭堅《答永新宗令寄石耳》詩：“雁門天花不復憶，況乃桑鵝與楮雞。”宋陶穀《清異錄·蔬》：“北方桑上生白耳，名桑鵝，富貴有力者咸嗜之，呼五鼎芝。”

黄庭堅詩中的“桑鵝”一詞難解，史容注就說“桑鵝未詳”[20]。我很懷疑這是《清異錄》為黄庭堅詩隨意作的解說，並杜撰了“五鼎芝”這樣一個代名。

以僞典小說作為書證

有的詞彙，雖然出處明確可信，釋義也無不妥，但辭書在解釋時採用了僞典小說作為書證，也不太恰當。如：

【繞梁】2. 古琴名。晉傅玄《琴賦》序：“齊桓公有鳴琴曰號鍾，楚莊有鳴琴曰繞梁。”宋虞汝明《古琴疏》：“華元獻楚莊王以繞梁之琴，鼓之，其聲嫋嫋，繞於梁間，循環不已。”（《漢語大詞典》9 冊 1015 頁）

《古琴疏》是明人僞典小說，記載不可信，除了上面已引的一段外，後面還有：“楚王樂之，七日不聽朝。其音始歇，樊姬進曰：‘君淫於樂矣。昔桀好妹喜之瑟而亡其身，紂聽靡靡之音而喪其國，今君繞梁是樂，七日弗朝，君樂亡身喪國乎。’於是以鐵如意鎚琴而破之。”“繞梁”是楚莊王的琴，但關於華元獻此琴以及樊姬進諫鎚破琴的故事，就是子虛烏有之故事了。

又如：

【青編】泛指書籍。唐馮贄《雲仙雜記·粉指印青編》：“徐州尚書妓女多涉獵。人有借其書者，往往粉指痕並印於青編。”宋王禹偁《館中春值偶題》詩：“春風老盡詩情淡，翻卷青編獨繞廊。”清鈕琇《觚賸·延平女子》：“昔年薰香染翰，粉印青編；今日滴血濡毫，綃封紅淚。”（《漢語大詞典》11 冊 555 頁）

青編泛指書籍，早有用例，不必引《雲仙雜記》這樣的僞書作為證據。而且這樣編纂詞條，還會讓人誤以為青編一詞以《雲仙雜記》爲最早用例，是源出書籍。相對而言，《辭源》的引證就好得多：

【青編】《南齊書·惠文太子傳》：“時襄陽有盜發古塚者，相傳云是楚王塚，大獲寶物玉屐、玉屏風、竹簡書、青絲編。”後因以青編泛指古代記事之書。《藝文類聚》四五南朝梁簡文帝〈長沙宣武王北涼州廟碑〉：“功書緣字，事燭青編。”（《辭源》3353 頁）

又如：

【手民】古時僅指木工。後指雕板排字工人。宋陶穀《清異錄·手民》：“木匠總號運斤之藝，又曰手民、手貨。”

清胡丹鳳《重刊〈呂東萊先生文集〉序》："時余方搜求遺籍，擇其文之足以載道者，付諸手民。"鄭觀應《〈盛世危言〉自序》："先後參訂，付諸手民，定名曰《盛世危言》。"艾蕪《華僑詩人翻譯家黃綽卿》一："一個年青的排字工人來看我，並作自我介紹，說他是《覺民日報》的手民。"（《漢語大詞典》6 册 295 頁。《辭源》1203 頁。）

【記號】為引起注意，幫助識別、記憶而做的標記。唐馮贄《雲仙散錄·過廳羊》："階前旋殺羊，令衆客自割，隨所好者綵線繫之記號畢，蒸之，各自認取。"元關漢卿《緋衣夢》第二折："風箏兒爲記號，依然有，俺兩箇相約在梧桐樹邊頭。"亦指生來就有的皮膚上的深色斑、胎記。馮雪峰《從人變猴》：……。（《漢語大詞典》11 册 63 頁）

手民一詞，通行指刻板或排字工人。其最早之使用，現在尚不大清楚。但追溯詞源到《清異錄》胡編的木匠，恐怕不大適合。記號一詞，引《雲仙散錄》作為書證，似乎源出此書，也不恰當。

其他如《漢語大詞典》中的"長湯屋"、"油幕"、"豪友"、"妓圍"、"鬥花"、"探春"、"喜信"、"泥金帖子"、"下坂走丸"等詞目，也引了《開元天寶遺事》作為書證，"玉花驄"用了《苕溪漁隱叢話後集》引《異人錄》作為書證（實際來自《龍城錄》），"跋扈將軍"用了馮贄《南部煙花記》（實際是抄自《清異錄》），都是頗有問題的引證。

進一步的討論和小結

上面分析了辭書中使用僞典小說的五種情況，舉例較多，但並不是窮盡性的。由於僞典小說的性質比較複雜，其書本身就有時代和作者上的問題，再加上其內容出於編造杜撰，這使討論辭書編纂使用僞典小說這一問題更加複雜和困難。

僞書和僞典小說在辭書編纂中的使用，無疑是需要特別小心的。首先是時代的問題。一本古籍的時代早晚，決定了它究竟是詞彙的原始創造者，還是後來的普通的詞彙引用者。在這方面，《漢語大詞典》和《辭源》由於未能辨明如《雲仙散錄》、《龍城錄》、《開元天寶遺事》、《瑯嬛記》、《女紅餘志》等書籍的時代，有時候犯了將使用者當作創造者的錯誤，如“滔滔不竭”、“淺斟低唱”等；或者是把後出的記載放在前面或當作出處來引證，如“囊中羞澀”、“夜明枕”等。此外，有些辭典的詞目引據的書籍，有的本來即是從這些僞典小說中抄錄出來單獨成書的，如《致虛雜俎》、《採蘭雜志》、《水族加恩簿》之類，其書本身就是僞中之僞，更是徒增煩擾。辭書還使用了《事物異名錄》等較晚的書籍，其中不少詞彙和解釋原本是來自僞典小說的。這是辭書使用二手材料的問題。

其次是內容作僞的問題。本文提到的幾本僞典小說，祇有《雲仙散錄》一書過去比較一致地被視為僞書（但一般還是算作五代之書），其內容之虛妄，也早為人們注意。而其他幾部書籍，雖然學界對其作者、時代也有一些質疑，但並未成為主流的意見。尤其是僞書這一籠統的概念，並不能準確地揭示這幾部書的性質和特點。到底是說舊題的作者是僞託呢，還是說時代有問題呢？或是指內容虛妄不可信呢？——這些都可以是構成僞書的要素。而僞典小說一般在這三個問題上都是作了僞的，而且尤其要命的是，僞典小說本身的主要目的就是製造典故、代名（包括一些奇特的名物、稱謂等），那麼它本身就具備了辭書編纂據以收錄語源詞彙的可能性。換句話說，比起一般的古籍文獻來說，僞典小說因為其“自我作古”的性質，更可能被辭書編纂者使用，因為它提供（杜撰）了詞源。上面“源出於僞典小說的詞語”一節，就是大量語源詞彙的例子，其中絕大多數都是代名和名物詞。像這樣的出自僞典的詞彙，也許可以稱之為“僞詞”。在這些僞典小說中，《清異錄》“貢獻”的“僞詞”最多。張子才〈陶穀的《清異錄》〉一文曾對《清異錄》中的各種“詞語、故實”進行了分析，雖然注意到“有些條目似文字遊戲，隨意虛構，不免杜撰之嫌”，但整體上仍高度稱讚此書的價值，說：“《辭源》據《清異錄》立目引文，或僅引作書證的，約佔《清異錄》全書條目的三分之一左右，《漢語大詞典》高達二分之一以上。可見其使用價值高，影響大。《清異錄》截取了唐五代這一歷史橫斷面構成的游散的文化板塊，是一部有一定特色的斷代的典故辭書。”[21]“典故辭書”的定性正好能說明此書易被現代辭書關注。至於三分之一、二分之一這個統計是否準確，我還沒能覈實，但是，《漢語大詞典》和《辭源》存在大量的據僞典小說設立的詞目，這是毫無疑問的。

在對僞典小說有了充分認識之後，我們就應該對辭書編纂據僞典小說設立詞目以及使用僞典小說材料保持相當的警惕和批評了。比如，對於本文所說的代名或稱謂、名物方面的詞彙，如果它確實是源出於僞典小說的僞典或僞詞，而且在後來並沒有發生什麽影響——比如沒有被後人使用，沒有在其他文獻中出現，我認為應該將之從辭書中清除出去。而對於那些對後來產生影響的代名以及典故詞彙、成語等，應該說明其源出文獻即僞典小說的性質。當然前面已經說到，這裡存在兩個問題，一是在目前不能窮盡古籍閱讀和文獻檢索的情況下，我們還不能準確判斷某些詞彙是否有後來使用的情況，因此是否設立詞目仍然是一個不易確定的事情。其二，某些詞彙雖然看起來是僅見於僞典小說的死詞，但如果現代、當代人的創作（包括古典詩詞）中偶然或好奇地使用，又使得這些詞彙有了重生和進入辭書的可能。第一個問題隨著古籍電子化的進展尚有可能得到解決，而第二個問題就無法預測未來的作家會偶然地發現和偏好那一個詞彙了。不過我想，那些目前能夠確信未被使用的出自僞典小說杜撰的詞彙，可以不用爲了迎接它將來的復活而預先在辭書中留個位置吧。

此外，僞典小說的有些條文，原本就是爲解釋某些典故、詞彙以及某些難解的詩文語句準備的。如《瑯嬛記》爲"石尤風"編造了一個故事，僞蘇注爲杜詩編造了"阮囊羞澀"的故事，《龍城錄》爲秦觀、蘇軾等人的詩編了"羅浮夢"的故事等。在這些典故、詞彙釋義時，應該慎用或不用僞典小說的解釋。如果一定要使用僞典小說的說法，尤其是因為該說法在後來產生了實際的乃至較大的影響，如羅浮夢、阮囊羞澀、閉門羹之類，或許應該在引用的同時說明其作為僞典的誕妄性質。但這是不是超過了辭書編纂本身應該承擔的工作呢？辭書編纂是否應該同時擔負起指明僞典（僞詞）的義務呢？這些都是值得我們思考的問題。

〔注釋〕

① 本文使用諸書版本如下：《雲仙散錄》，中華書局，1998 年。《清異錄》，《宋元筆記小說大觀》，上海古籍出版社，2001 年。《開元天寶遺事》，中華書局，2006 年。《龍城錄》，見《唐代筆記小說大觀》，上海古籍出版社，2000 年。《瑯嬛記》，《津逮祕書》本。《女紅餘志》，《詩詞雜俎》本。《古琴疏》，見重編《說郛》卷一百（宛委山堂本）。

② 參見拙文《論五代宋初的"僞典小說"》，載趙敏俐、佐藤利行主編《中國中古文學研究》，學苑出版社，2005 年；《制異名新說、應文房之用——論僞典小說的性質與成因》，載《社會科學研究》2008 年第 2 期；《明代僞典小說五種初探》，《明清小說研究》2009 年第 1 期；《〈龍城錄〉是僞典小說》，發表於中國唐代文學學會第十五屆年會暨唐代文學國際學術研討會（2010 年，天津），收入《文學與文化》2011 年 1 期；《〈開元天寶遺事〉是僞典小說》，發表於第九屆中國古代小說文獻暨數字化國際研討會（2010 年 8 月，韓國首爾）。

③ 參見拙文《論宋人對代名之使用與創造》（未刊）。

④ 今傳重編《說郛》本、《五朝小說大觀》本、《唐人說薈》本、《唐

代叢書》本的侯寧極《藥譜》，其實是自《清異錄》中抄出的，可謂僞中之僞。

⑤ 參見莫礪鋒《杜詩“僞蘇注”研究》，《文學遺產》1999年第1期，又收入莫礪鋒《唐宋詩論稿》，遼海出版社，2001年。

⑥《漢語大詞典》，漢語大詞典出版社，1994年；《辭源》，商務印書館，1988年；《新華成語詞典》，商務印書館，2002年。

⑦《漢語大詞典》的白圭夫子、甘盤校尉據《事物異名錄》，長尾先生據《水族加恩簿》，前者抄自《清異錄》，後者本來就是《清異錄・魚門》中的一篇，重編《說郛》和《五朝小說》、《五朝小說大觀》曾單獨收錄。

⑧《漢語大詞典》云：“後唐莊宗所製的錦被名。《舊五代史・唐書・莊宗紀七》：‘點到兩川馬九千五百三十匹。’邵晉涵《考異》引宋陶穀《清異錄》：‘莊宗滅梁平蜀，志頗自逸，命蜀匠織十幅無縫錦爲被材。被成，賜名六合被。’”其實完全不必設立此目。《舊五代史》之文與“六合被”全無關係。邵晉涵不過是補充資料，但亦爲《清異錄》所騙。

⑨ 涵芬樓《說郛》本《清異錄》作“節目翁”，應是。

⑩《漢語大詞典》解釋爲“指衆多的求書畫者”，不確。

⑪《漢語大詞典》據明彭大翼《山堂肆考》，實際上原出《雲仙散錄》。

⑫錢鍾書云：“《清異錄》取事物性能，侔色揣稱，立為名號，而復杜撰故實，俾具本末而有來歷，思巧詞纖，一新耳目。……故作詩而擷取《清異錄》，非徒如子才所謂用‘僻典及零碎故事’，亦實喜其名目之尖新、比擬之慧黠也。”錢鍾書《談藝錄》，中華書局，1984年第1版，1999年第8次印刷，566頁。

⑬永瑢《四庫全書總目》，中華書局1965年影印本，1186頁上。

⑭唐圭璋《全宋詞》，中華書局，1965年，1776頁。

⑮參見辛德勇《錢泳〈記事珠〉稿本經眼識略》，http：//www. zggds. pku. edu. cn/004/001/035. htm 。

⑯見戴復古《石屏詩集》卷三，文淵閣《四庫全書》本。

⑰《雲仙雜記》卷九此條文字末尾又注出《北里志》，但今本《北里志》並無這一內容，顯然也是胡亂寫的。

⑱陸游《老學庵筆記》，中華書局，1979年，35頁。

⑲今人註釋古籍，也有使用僞典小說爲證的。如楊軍註釋元稹〈春分

投簡陽明洞天作〉“山空謝豹呼”，就使用了《樹萱錄》中關於“謝豹”的故事（實際是從《瑯嬛記》中抄出的），見楊軍《元稹集編年箋注》，三秦出版社，2002年，927頁。

⑳ 任淵、史容、史季溫《黄庭堅詩集注》，中華書局，2003年，1241頁。

㉑《辭書研究》1998年第2期。

（羅寧，西南交通大學中文系，四川大學中國俗文化研究所，郵編610064）

西漢語言學家“揚雄”本姓再考

鍾如雄　楊華東

内容摘要： 子雲之姓，自北宋開始，揚、楊混用，莫衷一是。清代考據大家段玉裁從版本學、字源學、歷史學、考據學等角度論證子雲之姓本作“楊”後，得到了大部分學者的認同，衹因囿於傳統的書寫習慣，大多數教科書及學術論文仍引作“揚雄”。但也有少數學者提出一些新的證據，認為子雲之姓為“揚”。本文在對諸多現存資料及傳世文獻綜合分析的基礎上，對這些新提出的論據一一作出辯駁，認為子雲之姓應作“楊”，並對其在後世致誤的原因作了一些推測。

關鍵詞： 揚雄　姓

“楊雄”字子雲，是我國歷史上第一個有名有姓語言學家。關於他的姓氏，北宋之前並無爭議，至劉攽著《後漢書刊誤》有“揚氏兩族，赤泉氏從木，子雲自序其受字從手。而楊修書稱修家子雲，又似震族”疑問之後，[1](P. 1485) 遂開子雲姓氏論爭之先河。儘管如此，清代以前直接針對子雲姓氏討論的學者並不多見，似乎子雲之姓氏已成定論。在傳世文獻中，“楊”、“揚”重出衹是書寫習慣的不同，並無姓氏上的區別。清人錢大昕、盧文弨力主楊雄之姓作“揚”，而段玉裁、王念孫、王先謙等則宏征博引，力證子雲之姓作“楊”，特別是段玉裁提出的諸多論據及王先謙《漢書補注》中的補充，業已成為子雲姓氏的蓋棺論定。1999年出版的《辭海》（彩圖本），在“楊雄”條下的釋語為：“即揚雄。《漢書》作揚雄，經清人段玉裁考證，‘揚’應作

'楊'。"[2](P.3395)可見今天多寫作"揚雄"，實為遵從歷史上的書寫習慣，並非因為楊雄姓"揚"。然而當代仍有一些學者，仍舊頑固堅信子雲姓"揚"的陳舊觀點。本文擬結合前輩先賢的論述及個人的一己心得，對這些學者的論據做出分析，並提出一些新的論據，證明子雲之姓實為"楊"。

一　從"楊"姓的來歷證明子雲本姓"楊"

徐復觀在《兩漢思想史·揚雄論究》一章中提出了八條論據，力證子雲本姓"揚"之說。(1) 古字從手之揚衆，從木之楊寡；(2) 唐《開成石經》上"楊"字有磨改痕跡；(3) 自唐以來，子雲之姓，從木從手，早已紛岐，而以從手者占絕對優勢；(4) 由"揚"改姓為"楊"易，由"楊"改為"揚"則難，而蓋前者鮮見；(5)"揚雄"五世單傳，無"揚"姓後裔在蜀；(6)"楊"、"揚"二字古相通，"揚雄"受氏之祖為"揚"，楊姓成立大盛之後應為"楊"，"揚子雲"改姓，出自其五世祖楊季的晚年，避仇改姓；(7)《說文》十二上"揚，舉也"，"揚雄"字子雲，或出於此；(8)《廣韻》不言姓而為姓之字甚多。[3](P.274—276) 細析徐復觀先生的八條論據，疑點諸多。第一，古漢字中"從手之揚"與"從木之楊"之多少，與它們在先秦是否作姓氏並無因果關係。第二，《開成石經》初刻作"楊"，後磨改為"揚"，衹能證明"揚雄"在唐代以前本為"楊雄"，後世因不明是非而妄改其姓。第三，傳世文獻中大量改"楊"為"揚"是從宋代開始的，明清兩代尤甚，我們不能全憑後世流傳刻本中"楊"、"揚"二字的多少來斷定子雲姓"揚"。第四，由"揚"改姓為"楊"易，由"楊"改為"揚"則難，是從兩姓在姓氏上的頻繁與稀缺程度來說的（杨姓为中国第六大姓氏，在"百家姓"中排 16；而扬姓，在全国约有人口 88 万，在各姓中排第 296 位，仅占全国人口的0. 01%。）但是從書寫的角度來說，“楊”更容易因草書連筆而誤認為“揚”（詳見第三部分“草書刻印致誤”）。第五，子雲雖然五世單傳，但他究竟有幾個兒子我們並不清楚，後世並無“揚”姓在郫縣，不能說明楊雄無後裔在蜀，倒是極有可能他的子孫都改回了“楊”姓。第六，“楊”、“揚”二字古時相通不假，正如王先謙在《漢書補注》中所說：“《漢書》從手從木之字，類多通作，不能枚舉，而各本又復互異。‘楊’、‘揚’通作，如揚州，景佑本、汪本多作楊，明監本全書皆作楊。《左傳》之揚幹，汲古本《人表》作楊幹。本書之楊惲，見於《宣紀》者作楊惲，於各傳同，閩本作揚惲。《高紀》之楊熊，汲古本樊噲、夏侯嬰、伍被傳作揚熊。《冀李傳》之揚光輝，汲古本作楊光輝。足證此書二字通寫，元無一定。今汲古本雄傳作揚，諸志傳多作楊，證以雄自序世系，其本從木不從手，又何疑乎？”[4](P. 1485—1486)漢代復仇風氣盛行，楊季避仇改姓是可以相信的。如果子雲的五世祖姓“楊”，他自己本姓楊也是無疑的，“揚”姓衹是暫避仇家所改，到仇家已經滅絕，中晚年的子雲把姓改回“楊”姓也未可知。子雲之子楊烏，是個神童。《法言·問神》說：“育而不苗者，吾家之童烏乎？九齡而與我《玄》文。”[5]《太平御覽》卷三八五引《劉向別傳》云：“揚信，字子烏，雄第二子。幼而聰慧，雄算《玄經》不會，子烏令作九數而得之。雄又擬《易》‘羝羊觸藩’，彌日不就，子烏曰：‘大人何不云荷戟入榛？’”[6]這個神童兒子“揚烏”，在東漢所刻的《郎中鄭固碑》中是寫作“楊烏”的。[7]徐先生以“漢碑字多亂用”來否定楊烏姓“楊”，但我們覺得，作普通的文章容許訛誤通假，但作為碑文上的姓氏用字是絕對不可能寫錯的，哪有父親姓“揚”兒子姓“楊”的道理，很可能是子雲自己後來把姓氏改回了“楊”，抑或把其子的姓氏改回了“楊”。據王念孫考證：班固《漢書》“楊”、“揚”混用，如“景祐本、汪本、毛本‘楊’、

'揚'二字，雜出於一篇之中，而明監本則皆改為'揚'。其分見於各志傳者（《五行》、《地理》、《藝文》三志，趙充國、谷永、遊俠、匈奴、元后五傳，又劉向、馮唐、司馬相如、司馬遷、東方朔五傳贊，趙尹韓張兩王傳贊，王貢兩龔鮑傳序），景祐本、汪本、毛本從木者尚多，而監本則否。"[8](P. 1485) 這種同一人在同一部古籍中兩姓混用的現象，可能跟子雲中晚年改姓有關。即便是子雲生前一直沒有改回"楊"姓，其五世祖姓"楊"，其子也姓"楊"，從世系族源上來說，子雲也應當屬於楊氏族人，和他生前是否一直用"揚"姓並無關係。第七，關於子雲之姓是否與他的字有關，也衹是徐先生的一己推測，他自己也用了"或"字來表懷疑。誠然古人的"名"與"字"有一定講究，或取同義，或取反義，或取相關義，但是說取"字"與"姓"氏有關，聞所未聞。然而問永寧卻在《試論揚雄的姓》一文中對此大加發揮，認為子雲之姓不但和他的"字"有關，還和"名"有關，說是"子雲"隱括了劉邦《大風歌》的含義，據此推斷出西漢後期風行"姓、名、字"相互關聯的起名風尚，[9](P. 20) 且舉了"王莽，字巨君"的例子來證明。姑且不論問先生把"莽"通"蟒"訓為王蛇是否合理，史載王莽謙恭好禮，遵奉儒家，應該不會起這麼一個野心昭然若揭的名字。再看與楊雄、王莽同時代的"劉歆，字子駿"，楊雄的之子"楊信，字子烏"，東漢的"班固，字孟堅"，都看不出姓氏與"名、字"之間有何關係。因此不能祇憑一個偶合的孤證就認定楊雄本姓"揚"，甚至推論出西漢後期起名的規律來。這樣講太不慎重、太不負責任了。第八，雖然《廣韻》不言姓而用作姓氏的字甚多，但這些姓氏大多是後起的或很偏僻的，而且我們看到《廣韻》的體例是，假若某字用作姓氏，凡有歷史名人的就會列出來。因此，對於一個在《漢書》中獨佔兩卷、在列傳中篇幅僅次於王莽的著名人物——楊雄，就算"楊"姓是偏僻的小姓，《廣韻》的作者當然不會忽略他。我們不能像清代某些學者那樣全然否定“揚”姓的存在，但是“揚”姓的有無與子雲姓不姓“揚”並無必然聯繫。

趙宋兩代，上自帝王下至名儒，貶斥楊雄之風甚囂。北宋末期有個南昌籍畫家叫揚補之，宋徽宗趙佶很藐視他畫的梅花，譏之為“村梅”，而揚補之卻在自己的梅花圖上順勢題款“奉敕村梅”，以此顯示他耿介不群的性格。揚補之自稱為子雲的後裔，故書其姓從“手”不從“木”，但在《四庫全書》中其姓則多作“楊”，足見其自是稱子雲後裔而姓氏又從“手”，很可能衹是一種狂士作為。[10]問永寧還在文中列出唐抄本《文心雕龍》有很多頁楊雄都從“揚”，但他也不能否認，在同一個抄本中寫作“楊雄”的也不在少數，兩字互相雜出，並不能作為子雲姓氏從“揚”的鐵證。段玉裁認為，劉攽所見的子雲《自序》“揚”姓從手是唐以後僞作，因為顔師古曾在《漢書·揚雄傳》注中特別注明：“此傳為錄雄自序，不增改一字。”說明子雲《自序》早在唐初已無單行本，而劉攽所見的子雲《自序》是唐以後僞作，因為“雄果自序其受字從手不從木，《漢書音義》及師古注必載其說。何唐以前並無是說，至宋而乃有之”?[11](P. 1485)在北宋諸儒，如王安石、司馬光、蘇軾、張載、二程等人書中，有的寫作“揚雄”，有的寫作“楊雄”,[12](P. 31—34)但並沒有見到有人爭論這個問題，很可能此時楊雄的姓氏在世人的心目中並無異議，至於寫作“揚”還是寫作“楊”並無多大關係。衹有劉攽看到子雲僞《自序》之後，纔特別當成一個問題提了出來，因而引發了後世對子雲姓氏之爭。

問永寧特別引用《漢書》中“自季至雄，五世而傳一子，故雄亡他楊於蜀”，認為在蜀中有很多楊姓家族，子雲之所以說蜀無他楊是因為子雲之姓作“揚”。[13](P. 21)這其實是誤解了原文的意思。子雲所谓蜀中無“他楊”，是說因為自己五世單傳，在蜀中沒有“自己這個家族的其他人”了，並非是說蜀中沒有“其他姓楊的”了。唐以後僞造子雲《自序》的作者很可能就是誤解了這句話，以為蜀中若還有其他姓楊的家族，子雲是不會説這種話的，因此擅自把子雲之“楊”改從了“手”字。“揚”姓雖然比較少見，但蜀中至今尚有此姓，所以就算作僞者改成了“揚”，也未必對他誤解《自序》之意能做出圓滿的解釋。

二　子雲世系源流考

《漢書·揚雄傳》云：“揚雄，字子雲，蜀郡成都人也。其先出自有周伯僑者，以支庶初食采於晉之楊，因氏焉，不知伯僑周何別也。楊在河汾之間，周衰而楊氏或稱侯。會晉六卿爭權，韓魏趙興而范中行知伯弊。當是時，偪楊侯，楊侯逃於楚巫山，因家焉。楚漢之興也，楊氏泝江上，處巴江州，而楊季官至廬江太守。漢元鼎間，避仇復泝江上，處岷山之陽曰郫。有田一壥，有宅一區，世世以農桑為業。自季至雄，五世而傳一子，故雄亡他楊於蜀。”顏師古《漢書》注云：“晉灼曰：‘漢《名臣奏》載張衡説云：晉大夫食采於楊，為楊氏。食我有罪而楊氏滅，無楊侯。有楊侯則非六卿所偪也。’師古曰：‘晉説是也。雄之自序譜諜，蓋為疏謬。范中行不與知伯同時滅，何得言當是時偪楊侯乎？’”[15](P. 3513) 子雲曾賦《反離騷》一篇以弔祭屈原，在賦首自報家門説：“有周氏之蟬嫣兮，或鼻祖於汾隅（應劭曰：蟬嫣，連也，言與周氏親連也。劉德曰：鼻，始也。師古曰：雄自言系出周氏，而食采於楊，故云始祖於汾隅也）。靈宗初諜伯僑兮，流於末之揚侯（應劭曰：諜，譜也。言從伯僑以來，可得而敘也）。淑周楚之豐烈兮，超既離乎皇波（應劭曰：淑，善也。言去汾隅從巫山，得周楚之美烈也。超，速也。晉灼曰：離，歷也。皇，大也。師古曰：言其先祖所居，經河及江也。江河四瀆之水，故云大波也）。因江潭而往記兮，欽弔楚之湘累（蘇林曰：

潭，水也。李奇曰：諸不以罪死曰累。屈原赴湘死，故曰湘累也。師古曰：記，書記也，謂弔文也。言因江水之邊而投書記以往弔也。欽，敬也)。"[16](P. 36163)周清泉在《揚雄世系考辯》一文中，根據以上兩段資料，結合周代的分封采邑制度及《左傳》中有關楊氏采邑的相關記載，認為《漢書》中說子雲"其先出自有周伯僑者，以支庶初食采於晉之楊"及"會晉六卿爭權，韓魏趙興而範中行知伯弊"、"當是時，偪楊侯，楊侯逃於楚巫山，因家焉"，皆是班固疏謬所造成，與子雲的《自序》本意不同。[17](P. 56)但是，據顏師古《漢書注》及當代學者陳朝輝《揚雄〈自序〉考論》所論，班固作《揚雄傳》時引錄子雲《自序》實未改易一字，所敘家譜實為子雲自作。周清泉先生推斷"揚雄之先祖伯僑是周之支庶，西周時封於晉之揚，胙土命氏，封爵當在侯之下，公元前770年趁周衰時僭號稱侯，晉武獻之際，為晉所兼滅"。這種說法是有問題的。因為自東周初始，周王朝雖已衰敗，對諸侯國仍然具有名義上的領導權，以秦晉之強，稱公稱伯還需要得到周王封號承認，楚國私自稱王也遭到中原列國的敵視，而揚氏本屬周王姬姓，且以一小塊封地，想是不敢冒天下之大不韙而僭號稱侯的；縱然揚氏膽大妄為稱侯，也定會招致中原列國的敵視或征伐，但在傳世文獻中，為何未見有關揚氏僭號稱侯的記載呢。周先生認為亡地滅族即是其後代絕滅再無依此為氏者，伯僑封地揚氏邑被滅，就再無以揚為氏者；楊食我被晉滅氏後就再無以楊為氏者。這種說法也並不符合春秋時期歷史的客觀事實。根据《左传》《国语》等史书的相关记载，亡邑滅氏祇是諸侯國取消了被灭者的封地，並不是說被滅者之後代全被族滅，或者不能再以這個封地名為氏。如張淑一在《先秦姓氏制度考索》中說：所謂"滅族"，並不是指該族的全部族人都被殺或者淪為了奴隸，而是指該族的家庭組織從此破亡，族人流散，分崩離析，再也不能以一個家族整體的面貌出現。[18](P. 135)比如晉國智氏，其世系源流在《左傳》、《史記》中皆有明確記載，智瑤被韓趙魏三家聯合滅掉後，其子智開率領智姓邑人投奔秦國，仍然以智為氏；守別邑的大夫智寬，在三家滅智後六年，也率領智姓邑人投奔秦國，他們兩支仍以智為氏。[19](P. 699)也有智果一支族人，為避禍由晉國史官改稱“輔”姓遷往他鄉的，也有改回“荀”姓“程”姓的。[20](P. 480)羊舌氏是晉國僅次於六卿的強宗，《左傳·昭公五年》云：“羊舌四族皆強家也。”[21](P. 1269)楊食我字伯石，當還有其他兄弟，所以除了楊食我一支，羊舌氏家族仍有其他分支遺留下來，他們的後代仍可以“楊“為姓；再者楊食我被殺，但卻不能說他這支族人全被殺或者淪為奴隸，他們可能大部分是以“楊”為姓流落到各地了。《新唐書·宰相世系表》說：“滅羊舌氏，叔向子孫逃往華山仙谷，遂居華陰。”[22](P. 1643)周先生認為其時華陰仍在晉國國境之內，羊舌氏子孫逃難當出國境，所以後來起於杜縣楊喜一族的楊氏號稱弘農華陰，是為了比附羊舌氏。周先生這個推斷有些牽強。首先，晉國衹是殺楊食我取消羊舌氏之封地，並沒有把羊舌氏家族斬盡殺絕，滅氏並不等於滅族。楊氏族人衹要逃離政治中心及封地，應該已無大難，況且是逃往晋国國境邊上的華山山谷。比如三家滅智後，智寬也是在其後六年纔投奔秦國，可見當時也並沒有把智氏族人全部追殺乾淨。此時晉國四卿爭權不暇，哪里有時間計較追究一個族長被殺、封地被消、再無能力東山再起的羊舌氏？隱居杜縣華陰附近的楊喜，趁楚漢之爭參加劉邦起義軍是很有可能的，何以斷言起於杜縣的楊喜和逃往華陰的羊舌氏並無關係？那麼楊喜之楊又是起於何處始於誰人？後世楊姓皆以弘農華陰為郡望，豈不是都誤了兩千多年？

關於伯僑到底屬於周代哪個支庶雖不可考，但其封地楊邑的具體位置卻是可以確定的。段玉裁曾說：“班氏用序為傳，但曰其先食采於楊，因氏焉，楊在河汾之間。考《左傳》，霍楊韓魏，皆滅於晉。羊舌肸食采於楊，故亦稱楊肸。其子食我，亦稱楊石。《漢志》：河東郡楊縣即楊侯國。說《左傳》、《漢書》家，未有謂其字從手者。”[23](P. 1485) 據此可以推斷伯僑是楊氏的始封祖先，後來其邑為晉國兼滅，其後世或改羊舌為氏，至羊舌肸時，復得楊邑，因此羊舌肸就因邑命其子之氏為“楊”。班固是史學家，對於六卿爭權時晉國並無楊侯及范中行不與知伯同時的基本常識不可能不知，即便是直錄子雲《自序》，也應該是經他認可符合史實的，否則不會不在傳贊中加以說明。極大的可能就是，楊食我被滅後，羊舌氏家族出逃是一個逐漸的過程，是在范中行到智伯的一個時間段內。至於楊侯之稱，或是子雲在《反離騷》內仿照屈原追記族源的行文，對自己祖先的一個美稱，並非一個爵位，或者如錢大昕所說“其云揚侯者，非五等之侯，如邢侯、張侯之類耳”。[24](P. 1485) 子雲的祖先楊侯可能是羊舌肸的其他支庶子孫，不屬於楊食我這一支，所以羊舌氏滅族時並未和楊食我家族一樣立即出逃，後來可能為六卿爭權中的其他權貴所逼，纔逃於楚之巫山。因此子雲追憶羊舌氏被滅、族人出逃時，就用了一個時間段而不是時間點。羊舌氏是強宗大族，除了逃往華陰及巫山兩支外，可能還有遷移逃奔到其他地方的，他們這些支庶也不是在同一時間出逃的。周先生還說：“同楊揚為一宗，始自蔡邕楊秉、楊賜諸碑。然《後漢書·郭泰傳》，邕嘗自言：‘吾為碑銘多矣，皆有愧德，惟《郭有道》無愧色耳。’蓋通族之風盛於漢末，雄有文名，楊氏以世祿之家引以為祖，猶富商之室懸掛名人字畫以裝點門面，濫充斯文，故時習之世態耳。以楊揚同宗，始作俑者尚有愧德，繼作偽者則反無愧色，其非欺耀當世，則亦愚之至矣。”周先生這段話未免過於偏頗，辯之如下：（1）碑文本是東漢產生的一種飾終禮文，一方面碑文的內容具有很強的寫實性，碑文敘寫亡者姓氏、籍貫、家族世系、官職升遷、卒年及亡者主要德行，皆本於事實。因此碑文具有很高的歷史價值，甚為修史者關注。同時碑文作為一種禮文，又具有“文”的品質，要求文飾，講求文采，追求辭藻，要對亡者行跡進行概括提升。蔡邕之“愧德”，並非是對個人品行缺失之反省，而主要是因为其文對亡者品德的過分讚揚与誇飾，這是因为碑文文體的矛盾所決定的。就算蔡邕的《郭泰碑》對郭泰之敘詠，仍與郭泰其人有距離。正如駱鴻凱《文選學》所說：“中郎《郭有道碑》自謂無愧辭，然觀稚川正郭之篇，則有道之人品可知。然文雖失實，於體無害也。”[25](P. 69－70) 周先生認為蔡邕有“愧德”是因為所寫碑文造了假，就未免過於武斷了，蔡邕慚愧的衹是對亡者品德過於誇飾，並不是連碑文基本的寫實性都作了偽。碑文是樹立在墓前供人瞻仰頌述亡者功德的，如果連墓主的祖先世系都是假的，不是樹立在那裹讓天下人恥笑嗎？（2）周先生認為楊氏引子雲為祖是濫充斯文，這未免太小看了楊氏一族在漢朝的地位了。楊氏從高祖的赤泉侯楊喜起，在漢朝歷任丞相太尉等官職何止一人，而在東漢楊秉、楊賜時更是“四世三公”，楊秉之父楊震也被譽為“關西孔子”，才德學兼備，何以在周先生那裹楊氏家族就成了個暴發戶呢？相反子雲在世時並沒有像現在這樣的地位和影響，終身衹是一個黃門侍郎的小官，至於辭賦，尚有像司馬相如、枚乘等被朝廷倡優蓄之的大家，子雲自己也說過是雕蟲小技壯夫不為，其《太玄》《法言》等，更是被視為僭越聖人之作，再者子雲本人還有入仕王莽新朝、寫作《劇秦美新》的人生汙點。楊氏是弘農望族，又怎麼會引偏居成都的一個不得意文人以自重呢？

楊修在《答臨淄侯書》所說的“修家子雲，老不曉事”，也並非是引子雲以自炫，楊修是楊賜之孫太尉楊彪之子，自身又頗有才名，且恃才放曠，非但沒有引子雲以自重的必要，而且也不符合他狂放的性格，何況如果附會造假會招致博学多闻的曹植的嘲笑呢。周先生評論楊慎“雖稱博學，然品學低劣，偽造古碑，欺耀當世，其言吾家子雲，蓋效顰楊修以自炫”，就更是有點因人廢言的意味了。楊慎雖有假造古碑之劣行，其稱楊、揚、陽、養四姓為一也毫無根據，但在這裏他稱“吾家子雲”，並不是炫耀欺世之意。自北宋末期始，諸儒對子雲之學術人品大加貶斥，如朱熹在《通鑒綱目》直接評以“莽大夫揚雄死”，子雲的名望從之前的“聖人”一下子變成了“小人”，被排除出了儒家道統；時至明代，子雲的名聲最壞，到處遭人攻訐，洪武二十九年大臣楊砥建議“黜揚雄從祀”，嘉靖年間子雲被罷黜孔廟配享。[26](P.10)而楊慎所在的楊氏是新都望族，父親楊廷和是內閣首輔大臣，楊慎自己也博學多才，是明朝三大才子之一，同楊修一樣，哪里有引子雲自重的必要？周先生關於子雲絕嗣的推論，更是以臆說為基。子雲四十二歲纔到京師，雖然在長安的兒子相繼夭折，而在家鄉當有其他子嗣。至於周先生說子雲死後由弟子桓譚等人葬於元帝安陵旁，號曰玄塚，如有兒子當不讓弟子代葬，應返葬蜀中。古人死後由弟子埋葬者並不罕見，如聖人孔子就是由弟子埋葬的；再說死後不返葬故鄉者也屢見不鮮，如子雲的老鄉司馬相如、蘇軾等皆是。在漢代，大臣死後陪葬在皇帝陵墓旁邊也是一種陵寢制度。可信的原因是，子雲死時，其子已死，祇有弱小的孫輩在世，他們無力遷祖父之墳回葬家鄉。故今成都西北郊郫縣之子雲故鄉，僅存其衣冠塚、子雲亭等遺物，可能就是子雲後人為了紀念祖先所建，其碑名、亭名姓氏均寫作“楊”。而今在郫縣自稱子雲後裔的人都姓“楊”，且還有子雲一系的家譜傳世，這些也可以看做揚雄本姓“楊”的一個直接例證。

在《四庫全書》中，楊雄的姓氏寫作“揚”的比寫作“楊”的多四五倍，但是，揚雄之子楊烏和五世祖楊季的姓氏卻大多寫作“楊”，沒有祖宗和兒子都姓“楊”，他卻姓另一個“揚”的道理，這也可以算作“揚雄”之姓氏本作“楊”的一條佐證吧。[27]

三 子雲姓氏致誤原因推測

縱觀子雲之姓氏致誤有以下五種原因：

(1) 改姓致誤。子雲五世祖楊季晚年避仇改姓，而子雲在晚年把姓改回楊姓，或衹是把自己的兒子改回姓楊，所以班固在《漢書》中"楊"、"揚"混用。

(2) 班固修書致誤。"揚"字在漢代尚未作為姓氏，而作為姓氏的"楊"，漢人書寫時尚未與"揚"嚴加區別，故導致班固在《漢書》中"楊"、"揚"濫用。正如王先謙所言："《漢書》從手從木之字，類多通作，不能枚舉，而各本又復互異。楊揚通作……今汲古本雄傳作揚，諸志傳多作楊，證以雄自序世系，其本從木不從手，又何疑乎？"[28](P.1486)

(3) 草書刻印致誤。東漢許慎著《說文解字》，無論序言敍述還是正文引"通人"之說，均將子雲引作"楊雄"。如《卷四下·肉部》："膴，無骨臘也。楊雄說：'鳥臘也。'从肉無聲。《周禮》有膴判。讀若謨。"[29](P.89)《卷九上·頁部》："俯，低頭也。从頁，逃省。太史蔔書，俯仰字如此。楊雄曰：'人面俯。'"[30](P.183) 又《說文·敘》："孝平時，徵禮等百餘人，令說文字未央廷中，以禮為小學元士。黃門侍郎楊雄，采以作《訓纂篇》。"[31](P.315) 唐封演《封氏聞見記》卷二"文字"類引《說文·敘》也作"楊雄"，[32](P.11) 說明《說文》原文與傳世《說文》均無錯引。但在南朝梁劉勰《文心雕龍》中，"楊"、"揚"已經混用了。如《辨騷》云："故其敘情怨則郁伊而易感，述離居則愴怏而難懷，論山水則循聲而得貌，言節候則披文而見時。是以枚、賈追風以入麗，馬、揚沿波而奪奇。其衣被詞人，非一代也。"儘管如此，梁蕭統編《文選》，唐李善注《文選》，依然寫作"楊雄"。如卷七《楊子雲·甘泉賦》李善注："善曰：'《漢書》曰：“楊雄，字子雲，蜀郡成都人也。雄少好學，年四十餘，自蜀來遊京師，大司馬王音召以為門下史。薦雄待詔，歲余為郎中，給事黄門，卒。”’”[33](P.111)又卷八《楊子雲·羽獵賦》，《漢語大字典·一部》“丞”字下卻誤引成“揚雄”。[34](P.19)從“木”從“手”之字，無論是草書還是雕版印刷，都極容易致誤，“扌”多一點誤作“木”，“木”少一點誤作“扌”。如魏文字學家張揖（字稚讓），後世或作“張楫”。“揖”與“楫”，其義風馬牛不相及，《四庫全書總目》辨得好：“（《廣雅》）魏張揖撰。揖字稚讓，清河人。太和中官博士。其名或從木作‘楫’。然證以稚讓之字，則為揖讓之‘揖‘審矣。”[35]

（4）後世不加分辨致誤。子雲之姓在《漢書》中本寫作“楊”，至北宋劉貢父見到子雲偽《自序》後始提出作手旁之疑問，但並無學者把它看做問題而引發爭議，蓋此時子雲之姓仍是有定論的。後來由於草書之誤，再加上劉貢父先前在《後漢書刊誤》中提出的疑問，“楊”、“揚”二字始在雕版印刷的《漢書》中混用。正如段玉裁所說：“景佑本、汪本、毛本楊、揚二字，雜出於一篇之中，二明監本則皆改為揚。其分見於各志傳者（《五行》、《地理》、《藝文》三志，趙充國、谷永、遊俠、匈奴、元後五傳，又劉向、馮唐、司馬相如、司馬遷、東方朔五傳贊，趙尹韓張兩王傳贊，王貢兩龔鮑傳序），景祐本、汪本、毛本從木者尚多，而監本則否。”[36](P.1485)子雲之姓在明監本中全改作“揚”的原因，極有可能是因為他在明人眼裏已成罷出孔廟的奸邪小人，名望已一落千丈，而楊姓之人在當朝擁有顯赫地位者居多，生怕玷污楊姓名聲，遂以劉貢父的疑問為藉口，乾脆把《漢書》中“楊雄”全改成“揚雄”，趁機將“楊雄”開除出了楊氏祖籍。

（5）後世攀附名人致誤。“揚”姓本是東漢班固之後甚至是唐以後興起的一種小姓，後來時或“楊”、“揚”不分，再加之狂士揚補之攀附“揚雄”為其始祖，導致後世子雲之姓混亂紛爭。

縱觀上述致誤原因，核心的一條是魏晉以後因草書或雕版印刷誤寫誤刻造成的。我們的最終結論是，子雲本姓“楊”，蜀人至今寫作“楊雄”。唐長壽《嘉眉稽古錄·名城風物》“尋找‘太玄洞’”云：“嘉州山水之間，頗多名人遺跡。或為信史，有經傳可證；或為傳說，有口碑流傳；或介於信史與傳說之間，有方志記載。西漢著名文學家楊雄在樂山的遺跡‘讀書洞’，大約就屬於第三種了。我曾多次到縣誌裏說的城西一帶查訪，均無所獲。不久前，又翻縣誌，得知楊雄‘讀書洞’後又稱‘太玄洞’，大約是因楊雄著有‘太玄經’之故。縣誌還說：‘太玄洞，城西二十里楊雄山，近徐浩，俗名象鼻山。’此後，‘太玄洞’就一直縈繞在我心中。1991 年 6 月的一天，我帶領樂山市文物保護研究所調查南方絲綢之路的隊伍到了徐浩古渡……路上，老姜指著山洞所在的山說：‘那座山叫象鼻山，你看像不像？’象鼻山？這個山名好像在哪兒看到過，我一時想不起來了。登上山嶺，左轉右轉，一塊平臺突然出現在眼前。站在平臺上一看，一個山洞屹立山崖。我一頭鑽了進去，是座崖墓。深有 10 多米、高有 2 米，墓內已空，衹剩石棺石灶。洞口門楣上方刻有 3 個大字——‘太玄洞’。字體為楷書，陰刻，筆劃雄勁。我心中一喜，情不自禁地叫了起來：‘楊雄太玄洞總算是找到了。’”[37](P.23—24)

〔主要參考文獻〕

［1］［4］［8］［11］［23］［24］［28］［36］［清］王先謙．漢書補注［M］．北京：中華書局，1983.

［2］夏征農等．辭海［M］．上海：上海辭書出版社，1999.

［3］徐復觀．兩漢思想史（第二卷）［M］．上海：華東師範大學出版社，2001.

［5］［6］［7］［10］［27］［35］文淵閣四庫全書（電子版）［Z］．上海人民出版社．1999.

[9] [13] 問永寧. 試論揚雄的姓 [J]. 唐都學刊. 2007 (3).

[12] 李祥俊. 北宋諸儒論揚雄 [J]. 重慶社會科學. 2005 (12).

[14] [15] [16] [漢] 班固撰、[唐] 顏師古注. 漢書 [M]. 北京：中華書局，1985.

[17] 周清泉. 揚雄世系考辯 [J]. 成都大學學報. 1992 (2).

[18] 張淑一. 先秦姓氏制度考索 [M]. 福州：福建人民出版社，2008.

[19] [漢] 司馬遷. 史記 [M]. 北京：中華書局，1982.

[20] 鄔國義等. 國語譯注 [M]. 上海：上海古籍出版社，1994.

[21] 楊伯峻. 春秋左傳注 [M]. 北京：中華書局，1990.

[22] 許嘉璐主編.《二十四史全譯》,《新唐書》[M]. 上海：漢語大詞典出版社，2004.

[25] 黃金明. 漢魏晉南北朝碑誄文研究 [M]. 北京：人民文學出版社，2005.

[26] 紀國泰. 試論揚雄的幸與不幸 [J]. 西華大學學報. 2009 (5).

[29] [30] [31] [漢] 許慎. 說文解字 [M]. 北京：中華書局，1963.

[32] [唐] 封演. 封氏聞見記. 張耕注評 [M]. 北京：學苑出版社，2001.

[33] [梁] 蕭統編、唐李善注. 文選 [M]. 北京：中華書局，1977.

[34] 徐中舒主編. 漢語大字典 [M]. 成都：四川辭書出版社、武漢：湖北辭書出版社，1986.

[37] 唐長壽. 嘉眉稽古錄 [M]. 樂山：內部印刷，2001.

[38] 楊福泉. 揚雄年譜考訂 [J]. 紹興文理學院學報. 2006 (1).

[39] 楊氏網楊姓始祖論壇組稿 http：//www. chinayang. org/info/shizu. htm

（鍾如雄、楊華東，西南民族大學文學與新聞傳播學院，郵編 610041）

釋“七盤舞”*

閆　豔

内容摘要： 七盤舞是漢魏時期重要的舞蹈形式，也是著名的百戲項目，然而今人在閱讀文獻時遇到盤鼓舞，很難對其具體的服飾、動作、姿態、道具做出判斷，對其發生的來源更是含糊不清。今各大型辭書也未對其有系統完善的解釋。因此具體梳理“”七盤舞”的各項具體内涵，便於我們更好地理解古代的樂舞知識和閱讀文獻資料都有良好的啓示作用。

關鍵詞： 盤鼓舞　特點　天人合一

七盤舞又名盤鼓舞，是漢魏時期的著名舞蹈，也是當時盛行的百戲的一個重要組成部分。根據考古發現，南陽唐河縣出土的新莽時期天鳳五年的畫像石墓中，已有七盤舞的圖像，證明至少在西漢末年已有了七盤舞。“七盤舞”因盛行一時，在文獻中出現頻率極高。如王粲《七釋》：“七盤陳於廣庭，疇人儼其齊俟。”然今《漢語大詞典》對“七盤舞”條解釋爲“古舞名，在地上排盤七個，舞者穿長袖舞衣，在盤的周圍或盤上舞蹈。”對“盤鼓舞”則未列爲詞條，僅列“盤鼓”條下釋曰：“古代用於舞蹈伴奏的一種鼓曲。”今按，《大詞典》認爲七盤舞的主要道具是七個盤子，而盤鼓則是爲舞蹈伴奏的鼓曲。從目前掌握的資料來看，《大詞典》對“七盤舞”和“盤鼓”的注釋都過於渾簡，并存在

* 本文係國家社科基金項目“《全唐詩》名物訓詁研究”（06XYY015）階段成果。

一定的不足，應予修正和補充。

作爲代表漢魏時期最高舞蹈藝術水準的七盤舞，主要有以下幾個個方面的特點：

第一，束腰長袖的舞衣，飄逸柔婉的舞態。

由於生産技術的提高，漢代紡織技術有了很大的進步，爲各色繽紛華麗舞衣的誕生提供了强大的技術保障。漢代也因此出現了一些舞袖做舞具的舞蹈，其中《七盤舞》就是以飛揚的長袖作爲主要舞態的一種舞蹈。張衡《舞賦》：“抗修袖以翳面，展清聲而長歌。”鮑照《詩數》：“七盤起長袖，庭下列歌鐘。”王粲《七釋》中描述七盤舞的舞者在表演時：“揄皓袖以振策，竦並足而軒跱。”出土的漢畫像上的舞者形象也印证了長袖飄然凸顯了七盤舞的舞蹈特徵，是七盤舞的重要看點之一。河南南陽出土的盤舞圖，地面放置四盤兩鼓，一舞女梳雙髻，上身著長袖束腰舞衣，腰間圍著過膝羅裙，寬筒束腿長褲，腳蹬尖頭舞靴，手臂上舉，揮舞長袖，兩腿呈弓箭步姿態欲從一盤之上，騰空飛躍到另一盤上。羅裙由於身體的騰躍而高高飄起，舞袖在空中飛揚。

南陽出土漢畫像磚

沂南石室墓的漢畫像的七盤舞畫面顯示，在地面上有七個盤，分列爲兩排，一排三個，一排四個，都倒覆在地上。它們的大小、形狀和紋飾，看來都是一致的。在七盤的左側，有一個男舞者，他的唇上、口側仿佛還有鬢髮。舞者頭上戴冠，冠上的畫像紘帶似乎係在頸下，其垂下的部分因身體的舞動而飄拂，增加了舞姿的躍動感。舞者穿長袖舞衣，“裙似飛鸞，袖如回雪”“羅衣從風，長袖交橫”。露出裹面的褲。從舞者的右足看來，足上所穿像是靴；褲子的下端塞進靴筒裹，舞蹈時可以避免礙足。他的頭顧盼回轉，充分體現了舞蹈嫺熟而柔美的韻律。

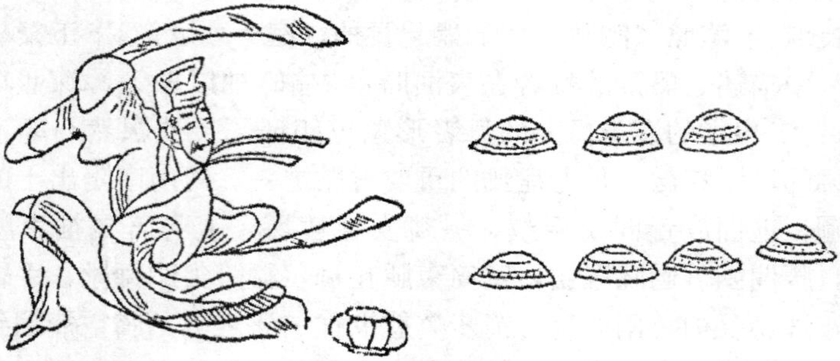

沂南漢畫像磚

漢代以瘦爲美的風尚，充分體現在七盤舞中。漢畫中穿着極爲性感的束腰長袖舞衣的舞女，多細腰如蜂，身體纖細，男舞者身體柔韌，修長挺拔，在翩翩舞動中，不但突出了娟秀動人的腰肢，展示身體的曲線之美，而且可以做出前仰後俯等豐富的腰部動作，形成漢代舞蹈嫺婉柔美的重要特色。《淮南子·修務訓》描寫盤鼓舞舞者“繞身若環，曾撓摩地，扶旋猗那，動容轉曲，便娟擬神。”說明其舞姿中有向後下腰，手摩於地，纖柔嫵媚的動作。舞者完美的舞衣與舞姿，給觀眾帶來華麗和誇張的視覺衝擊。而舞者通過變化多端的舞蹈動作，在動態中演繹著自己內心豐富的情感，使舞蹈的表現力得以進一步昇華和綻放。

成都羊子山二號墓漢畫像磚

第二，舞技融合的舞姿，剛柔相濟的美感。

出現在漢畫像中的"七盤舞"，是百戲表演的內容之一，混合在包含著音樂歌舞雜技角抵幻術等百戲節目中演出，如上文提到的沂南漢畫像中，除了七盤舞的舞者外，畫像右邊，還有很多演員在表演"戲車高橦""魚龍蔓延"、"陵高履索"、"飛丸跳劍"等雜技節目，在舞者對面，有三列藝人組成了一個規模龐大的鼓吹樂隊。因此七盤舞從性質上而言，不像後世的舞蹈單純表現人體的美感，它還沒有完全從雜技中獨立出來，而是帶有十分鮮明的時代特色，形成了一種舞蹈與雜技完美結合的藝術形式。

沂南漢畫像中的百戲

漢魏時期的"七盤舞"，舞者首先需要具備出色的舞蹈基礎，不但要將嫋嫋如絲的長袖舞動爲連綿不絶的美妙的弧線，充分體現纖柔嫵媚的婀娜。而且要如張衡在《舞賦》中描寫的“搦纖腰而互折，嬛傾倚兮低昂。”也就是説，舞者在縱騰蹈旋的舞蹈中時而彎下細而柔軟的腰肢，時而又挺胸昂然卓立，這種優美而又驚險的動作，要有相當的柔韌和力度及高超的身體控制能力。

其次，七盤舞要求舞者自身有很好的節奏感韻律感，需要在舞蹈過程中，踏盤踏鼓爲舞蹈做節。張衡《舞賦》中描述舞者要“歷七盤而蹝躡”，“般鼓煥以駢羅。”是説舞者在表演的過程中在僅能容下一足的七個倒覆的盤子上和鼓上輕盈敏捷地踏節而舞，表演精湛的舞蹈動作。王粲《七釋》形容舞者蹈鼓的動作時説：“邪睨鼓下，伉音赴節，安翹足以徐擊，騤頓身而傾折。”可見舞者在控制蹈盤節奏的同時，需目光靈活敏鋭，足足準確而響亮地蹈擊鼓面，爲舞作節。這也是七盤舞最難掌握的動作要領。

三國魏卞蘭的《許昌宮賦》十分傳神地描寫了七盤舞舞者足部的技巧：“振華足以卻蹈，若將絶而復連，鼓震動而不亂，足相續而不並，婉轉鼓側，蜲蛇丹庭，與七盤其遞奏，獻輕捷之翾翾。”其中“卻蹈”是個非常高難的動作，需要舞者憑著眼睛的餘光和自己的判斷將舞步旋轉到鼓旁騰踏縱躍而蹈鼓，演繹出渾厚而富有節律的鼓樂。這種非常規的動作其實融入了雜技柔術的功夫，可以極大調動觀眾的審美期待。在演出時，舞者足部的裝飾也特别講究，舞者所穿的舞鞋，顔色鮮豔醒目，如張衡《西京賦》中有“振朱屣於盤樽”王粲《七釋》中有“安翹足以徐擊”鼓聲動而不亂，腳步續而不並，柔美而又剛勁，帶給觀眾極大的審美愉悦。南陽出土的畫像石，舞者凝神注目“蹈足”的動態形象，生動體現了舞者的表演中的生動神采。

傅毅在《舞賦》中描寫盤鼓舞有幾句很傳神的句子：“其始興也，若俯若仰，若來若往，雍容惆悵，不可爲象。其少進也，若翔若行，若竦若傾，兀動赴度，指顧應聲。”其傳神的妙筆把舞蹈精妙的動態和神韻勾畫出來了。一個舞者展現在人們面前的是雍容富麗從容不迫的風度，她的技巧那樣嫻熟，她的舞態那樣傳神，像是俯身又像是仰望，像是來又像是往，像是飛翔又像步行，像是竦立又像斜傾。這種若即若離若動若靜的舞容舞韻不僅帶給人不可爲象的美感，更帶給人以無限的想像。

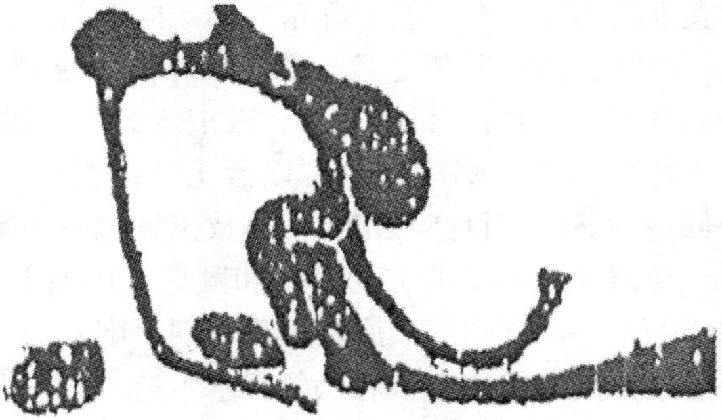

南陽出土漢代畫像石

一般來説，漢族的舞蹈以舞手、袖爲主，而少數民族舞蹈則以腳踢踏旋爲主，七盤舞既舞手舞袖，又踏盤踏鼓，反復徘徊旋轉，這是漢族舞蹈與少數民族舞蹈融合後産生的一種嶄新的舞蹈。總之，漢畫像上的七盤舞舞伎長袖飛動，將柔和高雅的舞蹈姿態與矯捷迅猛的雜技騰跳相結合，舞蹈的柔韌優美與雜技的陽剛力度感融爲一體，形成了自己獨特的藝術風格，可謂是中國最早的藝術體操。

第三，盤鼓相諧的道具，形式不拘的風格。

七盤舞以在盤和鼓上踏節爲其基本特色。三國魏曹植《七啓》描述七盤舞："歷盤鼓，换繽紛，長裾隨風，悲歌入雲。"趙幼文校注："盤鼓，漢魏《七盤舞》。地上放置七盤，故置於舞伎足下，足踏鼓，鼓聲以作舞蹈時之節拍。"今按，趙注祇反映了七盤舞誕生時命名的緣由，但未能視爲確詁。從漢畫像來看，七盤舞的表演形式是非常靈活自由的。

首先，七盤舞的演員數量不固定，既有單人也有多人，既有男子舞也有女子舞，既有對舞也有群舞。我們常能看到兩人或多人對舞的情景，如山東諸城縣前涼臺畫像石，樂舞雜技部分的畫面就有七盤舞，地面放置七盤一鼓，其中三盤在左側呈三角形擺放，四盤呈正方形在右側。一長袖舞衣的女舞者與一頭戴平定帽身著寬袖長衣的男舞者在盤鼓上踩踏而舞，同臺競技。

其次，盤鼓舞道具並無定數。雖然稱作“七盤舞”，然正如邊讓《章華臺賦》所説：“舞無常志，鼓無定節”。説明不但舞蹈的基調並不絶對，可以陽剛，也可以溫柔，還可以二者有機結合。作爲舞器的盤鼓數目亦無定制，擺放位置也不固定。目前發現的山東、河南等地出土的文物資料和圖像，地面上放置的盤、鼓數量和比例不一，擺列的順序也不盡相同。南陽漢新莽時期的畫像石，盤鼓舞圖上實際上衹有六盤爲基本道具，沂南畫像石有七盤一鼓，彭縣畫像磚爲六盤二鼓，而肖形印僅刻二盤，略存其意。東漢末年的盤舞則是四盤二鼓。鄭州新通橋漢墓出土的漢磚中的《七盤舞》一女舞者腰細如束，長袖舞衣。地上置五個盤子，舞者在盤子之上或盤子之間，跳躍徘徊，翩翩起舞。1954年出土於四川成都羊子山二號墓的樂舞雜技畫像磚，一舞女頭梳雙髻，著長袖舞衣，寬褲褲腿曳地，身下放置兩盤，左側手臂上舉，右臂側舉於腹前，長袖飄逸在空中，左脚欲蹬離盤面，右脚向前跨出，欲踏到另一盤上。腰肢扭轉，顧盼流連，與另一男舞者神色呼應。

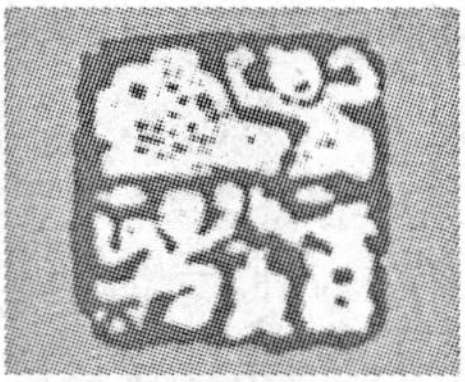

漢代肖形印

鄭州新通橋漢墓出土漢磚

再次，伴奏樂隊或大或小，均無定規。如在沂南漢畫像中，在七盤舞舞者的對面，有三列坐在席上的藝人。第一列五人，在擊鼓，但鼓的數目卻只有四個。第二列五人，一人在擊鼓，一人在吹塤，三人在吹簫。第三列四人，一人在撫琴，一人在吹塤，一人在吹笙；另一人不持樂器，拱手默坐。此外，在這些藝人的右側，自近及近，一人立著在擊大鼓，一人立著在撞鐘，一人坐在席上在擊磬；大鼓一個，鐘二調，磬四個，支置或懸垂在樂器架子上。所有的藝人，組成了龐大的伴奏樂隊。然而在鄭州新通橋漢墓出土的漢磚中的七盤舞畫面中，除了中間的女舞者，衹有左右兩個跽坐一邊的伴奏人員。左面的人右手舉鞀鼓，左手拿排簫，右邊的人正在執柎擊鼙鼓。

然而，無論七盤舞的舞具和風格有多少迥異的形式，作爲七盤舞的主要道具，盤和鼓卻是不可或缺的，這到底是什麼原因，二者的內在意蘊又是什麼呢？費秉勳先生在其所著的《中國舞蹈奇觀》中解開了這個謎。他認爲盤鼓均有神秘的象徵意義，盤鼓舞中積澱著複雜的古代宗教意識。鼓是雷神的法器，天上的雷聲就是雷神叩擊連鼓發出的聲音。七盤舞的二鼓分别代表日、月，七盤代表北鬥七星，七盤二鼓的設置爲太空星座之象徵。舞者在進行這種宗教意味濃厚的舞蹈時，梳著高高的髮髻，帶著誇張的飾物，飛舞著長長的舞袖，腳踩代表日、月、北鬥七星的盤，正是在模擬幻想中遨遊於天際的神仙形象，也代表了受道教影響的漢人對長生天人合一的無限向往。這就是盤鼓舞在漢代大行其道大爲盛行的原因所在，神秘作爲一種美感可使人産生一種深不可測的懸念和向往的感受，能夠在審美中産生一股魔力，引領人們對宇宙天地人生進行思考尋覓與探究。

四川彭州太平場漢畫像磚

到了晉代，在盤舞的基礎上發展出杯盤舞，《宋書·樂志一》引《搜神記》云："晉太康中，天下爲《晉世寧舞》，矜手以接杯盤反覆之，此則漢世唯有盤舞，而晉加之以杯，反覆之也。"《舊唐書·音樂志二》亦云："漢世有橦木伎，又有盤舞，晉世加之以杯，謂之杯盤舞。"

〔主要參考文獻〕

［1］程雅娟．漢代舞袖形態研究．科技資訊，1919（36）．

［2］白潔，陳褘晟．時代文學，2010（2）．

［3］張震澤校注．張衡詩文集校注．上海古籍出版社．1986．

［4］王仲殊．沂南石刻畫像中的七盤舞．考古通訊，1955（2）．

［5］吳曾德．漢代畫像石．北京：文物出版社，1984．

［6］張秀清．鄭州漢代畫像磚石上的雜技藝術（二）．雜技與魔術，1998（3）．

［7］費秉勳．中國舞蹈奇觀．華岳文藝出版社，1988．

（閆豔，內蒙古師範大學文學院，郵編 010022）

上古“亯”的渾沌性與分化性

—— 渾沌語言學的一個古漢語例证

肖娅曼

内容摘要：前人訓詁學上的本義引申義説，文字學上的古今字説，音韻學上的音轉説，都是單純一複雜説。上古“亯”後來分化爲享（xiǎng）、亨（hēng）、烹（pēng），筆者認爲，從“亯”到“享”、“亨”、“烹”的發展不是由單純因引申而複雜，而是由渾沌到分化，即初始“亯”並非單義單性詞，而是渾沌語，涵攝宗廟、烹飪、獻、饗、享有（天命、國）、保佑、亨通等義，反映殷周時代“亯”這件盛事的交際活動（獻一饗）、交際關係［獻者一享者（神鬼）］、交際目的（獻者祈求神鬼賜福）、交際效果（獻者得到神鬼保佑而有國、有位）等完整事件和“享”文化觀。按筆者提出的渾沌語言學的觀點，語言的初始樣態不是單性單義的詞及其組合，而是渾沌語。語言的辭彙系統、語法系統、語音系統均源於渾沌語的分化。渾沌“亯”後來分化爲“烹、享、亨”，語義上，將“亯”原本渾然一體的“亯”活動分化爲三個階段：烹一享獻一亨通；語法上，將“亯”這一渾沌語分化爲動詞“烹”、動詞“享”、形容詞“亨”；語音上，將“亯”（xiǎng）分化爲 xiǎng（享）、hēng（亨）、pēng（烹）。“亯”的渾沌性與分化性是渾沌語言學的典型例证。

關鍵詞：亯　享　烹　亨　渾沌　分化

語言學界有一個根深蒂固的普遍看法，任何詞的原始義也好，本義也好，必定是單純的，其餘意義被稱作引申義，亦即認爲詞義的發展是由簡單而複雜。而這種觀念又建立在詞是語言的起始點這一自古以來的“詞源”語源觀之上。“詞源”語源觀是迄今爲止唯一的語源觀，它包含着一系列的觀念，其中最基本的觀念是：最初的“詞”語義上必定是單義的，語法上必定是單性的，即作爲語言初始樣態的“詞”，必定要麼是表示指稱的名詞，要麼是表示陳述的動詞等，一個詞表現出的多種用法都是在單純用法的基礎上發展而來的。迄今爲止，從未有人對“詞源”語源觀產生過疑問，也從未有人就此進行過任何討論，更遑論被證明，因而“詞源”語源觀實際是一個從未被反思過的預設。雖然“詞源”語源觀僅僅是一個預設，但實際却成爲整個語言學研究的基礎，例如，在漢語詞類劃分這一老大難問題的研究中，有學者提出“詞類是初始概念”[1]，即認爲詞類的本質是詞產生伊始的表述功能（表指稱爲名詞，表陳述爲動詞等）。“單性單義”的詞必定是概念，“詞源”語源觀意味着語言的產生開始於一個個概念的產生，這與哲學、心理學、人類學認爲概念是思維發展到高級階段的產物這一共識矛盾對立。筆者提出的渾沌語言學認爲，語言的初始樣態不是詞，而是渾沌語，語言的形成與發展，從根本上説，不是由簡單而複雜，而是由渾沌而分化。作爲語言初始樣態的原始渾沌語含義豐富，能表達遠比今天的句子還要豐富的内容，語義上它表達一件事，包含場景、活動等認知内容和情感、態度等文化内容，這些内容渾然一體，不可分割，即語言的初始樣態絶非概念性的單純詞。語法上它既非名詞，也非動詞，而可能既是動詞又是名詞、形容詞，根本無法按今天意義上的語法功能給它歸類。原始語言的面貌雖不可再現，但語言的渾沌性仍然可以通過古老的語言得以瞭解。漢語是世界上唯一沒有中斷的語言，上古漢語的渾沌性可以通過傳世文獻和出土文獻得到證明。我們已經論证了上古所謂的幾個不同的“是”（指代詞“是”、名詞“是”、形容詞“是”、副詞“是”等）其實是同一個“是”。[2]這裏，我們將通過“亯”與“享”“亨”“烹”的關係，來證明“亯”的渾沌性與分化性。

一

甲骨文和最早的文字之書《説文解字》中衹有“亯”字，沒有“享”“亨”“烹”。“享”“亨”“烹”由“亯”分化而來，這是古今共識。《説文》曰：“亯，獻也。從高省，曰象進孰物形。《孝經》曰：‘祭則鬼亯之。’凡亯之屬皆從亯。篆文亯。許兩切，又普庚切，又許庚切。”[3] “亯”甲骨文作，根據甲骨文字形和許慎的説法，學者們一直在試圖弄清“亯”的原始單純義是什麽，《新編甲骨文字典》：“亯，象宗廟形。”[4]《甲骨文字典》：“亯，象穴居之形，口爲所居之穴，爲穴旁臺階以便出入，其上並有覆蓋以免雨水下注。居室既爲止息之處，又爲烹製食物饗食之所，引申之而有饗獻之義。”[5] 除了“宗廟”説、“居室烹饗所”説之外，還有“獻具”説[6]等各種觀點。今人的這些不同觀點，都立足於“亯”是單性單義詞，即“亯”是個單純的概念。這與《説文》的訓釋頗爲不同。

從《説文》的“亯，獻也。從高省，曰象進孰物形”並引《孝經》“祭則鬼亯之”來看，即無論從文字上，還是引證上，許慎都不是在説“亯”是一個單純概念（單性單義詞），而是在説“亯”是一個重大的内涵豐富的活動。“獻也”是説“亯”是一個行爲活動；“從高省”是説“亯”這一行爲活動的場所是在崇高處有着建築的用於“觀高”的高臺上（《説文・高部》：“高，崇也。象臺觀高之形。從冂、口”。《説文・山部：“崇，嵬高也。從山，宗聲”》）；“進孰物”是説如此場景下祭獻的方式。許慎引《孝經》“祭則鬼亯之”更爲完整地表達出“亯”這個活動的文字分析表達不出的另一半含義，“亯”是爲了“鬼亯之”。《説文》表達的“亯”是一個完整的交際活動，這個交際活動中的交際要素有：交際行爲（獻）、交際場所（高）、交際者（人一鬼）、交際方式（祭（進孰物）一饗）。

《甲骨文》《説文》的“亯”，在《爾雅》中作“享”，《爾雅·釋詁》：享“獻也”“孝也”。作爲最早的訓詁之書，《爾雅》的訓釋與《説文》《孝經》之説不僅吻合，而且還多出“孝也”這個關於“享”（亯）的文化内涵。

將上述各家關於“亯”（享）的意見按時代先後列出如下表：

<table>
<tr><th colspan="5">“亯”（享）各家説</th></tr>
<tr><th>文字</th><th>出處</th><th>觀點</th><th colspan="2">語義</th></tr>
<tr><td>亯</td><td>《説文·亯部》</td><td>從高省，曰象進孰物形。《孝經》曰：‘祭則鬼亯之。
許兩切，普庚切，許庚切。</td><td>交際活動：獻
交際場所：高
交際者：人一鬼
交際方式：上行 祭
下行 饗</td><td rowspan="2">渾沌豐富</td></tr>
<tr><td>享</td><td>《爾雅·釋詁》</td><td>享，孝也。
享，獻也。”</td><td>交際含義：
（卑者通過）祭
（向尊者表達）孝</td></tr>
<tr><td></td><td>《新編甲骨文字典》</td><td>宗廟</td><td rowspan="3">（本義）單義單性</td><td rowspan="3">單純</td></tr>
<tr><td></td><td>《甲骨文字典》</td><td>象穴居之形，又爲烹製食物饗食之所。</td></tr>
<tr><td></td><td>《文源》</td><td>祭獻器具</td></tr>
</table>

根據《説文》《爾雅》的注説，以及這些注説背後隱藏的内容，上古漢語一個“亯”（享）表達的含義，今天即使用大段文字也未必能完整的表達出來。《説文》《爾雅》去古未遠，古人對“亯”的語感，應該比今人更接近上古漢語實際。

二

如果認爲對《説文》《爾雅》訓釋的分析，不足以證明“亯”（享）的原始渾沌性和豐富性，那麽傳世的上古早期文獻不僅可以印證古書的訓釋，而且這些傳世文獻中的“享”（亯）的語義比《説文》《爾雅》所訓還要豐富渾沌。

甲骨文和《説文》的“亯”，在上古早期傳世文獻中作“享”。“亯”“享”爲古今字，這是古今共識。上古早期傳世文獻中，《尚書》《詩經》《周易》（古經）均衹有“享”，無“亨”“烹”。《書》《詩》《易》中，“享”的出現率分别是 33 次、13 次、3 次。因此，瞭解“享”的上古用法，《尚書》是最早、最好的文獻。《尚書》中這 33 例“享”所表達的語義，除了《説文》《爾雅》訓釋所表達出的交際場所、交際者、交際方式、交際含義以外，還表達出交際目的、交際效果等，更加完整豐富地表達出“享”的渾沌性。

“享”的語義渾沌，對它進行今天語言學的意義分析，實爲以今律古，必然損及它的本來面貌。但即便如此，仍能由此窺見它語義的渾沌性。鑒於“享”在今古文《尚書》中用法並無出入，在本文的考察中，古文《尚書》同樣重要。這 33 例“享”，主要分爲通天交際類和君臣交際類，如下表：

《尚書》“享”的三種用法

用法	數量	例句	出處
通天交際（天子—鬼神）	21 例	兹予大享于先王，爾祖其從與享之。	《商書·盤庚上》
君臣交際	9 例	後式典集，庶邦<u>丕享</u>。	《周書·梓材》
非交際	3 例	爾曷不夾介乂我周王，享天之命？	《周書·多方》

本文將衹討論通天交際類“享”的渾沌性。

通天交際類“享”完整表現出“享”交際活動中的交際者（天子一鬼神）、交際場所、交際方式（烹祭一享祭）、交際目標（天子）、交際效果（卑方、尊方、雙方）。

（一）交際關係（天子一鬼神）

與《孝經》“祭則鬼享之”所體現出的交際雙方一致，《尚書》中的“享”也主要用於天子與鬼神等，即“享”句中如出現“享”者，往往爲天子與鬼神，時間越早越是這樣。而“享”句如不出現“享”者，這個“享”本身就含有“享”者義。例如：

茲予大享于先王，爾祖其從與享之。（《商書·盤庚上》）

惟命不于常，汝念哉！無我殄，享，明乃服命。”（《周書·康誥》）

（除特殊説明外，本文《尚書》的斷句均采用李學勤主編《十三經注疏》（標點本）的斷句。）

《盤庚》中的兩個“享”句分别出現了兩個“享”者：一是祭獻者“予”、二是饗祭者“爾祖”，這兩個“享”前者爲天子，後者爲鬼。《康誥》之“享”爲“享有國土”之意，句中未出現“享”者，此“享”本身即包含“享”者義。《康誥》：“無我殄”，《十三經注疏》孔安國傳：“無絶棄我言而不念。”《康誥》：“享，明乃服命”，《十三經注疏》孔安國傳：“享有國土，當明汝所服行之命令”。也就是説，“享”的上下句均未出現“享有國土”的主語（施事），“享”既含“享有國土”之意，也含“享有國土者”（交際者、交際效果）之意。

（二）交際場所

前述文字分析認爲“亯”的字形就含有交際場所之意，《尚書》中的“享”句一般不用出現“享”的場所應該與此有關，但一當出現必定是宗廟等神聖之地。例如：

郊社不修，宗廟不享，作奇技淫巧以悦婦人。上帝弗

順，祝降時喪。（《周書·泰誓》）

《尚書》中的“享”最值得注意的是文字形體（亯）難以傳達的方面，即交際方式，尤其是交際效果方面的內涵。

（三）交際方式與環節

“享”的交際雙方地位不同，采取的交際方式也尊卑有別。交際環節的第一步，請求交際：在地的天子祈望同上天的鬼神交際，卑者的交際方式爲上行。在天的鬼神接受交際請求並作出回應爲交際的第二環節：回應交際，尊者的交際方式爲下行。

1. 上行一請求交際：烹祭

“烹祭”“祭祀”是“享”這一交際活動的開始，它是交際關係的雙方（天子一鬼神）中地位在下的天子，通過“享”這種烹祭的形式向決定自己命運的地位至高者（鬼神）表示恭敬，以求賜福的盛大祭祀活動。例如：

> 茲予大享于先王，爾祖其從與享之。（《商書·盤庚上》
>
> 天有顯道，厥類惟彰。今商王受，狎侮五常，荒怠弗敬。自絶于天，結怨于民。斫朝涉之脛，剖賢人之心，作威殺戮，毒痡四海。崇信奸回，放黜師保，屏棄典刑，囚奴正士，郊社不修，宗廟不享，作奇技淫巧以悅婦人。上帝弗順，祝降時喪。（《周書·泰誓》）
>
> 王若曰：“誥告爾多方，非天庸釋有夏，非天庸釋有殷。乃惟爾辟以爾多方大淫，圖天之命屑有辭。乃惟有夏圖厥政，不集于享，天降時喪，有邦間之。（《周書·多方》）

上面第1例“享”表達出在宗廟恭敬而隆重地蒸煮犧牲祭祀祖先。《盤庚》“大享于先王”，《十三經注疏》孔安國傳：“大享，烝嘗也。”“烝嘗”即“烝享”。第2例、第3例“享”，也都是在宗廟恭敬而隆重地蒸煮犧牲祭祀祖先之意。《泰誓》“宗廟不享”，《十三經注疏》孔穎達疏：“‘不享’，謂不祭祀也。”《多方》“不集于享”，《十三經注疏》孔穎達疏：“不成于享”。錢宗武、杜純梓《〈尚書〉新箋與上古文明》:[7]“集：止。”“不成于享”或“不止于享”，都是説不舉行祭祀活動，以恭敬事天。

2. 下行一回應交際：享祭

“享祭”是“享”這一交際活動的第二階段，請求交際一方實現了與交際對象的溝通，接受交際請求的鬼神接受認可請求交際方對自己的恭敬，享受祭品。享祭意味着承諾並實施對烹祭者保佑、賜福。例如：

> 古我先王暨乃祖乃父胥及逸勤，予敢動用非罰？世選爾勞，予不掩爾善。茲予大享于先王，爾祖其從與享之。(《商書・盤庚上》

> 伊尹申誥于王曰：“嗚呼！惟天無親，克敬惟親。民罔常懷，懷于有仁。鬼神無常享，享于克誠。(《商書・太甲》)

《盤庚》中“茲予大享于先王，爾祖其從與享之。”一句中前後相隨的兩個“享”，前句的“享”表現交際雙方中天子（卑者）對鬼神（尊者）恭行“享”禮，而後句“享”則表現交際雙方的另一方鬼神（尊者）享用即接受認可對自己的恭敬虔誠地侍奉。同一句中的兩個“享”分別表現出“享”的上行和下行方式，以及請求交際與回應交際兩個環節。這是“享”具有渾沌性的典型一例。

《太甲》“鬼神無常享，享于克誠”一例，道出交際的尊方接受享用卑者的烹祭，即認可肯定下方的“克誠”。因此，作爲尊方的鬼神的“享”不是今天意義上的單純“享用”，而是包含着評價卑方“克誠”與否後，做出的肯定性、贊許性交際反應，即享祭、保佑、賜福。因此，即使今天看來衹表現鬼神接受的“享”，語義也與價值判斷（“克誠”與否）和判斷後做出的反應，即享祭、保佑、賜福等，是渾然一體，不可分割的。

（四）交際效果

交際效果這裏是指交際目標的實現。“享”的用法反映出有三個角度的交際效果，請求交際者角度（卑方）、接受交際者角度（尊方）、交際雙方角度。“享”既用於表達請求交際者（卑方）的交際目標的實現（享有國土、封地、享福、美德等），也用於表達接受交際請求的鬼神（尊方）的交際回應，還用於表達交際雙方共同一致的至高目標（亨通）。下面按交際雙方、尊方、卑方的順序討論。

1. 人鬼亨通（雙方）

古文《尚書》《咸有一德》中有1例“享”，不是表達“享”這一交際活動的交際者任何一方的交際行爲或交際目標，而是表達整個交際活動的交際雙方的至高交際目標或目標的實現——人鬼亨通。即：

惟尹躬暨湯，咸有一德，克享天心，受天明命，以有九有之師，爰革夏正。（《商書·咸有一德》）

“克享天心”，孔安國傳：“享，當也。”孔穎達正義：“德當神意，神乃享之。”人懂天意，使天意下達即爲德，如此地天相通，人鬼相通，即可風調雨順，國泰民安。這種天地的至通即亨通，亨通即“享”這一交際活動的至上目標的實現。“亨通”與上述通天交際中“享”的交際者義、交際場所義、交際方式的烹祭、享祭義等同樣渾然一體，不可分割。後來的“亨”，是蘊含於“享”中的亨通義分化的結果。

2. 鬼神賜福（尊方）

前文交際方式中所引“鬼神無常享，享于克誠。”（《商書·太甲》）1例，既可講作“享祭”，也可講作“賜福”。“賜福”即接受卑者交際請求的尊者鬼神做出的交際回應。這裏不存在“賜福”和“享祭”那種講法正確的問題，而是“享祭”“賜福”渾然一體，不可分割。

3. 天子享福（卑方）

“享”表達享有國土、封地、享福、美德等，是請求交際方

（卑者）交際目標的具體實現。此類“享”又可分兩類：其一，“享”不帶賓語，即“享”將“享有”義和“享有”的賓語（受事）義包含於自身中，這裏稱這類“享”爲含賓“享”；其二，“享”帶上了賓語，稱作帶賓“享”。這裏主要討論含賓“享”的渾沌性。

將具體享有的國土、封地、福氣、美德等包容於一個“享”字中，這與今天漢語的“享”衹單純表示“享受”的動詞完全不同，它們的語義具有渾沌性。例如：

惟命不于常，汝念哉！無我殄，享，明乃服命，高乃聽，用康乂民。”（《周書·康誥》）

王若曰：“往哉！封，勿替敬典，聽朕告，汝乃以殷民世享。”（《周書·康誥》）

又惟殷之迪諸臣惟工，乃湎于酒，勿庸殺之，姑惟教之。有斯明享，乃不用我教辭，惟我一人弗恤弗蠲，乃事時同于殺。（《周書·酒誥》）

惟天不畀純，乃惟以爾多方之義民不克永于多享。（《周書·多方》）

王曰：“公功肅將祇歡，公無困哉！我惟無斁其康事，公勿替刑，四方其世享。”（《周書·洛誥》）

多士，爾不克勸忱我命，爾亦則惟不克享，凡民惟曰不享。（《周書·多方》）

惟克天德，自作元命，配享在下。（《周書·吕刑》）

《康誥》“享，明乃服命”一句中的“享”，孔安國傳：“享有國土。”即此例“享”不僅如前所述包含“享有”的施事，還包含“享有”的受事。一個“享”字集行享者、行享活動、享有物於一身，其渾沌性十分典型。

《康誥》：“汝乃以殷民世享”，孔安國傳：“順從我所告之言，則汝乃以殷民世世享國”，即“享”爲“享國”義。《酒誥》：“有斯明享"之"享"，孔安國傳："享國"，即"享"爲"享國"義。《多方》："惟天不畀純，乃惟以爾多方之義民不克永于多享"，孔安國傳："天所以不與桀，以其乃惟用汝多方之義民爲臣，而不能長久多享國故"，即"享"爲"享國"義。《洛誥》："四方其世享"，這是周成王在洛邑懇請周公繼續治洛留任時所說。成王說自己才智不足以治洛，周公離去會造成的嚴重後果，即會使自己困頓（公無困哉!），周公在洛邑創制的法度也將因自己的才智淺短而廢去（公勿替刑）。反面陳説理由的同時，成王從正面也説了兩點，第一，"公功肅將祇歡"，《十三經注疏》孔安國傳："公功以進大，天下咸敬樂公功"。第二，"四方其世"享"，孔安國傳"四方之民其世世享公之德"。這個"享"包含有鬼神對周公恭敬事天德行的肯定，保佑賜福周公治理下的洛邑平安無事，即此"享"爲"享德"義。《多方》："多士，爾不克勸忱我命，爾亦則惟不克享，凡民惟曰不享。"孔安國傳：衆士，汝不能勸信我命，汝亦則惟不能享天祚矣，凡民亦惟曰不享于汝祚矣。"即此"享"爲"享天祚"之義。《周書·呂刑》："惟克天德，自作元命，配享在下。"孔穎達正義：（堯時）"天德平均，惟能爲天之德。志性平均，自爲長久大命。配當天意，在於天下。言堯德化之深，於時典獄之官皆能賢也。"，即此"享"爲"享天意"。總之，這些不帶賓語的"享"，都將享有的對象包含於"享"中，并且無論具體解作享有什麽，都包含着尊天、敬鬼神，得到鬼神賜福的文化觀念，即所有這些"享"的語義都具有渾沌性。

將上文對《尚書》中"享"的分析歸納如下表：

“享”：通天交際交際要素				
	交際要素	內涵	例句	出處
渾然一體　不可分割	交際關係	天子一鬼神	茲予大享于先王，爾祖其從與享之。	《商書·盤庚上》
	交際場所	祭場	宗廟不享。	《周書·泰誓》
	交際方式 交際環節	上行 烹祭	茲予大享于先王。	《商書·盤庚上》
		下行 享祭	爾祖其從與享之。	《商書·盤庚上》
	交際效果	人鬼亨通	克享天心	《尚書·咸有一德》
		鬼神賜福	鬼神無常享，享于克誠。	《商書·太甲》
		君臣享福	汝乃以殷民世享 王享國百年 享天之命	《周書·康誥》 《周書·呂刑》 《周書·多方》

總之，上古的“享”（亯）與今天已經充分分化了的語言基本單位“詞”非常不同。今天的詞的概念性特徵很突出，它的語法特徵也很確定。單獨説出某個詞（如“烹”），它的語義（煮）和語法功能（動詞）即可被確定。但上古的“享”（亯）卻不是這樣，一個“享”（亯）字語義非常渾沌豐富，包含上述文字分析（《説文》之訓、甲骨文字分析）、古訓（《爾雅》、《孝經》）和文獻分析（《尚書》）的所有含義之總和。

需要特别指出的是：上述分類是在今人失去上古漢語言模式采用今天語言的框架即“詞”框架對上古“享”作分析的結果。這種分析框架實際上已經把上古“享”作爲了“詞”來分析，即必然誘道我們按固有的多義詞模式來理解《尚書》中的這些“享”。今天的多義詞的確在具體句子中具有某種具體語義和詞性，但這並不意味着《尚書》中的這些“享”一定就如今天的多義詞一樣。多義詞背後隱含的語言觀是：詞最初本來是單性單義的，後來引申發展出各種用法。按照這種本義引申觀，“亯”（享）最初是單純的，正是在這種思維範式規定下，我們的文字學家才去探尋“亯”的本義究竟是宗廟、居室烹所，還是獻具。那麽，“亯”（享）最初是單純的嗎？

三

按照“本義一引申”觀，上古“享”的各種用法中有一個是最早的用法，其餘是由這個義項發展而來的，這也就是文字學家提出“宗廟説”、“居室烹所説”、“獻具説”的原因。以這種眼光來看《尚書》中的每一例句中的“享”，似乎可以隨文釋義地將它的用法大致落實在某個意義上，但這並不能得出每句中具體的“享”就一定是單義單性的結論，這種看法有可能正如瞎子摸象，摸到大象的耳朵就誤以爲大象如箕，摸到尾巴就誤以爲大象類繩，而大象既非箕，也非繩，象就是象。這也正如水，江河的水浩大奔流，杯中的水杯狀靜止，它們都並非水本身，都是水在特定條件規定下能夠呈現的面貌罷了。“享”就如大象和水，它不是宗廟、不是祭場、不是祭者，不是享者、不是烹祭、不是享祭，不賜福、不是享福，而是它們的渾然一體，“享”就是“享”。每句中可以具體講出的“享”的意義，不是“享”的意義本身，而是“享”這座冰山能夠露出水面的那部分罷了。

如果“亯”（享）最初是單純詞，它上述各種用法是已經發展爲多義詞的某一意義的表現，即上古早期它已由單純而複雜，那麽古訓，傳世文獻、出土文獻中應該會有蹤跡可尋。可事實是，無論古訓、傳世文獻、出土文獻都顯現出一個共性：上古早期的“亯”（享）用法複雜，越晚用法越明確、單純化。《尚書》中同一句中的同一個“享”往往既可以講作甲用法，也可以講作乙用法，甚至還有更多的講法，例如《周書·康誥》的“無我殄，享，明乃服命”之“享”（行享者、享行、享有物）、《商書·太甲》“鬼神無常享，享於克誠”之“享”（享祭、保佑、賜福)。這種現象用“本義一引申”模式或“單純一多義”模式是無法解釋的，而用“渾沌一分化”觀則可以使之得到合理解釋。

《説文》訓釋反映出“亯”的渾沌性，而甲骨文文獻研究的結論也説“亯，古文享、亨、烹通用。”[8]《説文解字》大徐本“亯”條的“許兩切，又普庚切，又許庚切”三個反切，“許兩切”爲本音，即“亯”之讀音，亦其今字“享”的讀音。兩個又音中，許庚切爲“亨”的讀音，普庚切爲“烹”的讀音。① 從上古傳世文獻看，“享”出現最早，用法最復雜，在上古的出現率最高；“亨”較“享”晚，用法比“享”簡單，出現率較低；而“烹”出現最晚，用法最單純，上古罕見。從“亨”、“烹”與“享”的關係看，應該是“亨”先從“享”字分化出來，而“烹”可能是從“亨”進一步分化出來的。因爲，上古《書》《詩》等十一部經書中均不見 1 例“烹”，全部十三部經中，僅見 8 例“烹”，《左傳》4 例，《孟子》4 例，并且均作“烹煮”講。②“亨”不見於《尚書》，也不見於《周易》古經，《詩經》見有 4 例，《左傳》見有 3 例。上古晚期的《儀禮》有 5 例，《周易》的《彖》《傳》有 47 例。這些“亨”，在《詩經》《儀禮》中均作“烹煮”講。《左傳》的 3 例“亨”中，有 1 例作“亨通”講，即“史朝曰：‘元亨’，又何疑焉?”（昭公）。有 1 例作“獻”或“亨通”講（或“獻”“亨通”渾然一體），即：“是以先王務修德音以亨神人，不聞其務險與馬也”（襄公）。而出自戰國時期的《周易》《彖》《傳》中的 47 例“亨”，全部都作“亨通”講。這就是説，從出現時間看，“亨”早於“烹”出現；從語義上看，“亨”有“烹煮”、“亨通”、“獻”等意義，而“烹”僅有“烹煮”義，“亨”比“烹”的語義豐富。將經部“享”、“亨”、“烹”三字上古的出現率及用法總結如下表：

<table>
<tr><td colspan="5">“享”（亯）由渾沌而分化</td></tr>
<tr><td colspan="2">古字</td><td colspan="3">亯（許兩切、普庚切、許庚切）</td></tr>
<tr><td colspan="2">今字</td><td colspan="3">享</td></tr>
<tr><td colspan="2">分化順序</td><td>享（許兩切）</td><td>亨（許庚切）</td><td>烹普庚切</td></tr>
<tr><td rowspan="5">理由</td><td>出現時間</td><td>最早</td><td>較早</td><td>最晚</td></tr>
<tr><td>出現率</td><td>最高</td><td>較低</td><td>罕見</td></tr>
<tr><td>十三經出現情況</td><td>十三經常見
《書》33 次
《詩》11 次
《易》3 次</td><td>《尚書》不見。《詩》4 例、《左傳》3 例、《儀禮》5 例，多見於《周易》“象”“傳”。</td><td>《書》《詩》等十一部經書中不見 1 例，《左傳》《孟子》各 4 例</td></tr>
<tr><td>語義</td><td>交際關係：
天子一鬼神
交際場所：祭場
方式環節：
上行：烹祭
下行：享祭
交際效果：
人鬼亨通
鬼神賜福
君臣享福</td><td>《易》象傳：亨通
餘經：烹煮
獻</td><td>烹煮</td></tr>
<tr><td>發展</td><td>渾沌
豐富</td><td>簡化</td><td>單純</td></tr>
</table>

可以看出，與語言學的普遍觀念相反，不是最早出現的“亯”（享）語義更簡單單純，恰恰相反，反倒是後發展出的“亨”、“烹”語義愈益簡化。

總之，從“亯”到“享”、“亨”、“烹”並非由單純而復雜而分化，而是由渾沌而分化，如果我們能有意識地警惕以今律古，就可以從上古語言事實和古人的論説中辨析出真相，最終破除發生學上的本義一引申觀，而建立嶄新的渾沌一分化觀。

〔注釋〕

①“亨”，《廣韻》：“許庚切”；“烹”，《集韻》：“披庚切”。

②《左傳》：“水火醯醢以烹魚肉”（昭公）；“不言將烹”、“不克則烹”、“乃烹石乞”（哀公）。《孟子》：“校人烹之”、予既烹而食之”、“伊尹以割烹要湯”、“未聞以割烹也”（萬章）。

〔主要參考文獻〕

[1] 郭鋭. 現代漢語詞類研究. 北京：商務印書館，2002：92.

[2] 肖娅曼. 漢語係詞“是”的來源與成因研究. 成都：巴蜀書社，2006.

[3] 許慎撰、徐鉉等校注. 《説文解字》大徐本. 北京：中華書局，1965.

[4] 劉興隆編. 新編甲骨文字典. 北京：國際文化出版公司，1993.

[5] 徐中舒主編. 甲骨文字典. 成都：四川辭書出版社，1989.

[6] 林義光編. 文源（影印本）. 上海：中西書局，2012.

[7] 錢宗武、杜純梓.《尚書》新箋與上古文明. 北京：北京大學出版社，2004.

（肖娅曼，四川大學中文系，郵編 610064）

從《寶林傳》到《傳法正宗記》看禪宗語言的世俗化*

譚　偉

内容摘要： 成書於唐貞元十七年（公元 801 年）的《寶林傳》是禪宗史傳現存最古之文獻，爲後世之禪宗史傳如《祖堂集》《景德傳燈録》等奠定了雛形。宋·釋契嵩《傳法正宗記》（成書於公元 1061 年）中禪宗早期的有關材料也多利用了《寶林傳》。從《寶林傳》到《傳法正宗記》，我們可以看到禪宗語言世俗化的明顯變化：由翻譯漢語到純漢語發展，由傳説性向史實性轉變，用常用詞彙替换宗教詞彙。

關鍵詞： 寶林傳　傳法正宗記　禪宗語言　世俗化

《寶林傳》，全稱《雙峰山曹侯溪寶林傳》，十卷，唐貞元十七年（801），金陵沙門智炬與天竺沙門勝持集。原書自南宋起失散。今存七卷，即卷一、二（取《聖冑集》之“立章品”補）、三、四、五、六（據日本學者常盤大定發現的“大唐韶州雙峰山曹溪寶林傳卷第六”補①）、八；佚三卷，即卷七、九、十。《寶林傳》是禪宗史傳現存早期文獻之一，爲後世之禪宗史傳如《祖堂集》《景德傳燈録》等奠定了雛形。宋釋契嵩雖對《寶林傳》多有批評，但他所撰《傳法正宗記》十卷（成書於宋嘉祐六年，公元 1061 年）中禪宗早期的有關材料，還是多利用了《寶林

* 本研究得到了教育部人文社會科學重點研究基地重大項目“禪宗燈録文獻語言研究”（12JJD750013）的經費資助。

傳》。從《寶林傳》到《傳法正宗記》，我們可以看到禪宗語言世俗化的明顯變化。具體表現在以下幾個方面：

一 由佛教混合漢語到純漢語發展

“佛教混合漢語”這個概念是朱慶之先生提出來的，他認爲：“佛教混合漢語（Buddhist Hybrid Chinese），簡稱佛教漢一語(BHC)，指的是以翻譯佛典的語言爲代表的漢文佛教文獻的語言。”② 並説：“佛教混合漢語可以有廣義和狹義之分。從廣義的角度來説，它就是古代漢文佛教文獻的語言，包括全部的漢譯佛經、中土人士的佛教撰述和以宣傳佛教教義爲目的的文學作品等，總的字數大約有 8000 萬；從狹義的角度來説，它衹是指漢譯佛經的語言。”③ 本文討論的《寶林傳》和《傳法正宗記》都是“中土人士的佛教撰述”，雖同屬於朱慶之先生所説廣義上的第二類佛教混合漢語文獻，但由於這兩種文獻產生於不同的大時代，並時隔 160 餘年，語言風格還是有很大的差異，向純漢語發展的特徵越來越明顯④。中土人士的佛教撰述是佛教中國化的重要橋梁，“如果翻譯佛經語言是古代印度語言影響漢語的第一步，本土佛典語言則是這種影響的第二步。衹有經過了這一步，譯經帶來的印歐語的影響才真正開始被接受。”⑤ 因此，這類文獻也自有其研究價值。

佛教混合漢語在叙述方式、語法、詞彙、修辭等都有着與本土漢語明顯不同的特徵，如朱慶之先生所説“佛教混合漢語與其他中土文獻語言有明顯的差别，是一種非自然產生的獨特變體。這主要表現在兩種混合上，一是漢語與大量原典語言成分的混合；二是文言文與大量口語俗語和不規範成分的混合。”⑥《傳法正宗記》對《寶林傳》的改編方法之一，就是盡量剔除其非漢語成份。如：

《寶林傳》卷一《度衆付法章湼槃品第三》：吾將金縷僧伽梨衣，轉付於汝，傳授補處。至五十七俱胝六十百千歲，慈氏佛出世，勿令朽壞。

《傳法正宗記》卷一《始祖釋迦如來表》："將金縷僧迦梨衣，亦付於汝，汝其轉授補處慈氏佛，俟其出世，宜謹守之。"

按：《傳法正宗記》沒有"至五十七俱胝六十百千歲"一句，少了梵語的雜糅成份，漢語的特徵就明顯了許多。又：

《寶林傳》卷一《第四祖優波毱多章化三屍品第八》："波旬受梵王教，禮敬尊者，誓願歸依。"

《傳法正宗記》卷二《天竺第四祖優波毱多尊者傳》作"波旬稟其言，下天復趨於尊者，禮悔懇至。"

按："誓願"有誓言和心願之義。《法華經·方便品》："舍利弗當知，我本立誓願：欲令一切衆，如我等無異。""誓願"一詞在佛教早期經典中已常見。"歸依"信仰佛教者的入教儀式。因對佛、法、僧三寶表示歸順依附，故稱。隋慧遠《大乘義章》卷十："歸投依伏，故曰歸依。"南朝陳徐陵《東陽雙林寺傅大士碑》："州鄉媿伏，遠邇歸依。""歸依"一詞在佛教早期經典中也已常見。此句，《傳法正宗記》盡量不用佛教術語。

二　由傳説性向史實性轉變

《寶林傳》出來之後，雖然有如中唐時神清《北山録》的不點名批評，但並不多。及至北宋，西蜀草玄亭沙門慧寶給神清《北山録》作的注⑦中就説："《寶林傳》者，乖誤極多，後之學者，宜更審之也。"⑧更有甚者，如宋戒珠撰《別傳心法議》卷一所説："近者大遼皇帝詔有詞，令義學沙門詮曉等，再定經録，世所謂《六祖壇經》《寶林傳》等皆被焚，除其僞妄條例。"⑨但這些批評無法解釋，禪宗典籍如《祖堂集》、《景德傳燈録》等要依據《寶林傳》而成。

宋釋契嵩《傳法正宗記》對《寶林傳》的改造是全方位的，突出的有兩點：

一是中土年代，契嵩認爲"《寶林》《傳燈》二書，皆書天竺諸祖入滅之時，以合華夏周秦之歲甲。然周自宣王已前未始有年，又支竺相遠數萬餘里，其人化滅或有更千餘歲者，其事渺茫隔越，吾恐以重譯比校未易得其實"，采取了"輒略其年數甲子，且從而存其帝代"[10]的方法，陳垣批其"堅壁清野之法，欲使人無所藉口也"[11]。陳垣主爲《寶林傳》的年代問題："今觀其書，即以年代一節論，舛誤者十之八九，蓋依據一俗陋年表所爲，而《景德録》仍之，如一祖至十三祖各章是。有經《景德録》改正者，如十六、十七、十八、十九、二十、二十二祖各章是。有《景德録》改而仍誤者，如二十一、二十四祖各章是。"[12]

事實上，這種改變也是佛教中國化和禪學變化的表現之一。因爲，從佛教文獻來看，古代印度人的時間觀念是比較澹薄而奇怪的，沒有一個佛祖有確切的生卒年代可攷。在佛經翻譯中，爲了適應中國人比較精細的時間觀念，而用中國本土的帝王年號來作一個大致的參攷，因此也就不可能很準確。當然，禪宗標榜"教外別傳，不立文字"，不重視典籍的編纂，也有影響。到了北宋，隨著文字禪的興起，影響了人們回歸典籍。

二是對一些富有傳奇色彩的事件進行改編。比如《寶林傳》卷一《度衆付法章涅槃品第三》："（佛）再從棺起，爲母說法……爾時金棺從座而舉，高七多羅樹，往返空中，化火三昧，須臾食頃，灰生四樹。收得舍利八斛四斗。"《傳法正宗記》卷一《始祖釋迦如來表》就沒有述及。《寶林傳》中祖師寂滅時的神妙變化也多未鈔録，或一言帶過。這是因爲印度人長於冥想，豐富而神奇，佛典中比比皆是。而中國人是講現實的，缺乏想像，對難以理解的東西因其無用而刪之，以期更具有歷史性。

三　詞彙的替換

宋釋契嵩《傳法正宗論》卷上說："若《寶林傳》者，雖其文字鄙俗，序致煩亂，不類學者著書。"[13]因此契嵩對《寶林傳》的文字也作了許多改編。主要有兩點。

1. 用世俗詞彙替代佛教詞彙，如：

(1)"滅"代替"涅槃"

《寶林傳》卷一《第一祖大迦葉章結集品第四》引《付法傳》云："久遠劫中，毗婆屍佛入涅槃後，四眾造塔。塔中有如來像，面上金色有少缺壞。"

《傳法正宗記》卷二《天竺第一祖摩訶迦葉尊者傳》："先是毘婆屍佛滅後，眾以其舍利建塔。塔之像，其面金色缺壞。"

按，"滅"指"指死亡"，《南史·範曄傳》："曄常謂死爲滅，欲著《無鬼論》。""涅槃"《傳法正宗記》改爲"滅"，就是用世俗詞彙替換了佛教詞彙。

(2)"滅"代替"滅度"

《寶林傳》卷二《第二祖阿難章中流寂滅品第六》："我今滅度，用傳於汝。"

《傳法正宗記》卷二《天竺第二祖阿難尊者傳》作"我今將滅"。

按："滅度"是佛教語。滅煩惱，度苦海。涅槃的意譯。亦指僧人死亡。《傳法正宗記》用"滅"代替"滅度"，亦是世俗詞彙替換了佛教詞彙。

(3)"殀亡"代替"滅度"

《寶林傳》卷五《第二十三祖鶴勒尊者章辯難氣品第二

十九》："龍子事於尊者。經於七年，至二十四，身已滅度。"

《傳法正宗記》卷四《天竺第二十三祖鶴勒那大士傳》作"始大士有弟子曰龍子者，殀亡。"。

（4）"遷化"代替"滅度"

《寶林傳》卷五《第二十三祖鶴勒尊者章辯難氣品第二十九》："卻歸本座，寂然滅度。"

《傳法正宗記》卷四《天竺第二十三祖鶴勒那大士傳》作"復其座寂然遷化"。

按："遷化"指人死，《漢書·外戚傳上·孝武李夫人》："忽遷化而不反兮，魄放逸以飛揚。"《壇經·付囑品》："師說偈已，端坐至三更，忽謂門人曰：'吾行矣！'奄然遷化。"

（5）"觸"代替"男女"

《寶林傳》卷一《第一祖大迦葉章結集品第四》："雖爲貴姻，誓不相觸。"

《傳法正宗記》卷二《天竺第一祖摩訶迦葉尊者傳》作"然皆清淨，雖偶，未甞有男女意。"

按，"觸"爲佛教"五境"或"五塵"，即色、聲、香、味、觸之一。五境産生五欲，其中之觸欲，多指男女之愛欲。而"男女"指兩性間性慾，《禮記·禮運》就有"飲食男女，人之大欲存焉。"《傳法正宗記》應該也是世俗詞彙替换了佛教詞彙。

（6）"精舍"代替"伽藍"

《寶林傳》卷二《第八祖佛陀難提章白光通貫品第十二》："至伽藍，蜜多忽然自進七步，合掌師前。"

《傳法正宗記》卷二《天竺第八祖佛陀難提尊者傳》"及尊者携至精舍，忽自發語，即履七步，合掌說偈"。

按："伽藍"爲佛教專用詞彙，"精舍"則是普通詞彙。

（7）"忽然"代替"瞥然"

《寶林傳》卷三《第十脇尊者章預感金地品第十四》：

"從門而出，至一法會，瞥然不見。"

《傳法正宗記》卷二《天竺第十祖脇尊者傳》："從其門而出，至一法會，其光照曜於衆，既而忽然不見。"

"瞥然"，《漢語大詞典》釋爲"忽然；迅速地"，首例舉唐白居易《與微之書》："平生故人，去我萬裏；瞥然塵念，此際暫生。"按：此詞在唐及前代少用，但在唐五代及以後的禪宗典籍中常見之，但不如"忽然"通俗。

2. 用常用詞代替非常用，如：

（1）"迦葉"代替"婆耆"

《寶林傳》卷一《度衆付法章涅槃品第三》："特現雙足化示婆耆，並説無常。"

《傳法正宗記》卷一《始祖釋迦如來表》："迦葉適至，其足自棺雙出，慰其哀慕。"

按：《景德傳燈録》及後之文獻如《天聖廣燈録》《五燈會元》均承《寶林傳》作"婆耆"，但"迦葉"譯爲"婆耆"在佛經中也是很難見的，所以《傳法正宗記》改之。

（2）"大寂"代替"宴寂"

《寶林傳》卷一《度衆付法章涅槃品第三》："右脇壘足，泊然宴寂。"

按："宴寂"《傳法正宗記》卷一《始祖釋迦如來表》作"大寂"。實際上，"宴寂"是佛教語，安息、寂滅之義。《法華經·化城喻品》："於佛宴寂後，宣揚助法化。"而"大寂"也佛教語。涅槃、圓寂之義。亦泛指佛教徒逝世。唐王維《工部楊尚書夫人贈太原郡夫人京兆王氏墓誌銘》："以某年月日，奄歸人寂於長興裏之私第。"趙殿成箋注："《涅槃經》：'我曠劫來，已入大寂。'"雖然同是佛教術語，且二詞在佛教文獻中的用例是比較早的，但"大寂"出現的頻率遠遠高於"宴寂"。

（3）"軟語""奉酬""引頸"代替"軟言""酬贈""舒頸"

《寶林傳》卷一《第四祖優波毱多章化三屍品第八》："魔時再現，舞弄尊者，毱多軟言慰諭波旬云："汝與我瓔珞厚是厚意，吾今以少許華鬘聊相酬贈。"波旬大喜，舒頸受之。

《傳法正宗記》卷二《天竺第四祖優波毱多尊者傳》："命波旬以軟語慰之曰："汝與我瓔珞甚爲珍惠，吾有花鬘以相奉酬。"魔大喜，乃引頸受之。

按："軟言"，《漢語大詞典》釋爲"柔和、委婉的言語"首例舉《敦煌變文集·伍子胥變文》："子胥被認相辭謝，方便軟言而帖寫。"《傳法正宗記》卷二《毱多》章作"軟語"。《漢語大詞典》釋"軟語"爲"柔和而委婉的話語"，首例舉南朝梁王僧孺《禮佛唱道發願文》："折伏攝受之仁，遇緣而咸拯。苦言軟語之德，有感而斯唱。"實際上，"軟言""軟語"二詞，早期經典中已常見。但"軟語"一詞使用頻率高於"軟言"。

"酬贈"《漢語大詞典》釋爲"以禮物、金錢等爲贈以表謝意"，首例舉唐康駢《劇談録·潘將軍》："外甥忽見尋覓，厚備繒彩酬贈。"實際上，元魏沙門慧覺等譯《賢愚經》卷十三《優波鞠提品》："而告魔言：'汝遺我冠，深謝來意；今以鬘飾，用相酬贈。'"[14]就有用例了。而《傳法正宗記》卷二《毱多》章作"奉酬"，《漢語大詞典》釋爲"酬答"，首例舉唐裴鉶《傳奇·崔煒》："僧感之甚，謂煒曰：'貧道無以奉酬，但轉經以資郎君之福祐耳。'"實際上，梁釋僧祐撰《弘明集》卷十二："雖欲奉酬，言將無寄。"[15]也有用例。在佛教文獻中"奉酬"使用頻率高於"酬贈"。

"舒頸"一詞也是沿用而來的，元魏吉迦夜共曇曜譯《付法藏因緣傳》卷三："而謂之曰：'汝與我鬘，深識厚施，今還以此用相酬遺。'魔大歡喜，舒頸受之。"[16]唐沙門大覺撰《四分律行事鈔批》卷一："而謂之曰：'汝與我鬘，深感厚施，今還以此用相酬贈。’魔大歡喜，舒頸受之。”[17]而《傳法正宗記》卷二《毱多》章作“引頸”，《漢語大詞典》首例舉唐杜甫《舟前小鵝兒》詩：“引頸嗔船過，無行亂眼多。”實際上，隋天竺三藏闍那崛多譯《佛本行集經》卷四十一《迦葉三兄弟品》：“時彼毒龍，九頭大項，引頸欲向優婁頻螺迦葉身邊。”[18]在佛典中，“引頸”使用頻率高於“舒頸”。

（4）“初果”代“須陁洹”

《寶林傳》卷四《第十九祖鳩摩羅多章試神足品第二十三》：“彼仙证果，獲須陁洹。”

《傳法正宗記》卷三《天竺第十九祖鳩摩羅多大士傳》章作“彼天人因之证遂成初果”。

按：須陁洹，常作“須陀洹”，聲聞乘四果中之初果。

（5）“第四果”代“羅漢”

《寶林傳》卷五《摩拏羅印國土章指泉示化品第二十八》：“卻後七日，而獲羅漢。”

《傳法正宗記》卷四《天竺第二十二祖摩拏羅大士傳》作“更後七日，當得第四果。”

按：聲聞乘的四種果位，即須陀洹果、斯陀含果、阿那含果、阿羅漢果。阿羅漢果簡稱羅漢果，爲第四果。

（6）“寶塔”代替“窣覩波”

《寶林傳》卷二《第七祖須蜜章梵王問品第十一》：“佛陀難提即其本座起窣覩波。”

《傳法正宗記》卷二《天竺第七祖婆須蜜尊者傳》作“難提即其本座建寶塔”。

按：唐沙門慧琳撰《一切經音義》卷六：“窣覩波：孫骨反，梵語也。唐云高顯處，亦曰方墳，即安如來碎身舍利處也。古譯或云‘蘇偷婆’，或云‘塔婆’，皆梵語訛轉也。”[19]又，《一切經音義》卷十三：“窣覩波：上蘇沒反，古譯云藪門婆，又云偷婆，或云兜婆，曰塔婆，皆梵語訛轉不正也。此即如來舍利塼塔也，或佛弟子緣覺聲聞及轉輪王等身皆得作塔，或石或塼或木塔是也。或曰方墳，或曰廟，皆一義耳也。”[20] 按：“寶塔”之稱更通俗。

(7)“焚”代替“闍維”，“浮圖”代替“窣堵波”

《寶林傳》卷四《第二十祖闍夜多章示終神力品第二十四》：“闍維既畢，收得舍利，起窣堵波，共其供養。”

《傳法正宗記》卷三《天竺第二十祖闍夜多大士傳》作“焚已，斂舍利，眾建浮圖以供養之。”

按：“窣堵波”，唐沙門慧琳撰《一切經音義》卷二：“窣堵波，上蘇骨反，下都古反，亦梵語，塔也。古云蘇偷婆，古譯不正也，即碎身舍利塼塔也，古譯或曰浮圖也。”[21] 又，《一切經音義》卷四十一：“窣堵波……今俗語或云浮圖。”[22]

此外，還有如《寶林傳》之“曾”，在《傳法正宗記》中作“嘗”；《寶林傳》之“念……經”“唸經”，在《傳法正宗記》多作“誦……經”“誦經”則可能與時代相關。

總之，《傳法正宗記》對《寶林傳》的發展，實際就是在向世俗化的方向發展，目的是讓更多的世俗人誦讀佛經，信奉或歸依佛教。

〔注釋〕

①內有一些缺文，原載日本昭和八年《東方學報》。

②朱慶之《佛教混合漢語初論》，朱慶之編《佛教漢語研究》第 1 頁，商務印書館 2009 年。

③ 朱慶之《佛教混合漢語初論》，朱慶之編《佛教漢語研究》，第 7 頁，商務印書館 2009 年。

④ 當然，如果把《寶林傳》主要材料來源—元魏西域三藏吉迦夜共曇曜譯的《付法藏因緣傳》加進來對照，就更明顯了。

⑤朱慶之《佛教混合漢語初論》，朱慶之編《佛教漢語研究》第 8 頁，

商務印書館 2009 年。

⑥朱慶之《佛教混合漢語初論》，朱慶之編《佛教漢語研究》第 9 頁，商務印書館 2009 年。

⑦陳垣先生認爲慧寶是“北宋初人”，見《中國佛教史籍概論》第 89 頁，上海書店出版社 1999 年。

⑧《北山録》卷六，《大正藏》第 52 册，p. 612。

⑨ CBETA，X57，p. 53，c4－5

⑩ 見《傳法正宗記》卷三，《大正藏》第 51 册，p. 726。

⑪見《中國佛教史籍概論》第 95 頁，上海書店出版社 1999 年。

⑫陳垣《中國佛教史籍概論》第 87 頁，上海書店出版社 1999 年。

⑬《大正藏》第 51 册 p. 774。

⑭《大正藏》第 4 册，p. 443。

⑮《大正藏》第 52 册，p. 81。

⑯《大正藏》第 50 册，p. 306。

⑰CBETA，X42，no. 736，p. 608

⑱《大正藏》第 3 册，p. 190。

⑲《大正藏》第 54 册，p. 341。

⑳《大正藏》第 54 册，p. 386。

㉑《大正藏》第 54 册，p. 321。

㉒《大正藏》第 54 册，p. 580。

〔主要參考文獻〕

(1) 朱慶之. 佛教漢語研究. 北京：商務印書館，2009.

(2) 陳垣. 中國佛教史籍概論. 上海：上海書店出版社，1999.

（譚偉，四川大學中國俗文化研究所，郵編 610064）

俗字研究與民間文獻整理
——以《吉昌契約文書彙編》爲例

唐智燕

内容摘要： 近代民間契約文書整理彙編著作普遍存在誤釋、漏釋俗字現象。文章對《吉昌契約文書彙編》中誤釋、漏釋的俗字做了補釋，對較爲生僻的俗字做了詳細考證，並闡述了俗字研究對於民間文獻整理的重要性。

關鍵詞： 俗字　《吉昌契約文書彙編》　民間文獻　校勘　補釋

引　言

我國遺存近代民間契約文書數量浩大，分佈地域廣。這一語料寶庫，對於我國近代經濟、法律、民俗及語言文字等人文學科具有重要的研究價值。近些年來，各地遺存近代民間契約文書整理彙編著作相繼出版，這爲充分認識和利用這一珍貴語料提供了便利條件。但我們不難發現，此類彙編著作在校勘、標點和注解等方面存在着不少問題，其中絕大部分跟俗字俗語有關。這是因爲近代民間契約文書雖然行文簡潔，遠不如傳世典籍那樣晦澀難懂，但其語言文字具有濃厚的地域特色，俗字俗語隨處可見，其中有些俗字俗語字面尋常但容易誤解，有些俗字俗語生僻難解，在古今字典辭書中亦難覓其蹤跡，這不免給整理校勘工作帶來了一定的困難。在業已出版的文契整理彙編著作中，就存在不少誤釋或漏釋民間俗字俗語的問題，其中一些被誤釋的俗字俗語，一般讀者難以識別，由此可能導致以訛傳訛，貽誤無窮。限於篇幅，兹暫以《吉昌契約文書彙編》[①]作爲考察對象，擇取跟俗字相關的數例校勘疏漏，闡述如次。

一 俗字誤釋舉例

【卜】"卜"（或作"⺊"）在《吉昌契約文書彙編》中高達數十見，主要見於賬簿中，偶見於交易類文契。例如：[②]

(1)《光緒十五年鄒炳才等立賣水田地園子文契》："言（原）日三面意（議）定價銀二拾貳兩伍卜（錢）整。"（106頁）

(2)《同治元年石玉春立借谷約》："同治九年七月內收銀七錢六卜（分）。"（408頁）

上述例（1）中"卜"字，整理者括注爲"錢"，而例（2）中"卜"字，則括注爲"分"。該批文契中其他"卜"字，整理者則均釋爲"卜"。例如：

(3)《同治九年石達玉立借銀約》："今措到汪王會上足色紋艮（銀）五兩整，言定每月每兩行利二卜，不得少欠分厘。"（406頁）

(4)《同治三年石秉信立借銀約》："每月每兩行利二卜，不得短少。……此銀七兩亦（一）並撿清，撿銀四**为**（錢）九卜。"（408頁）

(5)《汪王會銀入單》："收石爲閣艮（銀）式**为**（錢）六卜　收石秉和艮（銀）式**为**（錢）收田玉艮（銀）式**为**（錢）九卜　收田治基艮（銀）三**为**（錢）　收石春發艮

（銀）七分”（412 頁）

(6)《汪王會銀出單》：“出打清醮艮（銀）式为（錢）四卜 上會去艮（銀）四为（錢）二卜 又去艮（銀）七为（錢）八卜 又出去狗場屯上墚艮（銀）一为（錢）六□”（413 頁）

據釋文來看，整理者對“卜”字所指不甚明瞭，如有的“卜”字被釋作“錢”，有的被釋作“分”，或直接照原契字形釋作“卜”。眾所周知，“錢”“分”作爲銀兩的計量單位，它們是不等值的，即十錢爲一兩，十分爲一錢。因此，“卜”字不可能同時表示“錢”“分”兩種不同的計量單位。而且在汪公會所記録的“王汪會銀出入單”中，“艮（銀）幾为（錢）幾卜”的説法多見，即“錢”字與“卜”字多處同現，“錢”“卜”二字顯然有别，即“卜”字不是“錢”字，亦不表“錢”義。據筆者考察，上述用例中的“卜”，均應釋作“分”。“分”俗作“卜”，在近代民間手寫賬簿中常見。在 1935 年（民國 24 年）教育部公佈的《第一批簡體字表》附録部分論及不予采用的三種性質的簡體字中，第一種即賬簿藥方中以符號來代替的，其中就舉到“兩”作“刃”、“斤”作“丨”、“分”作“卜”等簡體字。[1]“分”俗作“卜”，可能是“分”字草書“ㄋ”楷化的結果，即把曲筆“乡”拉直成一竪，乃簡作“卜”字。值得注意的是，該批文契中有兩例“錢”字分别寫作“上”“十”。例如：

(7)《咸豐二年汪起貴立杜賣科田文契》：“原日三面議定賣價足色紋銀一拾三兩六上（錢）整。”（20 頁）

(8)《宣統元年馮發魁立賣科田文契》：“言日三面議定賣價銀壹兩伍十（錢）整。”（60 頁）

上述兩契中“上”“十”二字，整理者皆釋作“錢”字，應是正確的。但爲何正字“錢”可簡作“上”“卡”呢？我們推測，可能由於“錢”“分”作爲銀兩的計量單位常常同現，於是“錢”字受到俗書“分”字“卜”（或作“上）的影響，類化作“上”，即在“卜”字下端加一横表示“錢”字，但這一字形與“上”字（該批文契中多寫作“上”）相混，所以便在“上”字的横筆下加一短竪筆，即爲“卡”。“錢”字的這兩個俗寫形式寫起來雖然很簡便，但在該批文書中卻少見，遠不及“錢”字另一俗寫形式“**为**”那麽常見。這大概是由於“**为**”在當時已是各地通用的俗字。俗字“**为**”（或作“为”）在敦煌寫本中已見。[2]P164宋元以來民間一直沿用。但“‘錢’爲什麽會寫作‘**为**’，則仍是一個有待繼續探究的‘不解’之謎。”[2]P218若單就正字“錢”的字形來看，“錢”字俗作“**为**”的確難以説通。易熙吾先生於是另辟蹊徑，認爲“錢”俗或作“为”是由“泉”字簡化而來。[3]但易先生的這一説法，遭到張涌泉先生的質疑。張先生説：“今人易熙吾先生謂‘錢’俗或作‘为’係由‘泉’字簡化而來，疑未確。”[2]P218我們則由該批文契中“分”與“錢”的俗體即“卜”與“上”（或“卡”）類推，“錢”字俗作“**为**”（或“为”）可能是受到“分”字的另一俗體“ケ”的影響類化所致，即將“分”字俗體“ケ”中的撇筆向下拉長，便成“为”字，以别於“ケ”。“錢”俗作“为”或“卡”“上”，均爲完全脱離正字“錢”字本身的字形全新創造而成，這全新創造的字形，可能就是以與它經常共現之字“分”的俗體“ケ”或“**卜**”作爲參照所造。該批文契中“分”字常俗作“ケ”或“**刀丁**”，乃可參。例如：

(9)《咸豐十一年田方榮立賣菜地文契》：“將祖父遺留[illegible]授自己名下菜地乙段……”（214 頁）

(10)《乾隆二十年汪子□等立賣地基文約》：“將自分受[illegible]（分）内房子地一間……”（230 頁）

【[illegible]】

(11)《乾隆四十二年汪子重立分單》：“立分[illegible]（卑）汪子重，憑母親憑中人，分過汪子重名下墳帝（底）下長田貳塊……恐後無憑，立[illegible]（卑）存照。”（342 頁）

按：契中“[illegible]”字，整理者括注作“卑”，誤。“[illegible]”當爲“單”的俗字。宋元以來，“單”字俗作“单”，如刻本《通俗小説》中“單”均俗作“单”。[4]P10“单”字略去點筆“丶”乃成“[illegible]”字。但俗字“[illegible]”在其他文獻中少見，古今字書亦均未載録。契中“分單”指分關單據。又此批文契中，“單”字亦俗作“[illegible]”或“[illegible]”。例如：

(11)《同治六年汪田氏立遺囑分單》：“立遺囑分[illegible]人汪田氏，因生二子已長成人，將田産地業房屋一概均分……恐口無憑，立分[illegible]爲據。”（348 頁）

近代刻本《太平樂府》、《嬌紅記》、《東牕記》、《目連記》及《金瓶梅》中“單”均俗作“[illegible]”。[4]P10 但俗字“[illegible]”在一般文獻中少見，亦不爲古今字書所收録。

【[illegible]】

(12)《民國二十六年馬開臣立出分關字》：“立出分關字人馬開臣，爲因年老力衰，難以[illegible]（管）理家事……”（371 頁）

按：此契中“[illegible]”字，整理者括注作“管”，誤。“[illegible]”當

爲“督”的俗字。“叔”字或“叔”旁俗書作“尗”。《干祿字書》：“尗叔，上俗下正。”《五經文字》卷下又部：“尗叔，上《説文》，下《石經》。今經典並依《説文》作叔。凡字從叔者並放此。”“尗”又寫作“卄”。敦煌寫本斯 388 號《字樣》：“卄叔：二同。”“卄”再訛變作“廾”。敦煌寫本斯 5647 號《分書(樣文)》：“右件分割家沿活具十（什）物，廾侄對坐，……抛鉤爲定。”又敦煌寫本斯 388 號《正名要録》載“踖”（踧）、“昔”（督）等字。[5]P12 此件文契中“督”作“昔”，即由構件“廾”再訛變作井所致。“督理”指監督管理之意。又如：

（13）《陶柏香立出分關字》：“立出分關字人陶柏香，今因年老力衰，難以昔理家務……”（379 頁）

【茇/𤼵】

（14）《光緒二十四年鄒泗盛等立賣菜園陸地文契》：“請憑中出賣與田茇（慶）廷名下爲業。”（219 頁）

（15）《光緒三十二年馮李氏等立賣菜園文契》“憑中馮茇（茶）林。”（222 頁）

（16）《同治元年馬尚達立賣房屋地基等文契》“憑中許元茇（慶）”。（236 頁）

按：例（14）中“茇”字，整理者括注作“慶”；例（15）（16）中“茇”字，整理者則分别括注作“茶”“慶”二字。而據筆者考察，“𤼵”“茇”均當爲“發”的俗字。下則文契中“發”字前後寫法不一，或寫作正字“發”，或俗作“茇”“𤼵”，可比勘。例如：

（17）《民國二十一年田發廷立出當字文契》：“立出當字

文契人田發廷，……即日入手現交，發廷親領清楚，並未少欠角仙。其有年限限定於四年後𤼵廷贖取，……䒹廷自出當之後，與之照原指界限管理，任隨或坐或佃，𤼵廷老幼人等亦不得異言稱説……”（329 頁）

又據考察，《石倉契約》“發”亦常俗作“𤼵”“䒹”等形③。俗字“𤼵”亦見於近代刻本小説，如《通俗小説》中“發”字均作“𤼵”。[4]P128

在《吉昌契約文書彙編》所載文契中，“發”是一個高頻常用字，它多用於人名及吉祥語〔如“長𤼵其祥”（349 頁）、“子孫𤼵達”（366 頁）之類〕。正字“發”的筆劃較多，書寫起來較爲繁複，但又經常要用到，自然便産生簡便的俗寫形式。契中“發”字的俗寫形式繁多，除俗作“𤼵、䒹”之外，還有“發、發、夅、弅、”等形，它們亦均見於《石倉契約》。

【盖】

(18)《民國二十年馮榮先立招贅約》“憑族翁馮盖（蓋）臣筆”。（393 頁）

按：契中“盖”字，整理者括注作“蓋”，值得商榷。“盖”字未見於古今字書，在一般文獻中也很少見。據初步考察，“盖”當爲“盡”的俗字，即正字“盡”的構件“⺻灬”發生訛變，其竪筆出頭部分訛變作“丶”，又增撇筆作“丷”而成。《宋元以來俗字譜》載刻本《太平樂府》“盡”作“盖”（即略去“灬”）[4]P56，可參。另《魏高輝太夫人墓誌》“盡”作“盖”，《唐王定墓誌》作“盖”，《民國陳侃碑》作“盖”，[6]P293亦可參。又查俗書“蓋”字歷來無增“灬”之形。

【斉】

(19)《甲辰年許俊安等立出分關字據》:“俊昌分得新房子正房左間斉(前)中柱前半間全部通頂。”(378頁)

按:契中“斉”字,整理者括注作“前”,誤。“斉”當爲“齊”的俗字。俗字“斉”在六朝碑刻中已見,如《齊比丘法朗造象》“齊”作“斉”[6]P311。俗字“斉”亦見於敦煌寫本[2]P76,宋元以來民間仍沿用,如《宋元以來俗字譜》所考察的十二部刻本中,“齊”字一般皆俗作“斉”。[4]P129

【才】

(20)《道光二十九年汪興貴等立賣菜園文契》:“言(原)日三面議定時價足色紋銀柒才(兩)整。”(213頁)

按:契中“才”字,整理者括注作“兩”,誤。“才”當爲“錢”的俗字。在該批文契中,“錢”字又作“为”“力”“为”“力”等形,皆可比勘。

【庻】

(21)《民國三十六年馮煥清立賣房屋地基文契》:“買主酒水筆墨化(畫)字一概清白,以(亦)無貨物準庻(折)。”(258頁)

按:整理者直接括注“庻”爲“折”,欠妥。“庻”本爲“庶”的俗字,此由來已久。敦煌寫本中“庶”作“庻”。《宋爨龍顔碑》“庶”亦作“庻”。[6]P156宋元以來,“庶”常俗作“庻”,如刻本《古今雜劇》、《三國志平話》、《太平樂府》及《東牕記》等“庶”均作“庻”。[4]P23此件文契中,“庻”亦當爲“庶”的俗字,又“庶”當爲“遮”字之訛誤(即省去構件“辶”),而“遮”乃與“折”音近通假。

【⿱又貝 / ⿱又贝】

(22)《咸豐十年馮朝立等立賣科田文契》“憑中馮興⿱又貝(聖)”。(23 頁)

(23)《同治元年馬尚達立賣房屋等文契》“憑中馬尚⿱又貝(聖)”。(236 頁)

(24)《民國三十一年馮少先立賣水田文契》:“請憑忠(中)出賣與馬超(筆者按:契中‘超’應爲‘起’字俗體,非‘超’字)⿱又贝(聖)名下爲業。”(117 頁)

按:上述三例中“⿱又貝”與“⿱又贝”字,整理者皆括注爲“聖”,誤。“⿱又貝”“⿱又贝”均當爲“賢”的俗字。即正字“賢”省略構件“臣”而成“⿱又貝”,“⿱又貝”字構件“貝”再簡作“貝”乃成“⿱又贝”。俗字“⿱又貝”或“⿱又贝”在該批文契中很常見,皆用於人名。例如:

(25)《光緒十一年汪興賢立當陸地文契》:“立當明陸地文契人胞兄汪興⿱又貝爲因乏用……”(302 頁)

(26)《民國三十四年田鑫才立賣陸地文契》:“請憑忠上門願將本己園山背後地壹股出賣與馬起⿱又貝名下爲業。”(193 頁)

(27)《民國三十年馮雲奎立賣陸地文契》:“今將祖父遺留分授本己名下陸地壹股,……出賣與馬起⿱又貝名下管業。……至(自)賣之後,任憑馬起⿱又貝子孫永遠管業。”(200 頁)

(28)《光緒十九年田治彬立賣科田文契》“原業主汪興⿱又贝”。(50 頁)

(29)《民國三十一年石周氏等立賣陸地文契》:“請憑中

出賣與馬起應、馬起□弟兄二人名下爲業。”（188 頁）

且據考察，《石倉契約》“賢”字亦俗作“□”。但俗書“賢”字“□”或“□”，在其他文獻中少見，古今字書亦均未載録。

【□】

（30）《民國二年李鳳朝等立賣水田陸地文契》：“其田地四至：東抵李姓地與古墳爲界，南抵胡姓垠，西抵□（二）李姓垠，北抵路……”（108 頁）

按：契中“□”字，整理者括注爲“二”，誤。“□”當爲“亦”的俗字。“亦”字在中古碑刻、敦煌寫本中已見俗體。如《魏魏靈藏造象記》“亦”作“□”、《魏張寧墓誌》作“□”等。[6]P17 敦煌寫本“亦”作“□”。[7]P3 又《新集藏經音義隨函録》載“亦”俗作“□”“□”“□”等形。[8]P686《廣韻·昔韻》：“亦，總也，俗作□。羊益切。”該批文契中“亦”字則一般俗作“□”“□”，此當爲“□”“□”“□”等形的進一步簡化。例如：

（31）《光緒十一年田容立出分關字》：“此係二比情願，□（亦）非逼勒等弊。”（349 頁）

（32）《民國五年汪純美立賣菜園文契》：“其地四至：東抵路買主，南抵路，西抵陳姓界，北□（亦）抵買主地，四至分明爲界。”（224 頁）

據考察，《石倉契約》“亦”也俗作“□”或“□”。⑤

二　俗字漏釋舉例

【⿱丆佰】

(1)《光緒三十四年石潤山等立出抵當字據》："立出抵當字據人石潤山、石潤和、石發祥，情因田石氏之父石維殿病故、母陳氏下堂姊妹四人無有倚靠，經憑本族，將父遺留之業交與親堂叔石維臣執掌，撫養姊妹成人出閣。殊於閨之日毫無賠（陪）奩饋送，後因維臣爾然乏嗣，特招胞姐胡石氏之子胡正妹半子半婿，將維殿之業一股⿱丆佰（□）吞。田石氏心中不忿，俱是女婿獨。胡正妹全受其業，伊只受得維臣之股。然何將維殿之業一並吞受（筆者按：此處句讀有誤，應改爲：田石氏心中不忿，俱是女婿，獨胡正妹全受其業，伊只受得維臣之股，然何將維殿之業一並吞受），田石氏特將胡正妹俱控於趙府尊案下，蒙恩批準，未能提詢。……"（333 頁）

按：契中"⿱丆佰"字，整理者以□標出，未加釋讀。"⿱丆佰"字未見於古今字書，亦罕見於其他文獻。據初步考察，"⿱丆佰"當爲"霸"的俗字。"霸吞"指霸佔吞併之意。考《石倉契約》"霸"俗作"⿱覀佰""⿱覀佰"等形，可參。例如：

(2)《道光十三年張炳照等立討田劄》："……任憑田主起耕改佃，討人不敢⿱覀佰種，當日面説……"[9]P147/2（筆者按：P147/2 表示第 2 册第 147 頁。下同。）

(3)《民國廿八年闕吉偕立承佃字人》："承佃人無得⿱覀佰種阻執等情。"[9]P56/8

又《廈門典藏契約文書》所載一件文契，亦可參。例如：

(4)《宣統元年宇神父等立授承佃約字》(存底契):“仝立授承佃約字人宇神父、嚴慈觀,緣於本堂前有苗田大小三坵,受種子三門種。今因本堂欲增鋪外埕,經公正人等從中説合,把田壹門與慈換來該田伍昇,並收帶貼來龍銀肆拾柒元正明白。……慈願承耕佃,及時遵照公定交納,……茲(慈)情願自備契(犁)工種子耕作以盡佃户之責,如有不公之處,任從本堂起耕佃别耕,並倘或本堂要用是田,慈亦不得藉端霜佃。如無故本堂亦不得隨意起佃。”正契“慈亦不得藉端霜佃”作“慈亦不得藉端宿佃”。[10]P139

此契釋文中“霜”“宿”二字當誤,它們可能均爲“霸”的俗字。“霸佃”與例(2)、例(3)中“霸種”義同,均爲强行佃種之意。而“霜佃”則不可解,“宿佃”亦不合文意。但可惜的是,《廈門典藏契約文書》沒有載録原契照片,筆者目前也未能見到原契的原件。

【⿱⿰亻民巾】

(5)《甲辰年許俊安、許俊州共立換房約》:“俊州當面補俊安⿱⿰亻民巾(□)元。”(392 頁)

(6)《西元一九五四年石記昌立賣水田文契》:“原日三面議定世(市)用⿱⿰亻民巾陸拾陸萬另(零)捌百元整。”(130 頁)

按:“⿱⿰亻民巾”僅見於新中國成立以後所立文契。“⿱⿰亻民巾”當爲“幣”的俗字,即以形符“⿰亻民”替換“幣”的聲符“敝”造構會意字。“⿱⿰亻民巾”意指人民幣,藉以區分於舊時錢幣。

【[illegible]】

(7)《光緒二十三年立分關文契》:“適因人口衆多,汝等欲謀另[illegible](□)。”(350 頁)

按：契中“⿱冖桼”字，當爲“爨”的俗字，蓋由“爨”字草書楷化訛誤所致。

【茇】

(8)《民國二十二年馬開成立出分關字據》：“日後各受各業。係是憑神拈鬮，天神保佑，祖宗茇（□）□。”（367頁）

按：在分關字據中，“憑神拈鬮，天神保佑，祖宗發達”爲慣用語。此契中“祖宗”後面的“茇”字清晰可見，即“茇”爲“發”的俗字。“茇”字之後的字因破損殘缺不清，但依據慣用語仍可推斷，當爲“達”字。

【⿰具彐】

(9)《民國十四年石□氏立分關字》：“除胡家塘茶葉地三廂，⿰具彐（□）氏作養膳□，盆地陸地壹塊作三子廷選結婚。氏之養膳地百年後仍⿰具彐（□）三股均分。”（364頁）

按：此契中兩處“⿰具彐”字，整理者均未加釋讀。“⿰具彐”字當爲“歸”的俗字。“歸”常俗訛作“⿰具帚”。例如：

(10)《干隆三年楊崇林等立賣房屋地基文契》：“年深日久未存（曾）⿰具帚贖。”（229頁）

“⿰具帚”進一步簡作“⿰具彐”。俗字“⿰具彐”在其他文獻中少見，古今字書亦均未載録。

【粁】

(11)《咸豐拾年馮朝立等立賣科田文契》：“又壹塊小田坐落門前河，四至：東、南俱坻（抵）河，西坻（抵）汪姓粁（□）田，北坻（抵）田羅二姓粁（□）田。”（23頁）

按：此契中兩處“粁”字，整理者均未加釋讀。“粁”當爲“糧”的俗字。“糧”俗作“粮”，“粮”又簡作“籵”，即“粮”字的構件“良”以簡省符號“卜”替代。《宋元以來俗字譜》載刻本《目連記》“糧”亦俗作“籵”。[4]P77 據考察，《石倉契約》“糧”也常俗作“籵”。⑥

【[illegible]】

(12)《同治八年田洪立先抵後賣文契》：“立先抵後賣文契人田洪，今因無銀使用，願將同咨（治）元年得買岔路山上陸地一股，坐落地名石硐口岔路邊，其有界紙（筆者按：‘紙’通‘至’。‘界至’指地界四至）得老[illegible]（□）管業，三面議定買價久（玖）捌銀拾兩整。”（145 頁）

按：契中“[illegible]”字，整理者未加釋讀。它未見於古今字書，亦罕見於其他文獻。據初步考察，“[illegible]”當爲“契”的俗字。《魏元誘妻薛伯徽墓誌》“契”作“[illegible]”，《唐封溫墓誌銘》作“[illegible]”，[6]P83 可參。又《石倉契約》“契”作“[illegible]”“[illegible]”“[illegible]”等形，亦可參。例如：

(13)《道光十七年周增基等立賣田契》：“當日憑中三面言斷，時值田價銅錢一百五十千文正，其錢隨契交訖，不少分文，……委係正行交易，不是準折債負之故，其田願賣願買，契載斷截，日後並無找贖。”[9]P40/2

(14)《道光十六年林蘭夢等立推户票》：“立賣斷田契人林蘭夢仝弟八房等，今因父故吉用，……願賣願買，兩家情願，並無逼抑之理，今欲有憑，立賣斷田契付與買主永遠管業爲照。”[9]P198/2

(15)《咸豐二年雷開雄等立杜找田契》：“立賣田契人雷開雄、開顯今因錢糧無辦，……並及田頭地角雜木等項，

一應在內，托中立契出賣與閼麗和邊人受承爲業。”[9]P292/2

“契”字的三個構件均因訛誤産生俗寫形式，如構件“豐”俗作“丰”（如“契”“契”），“丰”再訛變作“主”（即豎筆出頭部分獨立爲“丶”筆，如“契”）；又構件“刀”俗作“力”（如“契”“契”），亦俗作“刃”（增“丶”筆，如“契”），“刃”再簡作“卜”形（如“契”）；又構件“大”俗作“廾”（如“契”“契”），亦俗作“人”（如“契”）。

契文中“老契”即指上手契，具體指某處土地在寫立本次交易文契之前所立的交易文契。如果某處土地在此次立契交易之前存有老契，那麽此次新立文契中一般都會聲明老契的處理方式，或作廢（契文言“打爲故紙”），或聲明按照老契規定的土地四至等管業（如本契）。

【硐】

(16)《民國二十七年胡志清等立賣房屋地基文契》：“只得將祖父所遺分授之相（廂）房一間、東硐（□）一個，……又東硐（□）東、南、西、北俱本族界。”（251頁）

按：此契中兩處“硐”字，整理者均未加釋讀。“硐”當爲“廝”的俗字。“東硐”即東廝，厠所的俗稱。此批文契中“東廝”又多俗作“東司”。例如：

(17)《同治六年王田氏立遺囑分單》：“空房菜地傍田姓乙（壹）半，園門邊東司一個，門前山地一塊。”（348頁）

(18)《民國三十二年石仲和立當房屋字據》：“將到祖父遺留之屋，坐落地名大街中間房屋右邊正房間半、東司一個，天井公共……”（330頁）

“東司”（厠所）用土石建成，“司”字增加形旁“石”造構形聲字“⿰石司”，以增加表意性。又“司”字增加形旁“廠”造構形聲字“⿸厂司”，亦爲增其表意性；或言俗字“⿸厂司”即“廝”字改聲旁“斯”爲“司”而成。例如：

(19)《民國三十三年石廷忠等立賣房屋地基等文契》：“今將祖父遺留分授本己名下正房間半、堂屋半間，一慨（概）通頂天井，右邊東⿸厂司一個……”（257 頁）

俗字“⿰石司”“⿸厂司”，古今字書均未載録。

【乏】

(20)《民國十四年陳宋氏立出包頭字》：“立出包頭字人陳宋氏，今因所當團山背後陸地之老契未接，胡姓恐抵他人，今陳姓願將殺雞坡陸地壹股另作包頭，E 後此地之老契實抵他人，前來爭論，任隨胡姓當主扯包頭之地耕安、變賣賠償共乏（□）。團山背後陸地之花係是二家平分。”（385 頁）

按：契中“乏”字，當爲“有”的俗字。“有”字草書作“弓”，訛變作“乏”。草書“有”字“弓”舉例如下：

(21)《民國二年住持僧壯和立賣科田文契》：“如弓（有）此情，自甘重咎。”（65 頁）

結　語

綜上所述，漢語俗字研究對於民間文獻的整理校勘工作具有重要的意義。諸如手寫民間文契之類的民間文書，不僅俗字豐富，而且有些俗字比較生僻，既不爲古今字書所載録，亦少見於其他文獻。對於此類俗字，尤其需要大力搜集與深入研究，以促進民間文契這一語料寶庫校理工作的完善，爲文契的正確解讀提供方便。

〔注釋〕

①孫兆霞等編《吉昌契約文書彙編》（社會科學文獻出版社，2010 年）共收録 452 件契約文書，均來自貴州省安順市轄下的西秀區吉昌村，主要是清代和民國時期的，有少數是新中國成立以後的。該部文契彙編著作最爲難能可貴之處在於編者附上了全部文契的原契照片。該批文契的書寫風格多樣，出自多人之手，有的文契書寫嫺熟漂亮，但大部分文契書寫很不嫺熟，契文中存在大量通假字、異體字及俗字等用字現象，是考察近代民間用字狀況十分珍貴的同時語料。本文所舉《吉昌契約文書彙編》中的用例，均在該用例後括注其所見頁碼。

②文中所舉文契用例，除了所論俗字及其相關俗字照原契照片中的俗字字形書寫，例中其他字均改作規範繁體漢字。

③參見曹樹基主編《石倉契約》（第 1 輯），浙江大學出版社 2011 年版，第五册第 7 頁、第 9 頁、第 32 頁、第 75 頁。《石倉契約》共收録來自清代、民國時期浙南鬆陽石倉土地契約文書 800 餘件。該部契約彙編著作亦附上了全部文契的原契照片。

④參見曹樹基主編《石倉契約》（第 1 輯）第 1 册第 28 頁、第 115 頁。

⑤參見曹樹基主編《石倉契約》（第 1 輯）第 5 册第 27 頁、第 58 頁。

⑥參見曹樹基主編《石倉契約》（第 1 輯）第 2 册第 124 頁、第 240 頁、第 300 頁，第 5 册第 21 頁、第 257 頁、第 261 頁。

〔主要參考文獻〕

［1］中華民國教育部．第一批簡體字表（附録部分）［J］．國語週刊，1935：244.

［2］張涌泉．漢語俗字研究［M］．（增訂本）．北京：商務印書館，2010.

［3］易熙吾．草書楷化可采用簡體字［A］．//文字改革論集［C］．北京：新知識出版社，1956.

［4］劉復，李家瑞．宋元以來俗字譜［M］．北平：國立中央研究院歷

史語言研究所單刊，中華民國 19 年 2 月.

[5] 張湧泉. 漢語俗字叢考 [M]. 北京：中華書局，2000.

[6] 秦公. 碑別字新編 [M]. 北京：文物出版社，1985.

[7] 張湧泉. 敦煌俗字研究. [M]. 下册. 上海：上海教育出版社，1996.

[8] 鄭賢章. 新集藏經音義隨函録研究 [M]. 長沙：湖南師範大學出版社，2007.

[9] 曹樹基. 石倉契約 [M]. 第 1 輯. 杭州：浙江大學出版社，2011.

[10] 陳娟英，張仲淳. 廈門典藏契約文書 [M]. 福州：福建美術出版社，2006.

（唐智燕，湘潭大學文學與新聞學院，郵編 411105）

論指事字的構形表意及“兼書説”

龔嘉鎮

内容摘要： 指事是漢字在獨體構形階段對象形造字法的補充，它所表示的是象形字難以構形的抽象物事，在本質上具有表意的抽象性與構形的獨體性兩個特點。指事字可以分爲兩類：一類是來源於記事刻符的純指事字，一類是增符於象形的加體指事字。後者是指事字的主體部分，它以相關象形字爲基礎，表示的就是這象形字所記名詞的引伸義，其引伸義是因所加指事性符號的點睛作用而“激活”的。漢字並不是在“六書説”指導下産生和形成體系的，對漢字的分類應該是也只能是基本類型的歸納。立足於記詞方式與發展階段所歸納出的新“三書説”，在宏觀上更爲科學地反映了漢字的表意性質、記詞模式以及漢字發展的基本過程。

關鍵詞： 指事字　特點　類型　兼書説

漢字是以“象形爲本”而孳乳發展起來的表意文字，指事造字是在獨體構形階段對象形造字法的補充。歷代學者關於指事的研究，主要是圍遶着兩個問題展開的：一是明確指事字的特質，討論指事與象形、會意的區别；二是圈定指事字的外延，討論哪些字是指事字並再作分類。

一　指事字是表示抽象物事的獨體字

《説文解字·叙》：“指事者，視而可識，察而見意，上下是也。”許慎對指事的命名雖比班固的“象事”、鄭衆的“處事”要好，但他的定義是不明確的。象形的“畫成其物，隨體詰詘”、會意的“比類合誼，以見指撝”、形聲的“以事爲名，取譬相成”，都是着眼構形表意而作的界說；但“視而可識，察而見意”，則是從認知角度來定義指事的，這樣的界説缺乏區别性特徵。另外，許慎所舉例字亦欠典型而難以類推，也没有專用於分析指事字的術語。正如王筠所說，“六書之中，指事最少，而又最難辨。……所謂‘視而可識’，則近於象形；‘察而見意’，則近於會意。”（《説文釋例・卷一・六書總説》）後世學者對指事字的内在規定性進行了逐步深入的研究。

徐鍇：物之實形有可象者，則爲象形，山川之類皆是物也。指事者，謂物事之虚無不可圖畫，謂之指事。形則有形可象，事則有事可指。故上、下之義無形可象，故以丄、丅指事之，有事可指也。故曰象形指事大同而小異。……大凡六書之中，象形、指事相類，象形實而指事虚。（《説文解字係傳・通釋第一・丄字》）

鄭樵：指事類乎象形：指事，事也；象形，形也。指事類乎會意：指事，文也；會意，字也。獨體爲文，合體爲字。形可象者曰象形，非形不可象者指其事曰指事，此指事之義也。（《通志略・六書略・指事第二》）

段玉裁：指事之别於象形者，形謂一物，事晐衆物，專博斯分，故一舉日、月，一舉二、二。二、二所晐之物多，日、月只一物，學者知此，可以得指事、象形之分矣。……指事不可以會意淆：合兩文爲會意，獨體爲指事。（《説文解字注・叙》）

王筠：指事二字須分别説之。其字之義爲事而言，則先不能混於象形矣；而其字形非合他字而成，或合他字而其中仍有不成字者，則又不混於會意、形聲矣。（《説文釋例・卷一・六書總説》）

南唐的徐鍇提出“六書三耦”説，最早對相類的象形與指事進行了辨析。認爲象形所記是實形可象的具體之物，指事所記是虚不可畫的抽象之事，二者的區别在於“象形實而指事虚”。南宋的鄭樵繼承了徐鍇關於形、事的認識，並把許慎關於“文”、“字”的概念發展爲“獨體爲文，合體爲字”，最早對指事與會意進行了辨析，認爲二者的區别在於“指事，文也；會意，字也”。徐、鄭二位都采取了同中辨異的方法，正是在對指事與象形、指事與會意的區别性辨析中，認識到了指事的性質在於：指事在構形上類乎象形，象形實是有形之物，指事虚是無形之事；指事在表意上類乎會意，指事是獨體的文，會意是合體的字。二位研究指事的方法與基本觀點對後世影響很大，包括段玉裁、王筠在内的元明清乃至現代的學者，對指事性質的認識都是沿着這樣的思路而深入發展的。

黄侃先生曰：“造字之始，必先具諸文，然後諸字得因之以立。”① 在漢字初創的獨體構形階段，象形字只能記録有形可象的名物詞，如何記録那些無形可象而又常用的基本詞，則爲漢字提出了同樣緊迫的社會需求，這就是鄭樵所説的：“六書也者，象形爲本，形不可象則屬諸事。”（《通志略·六書略·六書序》）源於記事刻符的早期指事字正是在這樣的歷史背景下産生的，指事與象形是最早産生且形義統一的基礎漢字。唐蘭先生指出：“指事文字原來是記號，是抽象的，不是實物的圖畫。這些記號可能在文字未興以前，早就有了，在文字發生時，同時作爲文字的一部分。”②

王筠精闢地分析了指事字的生成機理，認爲“天地間物與事而已，有形者謂之物，……無形者謂之事。”然“狀物之字……或流於指事，物能生事也。”指事就是利用抽象符號的指示作用，將“無形之事竟成爲有形之字”，但此形已是“人意中之形，非象人目中之形也”。（《説文釋例·卷一·六書總説》）表方位的

“上”、“下”是常用的基本詞，但意義抽象實在無形可象，遂以一長横爲基綫，其上置一短横而造丄字以表上方義，其下置一短横而造丅字以表下方義。短横之於基綫的空間位置標示了無形可象的方位義，從而使“無形之事竟成爲有形之字”，這就讓人“視而可識，察而見意”了。

王筠的“物能生事”與“意中之形”之論頗爲高明。記録名詞的象形字以表示名物義爲常，但“物能生事”也可引伸出動作義、性狀義來。加體指事字是以相關的象形字爲基礎的，所加的指事性符號則使物生事地“激活”了象形字所潛在的引伸義，從而爲難以爲象之物與無形可象之事造出了有形之字。漢字在獨體構形階段，其造字是以象形爲主指事爲輔的。象形字所表示的是目中所見的具體之物，指事字則表示的是意中所察的的抽象之事。雖然都是有形之字，但一爲“目中之形”，一爲“意中之形”。形義統一的象形字指事字，後來都在語義化簡明化中成爲了寓意於形的意象性符號，其中表示類概念的部分則通過偏旁化而兼職充當了漢字的基礎字符。隨着基礎字符系統的形成與合成構字方式的成熟，人們再也没有逐個新造獨體字了。

指事是在獨體構形階段對象形造字法的補充，它所表示的是象形字難以構形的抽象物事。較之同爲獨體的象形、同需察意的會意，指事在本質上具有兩個區别性特徵：一是表意的抽象性。象形是物實有象而按物繪形；指事是事虚難象故指事察意，表示的是無形可象的抽象義與難以爲象的名物義。二是構形的獨體性。會意是數文組成的合體字；指事是單符成文的獨體字，其中的加體指事字雖是“文之加”，但所加的指事性符號是並不成文的點劃類標誌。

二　指事字可分爲純指事與加體指事

在許慎的基礎上，進一步明確指事字的外延並進行分類的研究，經歷了一個逐步發展的過程。南唐的徐鍇在《説文解字繫傳》的通釋中最早明確注出了誰是指事字，他所認爲的“本”、“末”之類的字就是後世所謂的加體指事字。宋末的戴侗着眼於漢字起源，最早把記數字歸爲“上下之類”的指事字。徐、戴二位的研究，進一步明確了指事字的範圍，明代萬曆年間的趙宧光，對前人的探討進行了這樣的歸納：“指事有二：一曰獨體指事，謂一二三十之類；一曰附體指事，上下本末之類。”（《説文長箋・卷首一・事第一》）這個意見較爲切實而頗有影響，現代學者也多基本認同。樑東漢先生認爲：“指事字可以分成兩類：一類和象形無關，純粹是一個‘指事’符號，例如‘一’‘二’‘三’‘亖’‘上’‘下’之類；一類是在象形字的基礎上增加一個‘指事’符號而成的指事字，例如‘刃’‘左’‘右’，等等。”③

（一）源於記事刻符的純指事字

數的概念産生於原始計數活動，是人類最早具有的一種基本的抽象概念。人們通過計數來認識事物與進行交流，自然需要記住一些重要的數目。記數備忘在生産、交易和社會管理中的需求，隨着社會的發展而逐步增强，由實物記數、結繩記數逐步進化爲用刻劃記數，記數字就來源於原始記數方法的符號化。

東漢盛行讖緯之學，光武帝劉秀就虔誠信奉大力提倡，時人好用陰陽五行説來解釋五經。作爲當時的著名經師，許慎也用讖緯説來説解記數字等尚難分析的文字。如：“一，惟初太始，道立於一，造分天地，化成萬物。”“二，地之數也。”“三，天地人之道也。”“五，五行也。从二，陰陽在天地間交午也。”“七，陽之正也。从一，微陰從中邪出也。”“十，數之具也。一爲東西，丨爲南北，則四方中央備矣。”有學者認爲對記數字、干支字的説解，反映了許慎的哲學思想。但事實是，記數字、干支字在殷商甲骨文中就已經出現了，這些字的構形構意與後來的讖緯説是並不相干的。這樣用後來的神秘之説去解釋先民的造字構意，已經不是立足構形探求本義了。這是許慎的時代局限，不應苛求，亦勿須迷信。

宋末元初的戴侗最先對此提出了异議，明確指出“許氏之説大矣，非制文之本指也。”他歷史地認爲：“上古結繩而治，未有文字，先契以紀數。一二三亖各如其數，自五以往不可勝画，故變而爲以爲小成之識，變而爲十以爲大成之識。……確一二三四五十，本爲紀數立文，非爲天地陰陽五行立名也。”（《六書故·卷一數·十字》）清代朱駿聲亦對許慎關於記數字的説解提出批評：“此説紆遠難通。造字之始，盡以記數，本無深意，但别异其形耳。”（《説文通訓定聲·履部·七字》）針對字形的演變與《説文》的局限，戴侗提出了析形求義要立足於“取象制文之本初”的觀點（《六書故·六書故目》），他在《六書故》中引用的金文及石刻文字材料多達五十多處，從而開啓了用古文字材料來校证《説文》的工作。

戴侗從漢字起源的思路指出，“書始於契，契以紀數。”認爲記數字脱胎於“契以紀數”的刻符，“本爲紀數立文”，是爲記數而造的獨體字。並總結出記數字的兩種造字之式：“一二三亖各如其數，自五以往……變而爲。”是他最早把這些記數字與表方位的“上”、“下”等字一並視爲早期的指事字，明確指出：“何謂指事？指事之實以立文，一二上下之類是也。”（《六書故·六書故目》）他從“契以紀數”的歷史視角來説解記數字的認識是難能可貴的。

于省吾先生發展了戴侗關於記數字的認識，他立足於甲骨文字形，將基本記數字的構形表意方式歸納爲積劃與錯劃兩種。認爲"我國古文字，當自紀數字開始，紀數字乃古文字中之原始字。紀數字由一至九分爲二係而五居其中。由一至四，均爲積劃，此一系也；由五至九，變積劃爲錯劃，此又一系也。"④古文字中的一、二、三、亖，是積劃爲數的指事字，這已成爲學界的共識。

(二) 增符於象形的加體指事字

徐鍇最早對相類的象形、指事進行了辨析，不僅指出二者的區别在於"象形實而指事虚"，而且在《説文解字繫傳》中指出了他所認爲的 65 個指事字，這就進一步明確了指事字的概念⑤。其中如本朱末寸厷叉甘等這部分，就是後世所謂的加體指事字。加體指事字的特點在於加符於象形之上以指其事，即利用已有的相關象形字爲基礎，在象形字的某個部位加上指事性符號，以此顯示造字之意。所加的符號雖是不成文的點劃類標誌，但它是指事字中的點睛之筆：其所"指"之"事"，就是此字的構字之意。

加體指事字是指事字的主體，它不僅可以表示難以獨立爲象的名物義，可以表示無形可象的動作、性狀等抽象義，而且還可以表示象形字的分化義。

第一，表難以獨立爲象的名物義。有些名詞所表示的是特定物體中不可分割的部分，很難爲它們獨立畫象，也難以依靠主體的襯托以顯示其區别性特徵，於是就以表示所在主體的象形字爲基礎，再加上指事性符號來標誌出所取的部位。例如：

刃：刀鋒義的"刃"無法獨立成象，遂利用現成的象形字"刀"爲基礎，在其刀口部位加一點以指示所在之處就是"刃"，這就造出了字。

本、末：樹根義的"本"、樹梢義的"末"，都難以獨立畫象，就以象形字"木"爲基礎，在其上、下端分别加上一横以爲標誌，從而造出了、二字。

亦：《説文解字·大部》："亦，人之臂亦也。""亦"是"腋"

的初文，後借去用作副詞。腋窩難以爲象，遂在象形字（大，像正面站立之人）的兩腋處加點標示以造字。

寸："周制寸、尺、咫、尋、常、仞諸度量，皆以人之體爲法。"（《説文解字·尺部·尺字》）詹鄞鑫先生從"近取諸身，遠取諸物"的角度歷史地探討了一組長度單位的來源。周代的尺寸標準比現在要短，流行的是"布指知寸，布手知尺，舒肘知尋"的量度法（《大戴禮記·主言》），所謂"布指知寸"即以指寬爲寸。中醫診病的切脈術産生後，因切脈處正位於距手腕一指寬的部位，故稱之爲"寸口"。《説文解字·寸部》："寸，十分也。人手却一寸動脈謂之寸口。"詹先生認爲"切脈之'寸口'當是從'布指知寸'的量度法發展而來的。"⑥寸字始見於小篆，其形爲，它以象形字"手"爲基礎，在其下部加一横以指寸口之所在，用寸口至手腕的距離巧妙地表示了"寸"的長度單位義。

第二，表無形可象的抽象義。加體指事字之所以能够表示無形可象的動作、性狀等抽象義，一是因爲它是以相關象形字爲基礎的。象形字記録的是名詞，名詞在一定的語用環境中是可以活用爲動詞、形容詞的。記録名詞的象形字在充當字符時，也可以表示名物義的引伸義。二是因爲它用指事性符號"激活"了象形字的引伸義。指事性符號如點睛之筆，指向性地彰顯了象形字"物能生事"的潛在引伸義，從而爲抽象之義造出了有形之字。例如：

立：站立義的"立"字，甲文爲，是在象形字"大"的下邊加符而成的。

之：《爾雅·釋詁》："之，往也。"甲文爲，是在象形字"止"（趾）的下邊加符而成的。

至：到達義的"至"字，甲文爲，是在象形字"矢"的下邊加符而成的。

生：生長義的"生"字，甲文爲，是在象形字"屮"

的下邊加符而成的。

旦：早晨義的“旦”，其甲金文由象形字“日”與其下的小圈組成，後小圈變爲一横，小篆爲。

這幾個象形字下邊的“一”，在“立”字中被視爲人所站立的地面，在“之”字中被視爲邁步他往的出發地，在“至”字中被視爲箭所射到的目的，在“生”字中被視爲小草生長的土地，在“旦”字中被視爲太陽昇起的地平綫。其實，這個“一”如“”、“”字中的指向性綫條一樣，就是一個抽象的指事性符號。正是這種加符於象形而使物生事的創意，使人在聯想中察知了象形字所記名物的動作義。

甘：甲文爲。《説文解字·甘部》：“甘，美也。從口，含一。”

曰：甲文爲。《説文解字·曰部》：“曰，詞也。從口，……亦象口氣出也。”

牟：甲文爲。《説文解字·牛部》：“牟，牛鳴也。從牛，象其聲氣從口出。”

芈：甲文爲。《説文解字·羊部》：“芈，羊鳴也。從羊，象聲氣上出，與牟同意。”

以上四字或表味美的性狀，或表説話的行爲，或表牛羊的鳴叫，都是無形可象的抽象義。許慎以“從甲，象乙”析説之，但它們所象的並不是“目中之形”而是“意中之形”。味美是在口中感受到的，説話是從口中發出來的，口感味覺與開口説話原本就是口腔有關器官的功能。利用已有象形字“口”爲基礎，在其中加一横以表口中食物的味美，在其上加一横以表口中説出的話語，從而造出了“甘”、“曰”二字。記録牛羊鳴叫的象聲詞“牟”、“芈”等字也是如法炮製的。加體指事字之所以借用相關象形字作爲構形的基礎，就是爲了利用已有象形字的形象與信息，其所加的指事性符號，則指向性地讓人由此聯想到象形字所記名詞的引伸義，而這引伸義正是指事字的所表之義。

第三，表相關象形字的分化義。加體指事字不僅可以表示象形字的引伸義，而且還能成爲相關象形字的分化字。例如：

女/母：“女”字甲文爲，像直身跽坐雙手勞作之人，是以男耕女織居家操持的構意用指女人的。後在“女”字上添加兩點而爲，异體分化另指生育乳子之“母”。“母”是“女”的分化字。

大/太：“大”字甲文爲，像正面站立之人，與像幼兒的（子）字相對而指“大人”，後引伸而泛表大義。至戰國文字，“大”字的右臂或加一撇而爲，後撇變爲點移至下邊，這就從“大”字中逐步分化出了“太”字，“後世凡言大而以爲形容未盡，則作太。”（段玉裁《説文解字注 • 水部 • 泰字》）“太”是“大”的分化字。

小/少：“小”字甲文爲，也有寫作四點的，像細碎之物表微小之義，或以爲是“沙”字的本字。至春秋金文，四點的“小”字中的下邊一點或延長爲綫而變作，這就從“小”字中逐步分化出了不多義的“少”字。“少”是“小”的分化字。

月/夕：“月”字甲文爲，因月缺爲常而取象半月以别於日。月亮是夜晚的象徵，故卜辭又以月爲夕，後在“月”字中加點而爲，這就從“月”字中逐步分化出了“夕”字。“夕”是“月”的分化字。

手/右：“右”字甲文爲，本是像右手之形的象形字，在卜辭中或引伸爲表方位義的右。但又作爲甲骨文的構字部件，在父、尹、爲、及等字中都是以“手”這一本義參與構字的，後來在金文中獨立作字而形變爲。“右”字後來在金文中增符而爲，這就從“（手）”字中逐步分化出了“右”字。“右”是“手”的分化字。

大/天/夫：先民造字並非一人所爲，各有所取而一字多形。

“甲骨文大天夫一字，”⑦都是取象於正面站立之人的象形字，分別爲大、天、夫。隨着取象於側立之人的人字逐步成爲記録名詞“人”的專用字，“大”、“天”、“夫”則在异體异用中成爲了職有分工的分化字。至於把“天”字視爲在“大”字之頂加符以指頭頂之天，把“夫”字視爲在“大”字上端加符以指成年之夫，那是把共時的异體字視爲歷時的加體指事字了。

指事字可以分爲兩類：一類是來源於記事刻符的純指事字，如三五上下之類，純粹是用抽象的綫條性符號，來表示基本的數字與方位。一類是增符於象形的加體指事字，如本旦曰太之類。加體指事字以現成的象形字爲基礎，它利用和承襲了象形字的直觀形象與相關信息，所表示的就是這象形字所記名詞的引伸義，其引伸義是因所加符號的指點才“激活”的。指事性符號是指事字得以記録抽象之義的點睛之筆。

三 漢字基本類型的歸納與“兼書説”

漢字是華夏民族創造的用以記録漢語的自源文字，“六書”説是週末至漢代的學者對前人構形造字模式的歸納分類。許慎對六書一一定義例证，並據此爲小篆字逐一分析字形説解本義，但“許慎自已在《説文解字》所收的一萬多字裏，就没有徹底去分過類，一直到宋代，鄭樵才替他做了這工作。”⑧鄭樵的《六書略》“實本《説文》而作”，他第一次以六書爲綱來統系編排全部漢字。但是，在運用“六書”理論爲所收的 24235 個楷書字進行具體分類時，他又把不少字處理爲兼書。例如他所認爲的 107 個指事字中，就有“事兼聲”者 6 字，“事兼形”者 11 字，“事兼意”者 12 字，計有兼書字 29 個，占指事字總數的 27%。（《通志略・六書略・指事第二》）其後致力於兼書者續有人在，至清代王筠而達到極致。王筠將所認爲的 123 個指事字分爲正例、變例二類。八種變例中的前四種就是兼書:“以會意定指事”者40字,“以會意定指事而小别”者2字,“指事而兼形意與聲”者1字,“借形以指事而兼會意”者1字,這四種兼書計44字,占指事字總數的36%。(《説文釋例·卷一·指事》)徐鍇、鄭樵、王筠等人所認爲的指事字中,有不少字並没有得到今人的認同;而鄭王等人所提出的“兼書”説,亦受到不少學者的置疑與批評。

就上文引述所見,鄭樵、王筠都特别强調了區分象形與指事、獨體與合體的重要性,並提出了爲人認可的區分標準與方法,但二人在具體分析漢字時,並没有始終貫徹自已的觀點與區分標準,反而用心良苦地把不少字處理爲兼書字。這看似自相矛盾,實則無可奈何。這種非不爲乃不能爲的困窘,反映了鄭王等人對六書説的苛求或者説迷信,表現了鄭王等人在認知上的時代局限。

現從漢字産生的實際、邏輯歸納的特點、事物分類的意義三個方面,對兼書説略作評説。

第一,漢字是華夏先民集體智慧的結晶,它並不是在六書説指導下産生和形成體系的。造字早期並無成法,既非先定規則再如法炮製,更非一時一地一人所造。六書説是立足於析形求義對小篆構形模式的理論歸納,具有相當强的科學性與系統性,並對後來的析字、考字、造字産生了積極的指導作用。但是,漢代學者上未得見甲金而下剛出現隸書,其研究畢竟還處在漢字學發展史上的早期階段。正如唐蘭先生所説:“許氏六書説,在義例上已有很多的漏洞,在實用時,界限更難清晰。”⑨以後繩前而對號入座,自然有不少的例外,一些字的歸類莫衷一是本屬當然。糾纏於這些字究竟屬於六書中的哪一類,是鑽了牛角尖,意義不大也很難取得共識。

第二,漢字是一個開放、發展的復雜符號系統,對數以萬計的漢字進行竭澤而漁的歸納分類是不可能的。列寧説得好:“任何一般只是大致地包括一切個別事物。任何個別都不可能完全地包括在一般之中。"[10]事實上，從小篆中歸納出的六書説並不能囊括全部小篆字，更不用説此前的甲金文與其後的隸楷書了。隨着漢字的歷史發展，早期的獨體字後來多不象形不指事了，它們因造字理據的語義化已演變成爲意象性的表意符號；還有一些字符則簡化爲了只有構形功能的記號。鄭樵以《説文》爲綱而"驅天下文字盡歸六書"（《通誌·總序》），兩難之處自然不少，"兼書"之説遂由此生。

第三，對事物進行分類的意義，在於深化對事物的認識。漢字記録漢語的方式主要是據義構形，但漢字也經歷過一個"依聲託事"的過渡階段，並至今保留着一些借音記詞的假借字。對漢字進行分類的主要目的，應該是歸納出漢字據詞造字構形表意的基本模式。王筠的兼書研究比鄭樵等人走得更遠，在用六書爲漢字分類時，他又另分出十幾類兼書來。如爲一個"高"字另立一類"借形以指事而兼會意"，爲一個"牽"字另立一類"指事而兼形意與聲"，一字竟然而兼三、四書。（《説文釋例·卷一·指事》）這就混淆了形事意聲的界限，不僅看不出如此分類的標準與目的是什麼，而且也看不出如此分類的價值與意義在哪裏。

真正的兼書是合體字中的"聲兼意"，它是"右文説"討論的内容，而"右文説"的主要價值並不在這共時的聲兼意現象，而在形成聲兼意現象的歷史原因。這種兼有表意功能的聲符，一般出現在因詞義引伸同源分化而產生的加旁孳乳字之中，這些聲符原本就是孳乳字的古字。而孳乳字所表示的則是古字的分化義，或如加"竹"的"箕"字，表示的是古字"其"的本義；或如加"女"的"娶"字，表示的是古字"取"的引伸義。這種因詞義引伸同源分化而"以類附聲"的相承孳乳，是形聲字產生的一大主要途徑，這才是"聲兼意"、"右文説"爲人重視的價值所在。

鄭樵、王筠是在漢字學發展史上作出貢獻頗有影響的學者。以二人爲代表的兼書説擴大了兼書的範圍，是把問題復雜化了，但是，他們“驅天下文字盡歸六書”的研究實踐，充分暴露了漢字構形造字的復雜性，這對後來的學者啓發很大。20 世紀 30 年代以來，又有學者對漢字發展史上各個階段沉積下來的基本類型作更進一步的歸納。唐蘭先生 1935 年提出象形文字、象意文字、形聲文字是漢字演化的“三個時期”，後在 1949 年出版的《中國文字學》中明確稱之爲“三書説”[11]。陳夢家先生在 1939 年、1944 年編訂的兩種文字學講義中，提出象形字、聲假字、形聲字是“代表文字演進的三個階段，同時也是整個中國文字三個基本類型。”後在 1956 年出版的《殷墟卜辭綜述》中亦稱之爲“三書説”，並將“聲假字”改稱爲“假借字”[12]。裘錫圭先生“認爲陳氏的三書説基本上是合理的，只是象形應該改爲表意（指用意符造字）。……在對三書分别進行研究的時候，當然還可以分小類。”他明確指出，“三書並不能概括全部漢字”，特地另立一節專門討論了“不能納入三書的文字”[13]。

“表意→假借→形聲”三種基本類型，是着眼於漢字的記詞方式與發展階段所歸納出來的基本類型，這是對六書説的發展，亦有對兼書説的借鑒。六書中的象形字、指事字和會意字，都是用意符所造的表意字。但是，漢字是由表形文字發展爲表意文字的，用語義表意的意符原本來自以物象爲本的“形符”，漢字表意的初級形式是用物象表形。

華夏先民創造的漢字是據義構形的表意文字，對漢字的歸納分類首創於漢代學者的“六書説”，但漢字並不是在“六書説”指導下産生和形成體系的。許慎的六書理論很有價值也有缺陷，兼書研究的實踐暴露了“六書説”的缺陷，也展示了漢字構形的復雜性，説明對漢字的分類應該是也只能是基本類型的歸納。立足於記詞方式與發展階段所歸納出的新“三書説”，在宏觀上更爲科學地反映了漢字的表意性質、記詞模式以及漢字歷史發展的基本過程。

〔注釋〕

①黄延祖重輯. 黄侃國學講義録. 北京：中華書局，2006：3.

② 唐蘭. 中國文字學. 上海：上海古籍出版社，1979：70.

③ 梁東漢. 漢字的結構及其流變. 上海：上海教育出版社，1959：99.

④ 于省吾. 釋一至十之紀數字. //甲骨文字釋林. 北京：中華書局，1979：100.

⑤ 楊清澄. 徐鍇《説文繫傳》的六書見解. 懷化師專學報，1993（4）.

⑥ 詹鄞鑫. 近取諸身，遠取諸物——長度單位探源. 華東師範大學學報，1994（6）.

⑦ 徐中舒主編. 甲骨文字典. 成都：四川辭書出版社，1989：1179.

⑧ 唐蘭. 中國文字學. 上海：上海古籍出版社，1979：72－73.

⑨ 唐蘭. 中國文字學. 上海：上海古籍出版社，1979：72.

⑩ 列寧. 哲學筆記. 北京：人民出版社，1993：307.

⑪唐蘭. 古文字學導論. 濟南：齊魯書社，1981；唐蘭. 中國文字學. 上海：上海古籍出版社，1979：75－79.

⑫陳夢家. 中國文字學. 北京：中華書局，2006：256－257；陳夢家. 殷墟卜辭綜述. 北京：科學出版社，1956：80.

⑬裘錫圭. 文字學概要. 北京：商務印書館，1988：106－109.

（龔嘉鎮，四川達州職業技術學院，郵編 610091）

緬懷甄尚靈教授

甄尚靈教授生平

先生祖籍四川遂寧，1915 年生，1933 年畢業於遂寧涪江女子中學，隨即任教於該中學。兩年後，先生赴成都求學，就讀於華西大學中文系，1939 年完成學業，獲文學學士學位。畢業後曾在成都基督教協進會《兒童月刊》任編輯，並在成都華西大學中國文化研究所及中文系工作。其間，先生曾先後從李培甫、趙少咸先生學音韻學，從鍾稚琚先生學《説文解字》，從聞在宥、吕叔湘先生學文字學、語言學。20 世紀 40 年代初，李方桂先生到成都燕京大學任教，又從李方桂先生學語言學。

1947 年 2 月至 1951 年 2 月，先生遠涉重洋，負笈美國，先後就讀於美國西弗吉尼亞大學英語系、哈佛大學比較語文系和東亞語文系。在美求學期間，獲得哈佛燕京獎學金和教會獎學金，1949 年獲哈佛大學比較語言學系碩士學位。之後，先生又進入耶魯大學遠東語言系攻讀博士學位。

就在先生學業巔峰時期，新中國成立，1951 年 5 月，先生毅然中斷學業，回到祖國。回國後，先生全力以赴，投入工作，執教講壇，並致力於語言文字研究。1951 至 1952 年先生在華西大學中國文化研究所、中文系任副研究員、副教授，1952 年 10 月至退休，在四川大學中文系任副教授、教授。先生並曾擔任四川省語言學會副會長。

先生長期從事語言教學和研究，抗戰時期就有關於漢字結構的文章在金陵齊魯華西三大學《中國文化研究匯刊》上發表。1958 年在《四川大學學報》發表《成都語音的初步研究》。50 年代末，先生主持了四川省漢語方言普查工作，並領導四川大學方言調查工作組將當時的四川大學、西南師範學院、四川師範學院三校所調查的全部材料整理成數十萬言的《四川方言音系》。以上兩項開拓性的成果深得學界好評，不僅爲省内高等院校的語言教學提供了重要依據，也爲四川方言的深入研究鋪平了道路。先生還撰寫了《成都人怎樣學習標準音》等很有實用價值的著作。

1975 年到 1990 年，先生參加了國家文化建設重點科研項目《漢語大字典》的編纂工作，任編委會編委，爲《漢語大字典》的編寫貢獻了自己的力量，曾獲得國家出版事業管理局獎勵。

文化大革命以後，先生多次出席中國語言學會年會及國際漢藏語言學會議，所撰論文並在大會宣讀。直至年過八旬，先生還在我國語言學權威雜誌《中國語文》、《方言》及《中國語言學報》等上發表系列文章，對古漢語詞彙，尤其是對四川方言的語音、詞彙、語法進行了深入的研究。

先生從教數十年以來，始終堅持以教書育人爲己任，不怕艱苦，不計得失，積極從事教學科研工作，爲人師表，品德高尚，堅持不懈地教育學生追求真知。先生恪盡職守，在教學中堅持教學相長，既傳授業務知識，又注意介紹治學方法，先後爲本科生、研究生開設語言學概論、現代漢語、漢語音韻學、文字學、漢語語法研究等課程，教學效果極好，培養了一大批本科生和研究生。

先生工作期間，曾獲四川大學先進工作者、成都市總工會“女能人”等稱號，其科研成果獲得四川省政府獎。

先生一生愛崗敬業，澹薄名利，寬厚謙遜，獎掖後進，生活簡樸，是我們學習的榜樣。先生雖不幸仙逝，其品格風範，學問文章，永遠令人景仰。

甄尚靈教授語言學著述目錄

一、專著

四川方言音系（合作）. 四川大學學報·四川方言音系專號，1960（3）.

二、論文

1. 説文形聲字之分析. 中國文化研究匯刊. 第2卷，1942.

2. 論漢字意符之範圍. 中國文化研究匯刊. 第3卷，1943.

3. 論形聲字意符之部位. 中國文化研究匯刊. 第4卷（下），1944.

4. 漢字俗解小考. 中國文化研究匯刊. 第5卷（下），1945.

5. 成都語音的初步研究. 四川大學學報（哲學社會科學版），1958（1）.

6. 衷心擁護漢字改革. 語文建設，1958（3）.

7. 假借義初探. 詞典研究叢刊. 第一集. 成都：四川人民出版社，1980.

8. “虧”的“多虧”“幸虧”等義及其出現的句型. 中國語文，1982（2）.

9. 遂寧方言裏的“有”和“没有”. 方言，1981（3）.

10. 四川方言代詞初探——爲第十五屆國際漢藏語言學會議而作. 方言，1983（1）.

11. 四川方言的鼻尾韻. 方言，1983（4）.

12. 古漢語中“言”和“語”帶賓語的句式. 中國語言學報. 第4期，1983.

13. 四川方言代詞二事. 漢語論叢. 四川大學學報叢刊第22輯，1984.

14. 遂寧方言形容詞的生動形式. 方言，1984（1）.

15. “言，訟也”考. 中國語文. 1985（2）.

16.《西蜀方言》與成都語音. 方言，1988（3）.

17.《蜀語》詞語的記録方式（合作）. 方言，1992（1）.

18.《蜀語》詞語的記録方式與《蜀語》音注所反映的音類（合作）//遂寧市文化局編. 李實學術研討會文集，北京：語文出版社，1996.

悼念甄尚靈先生

向 熹

2012年3月31日下午，聽説甄尚靈先生病重住院，我立即趕赴華西醫院探視，到達第二住院部十二樓時已是五點半鐘。甄先生安詳地躺在病床上，插着輸氧管，蓋着白被單，沒有醒來。我怕驚動她，影響老人的休息，沒敢招呼她，在病床邊靜靜地站了半小時。一位年輕醫生進來看了看，走了。負責護理的何大姐悄悄告訴我，甄先生有時昏睡，有時醒來，吃東西很少，怕是一時醒不來了。於是我決定回家，明天再來看望她老人家。4月1日上午，我正準備起身去醫院，忽然龔翰雄教授來了電話，説：“甄先生已經走了，今天早上。”簡直是晴天霹靂。昨天還安靜地睡着，怎麽今早就走了呢？我不禁百感交集，十分難過。從1958年到現在，我與甄先生相識已54年。她是四川大學中文系漢語教研室的老主任，一位和藹可親的長者，一位關心我的好老師。雖然先生壽近期頤，突然離去，我仍難適應。

甄先生是一位熱愛祖國的知識分子。20世紀40年代，甄先生遠游重洋，到美國留學，先就讀於弗吉尼西大學英語系，後轉學到哈佛大學比較語文系和東亞語文系，獲得碩士學位，接着進入耶魯大學遠東語言系，攻讀博士學位。正當甄先生即將登上學術巔峰的時候，神州各地發生了翻天覆地的變化，中華人民共和國成立了。百廢待舉，急需人才。甄先生中斷學業，於1951年與丈夫張紹英先生一起回到祖國，全心全意投入工作，先後擔任華西大學和四川大學中文系副教授、教授。在教學和科研上都取得巨大成績。世事無常，人生難料。也許因爲甄先生解放前擔任過《兒童月刊》編輯，而那個刊物爲成都基督教協會所創辦。"文化大革命"中她受到有關部門的監控和審查，教學和科研工作都被中斷。精神上受到嚴重打擊，80 年代纔又恢復正常。事實證明，甄先生當年放棄美國的舒適生活和無限前程，毅然回到祖國，完全是出於對祖國的熱愛。她是一位直正的愛國學者，一生中沒有做過任何不利於祖國的事情，也沒有説過任何不利於祖國的話，相反，甄先生工作勤勤懇懇、任勞任怨，她對川大中文系漢語教學和科研，對青年教師培養所作的貢獻，都是有目可睹，無與倫比的啊。

甄先生是一位博古通今、學貫中西的真學者，她年輕時曾師從李仁甫、趙少咸先生學音韻學，師從鍾稚琚先生習《説文解字》，師從聞在宥、呂叔湘先生學習文字學、語法學，師從李方桂先生學習語言學，甚得諸先生學問精髓。留學美國多年，就讀多所名校，英語更爲嫻習。她長期擔任四川大學中文系漢語教研室主任，主講現代漢語，培養了大批本科生和研究生；與此同時，她還抓緊時間撰寫了一系列高質量的學術論著。如《成都語音的初步研究》(1958) 是我國第一次全面系統研究成都語音的著作。《四川方言音系》則是 50 年代末期甄先生主持四川方言調查，領導方言工作小組，分析整理全省 250 個調查點原始材料而成的著作，長達數十萬字。這部著作全面記錄了四川官話的語音，詳細分析歸納了四川官話的語音特點，提出了四川官話分區的標準，爲四川方言的深入研究鋪平了道路。80 年代甄先生已年屆古稀，仍然奮發工作，在《中國語文》《方言》等權威雜誌上不斷發表論文，如《"虧"的"多虧""幸虧"等義及其出現的句型》(1982)、《四川方言代詞初探》(1983)、《古漢語中"言"和"語"帶賓語的句式》(1984)、《〈西蜀方言〉與成都語音》

(1988)、《〈蜀語〉詞語的記録方式》(1992) 等等，表現了甄先生在學術研究上鍥而不捨的精神。但在别人面前甄先生從沒有誇耀過自己的學術成就，總是那麼謙虚謹慎，虛懷若谷。面對先生，我就有一種"高山仰止"的感覺，無形中鞭策自己應當努力，擾教學和科研做得更好一些纔對。

甄先生宅心仁厚，助人爲樂，關心群衆，獎掖後學，有長者風懷，深受大家愛戴。有幾件事我不妨在這裏談一談。1973 年我正在"牛棚"中，父親去世，我不可能回老家奔喪，甚至連安葬費也無法寄一點回去。當時我們夫婦的工資合起來 150 元，除去 8 個人的生活開支，所剩無幾。我一個大學教師，父母生前不能奉養，死後連奔喪也沒有條件，到這種地步，真是走投無路，白活了。幸虧甄先生和張先生二位借給我 60 元人民幣，纔算解了我燃眉之急。别以爲錢不多，甄先生當時也在受監控和審查，患難見真情啊！1986 年我的第一本書《詩經詞典》出版，送一本給甄先生，請她指正。甄先生很高興。她沒有説什麼溢美的話，而是希望我不斷努力，"再多出一些研究成果"。近十年來甄先生年事已高，眼睛欠佳，不能出門走動。仍然關心中文系的人和事。在電話中，老人總要問問我家的情況。我愛人身體不好，甄先生特别關心。每次叮囑我："一定要好好照顧她，她帶大那麼多孩子不容易！"現在甄先生走了，再也聽不到先生那慈祥的聲音了。但先生在困難中對我的幫助，對我的希望和叮囑，我是決不會忘記的。

尊敬的尚靈先生，安息吧。

後學　向熹　2012 年 5 月 24 日

(向熹，四川大學中文系，郵編 610064)

懷念甄尚靈教授

趙振鐸

3 月 31 日下午，得清源電話，稱尚靈先生病危，住華西醫院。當時我正生病住院，聽到這個消息，非常不安，尚靈先生已經 98 歲高齡，望她幸占無藥。第二天，也就是 4 月 1 日，急忙辦了出院手續，準備下午去華西看她。事前給她家裏打個電話，子喬世兄告訴我，先生已于 10 時 05 分辭世。連最後一面也沒有見到，恨之何如。

我見到先生是 60 年前在彭縣縣委門口，她是華西大學參加土改老師的領隊，當時給我的印象，先生是一個溫文爾雅的學者。那次沒有機會交談，但是先生卻給我留下了深刻的印象。

那年秋天我大學畢業，調到西南文教部高教處參加院系調整工作，被分在秘書人事組。在整理人員調配名單的時候，人事科的楊以和同志來找到我，説華西大學的甄尚靈先生書教得很好，應該到川大。當時川大正缺語言課的老師，就把甄先生的名字寫到調川大的名單裏面。

後來我回川大工作，被分到語言教研室，纔真正和老師接觸。當時的教學計劃是照搬蘇聯的。語言課有“語言學引論”和“中國語言學”。後者大概相當於後來的“現代漢語”。兩門課都由尚靈老師主講。我作她的助教，由她指導我學習這兩門課程。我在大學學的是“音韻學”、“文字學”和“訓詁學”，對新開的這兩門語言課完全沒有學過，我曾經表示，我大學學的那些語言課現在沒有用了。老師不止一次地鼓勵我，說：原來學的東西將來有一個時候還是會有用的。要我好好地把當前講的課程學好。我認真地聽課、作筆記，一年下來，漸漸地對這些課程發生了興趣。

我對於語法學從前完全沒有學過，看過一些單篇文章也不成體系。聽老師講課，漸漸理出了一些眉目。老師經常對我說，當前語法書有好幾種，最好選擇一家的書，認真弄淸楚，“兼收並蓄，博採衆家之長”，一個初學的人是做不到的。聽了老師的教誨，我學習了王力先生的那三部書，效果還是比較好的。

在大學期間學音韻學，没有學過國際音標，不知道語音學這門學問。老師知道了這個情況，曾經對我說：“語音學對學習語言學非常重要，那是‘打門錘’，一定要學好。”她教我國際音標，用它記録自己的成都話。我聽她的話，記錄了不少成都話的語料。由已知到未知，漸漸熟悉了國際音標。

“不怕不識貨，只怕貨比貨。”聽了一年的“語言學引論”，記了厚厚的兩本筆記，1953 年秋我到北京大學進修，師從高名凱教授進修語言學理論。我那兩本筆記本給許紹早兄看到了，他借去看了，并且鈔了一份。他在中山大學語言學系學了四年，有很高的語言學水平，對甄老師的講稿非常贊賞，不止一次對我說，你筆記裏面記錄的內容很新，很有實用價值。多年以後聽老師講，當年給我們講“語言學引論”參考了美國布洛赫、特雷澤的《語言分析綱要》，那是當時剛出版的美國描寫語言學著作。所以使人聽了覺得耳目一新。

1955 年我回到了教研室，和老師見面的機會多了。她还是像以前一樣熱情地輔導我，看我的教學筆記，和我研究講課的重點。使我很快就熟悉了教學情況，完成了教學任務。

老師除了上課以外，還有繁重的科研任務。當時她正找到西南民族學院一个卡瓦族的学生記錄卡瓦语，已经作了不少卡片。後來她覺得成都話没有調查記錄，就在系上找到两个成都籍同學開始記錄成都話。发表在《四川大學學報》上面那篇《成都話音系研究》就是她的成果。

在此之前她去北京参加現代漢語规范化學術會議，知道全國要開展漢語方言普查工作。就作了参加這項工作的準備。後來四川省的方言普查任务下来以後，她带領教研室的幾位年青教師積極地投入這項工作，據省裏面負責領導這項工作的同志講，川大的方言調查工作是經得起檢查的。全省方言調查工作完成後，教育廳决定把這些材料集中到川大進行進一步的整理，寫出總結報告。這項任務自然落在老師肩上。老师愉快地接受了任務，带領两个青年教師，从核对資料入手，補充調查了一些方言，改正错误和填補缺漏，从設計框架到寫成報告前後用了三年多時間。這本《四川方言音系》受到了海内外學術界的好評。四川是一个大省，調查報告衹用了123頁就把150幾个點的方音概况说清楚了，的確難能可貴。它为方言分歧不大的地區總結音系特點提供了示範。尚靈先生功不可没。

“文化大革命”中，老師受到不公正待遇，說她有問題，關在七宿舍，隔離審查。室内點着100瓦的大燈泡，幾個兇神惡煞的“小將”輪番“轟炸”，真是折磨人。因爲搞的是“莫須有”，最後不了了之。老師對此有她自已的看法，“文化大革命”後仍然積極地参加《漢語大字典》的編纂工作。

編字典首先遇到的一個難題，就是如何處理通假字。當時發表的這方面文章不在少數，衆說紛紜，莫衷一是。我們編寫組把研究這個問題的任務交给老師，老師没有推辭，組織大家討論，最後由她總結，寫成了文章。這就是發表在《詞典研究叢刊》第一輯（1980年）的那篇《字典假借義試探》。這篇文章在學術界很有影響，許多論文集選錄了它。我們《漢語大字典》處理通假義項完全以這篇文章的基本思路为依據。

字典的《言部》字編寫難度極大，大家希望老師領導承編这個部首。老師也没有推辭，和編寫組的幾個同仁保質保量地完成了任務。現在讀到這個部首的字稿，還能够看到老師在這方面投入的巨大勞動。許多字義的解釋寫得非常精彩，使人不能不佩服。

1978年國家出版局曾經給國務院寫過一個報告，報告提到“爲了有計劃地培養和擴大词書編寫隊伍，部分综合大學中文系、外文系今後可以培養研究人才爲主要目標，有計劃地向词典編寫單位輸送；也可以培養一批這方面的研究生”。這個報告後來以國務院文件的形式轉發。根據這個文件精神，四川大学中文系招收了一屆字典學研究生，这是全国最早的一屆字典學研究生。一共五人。由老師領銜。這批研究生畢業以後，充實了《漢語大字典》的編寫骨幹力量，老師在這方面的貢獻令人不能忘懷。

老師早年在華西大學就讀時曾從李植、鍾稚琚、先祖父攻讀音韻文字之學，畢業後留校任教，講授這些課程，並有著述多種問世。在美國留學期間，又專心於理論語言學的研究工作，回國以後講授現代漢語及語言學課程。在理論、歷史、現狀各個方面都有極高的造詣，在當代語言學家中是難得的。老師給我們留下的衆多的學術遺産，值得我們永遠學習。

老師走了，她的音容笑貌永遠銘記在我們心中，成为不能忘却的記憶。她的學術成就將激勵後輩學者不斷奮進。振鐸謹記。時年八十有三。

（趙振鐸，四川大學中文系，郵編610064）

嚴以治學，寬以待人
——懷念敬愛的甄尚靈先生

張清源

乍暖還寒的暮春，我們敬愛的甄老師，這位仁慈、謙和、博學的老人，静静地，悄悄地走了。以她 98 歲的高齡，這也符合生命的自然規律，但我好些日子都覺得她還健在，還在等我的電話——她失明，又困坐輪椅多年，聽收音機和接電話是她的信息來源和樂趣——但是我對自己說：我永遠不能再聽到她温和的聲音説“清源，你好”了。

今年 1 月 16 日，我們幾個自稱是老師“鐵杆粉絲”的晚輩，還去給她慶祝壽辰和拜年。那天老師穿着有紅藍二色的羽絨服，天寒，戴了兩頂毛帽子，如往常一樣坐在小書房桌邊的輪椅上，剛吸過氧氣，聽我們齊唱“祝您生日快樂”，輪流與每個人合影。她心裏高興，但是精神不濟，衹是一再雙手合掌説“謝謝！謝謝！”那天老師的兒媳剛從美國回來，也在家，去的人有一舟、英樹和徐沛夫婦、商拓、雲峰、婭曼、我。除了我是與老師同教研室共事多年的晚輩，其他幾位都是老師不同年代的弟子。老師與張老先生生前素來感謝别人爲他們祝壽，去年張老先生辭世後，甄老師家中頓時寂寥起來，老師獨子子喬全家都在美國，老師的飲食起居主要靠一保姆照顧，所以這一天我們得到“特許”去祝壽，我們對她説：過兩年隆重慶祝她百歲華誕，她摇摇頭，説：“歲月不饒人！”我們擔心老師太累，不到 1 小時就告辭出來，並商量以後分頭多去看望老師或電話問候。不想兩個月後，老師却因呼吸衰竭而病逝於華西大學醫院。

我1959年在川大工作，就認識了老師，同在漢語教研室，但接觸較多是“文化大革命”以後。1976年前後，我們先後從中文系調往參加國家文化建設重點科研項目《漢語大字典》的編寫工作。老師已過花甲之年，幾乎每天從校外步行數公里來學校，與大家一起緊張地工作，做卡片，編寫，評審，討論。我感到她心情愉快，因爲經過“文化大革命”風暴之後，她重新有了工作的機會，字典編寫也能發揮她早年文字、音韻、訓詁方面的專長。她一直工作到1985年纔回到中文系，但其間已同時兼做教學工作。1979年，中文系招收辭書編纂方向的碩士研究生，老師是指導教師之一，她給學生開了文字學方面的課程。1982年，老師又與教研室同志一起，參加培養現代漢語專業碩士生的籌劃、組織工作，任指導小組組長，制訂教學計劃，草擬了“現代漢語專業（語法研究方向）碩士研究生培養方案”，這個方案也是後來多年培養方案的基礎，再以後又陸續增加了方言學方向、語音方向、對外漢語教學方向。直到1989年老師退休前，她自己也指導了1986、1987兩屆碩士研究生，分別爲語法、語音方向。從1979年至1992年，各屆現代漢語碩士研究生，無論老師是否直接指導，她都熱心地參加了授課、論文寫作指導、答辯等工作。當時現代漢語專業有六七位教師，教學任務重（系内外、校内外都有教學工作），層次多，課程門類多，大家經驗不足，但有了老師言傳身教的帶領，就覺得心裏踏實，無畏。

我想擇要從教學和科研方面回憶一下甄老師嚴謹求實的學術業績和治學風格。

20世紀70年代末，國内語言學從“文化大革命”的沉睡中蘇醒，一時間新舊學説交替，異彩紛呈。1978年，我國出臺了一個語言學研究規劃設想，其中就有現代漢語語法研究重點；接着陸續出現了一些重要論著和事件，如吕叔湘《漢語語法分析問題》(1979)、趙元任《漢語口語語法》(原書1968年出版，吕叔湘 節譯。1979)、對《暫擬漢語教學語法系統》的修訂（1989)、朱德熙《語法講義》（1982）等；同時期也展開了對語法分析的原則和方法的討論，如“成分分析和層次分析”、“詞本位和詞組本位”、“語法形式和語法意義的關係”，胡裕樹、范曉的“三個平面”（1985）等等。這是傳統語法和結構主義多元化并存的時期，同時又有新的理論逐漸引進。我們地處内地，相對比較閉塞，中學高校語法教學歷來大都按照傳統語法教學的路子，新的觀念、方法吸收得較晚。根據川大語言學教學和學生的實際條件和需要，從1984年開始，甄老師開設了《現代漢語語法專題》一課，作爲現代漢語專業碩士生的重點課程。這門課怎麽開呢？老師没有採取跟踪“前沿”的路子，没有趁着語言學熱烈討論的形勢獨辟蹊徑，她也深知傳統語法學説的不足，經過考慮，她以吕叔湘的《漢語語法分析問題》作爲主要參考書。這本薄薄的不到7萬字的書有着高度濃縮的内容，書名顯示以語法分析的重要問題爲主，但又有很强的系統性，老師的授課也以此爲主要參考，但具體内容又另有發揮和安排。我偶然保留下來一份當年老師手寫的教學大綱，大體包括：一、漢語語法的特點；二、語法單位；三、分類（結構分類和功能分類)；四、結構（結構層次和結構關係)；五、漢語語法系統。總體上放棄了把意義作爲語法分析的主要依據的路子，但並不排斥意義，通過講同義結構、同形結構、歧義結構，把形式和意義結合起來；講到句子的變化，引入静態分析和動態分析的概念，又引入語用的因素。老師認爲，語法的基本概念始終都是學習者應重視、掌握的知識，但她在教學中不輕易使用新名詞術語，即便當時已流行的術語，例如“格的語法”、“表層結構和底層結構”等，而是通過語言實例解釋有關概念。一次她寫了20個句子，讓學生分析“名＋動＋名”，意在讓他們知道名詞處於動詞前後常作主語或賓語，但名詞與動詞的語義聯繫不一定是施事或受事，還有多種關係。用今天的話説，就是有多種論元角色。她還把這些句子拿給我們討論。老師一貫以這種深入淺出、以簡馭繁的方式教學，連50幾年前的學生都説老師這種教學使他們上語言課受益匪淺。

令我感慨的是，這時老師已屆高齡，又有較好的教學參考書，她本可輕鬆"應付"一下學生，但她仍默默地認真備課，她不追大求全，但也不淺嘗輒止，一定盡量把教學内容喫透。例如她還讀了C·C·弗裏斯的《英語結構》，B·布洛赫、G·L·特雷杰的《語言學分析綱要》二書，這都是美國結構主義語言學著作，在某些方面可以幫助説明某些語法分析原理，如前一本書談到主語、賓語和施事、受事是不同的概念，就是形式和意義的關係問題；後一本書談到功能即分佈的問題，此書也很重視語素這一級語法單位。自然，老師更經常關注當時國内語言學著作和討論，這從她在教研室的交談中就得知。老師讀書顯然不是爲了引經據典，而是因爲要教學生明白"爲什麽"，老師自己就要先弄清楚"爲什麽"。這就是老師的苦心。

這門課老師先後給84級、86級、87級、88級、89級五届研究生講授過。老師已跨進古稀之年，住在校外，學生人數不多，所以就到龍江路附近新南路新村2號（現已拆）她家裏去上課。上課的方式是：研讀文獻、課堂討論、撰寫讀書報告。84級學生吴雨時至今還記得："那時候我和尹紹華去甄老師家上課，她家院子幽静簡樸，冬天圍爐而坐，爐子上燒着水。甄老師讓我們討論，她提問、答疑，都非常細心、耐心。那個印象太深了，現在再也找不到那種情景了。"

20世紀80年代初，甄老師在字典編寫工作之外，又重新開始科研工作，發表了一系列語言學論文，内容主要在語音和語法兩方面。

語音方面，有（1）《四川方言的鼻尾韻》（1983）［筆者注：

發表出處均另見資料]、(2)《〈西蜀方言〉與成都語音》(1988)、(3)《〈蜀語〉詞語的記録方式》(合作,1992)、(4)《〈蜀語〉詞語的記録方式與〈蜀語〉音注所反映的音類》(合作,1996)。後兩篇兼有詞彙學、詞典學、文字學方面的内容,而主要是對《蜀語》的音注材料進行分析歸納,結合今日遂寧方言,探討它所反映的音類。這些論文可以説都是老師早期《成都語音的初步研究》(1958)、《四川方言音系》(項目主持人,1960)的研究工作的繼續和發展,從共時的描寫延伸到歷時的視角,對四川方言語音古今流變軌迹進行探討。這些文章同樣體現老師的治學態度。老師的視力已逐漸下降,90 年代初還動過白内障手術,但她仍不避繁細,以精微、審慎的精神,參校古今方殊的語音材料,用現代語言學的原理從事研究。以文 (2) 爲例。《西蜀方言》是清末西方傳教士的一本漢語學習課本,老師將書中 3786 個字頭的羅馬字注音材料,轉换爲國際音標及漢語拼音方案,分析其音值,歸納出音類,整理出它所記録的成都話音系,論證它是 19 世紀後期成都話的記録,而非由四川方音雜凑而成;其次,老師以《西蜀方言》和自己調查整理的 20 世紀 50 年代的成都語音和四川方言音系相比較,分析了成都語音的變化發展,例如《西蜀方言》尚有入聲,聲母分舌尖前後,分尖團音,但已顯出由分趨合的端倪,這就指出了成都話一些語音演變的過渡現象。爲此,老師還親自采訪一些老成都人,了解《西蜀方言》的寫作情況,調查核對成都話早年和當下的語音實際。此文爲近代成都語音流變的研究填補了一段空白,提供了繼續研究的課題,在利用史料研究方言音系的方法上也積累了經驗,文 (3) (4) 也采用了類似的程序。

順便一提,這篇論文同時也發掘了《西蜀方言》的語言學價值。羅常培 1930 年曾説:明代利馬竇、金尼閣等制定的拉丁字母拼音方案(以《西儒耳目資》爲代表)對中國音韻學的貢獻之一是可以依據該方案所提供的材料來確定明末“官話”的音值。《西蜀方言》按説也有類似作用，但一般文獻資料罕有提及，倒是高本漢 20 世紀初在《中國音韻學研究》中曾將此書作爲記録四川方言字彙韻母部分的依據，並稱它是“於現在的工作更合適的書”。80 年代以後，國内又開始關注和研究域外漢學，沿海一帶明清傳教士所著説話課本、辭典之類多被用來發掘本地方言的史料，而《西蜀方言》乏人注意，但終因甄老師的利用、整理、解釋而彰顯了它的語言學價值。

甄老師關於語法研究的文章，一種是古漢語方面的，有［番號與前連接］（5）《“虧”的“多虧”、“幸虧”等義及其出現的句型》（1982）、（6）《古漢語中“言”和“語”帶賓語的句式》（1984）、（7）《言，訟也考》（1985）；一種是關於四川方言語法方面的，有（8）《遂寧方言中的“有”和“没有”》（1981）、（9）《四川方言代詞初探》（1983）、（10）《四川方言代詞二事》（1984）、（11）《遂寧方言形容詞的生動形式》（1984）。文（5）（6）（7）應該是老師數年間參加編寫《漢語大字典》時對字詞釋義的思考所得的題目。文（5）是從“虧”在 4 種句型中的不同分佈來説明它的不同詞性（動詞、副詞）。這不同於從詞彙學的角度分析“虧”義的引申變化，或從訓詁學以形索義、因聲求義的路徑剖析詞義，而是從語法特點上論證詞義的異同。文（6）（7）都是從賓語的性質、數量、位置來分析所論動詞的語法特點。當時無網絡檢索條件，老師全是從廣泛閱讀的資料中尋章摘句，一一迻録，於上下文中仔細辨析詞義和語法特點，或對其變化的原因和歷史年限做出説明與論證。這種語法研究也並非新創，今天更爲常見，但在當時，我們編寫字典仍受到啓發：釋義舉例當留意字詞的語法功能。

文（9）（10）研究四川方言的代詞，兼屬語法、語音兩方面。文（9）列表詳細介紹 26 個點的各類代詞，簡要歸納出一些規律，以説明各代表點的代詞在語音、構詞形式、用法等方面的異同。這是迄今唯一的關於四川方言代詞集中的系統的描寫記録。文（10）又對文（9）有補充，重點説明四川方言代詞聲母的鼻音類化現象，指的是有部分地區人稱代詞“他”受“我、你”的語音感染也讀鼻音聲母 na，指示代詞“這”受“那”的語音感染讀爲 ne；同時也認爲這種現象和入聲的有無和歸併所作的分區之間有一定的規律可循。

代詞是基本詞彙，各種語言及方言的代詞系統、語法範疇、語音形式及變式多而複雜，常爲語言學家注意。文（10）所論，也將會由微觀細節進入宏觀語言學視野。近年有指示詞語音相似性的跨方言研究的文章（劉丹青、陳玉潔，《當代語言學》2008 年第 4 期和 2009 年第 1 期），即以文（9）作西南官話的語料來源，但作者似未注意到文（10），文（10）所論四川部分地區代詞聲母鼻音類化現象似與劉、陳文章所説形—義對應的相似規則不一致，倒可作爲反例。

1956 年，朱德熙先生將漢語形容詞劃分爲性質形容詞和狀態形容詞，這兩類的構成和句法功能以及感情色彩各有顯著的特點；1980 年《現代漢語八百詞》列表對北京話形容詞生動形式作出描寫；1981 年《方言》第 3 期刊出《方言調查詞彙表》，内容列有形容詞生動式前綴，這些可能引起老師寫文（11）的興趣。在文（11）中，老師以自己家鄉遂寧的語料，考察、歸納了形容詞的各種“生動形式”，首先在重疊、附加兩大類下面又分出各種下位模式，指出其語義的、語音的特點；其次，以附加爲重點，詳細分析由 358 組單音形容詞詞根語素（如“糊”）和附綴（如“焦”）的各種組合（例詞如“焦糊、焦焦糊、糊焦焦、糊焦了、糊焦糊焦”），並列出這些組合方式派生出的詞的清單，共 917 個詞項；再其次，分析各種組合方式的常用度、各種附綴的常用度；最後，分析遂寧方言形容詞生動形式的句法功能，並以例句説明。此文是全面描寫方言中同類現象較早的一篇，又極富四川方言詞彙的地方特色，代表了四川方言形容詞生動形式大致共有的特點。

文（8）是更早發表的文章，分析遂寧方言中“有、没有”表達“有/無”“已/未”的意義的不同用法，特别是指出遂寧方言存在着與“有没有”、“有没得”平行的正反問形式“有不有”：“屋頭有不有人?”“你有不有書?”“你有不有他高?”可是，第一，否定式回答衹能説“没有/没得”，不能説“不有”。第二，遂寧話“有不有”和“有没有”意思相同，但“有”若换爲一般動詞，意思就不同，如“去不去”和“去没去”就不一樣。不久前有文章報導湖北安陸方言（屬江淮官話）也有“有不有”的説法（盛銀花，《方言》2011 年第 2 期），與遂寧方言頗爲類似，文章亦引文（8）作參考，可見這種説法並非偶然的、孤立的現象。文（8）所論似爲一個不大的具體問題，但涉及漢語否定詞的功能。“不、没”異同，學界一直多有探討，近期如沈家煊、王燦龍討論的文章（分見《中國語文》2010 年第 5 期和 2011 年第 4 期）。“不”與“是”、“没”與“有”的搭配素來是漢語常態，方言中有例外説明什麽？沈家煊文也提到“不有”，但説“‘不有’實爲‘不是有’，衹用於反問和假設”。估計是指“你不（是）有一輛車嗎?”之類，這與遂寧話“有不有”不是一回事。甄老師的文章引人思考的是：爲何遂寧方言否定詞“不、没”衹在正反問裏有同一性？又爲何衹在以動詞“有”構成的正反問裏才有同一性？方言語料或可給理論上的解釋增加參考，這應也是老師論文的更多的意義所在。

正如《四川方言音系》曾得到李榮先生和方言學界高度肯定一樣，甄老師的方言語法論文也受到朱德熙先生的充分推崇。朱先生一向强調描寫語言事實，説離開事實去追求理論是緣木求魚；又很强調方言語法研究，説把普通話、古漢語、方言的語法研究結合起來，才能把漢語語法的面貌弄清楚。1990 年 8 月，我在北京與師兄王理嘉教授一同拜訪朱先生，朱先生在談到研究方言語法時，説：“就描寫，細一點，甄尚靈先生就做得很好。”甄老師的方言語法著作，無論題目大小，就是這樣，她以細緻的描寫、縝密的分析、簡明的歸納、平白的表述見長，語料務必親自調查核實。文如其人，沉穩踏實，使人放心。

老師一生謙和，低調，從不談個人成績、成就。已故唐正序教授任中文系主任時，曾建議將老師論文結集出版，她以《四川方言音系》非個人獨著爲由推辭。她不計較名利，更不與人攀比，即便是應得的也不在意，這在今天似乎有點不入潮流了，她常真誠地説：“我是個普通教師。”她曾受到不公正待遇，但不失望悲觀或怨天尤人。她從不言人之過，更不苛刻待人。我曾想，她有時是否過於謹慎？但有些事説明這衹是她善爲人着想的原故。她去世前數月，保姆不善烹調，菜不入味，可是她竟不提醒，還説“可以，好吃”。她對同事、學生常挂念於心，爲他們的學術成果高興、祝賀，《成都方言語法研究》、《四川方言詞彙研究》、《四川方言志》在她關懷下問世使她特别欣慰，説：“我就是看不見啊！”她從不提及對别人的幫助，反倒是常常感謝誰誰去看望了她，不論是否同行，是否教師，系中的同事春節時常去登門問候，就因爲她是位使人有平等感的可敬可愛的老人。時間和空間的距離没有使人忘記她：一次，50 多年前的 8 位老學生去看她，她感到驚喜，但遺憾看不見他們的面容。遠在外省的學生于虹、周運明幾次專誠來成都探望她，不衹是由於老師曾爲他們授業解惑，還因爲她的人格魅力的感染，尤其于虹曾因甄老師默默的幫助而有了以後的人生道路。在張老先生和甄老師生命的最後一年，英樹夫婦、雲峰夫婦常去照顧二位老人，甄老師數次對我説到她對他們衷心的謝意和歉疚不安，但她不知學生心裏却是對二位老人報答之情與深切的感念。

老師最後兩三年，已愈知黄昏更晚，但她仍樂觀如常，對學林、社會的信息仍很有興趣，每天按時從收音機裏收聽時事新聞，甚至知道一些網絡詞語。她聽説《兩岸常用詞典》在北京、臺北宣佈編纂完成，説“好得很!”聽説有人主張書面語禁用外來詞、外語縮略語，覺得納悶。我常在電話裏説些謎語、歇後語請她猜，她像小孩般開心。一天，她回憶起 1971 年我們在什邡軍墾農場勞動時，我和她一次步行去湔底（氐）、彭州遊玩的往事，忽然問“湔”字怎麽寫，我告訴了她，並説《説文·水部》有此字，什邡今有湔氐鎮。她又説起我們在湔底怎麽高興，吃了些什麽東西，她還在彭州買了一個搪瓷缸子，現在還在用。我想：那個年月有許多不堪回首的經歷，但老師却衹提起快樂有趣的往事。老師近期記憶漸漸減退，但還能背一些古詩詞。前兩年和她談到眉山三蘇祠，她忽然背出蘇軾悼亡詞《江城子》：“十年生死兩茫茫，不思量，自難忘。……”我立刻打斷，説蘇軾也有好玩的開心的作品，我剛説出《蝶戀花》第一句“花褪殘紅青杏小，”她接着就説：“燕子飛時，緑水人家繞。……”我還記得，她把“繞”字讀得很重，但是語氣有點兒俏皮。很難想象，一位失明的年近期頤的老人，在生命最後幾個月，還憑記憶每天給保姆何大姐講解白居易的《長恨歌》!

甄老師對生命抱着隨遇而安的態度，暮年而無暮氣，時或回憶往事，但不感時傷懷；自知來日無多，但不虚度時間；行動艱難，却盡量不麻煩他人。我曾對她説：“聽説有人謂孔子有三境界：‘學而時習之，不亦悦乎!’‘有朋自遠方來，不亦樂乎!’‘人不知而不愠，不亦君子乎!’甄老師，您就有這三種境界!”她在電話那頭笑了，很開心。這一天是 2011 年 9 月 6 日。今年 4 月 1 日，她就永遠地走了。

（張清源，四川大學中文系、海外教育學院，郵編 610064）

四川方言語音研究的里程碑*

——再讀《四川方言音系》有感

鄧英樹　張一舟

《四川方言音系》(以下簡稱《音系》)是 1956 年至 1958 年期間四川方言普查工作的總結,是一部全面描寫四川方言音系的科學論著,是四川方言語音研究的經典文獻。《音系》最初發表在《四川大學學報》1960 年 3 期專號,署名“四川大學方言工作組”,實際負責撰寫《音系》的先生爲四川大學知名學者甄尚靈教授,同時參與音系整理撰寫工作的還有當時四川大學的年輕教師郝錫炯、陳紹齡。《音系》歷經半個世紀,其理論、方法、結論,對整個四川方言語音的研究,影響十分深遠。

我們知道,在此之前,對四川地區漢語方言的研究,雖然可以追溯到漢代,如揚雄《方言》,許慎《說文解字》等古代典籍都記録有古蜀地漢語方言詞語①,但多是方言詞語的記録、整理。直至 20 世紀 40 年代,纔有當時的中央研究院歷史語言研究所學者,運用現代語言學的理論和方法對四川方言進行首次全面普查(詳見本文最後一部分)。不過,當時的調查成果,於 1984 年才在臺灣正式發表,比《四川方言音系》的發表晚了差不多四分之一世紀。并且由於海峽的阻隔,《四川方言調查報告》在大陸的影響不及《四川方言音系》普遍。

---

* 謹以此文深切悼念恩師甄尚靈先生。

所以，我們覺得，就《四川方言音系》所達到的學術高度和所産生的學術影響而言，説它是四川方言語音研究的里程碑，是毫不爲過的。今天再讀《四川方言音系》，追思先生業績，令我們對先生嚴謹的治學態度、深厚的學術修養倍加景仰。

《四川方言音系》的學術成就，我們認爲，主要體現在以下幾個方面。

一 《四川方言音系》的理論高度

《音系》的語音歸納和描寫，采納了現代語言學的相關理論。

1955 年，“現代漢語規範化問題學術會議”在北京召開，確定了現代漢語規範化的標準。次年，爲大力推廣普通話，中央教育部和高等教育部向全國各高等院校發佈了開展方言調查的指示。在四川，由省教育廳、四川大學、西南師範學院（今西南大學）和四川師範學院（今四川師範大學）組成四川方言調查工作組，從 1956 年下學期至 1958 年上學期，歷時兩年，對四川漢族地區的 150 個縣（市）展開了全面的方言普查，所得語音材料浩繁而龐大，審音、歸納、描寫，均需要深厚的學術功底。由甄尚靈先生主持的四川大學方言工作組借鑒了現代語言學的理論和方法，對調查材料進行復核、審查、歸納、整理，最後形成專著《四川方言音系》，將四川方言語音的基本面貌科學地、簡明清晰地展示了出來。

《音系》在第一部分的“導言”中，開宗明義提出“音類”和“音值”兩個概念，以高度概括且通俗易懂的陳述方式加以説明。關於“音類”，《音系》指出：有些地區分 tʂ、tʂ‘、ʂ 和 ts、ts‘、s，知≠資，超≠操，商≠桑；有的地區没有 tʂ、tʂ‘、ʂ，知＝資，超＝操，商＝桑。音類的差異，直接影響到各地音類的數目。關於“音值”，《音系》指出：音值的差異，指同一音類的實際念法不同，如，同爲 n 聲母，有些地區是鼻音 n，有的地區是鼻化 l̃，有些地區是邊音的 l，但是無論念哪個音，都不構成對立。

在區分“音類”和“音值”的同時，《音系》闡明了“對立”這一極爲重要且在當時國内是十分前沿的概念。無論聲母、韻母，還是聲調，其“音類”的確立均依據“對立”，而不同音質是否形成對立，在於它們是否具有區别意義的作用。

四川境内官話方言分佈很廣。一般認爲四川方言内部一致性很强，實際上，從“音值”方面觀察，其内部差異仍然相當紛繁複雜。《音系》梳理語音，正確區分了“音類”和“音值”，使得全書的音系描寫簡明而又清晰。誠如李榮先生所言：《四川方言音系》“强調‘音類’的觀念，把‘音類’和‘音值’分開，先説‘音類’，後説‘音值’，執簡御繁。因此費的筆墨不多，條理却很清楚。”②

二 精準的音值描寫，科學的音類設置

《音系》的體例設計、結構安排和描寫方法顯示出鮮明的特點：一是共時與歷時結合，立足共時，構建系統，並輔以歷時，説明源流；二是總體概括與分點對比相結合，既凸顯共性，又揭示差異；三是多角度、多側面描寫，全面展示四川方言音系的面貌和規律。

《音系》的正文分 4 部分：一、四川方言的音類和音值；二、四川方言聲母韻母的結合；三、25 個代表點方音字表；四、四川方音的分區。最後還附有 18 幅方言地圖。整個論著從精要的理論説明到具體的語音描寫，從語音概括、聲韻結合規律到方言代表點的語音對比依次展開，最後，高屋建瓴，按入聲發展演變的規律提出四川方言語音的分區。縱觀全文，其精準的音值描

寫，科學簡明的音類設置，將 150 個方言點的紛繁材料，井然有序地展開，完整、準確地顯示出四川方言語音的體系、結構、異同、源流。

下面我們僅以《音系》對聲母 n 和 ȵ 的描寫爲例加以説明。

《音系》“聲母總表”以今天常見的列表格式按聲母的發音部位和發音方法列出了四川方言的全部聲母，包括零聲母在内，共 24 類。表中濁鼻音一行同時列出舌尖中音 n 和舌面音 ȵ*（加星號的音只出現在個别地點），表明四川方言語音中存在 n 和 ȵ 這兩個不同的音類。

聲母總表下面是“聲母音值描寫”，下面摘録/n/和/ȵ/的音值説明：

> /n/在 150 個調查點中有 n、l、l̃ 三種讀法。n 是舌尖鼻音，l 是舌尖邊音，l̃ 是帶鼻化的舌尖邊音。這些讀法，可以出現在同一個點不同的發音人口裏，也可以出現在一個點的同一個發音人的口裏。但一般情況是：在齊撮兩呼的韻母前，n 占絶對優勢，開合兩呼的韻母前，n、l、l̃ 自由變異。也有全部念 n，或全部念 l 的，後一種情形極少。念 n 的時候，鼻腔氣流微弱，略帶同部位的濁舌音成分。如“南、樓、連、怒、落、略”。
>
> /ȵ/與 tɕ、tɕʻ、ɕ 同部位。如“娘、年、嚴”。[3]

緊接着，在“有關聲母的一些問題”中，《音系》對 n 和 ȵ 的分合來源及地點分佈作了説明：

> “連年嚴”（n、ȵ、○）的分并：四川話在開口合口兩呼韻母前不分 n、l，“男藍”同音，“怒路”同音，無須多説。但是在齊齒撮口兩呼前情況比較複雜，大體可以分爲甲乙丙三派（參地圖四）。甲派分 n、ȵ，“連 n ≠ 年嚴 ȵ”，n 包括《廣韻》的來母，ȵ 包括泥母及疑母（部分）字。屬於

甲派的有成都、邛崍、南充、綿陽、自貢、瀘州、錢江、巴中等地。乙派不分 n、ȵ，“連年嚴”三個字同音，又可以分爲兩類。一類是“連＝年＝嚴 n”，n 包括來母泥母及疑母（部分）字，屬於這一類的有重慶、萬縣、巫山、彭水、潼南、西昌、樂山等地。另一類是“連＝年＝嚴 ȵ”，這個 ȵ 所包括的字跟上一類（重慶等地）的 n 相當，屬於這一類的有盧山、天全、寶興三個地點。丙派也不分 n、ȵ，没有 ȵ，但“連 n≠年嚴〇”，這個 n 所包括的字限於來母，泥疑兩母的字念零聲母。

屬於這一片的有忠縣、石柱、豐都三個地點。（參地圖）[④]

在《音系》下面的相關内容中，“150 個調查點的聲母表”詳細列出了 n、ȵ、〇三個聲母在具體方言點的分佈異同；“四川方言的聲韻結合”揭示了這些聲母跟韻母的結合規律；“附方言地圖 18 幅”標明了“連年嚴”的分混分佈情況。

《音系》對聲母 n、ȵ 的描寫，完整説明了它們的音類、音值、來源、分佈。但是，時至今日，我們在普通話語音教學的方音辨正中，或在論及四川方言語音的調查整理時，都會不時碰到學生、甚至同行諸如此類的疑惑：四川方言的聲母爲什麽没有 l？成都話爲什麽比普通話多出一個聲母 l？《四川方言詞典》[⑤]給“男藍怒路”一類的字註音時，爲什麽聲母記爲 n，而不是 l？

實際上《音系》的音類概括和音值説明當中，已經給出了這些問題的答案。四川各地的方言當中，n、l、l̃ 没有區别意義的作用，因而屬於同一個音位；成都等地“念≠練，牛≠流，娘≠梁，泥≠梨”，這種對立差别顯示，這些地點方言中 n、ȵ 各是一個音位；“男藍怒路”一類字的聲母，究其音值而言，包括 n、l、l̃ 三個自由變體（嚴格地説，主要是 n 或 l̃，誠然，從理論上説，選擇 n 或 l，甚至 ȵ 來記録這個音位都没有問題，但是，如果選用 l，勢必要在四川方言音系裹增加一個音位/l/，從音位歸納原則之一的“音位的總數以少爲貴”看，[6]從整個四川方言聲母的音類考慮，由於存在“念練、牛流、娘梁、泥梨”這類差别，因此，選擇/n/來代表 n、l、ȵ 三個音位變體，既能使“音位的總數”減少，又能够以最簡明的特徵來説明 n 和 ȵ 兩個音位的對立差别。

《音系》對 n、ȵ、l、ȵ 的審辨十分精準，音類的設置科學而簡明，《音系》是我們今天進行四川方言語音調查時，審音、辨音的基本依據。

三　四川方言語音的科學分區

方言分區通常以語音特徵爲依據，《音系》以入聲有無和入聲歸併的特點爲依據，將四川方言分爲入聲獨立區、入聲歸陰平區、入聲歸陽平區、入聲歸去聲區，詳細列出了每個方言區涵蓋的方言點，並指出每個方言區語音的一般情況和内部分歧。

方言特徵既可以表現在聲調方面，也可以表現在聲母和韻母方面，以聲調的特徵爲依據，則具有提綱挈領的作用，帶動聲母韻母的差别，將方言之間的差異較爲清晰的顯示出來。實際上，即使没有接受過語音訓練的四川人，也能在交際當中，憑直覺分辨一個人的口音大致屬於上述哪個方言區。這説明，將四川方言分爲入聲獨立區、入聲歸陰平區、入聲歸陽平區、入聲歸去聲區，具有很强的客觀性。

李榮先生對此也有客觀評價，他在《讀〈四川方言音系〉》中指出：“本書拿入聲有無和入聲歸併的情況作四川方音的分區標準是合適的，有許多語音現象的分佈都和古入聲今讀法的分佈大致相同。如入聲獨立區多數點'姐、且、寫'讀 i 韻，'遮、車、蛇'讀 ei 韻。又如，本書 11 頁'韻母和舒入聲字的關係'一段指出，無論是有入聲的方言還是没有入聲的方言，'舒入聲字的分配和韻母性質都有一定關係，可以借此分別舒入聲字。'"⑦

在漢語方言的分區當中，《中國語言地圖集》（1987、1990）、黄雪貞《西南官話的分區（稿）》（1984）、李藍《西南官話的分區（稿）》（2009）均以古入聲的演變規律作爲劃分方言區的首要依據。這既反映了學界的共識，也體現了學者共同的學術眼光。顯然，《音系》拿入聲的演變規律作爲四川方言内部的分區標準，不是憑主觀印象，而是在掌握了充分的語言事實，並經過深入的理論思考之後做出的正確選擇。

《四川方言音系》采用了描寫語言學的方法，進行廣泛的田野調查，客觀記録方言面貌。它第一次將四川方言語音的面貌全面細緻地展示出來，第一次爲四川方言語音的調查研究建立了一個科學的理論框架，第一次以科學的標準提出了四川方言内部小片的劃分。《四川方言音系》爲四川方言研究積累了珍貴的方言資料，成爲進一步研究四川方言語音的經典文獻和重要基礎，在四川方言研究史上具有深遠的影響和極爲重要的意義。

在論及《四川方言音系》之時，我們還必須關注另一部極爲重要的文獻《四川方言調查報告》。現將其調查始末和成果做一簡要介紹。

1940 年冬，當時的中央研究院歷史語言研究所因抗日戰爭遷移到四川南溪縣李莊鎮（現屬宜賓市）。隨遷學者丁聲樹、董同龢、周法高、楊時逢、劉念和於 1941 年 10 月、11 月和 1946 年 4 月、5 月、6 月，對四川方言進行了第一次全面普查。調查範圍涉及當時 134 縣，共 182 個調查點。這次方言普查全面深入，規模空前，是運用現代語言學理論和手段研究四川方言的開創性的工作，成爲現代方言學意義的四川方言研究的標誌性事件之一。

從 20 世紀 70 年代中期開始，當時的調查者之一，現臺灣學者楊時逢先生開始潛心整理 40 年代調查方言所獲得的材料。歷經 10 年，於 1984 年正式發表《四川方言調查報告》（臺北，“中央研究院歷史語言研究所專刊”之 82），全書卷帙浩繁，凡 240 餘萬字。

對於《四川方言調查報告》，四川大學崔榮昌先生曾有較爲詳細的評介，他指出：“《四川方言調查報告》審音嚴密，記音準確，分析精當，概括簡明，材料豐富。”[8]

《四川方言音系》與《四川方言調查報告》，就學術價值而論，可謂雙峰並峙。但是由於《四川方言調查報告》的發表比《四川方言音系》晚了 24 年，並由於海峽的阻隔，使得《四川方言調查報告》在大陸的影響不及《四川方言音系》。在四川方言的研究當中，大陸學者應該對《四川方言調查報告》予以高度關注。

〔注釋〕

① ［漢］揚雄《方言》卷二：“梁益之間，凡人言盛及其所愛，諱其肥腻謂之朦。”今四川方言形容肥腻食物仍説“朦”，稱“腻人”爲“朦人”。［漢］許慎《説文解字·肉部》也説：“益州鄙人言盛諱其肥謂之朦”。又，《説文解字·女部》：“姐，蜀人謂母曰姐”。

② 沈子平．讀《四川方言音系》．中國語文，1961（9）．承趙振鐸教授告知，沈子平爲李榮先生的化名。

③ 見原著第 5 頁。

④ 見原著第 6 頁。

⑤ 王文虎，張一舟，周家筠．四川方言詞典．成都：四川人民出版社，1987．

⑥ 參看趙元任．語言問題．北京：商務印書館，1980．

⑦ 沈子平．讀《四川方言音系》．中國語文，1961（9）．

⑧ 崔榮昌．四川方言研究述評．中國語文，1994（6）．

〔主要參考文獻〕

崔榮昌．四川方言研究述評．中國語文，1994（6）．

黄雪貞．西南官話的分區（稿）．方言，1986（4）．

李藍．西南官話的分區（稿）．方言，2009（1）．

中國社會科學院、澳大利亞人文科學院．中國語言地圖集．香港：朗文（遠東）有限公司，1987～1990．

（鄧英樹，四川師範大學文學院，張一舟，四川師範大學文理學院、四川大學文新學院，郵編 610064）

稿約

《漢語史研究集刊》由四川大學漢語史研究所主辦，主要刊登從歷時的或歷時與共時相結合的角度研究古代漢語的論文和學術評論，適量刊登國外已發表的具有借鑒價值的論文。本刊奉行學術自由原則，鼓勵學術争鳴，歡迎各方來稿。來稿請注意：

1. 本刊提倡扎實語料基礎，在拓寬傳世典籍語料研究領域的同時，重視出土文獻和活的語言資料，並汲取相關學科的研究成果；提倡微觀與宏觀相結合，在繼承傳統的同時吸收現代語言學的理論和方法，探求語言現象産生的原因和演變規律。

2. 來稿請用繁體字書寫，全文一般不超過版面 12000 字，包括 100 字左右的提要，列 3—5 個關鍵詞。來稿半年後未得到本刊答復，作者可自行處理。因人力限制，來稿恕不退還。

3. 本刊採用匿名審稿，來稿請寫上論文題目、作者姓名、工作單位、通訊地址以及作者學術簡歷。正文另起一頁，不署名。

4. 引用文獻請注明出處，附在引例之後，並據内容採用以下順序：一，論文集類：作者、首發年份、文章標題、文集名稱、編者、出版社、文集出版年份；二，期刊類：作者、文章標題、期刊名稱、期數、出版年月、頁碼；三，專著類：作者、首版年份或時代（古人）、書名、出版社、出版年份。

5. 來稿請寄：四川大學中文系《漢語史研究集刊》編輯部，郵政編碼 610064。並發電子郵件至：hanyus 98@163. com

圖書在版編目（CIP）數據

漢語史研究集刊·第十五輯/四川大學漢語史研究所，四川大學中國俗文化研究所編. —成都：巴蜀書社，2012.12
ISBN 978－7－5531－0191－0

Ⅰ. ①漢… Ⅱ. ①四… ②四… Ⅲ. ①漢語史—研究—叢刊 Ⅳ. ①H1－09

中國版本圖書館 CIP 數據核字（2012）第 264115 號

策劃組稿：楊宗義
責任編輯：譚曉紅 楊宗義
封面設計：楊 丁

漢語史研究集刊（第十五輯）
四川大學漢語史研究所
四川大學中國俗文化研究所 編

四川出版集團·巴蜀書社出版發行
（成都市槐樹街 2 號 郵政編碼 610031）
總編室電話（028）86259397 發行科電話（028）86259422 86259423
網址 www.bsbook.com
成都蜀通印務有限責任公司印刷（成都市二仙橋東三段 5 號）

成品尺寸 203mm×140mm 印張 14.125 字數 354 千
2012 年 12 月第 1 版 2012 年 12 月第 1 次印刷

ISBN 978－7－5531－0191－0 定價：35.00 圓